有效合规的中国经验

China Experience of
Effective Corporate Compliance

陈瑞华 著

图书在版编目(CIP)数据

有效合规的中国经验/陈瑞华著.—北京:北京大学出版社,2023.5
ISBN 978-7-301-33963-3

Ⅰ.①有… Ⅱ.①陈… Ⅲ.①企业法—研究—中国 Ⅳ.①D922.291.914

中国国家版本馆 CIP 数据核字(2023)第 066545 号

书　　　名	有效合规的中国经验 YOUXIAO HEGUI DE ZHONGGUO JINGYAN
著作责任者	陈瑞华　著
责任编辑	许心晴　王晶
标准书号	ISBN 978-7-301-33963-3
出版发行	北京大学出版社
地　　　址	北京市海淀区成府路 205 号　100871
网　　　址	http://www.pup.cn
电子信箱	law@pup.pku.edu.cn
新浪微博	@北京大学出版社　@北大出版社法律图书
电　　　话	邮购部 010-62752015　发行部 010-62750672　编辑部 010-62752027
印　刷　者	涿州市星河印刷有限公司
经　销　者	新华书店
	730 毫米×1020 毫米　16 开本　20.5 印张　346 千字 2023 年 5 月第 1 版　2023 年 6 月第 2 次印刷
定　　　价	98.00 元

未经许可,不得以任何方式复制或抄袭本书之部分或全部内容。
版权所有,侵权必究
举报电话: 010-62752024　电子信箱: fd@pup.pku.edu.cn
图书如有印装质量问题,请与出版部联系,电话: 010-62756370

作者简介

陈瑞华,法学博士,北京大学法学教授,北京大学法学院学术委员会主任。教育部"长江学者奖励计划"特聘教授。曾获中国法学会第四届"全国十大杰出青年法学家"称号。兼任中国法学会常务理事、中国刑事诉讼法学研究会副会长、中国检察学研究会副会长、国际证据协会理事。

倡导"从经验到理论"的法学研究方法;系统地研究了程序正义理论、程序性制裁理论和刑事诉讼纵向构造理论;提出了"私力合作模式""公力合作模式"和"合规激励模式"等司法模式理论;对刑事证据法和刑事辩护的基本理论作出了探索,提炼出了"非法证据排除规则的三种模式""实物证据鉴真""新法定证据主义""协同性辩护"和"有效辩护"等新的理论;对企业合规基本理论进行了开拓性研究,提出了诸多具有创新性的观点。

先后出版学术著作 20 余部。主要代表作有:《程序正义理论》;《程序性制裁理论》;《刑事程序的法理》(上、下卷);《看得见的正义》;《刑事诉讼的中国模式》;《刑事证据法的理论问题》;《企业合规基本理论》;《论法学研究方法》;《刑事审判原理论》;《刑事诉讼法》;《刑事证据法》。在德国 Springer 出版集团出版英文专著"*Models of Criminal Procedure System*"。

序　言

企业合规是一种以"合规风险防控"为导向建立的公司治理体系。自2018年以来,随着中兴事件等一系列合规事件的发生,以及我国监管部门对企业合规体系建设的大力推动,企业合规逐渐成为一个引发社会各界高度关注的企业治理问题,也逐渐成为行政机关指导、激励和强制企业建立违法行为预防机制的监管方式。自2020年以来,随着最高人民检察院对企业合规改革的不断推进,企业合规开始成为一种旨在预防违法犯罪行为的刑事激励方式。法学界和实务界对企业合规改革问题进行了较为深入的研究。近五年来,笔者对企业合规基本问题进行了全方位的思考,对企业合规改革也进行了持续不断的跟踪、观察和反思,陆陆续续发表了数十篇相关论文。2020年8月,笔者出版了《企业合规基本理论》一书。该书经过两次再版修订,对企业合规的一般理论逐渐形成了一些成体系的看法。在该书研究的基础上,笔者对企业合规改革进行了进一步思考,对合规改革经验进行了理论总结和学术提炼,形成了这本名为《有效合规的中国经验》的小册子。

2022年4月,最高人民检察院将合规改革试点的范围扩大到全国各地检察机关。截止到2022年12月,全国各地检察机关累计办理涉案企业合规案件5150件,其中适用第三方监管评估机制案件3577件,对整改合规的1498家企业、3051人依法作出不起诉决定。另有67家企业没有通过合规监督评估,企业或企业负责人被依法起诉并被追究刑事责任。可以说,这一改革基于社会公共利益衡量的理念,不拘泥于"有罪必罚"和"严刑峻罚"的刑法教条,强调对涉案企业的特殊保护,避免企业因为被起诉定罪而陷入灾难境地。与此同时,这一改革还高度重视对企业犯罪的有效预防,针对企业发生犯罪的内生性结构原因进行有针对性的合规整改,督促企业改变治理结构,堵塞管理漏洞,消除制度隐患,从而实现"企业经营的去犯罪化"。而在实现预防违法犯罪目标的同时,检察机关还注重发挥社会综合治理的功能,推动企业依法依规经营,也推动特定行业经营方式的全面治理,同时督促相关行政机关加强对企业的合规监管,从传统的惩罚性监管走向预防性监管。

合规改革取得的积极效果是有目共睹的。各级检察机关通过这一改革探索,也在不断总结改革经验,逐渐在规范性文件中形成了有关企业合规考察制度的中国方案。以最高人民检察院的规范性文件为研究对象,我们可以发现一系列较为成熟的改革经验已经被上升为普遍适用的制度规范。例如,检察机关引入"第三方机制委员会",组织相关行政机关和社会团体加入其中,成为对合规监督考察进行领导和监督的权威部门;检察机关建立了合规监管人制度,在个案中组建由合规监管人组成的"第三方组织",负责对涉案企业进行合规监督考察工作,检察机关根据该组织提交的合规考察报告,作出是否对涉案企业提起公诉的决定;检察机关确立了合规考察的适用对象,将那些涉嫌犯罪的企业以及内部生产经营过程中发生相关人员犯罪的企业,都视为"涉案企业",并对其启动合规考察程序;在启动合规考察环节,检察机关将认罪认罚、停止犯罪活动、进行补救挽损、具有社会贡献等作为适用合规考察程序的前提条件;为实现有效合规整改的目标,检察机关确立了相称性原则、高层承诺原则,要求涉案企业制订并执行"专项合规整改计划";针对大量小微企业涉嫌犯罪的实际情况,检察机关将合规考察的适用对象确定为所有类型的涉案企业,并根据企业的规模情况,探索了"范式合规"和"简式合规"这两种模式;根据单位涉罪案件的不同轻重程度,检察机关创立了针对轻微案件的"并案处理模式"和"双重不起诉模式",同时尝试对重大案件推行"分案处理模式";等等。

应当说,检察机关在合规改革中所探索出的上述制度安排,大都是基于功利主义原则的考量而逐步确立的,并没有经过严格的学术论证和实效检验。相对于这种积极进取、不断推陈出新的改革探索,法学界的研究显得明显滞后,且过于保守。传统上,我国法学研究者习惯于充当法律改革的"指导者",接受那种"理论先行""改革追随理论""立法总结改革经验"的制度发展道路。但在企业合规改革中,这一制度形成的思路无疑受到了一定程度的挑战。法学研究者可能难以充当改革的指导者,其知识体系和经验智慧也无力承担起改革指导者的角色。面对这场前所未有的司法改革探索,法学研究者似乎应当放弃固有的学术矜持和理论自负,而遵循"从经验到理论"的社会科学研究路径,通过总结改革经验,提炼改革智慧,概括制度形成规律,来提出具有解释力的法律理论。假如这种理论总结是成功的,那么,这些被提炼总结出来的法律理论,将不仅可以发挥"事后解释"的作用,还可以产生"事先预测"和"长远指导"的效果。

当然，企业合规改革所奉献的并不都是成功的经验。基于改革的"可试错性"考量，也考虑到我国单位涉罪案件的特殊情况，我国检察机关所提出的诸多改革理念都迥异于欧美国家合规不起诉改革的思路。例如，合规改革大量适用于小微涉案企业；检察机关不对涉案企业作出高额罚款；检察机关将合规考察制度适用于那些本身不涉嫌犯罪但其内部人员涉嫌在生产经营过程中实施犯罪的"涉案企业"；检察机关以涉案企业合规整改成功为依据，对责任人员作出宽大刑事处理；等等。这些都是我国检察机关独创的制度安排。与此同时，由于受多方面因素的制约，尤其是受到改革者所持理念、格局和眼光的限制，我国检察机关所作的一些制度探索，也存在着一些较为严重的问题，引发了理论界和实务界对其正当性和合理性的质疑。例如，对于涉案企业"合规出罪"的正当性，尽管已经得到理论上的论证，但仍然存在质疑乃至否定的声音；对于将合规改革不仅适用于涉案企业，而且扩大适用于那些内部人员在生产经营中实施犯罪的"涉案企业"的做法，很多研究者都提出强烈质疑；对于以企业合规为依据宽大处理责任人员的做法，不少研究者都认为缺乏正当依据；对于将合规考察程序适用于那些治理结构并不完善的小微企业，不少人都心存疑虑；对于在重大单位涉罪案件中适用合规附条件不起诉机制，很多研究者都认为这违背单位犯罪的"双罚制"原理，可能存在放纵涉嫌严重犯罪的涉案企业的嫌疑；对于检察机关动辄在三个月至六个月的合规整改期限内，宣称"涉案企业合规整改成功"，很多人也都认为略显草率，其合规计划是否达到了"有效预防特定违法犯罪再次发生"的目标，难以得到科学的验证；等等。

鉴于企业合规改革既取得了较大的成功，也面临着一系列理论上的挑战，研究者有责任对改革经验作出理论上的提炼，并回应当下存在较大争议的理论问题。在笔者看来，有生命力的法学理论通常不是"苦思冥想"的结论，而应来自对制度探索和实践发展的提炼。但仅仅有理论提炼是远远不够的。研究者还应当将自己的理论拿到实践中接受检验，并对那些理性层面上的学术争论作出回应，以维护理论的权威性和可验证性。科学的理论不应成为一种信仰或教条，而应是具有解释力和说服力的可验证论断。

有鉴于此，《有效合规的中国经验》一书，对于企业合规整改中的有效合规问题进行了较为全面的思考，并作出了一些初步的理论总结。本书正文部分共有十个章节。其中，前两章讨论了有效合规计划的基本标准问题，强调企业在建立日常性合规管理体系和进行合规整改中要遵循不同的有效合规标准,应当为有效合规整改确立专门的目标,设定针对性和体系性兼顾的合规整改标准。第三章至第五章讨论了有效合规实现的三个制度路径,也就是合规整改中的相称性原则、高层承诺原则和专项合规计划,这三个制度路径都是我国检察机关已经接受的合规理念,是实现有效合规整改的制度保障。第六章至第八章讨论了有效合规实现的三个重大争议问题,也就是重大单位涉罪案件的分案处理问题,合规宽大处理责任人员问题,以及合规整改结束后的行刑衔接问题。笔者既论证了上述三种做法的正当性,也从有效合规的角度提出了进一步的制度改进思路。本书的最后两章分别讨论了合规监管人和律师作为合规顾问在合规考察程序中的角色和作用,提出唯有站在有效合规的立场上,重新界定合规监管人和合规顾问的角色身份,才能使他们督促或引导涉案企业进行实质性的合规整改,并达到有效预防类似违法犯罪行为再次发生的目标。

在本书的最后,笔者还将五篇有关有效合规问题的比较研究成果作为附录,以帮助读者打开视野,了解域外有效合规的发展情况,并作为进一步研究有效合规问题的参考。

学术研究是一场永远无法停息的探索过程。笔者自进入企业合规这一研究领域以来,已经历了近五个年头。其间,既有基于迸发新的灵感而产生的内心愉悦,也陷入过"皓首穷经而不得解"的强烈困惑。本书是笔者跟踪、观察和思考企业合规改革的阶段性总结,是这一阶段的一些思想结晶。正如西人所说,对于同一事物,我们每个人看到的都只是一个侧面,甚至经常是不同的侧面。但"管中窥豹",或有一得。研究者只要本着社会科学的基本准则,放弃预断、成见和武断,不陷入教条主义的陷阱,且具有真正的人文关怀,就可以作出自己的理论贡献。这或许是一个学者在当下的中国所能发挥的一点独特作用吧。

陈瑞华

2023 年 1 月 16 日记于

北京大学中关园

目录

第一章
有效合规计划的理念与反思

一、有效合规计划的难题 / 002
二、对"有效合规计划"的反思 / 003
三、有效合规计划的重新界定 / 009
四、大中型企业的合规计划 / 014
五、小微企业的合规计划 / 020
六、无效合规整改的主要情形 / 026
七、有效合规计划的差异化思路 / 033

第二章
有效合规整改的基本要素

一、合规整改的两种思路 / 037
二、合规整改的前置性条件 / 040
三、涉案企业犯罪原因的诊断 / 043
四、合规整改的制度纠错措施 / 050
五、专项合规体系的构建 / 055
六、针对性和体系化的有机结合 / 061

第三章
企业合规整改的相称性原则

一、相称性原则的提出 / 063

二、相称性原则的性质和功能 / 064

三、相称性原则的比较考察 / 069

四、相称性原则在我国合规考察制度中的引入 / 077

五、相称性原则的适用（Ⅰ）——合规整改模式的选择 / 086

六、相称性原则的适用（Ⅱ）——合规管理体系的差异化设置 / 089

七、有效合规的制度保障 / 093

第四章
合规整改中的高层承诺原则

一、企业高层参与合规治理的难题 / 096

二、比较法的考察 / 099

三、高层承诺原则的含义与功能 / 105

四、合规体系的搭建 / 110

五、合规文化的传达 / 113

六、合规体系的运行 / 117

七、企业高层推动下的合规治理 / 121

第五章
专项合规计划的思路和要素

一、"全面合规"的制度困境 / 124

二、一个案例的分析 / 127

三、专项合规计划的性质 / 131

四、专项合规计划的理论根基 / 136

五、专项合规计划的要素（Ⅰ）——基础性合规要素 / 140

六、专项合规计划的要素（Ⅱ）——专门性合规要素 / 142

七、专项合规计划的扩展 / 149

第六章
重大单位涉罪案件的分案处理问题

一、重大单位涉罪案件的处理难题 / 152

二、一个案例的分析 / 155

三、单位与个人的责任分离 / 159

四、企业定罪附随后果的规避 / 162

五、法益修复的效应 / 166

六、特殊预防的效果 / 169

七、对若干质疑的回应 / 171

八、"放过企业，惩罚责任人"的实现 / 174

第七章
企业合规对个人刑事责任的影响

一、对责任人员合规从宽的理论难题 / 177

二、对责任人员合规从宽的四种场景 / 179

三、对责任人员合规从宽的正当性反思 / 184

四、合规关联性理论的提出 / 189

五、"合规关联性理论"对合规改革的影响 / 192

六、双重附条件不起诉制度的确立 / 195

七、对责任人员合规从宽的合理限制 / 197

第八章
企业合规整改的行刑衔接问题

一、合规整改行刑衔接的制度难题 / 199

二、行刑衔接的四种方式 / 203

三、"行业合规"的尝试与反思 / 205

四、检察机关与监管部门联合合规考察的可行性 / 210

五、行政机关推进企业合规方式的改革 / 213

第九章
合规监管人的角色定位

一、合规监管流于形式的难题 / 221

二、合规监管人的法律地位 / 222

三、合规监管人的角色（Ⅰ）——合规计划设计环节的监督者 / 225

四、合规监管人的角色（Ⅱ）——合规计划运行环节的
指导者 / 228

五、合规监管人的角色（Ⅲ）——合规整改验收环节的
评估者 / 233

六、合规监管人发挥作用的制度空间 / 237

第十章
律师在有效合规整改中的作用

一、律师担任合规顾问的难题 / 241

二、一个案例的分析 / 243

三、律师在合规整改中的三种角色 / 246

四、合规考察条件的满足 / 251

五、企业制度纠错的展开 / 255

六、企业专项合规计划的搭建 / 260

七、基于有效合规整改的律师合规业务 / 264

附 录

附录1　英国刑事合规的有效性标准／265

附录2　法国反腐败案件的有效合规标准／276

附录3　美国反海外腐败案件的有效合规标准／286

附录4　美国检察官是如何进行合规整改的
　　　　——《美国检察官办理涉企案件的启示》读书札记／298

附录5　美国暂缓起诉协议中的合规计划／309

参考书目／315

第一章　有效合规计划的理念与反思

> 有效预防相关违法犯罪行为再次发生,是涉案企业合规整改的基本目标。为实现这一目标,涉案企业的合规整改计划应满足三个方面的要求:一是合规计划的设计符合有效合规的标准;二是合规计划的运行融入企业的管理流程和业务环节之中;三是合规计划切实发挥了有效预防违法犯罪的积极效果。

一、有效合规计划的难题
二、对"有效合规计划"的反思
三、有效合规计划的重新界定
四、大中型企业的合规计划
五、小微企业的合规计划
六、无效合规整改的主要情形
七、有效合规计划的差异化思路

一、有效合规计划的难题

什么是有效的合规计划？过去，我国法律界没有对日常性合规管理体系与危机发生后的合规整改作出区分，而是笼统地讨论"合规计划的有效性"问题。按照这一观点，所谓合规计划的有效性，可以分为"合规计划设计的有效性""合规计划执行的有效性"和"合规计划结果的有效性"等三个要素。[①] 但对于这三个要素的具体内容和评估标准，研究者却莫衷一是，对于究竟将哪些合规要素归入这三种标准之中，存在着不同的看法。例如，在确保"设计的有效性"方面，有人认为，企业需要确立合规风险评估、合规政策、合规管理机构、合规培训以及违规行为的识别和查处机制。但也有人认为，合规计划的设计应包括管理者的身体力行、合规机构的完善、合规人员的资源和自主性以及合规运作和保障机制的完备性等要素。又如，对于"执行的有效性"，有人将其理解为合规体系的运行要有资源保障，合规管理机构要有必要的权力和独立性，合规管理人员要具有胜任职务的能力，合规管理要被纳入企业绩效考评体系，等等。但也有人认为，合规计划的运行主要是指企业发布良好的政策和流程，建立有针对性的合规培训制度，建立对违规行为匿名举报的机制，企业针对员工遵守法律法规的情况建立奖惩机制。再如，在实现"结果的有效性"方面，有人强调企业应通过合规体系建设，形成良好的合规文化，对合规管理体系进行持续性改进，对违规事件作出适当的处理，等等。但也有人认为，这主要是指企业不断改进合规管理体系，针对违规行为建立调查机制，探究原因，分析管控漏洞，采取补救措施和追究责任，等等。

这些对"合规计划的有效性"的理解，尽管观点各有不同，但都程度不同地受到了美国刑事执法部门所确立的"有效合规标准"的影响。但是，无论是美国司法部所确立的有效合规标准，还是我国法律界人士对有效合规计划的认识，都没有将合规整改视为检察机关督促企业展开合规体系建设的过程，而只是确立了若干项旨在评估合规计划有效性的书面指标。这些评价指标尽管从形式上被概括为合规计划的"设计有效性""执行有效性"和"结果有效性"，但究其实质，仍然没有超出"书面合规计划有效性"的范畴，而最多是将不同的合规计划要素作出了不同的排列组合而已。

[①] 参见郭小明、刘润兴：《如何确保刑事合规计划得以有效实施》，载《检察日报》2021年8月6日，第3版。

有鉴于此，我们有必要结合我国检察机关的合规改革实践，对"有效合规计划"的理念进行重新思考。按照笔者的看法，在涉案企业的合规考察程序中，无论是检察官还是第三方组织，都可以从三个角度界定"有效合规计划"的构成要素：一是合规计划设计的有效性，二是合规计划运行的有效性，三是合规计划结果的有效性。但是，对于这三项要素的内涵应当重新作出界定，而不宜直接套用美国司法部的"有效合规标准"。

在对有效合规计划的理念和要素作出重新界定的基础上，我们可以对我国检察机关在两类单位涉罪案件中的有效合规标准作出总结和提炼。原则上，要达到有效预防同类犯罪再次发生的合规整改目标，无论是大中型企业还是小微企业，都应建立和实施一种与其人员规模、行业特点、业务范围、涉罪类型和合规风险相适应的差异化合规计划。

根据有效合规计划的差异化思路，涉案企业在合规整改中不可能建立整齐划一的合规计划，合规计划无论是在制定、运行还是在发挥效果方面都具有个性化的特征。但是，这并不妨碍我们根据那些合规整改失败的案例，提炼出"无效合规"的基本要素和标准。我们可以从涉案企业没有实现有效合规整改的目标这一角度入手，总结出无效合规的各种情形。而为避免这些无效合规情形再次出现，我们可以引入一些相应的合规管理要素，这些要素累积起来，就可以成为我们总结"有效合规计划"的基本依据。

二、对"有效合规计划"的反思

在刑事法律中确立"有效合规计划"的基本标准，始于美国联邦量刑指南，后来为英国、法国、意大利等国的法律所接受，目前已经成为欧美国家在确立刑事合规制度时所形成的一种传统。之所以要确立"有效合规计划"的法律标准，主要是考虑到企业仅仅有一项书面的合规文件是远远不够的，企业建立合规管理体系的根本目的在于预防和发现企业内部的违法犯罪行为，并形成一种遵守道德规范和遵从法律的文化。要衡量企业的合规计划是否得到成功建立，其判断标准就是该项合规计划在达到上述目标方面是否行之有效，而不是形同虚设或者毫无价值的。从刑事法律的角度来看，那些在犯罪时已经建立了有效合规计划的企业，既可以以此作为提出无罪抗辩的根据，也可以将此作为减轻处罚的量刑情节。对于检察机关而言，涉案企业实施了有效合规计划的事实，可以作为决定是否提起公诉的重要考虑因素。而在那些确立了暂缓起诉协议制度或者不起诉协议制度的国家，涉案企业一旦作出建立合规计划的承诺，就需要提出一种有效的合规计划，才有可能与检察机关达成暂缓起诉协议或者不起诉协议。而在上述协议所确立的考察期结束之前，检察机关还会将涉案企业是否有效实施了上述合规计划，作为对其作出不起诉决定的重要依据。

美国是第一个在法律中确立刑事合规制度的国家。根据 1991 年颁布的《组织量刑指南》，一个有效的合规计划，既是检察官决定是否对涉案企业起诉的重要依据，也是法官对犯罪企业进行量刑时的参考因素。什么是有效的合规计划呢？简言之，这是指一个合理设计、实施和执行的合规机制，旨在有效预防和发现犯罪行为，促使企业建立一种依法依规经营的文化。该项指南列出了有效合规的"一般标准"：一是建立合规标准和程序，合理预防犯罪行为的发生；二是企业领导人和治理部门（董事会）监控和管理合规计划；三是将那些有过违法行为或者不遵守有效合规程序的人，排除于企业合规管理职能之外；四是通过培训等方式向员工传达企业合规的政策和标准；五是建立有效合规的合理措施，如利用监测、审计和报告系统发现犯罪行为；六是建立惩戒机制，严格执行合规标准；七是持续不断地改进和更新合规计划。

2019 年 4 月，美国司法部刑事部门发布了《公司合规计划评价》，并于 2020 年 6 月 1 日作出了修订。根据该文件，有效合规计划可分为三个方面：一是公司是否有一个设计良好的书面合规计划，这被视为合规计划有效性的前提条件；二是合规计划在组织里是否得到了严格执行和有效落实；三是是否存在着违规行为的有效识别、纠正和报告机制。我国一些法律实务界人士一般将其分别概括为"合规计划设计的有效性""合规计划执行的有效性"以及"合规计划结果的有效性"。

2010 年，英国通过了《反贿赂法》，在反商业贿赂领域确立了一种新型的罪名——"商业组织预防贿赂失职罪"。2017 年，英国在反金融犯罪领域又确立了两种新罪名：一是"商业组织预防逃避英国税收失职罪"，二是"商业组织预防逃避外国税收失职罪"。这些新型罪名具有一种"预防特定犯罪存在失职行为"的入罪模式，在企业员工、第三方等实施相关犯罪行为时，企业本身要承担严格责任，构成一种失职类犯罪。与此相对应，英国法律对于上述三种失职类犯罪，都确立了合规无罪抗辩的机制。涉案企业只要提出证据，证明其已经建立了"充分程序"来预防贿赂或者逃税行为的，就可以不承担刑事责任。

简要说来,所谓"充分程序",包括六项合规计划有效性的原则。其中,"相称程序原则"是指公司要确立与其所面临的贿赂风险相称的反贿赂程序;"高层承诺原则"是指公司董事会、股东以及其他具有同等地位的组织或者个人,要作出反贿赂的承诺;"风险评估原则"是指公司要定期评估它所面临的外部和内部贿赂性质和程度;"尽职调查原则"是指公司为减少发生贿赂的风险,应对相关人员的尽职情况进行专门调查;"有效沟通原则"是指公司要确保通过内部和外部的沟通,使其预防贿赂的政策和程序根植于公司内部,确保员工知晓并理解;"监控和评估原则"则是指公司要定期监控和评估其反贿赂的政策和程序,并采取必要的改进措施。

法国刑法并没有确立合规出罪和合规减轻处罚制度。但作为一部专门的反腐败法律,法国2016年通过的《萨宾第二法案》确立了强制合规制度。那些依法承担强制合规义务的企业,假如建立并实施了有效的合规计划,就可以免受刑事处罚或者行政处罚。这种有效合规计划可以包含以下几个要素:

一是制定行为准则,以便定义可能构成贿赂以及其他构成非法交易的行为;二是建立内部预警系统,以便收集员工提供的有关违法行为的线索或者信息;三是进行风险评估,根据企业所属的行业和运营地区,来对企业的贿赂风险加以识别、分析和分级,并定期更新风险评估;四是制定内部和外部会计控制程序,以确保会计账簿、会计记录和会计账目不被用来掩盖贿赂行为;五是建立培训体系,以帮助那些最接近贿赂风险的高管和员工预防并发现腐败行为;六是建立惩处机制,以惩戒那些违反行为准则的员工;七是建立内部控制和评价制度,以审查合规制度的有效性。

2001年,意大利立法机关通过了著名的"第231号法令",对刑法典作出了重大修订,引入了刑事合规制度。根据这一法律,如果涉嫌犯罪的企业有证据证明其在犯罪之前实施了有效的合规计划,司法机关就可以免除其刑事责任。那么,究竟什么是"有效合规计划"呢?对于这一问题,"第231号法令"只是笼统地规定,涉案企业需要根据其治理结构、业务和特征来量身定制一套合规计划,并没有确立这类计划的结构和内容。

经过近十年的司法实践,意大利法院在相关判决中逐步确立了有效合规计划的基本内容,主要包括:(1)建立风险评估机制,确定管理人员或员工最有可能实施犯罪的领域;(2)建立企业在从事有风险的活动(例如,企业从事业务、合资、代理或顾问、收购和处置、赞助、礼物、慈善和政治捐款等)时所要遵循的适当程序；（3）建立一个内部控制和监督系统，监督机构必须保持完全的独立性；（4）建立一个持续更新合规计划的机制；（5）建立一种能够预防犯罪发生的最安全的长期财务管理方式；（6）对于所有管理人员和员工强制执行合规计划，并为那些在风险领域工作的人员提供合规培训；（7）采取纪律措施来制裁违规行为。

　　从上述欧美国家刑事合规的发展历程来看，合规计划的推进几乎都是从反腐败领域开始的。这些国家大体确立了合规出罪或者合规宽大处理的刑法激励机制。应当说，对于一个声称已经建立合规计划的企业而言，司法机关要对其合规计划的有效性作出恰当的评估，就需要掌握一些可操作的判断标准。但是，考虑到每个企业的性质、业务、治理结构以及涉嫌犯罪的情况都存在着较大的差异，法律要为所有涉案企业设置一种具体可行的合规评估标准，也是一项不可能完成的工作。在此情况下，立法机关或者司法部门从兼顾现实的角度出发，为企业合规计划的有效性评估设定若干明确性的要素，或者设立几项最低限度的原则，就成为一条势在必行的出路。可以说，从上述美、英、法、意四国建立刑事合规制度的经验来看，所谓的"有效合规计划"，也就是司法机关对涉案企业的合规计划有效性作出评估的基本依据。经过多年的相互借鉴和制度移植，这些合规计划有效性的要素，已经变得大同小异了。

　　自2020年3月以来，我国最高检察机关开始了企业合规监督考察制度的改革探索。在这场改革中，一些涉嫌犯罪的企业在认罪认罚的前提下，向检察机关提交了合规整改方案或者刑事合规计划，作出了建立或者改进合规管理体系的承诺。对于符合条件的涉案企业，检察机关批准了其合规整改方案或刑事合规计划，并设置合规考察期，指派第三方合规监管人对企业实施合规整改方案的情况进行监督、指导、报告和验收，在合规考察期结束前，检察机关还会组织合规验收听证会，对企业建立和改进合规管理的效果作出权威的审查和评估，并将此作为对企业放弃起诉的主要依据。但是，无论是在启动合规考察程序方面，还是在开展合规评估验收方面，检察机关都没有现成的可操作标准，这在很大程度上制约了这场合规监督考察制度的深入探索。为解决这一难题，一些检察机关将目光投向那些已经确立成熟合规制度的欧美国家，采取"拿来主义"的策略，直接对这些国家所确立的"有效合规计划"加以吸收和借鉴，将其作为我国检察机关开展合规考察和合规验收评估的标准。有些实务界人士甚至较为自信地断言，美国有效合规计划的三要素,也就是合规计划设计的有效性、合规计划执行的有效性和合规计划结果的有效性,可以成为我们对涉案企业合规整改进行验收的基本标准。

那么,上述无论是内容还是表述都十分相似的"有效合规计划",究竟能否成为我国企业开展刑事合规整改的有效性标准呢?答案是否定的。主要原因有以下几个方面:

首先,所谓的"有效合规计划",几乎都属于企业日常性的合规管理体系,而无法成为涉嫌犯罪的企业进行刑事合规整改的标准。在合规管理建设方面,存在着两种差异较大的合规有效性评价体系:一是日常性合规管理体系,也就是企业在没有发生违法犯罪事件的情况下,基于常态化的合规风险防控而建立的公司治理体系;二是合规整改体系,也就是企业在发生违法犯罪事件之后,为应对刑事执法调查、获取合规激励而建立的应急性合规整改措施。前述欧美国家所确立的"有效合规计划",显然属于基于合规风险评估所建立的常态化合规管理体系,并没有专门的针对性,也没有制度纠错和修复的内容。上述有效性标准可以适用于几乎所有企业为防控任何一种合规风险所建立的合规管理体系。而对于一个涉嫌犯罪的企业,究竟如何发现合规管理漏洞,如何作出有针对性的制度改进,如何防止企业再次发生类似犯罪行为,这些"有效合规计划"则并没有给予专门性的关注。

其次,这些"有效合规计划",几乎都是对企业犯罪前已经实施的合规管理体系的评价根据,而难以成为对企业犯罪后合规整改有效性的评价标准。对于那些建立并实施过合规计划的企业而言,前述"有效合规计划"大体涵盖了合规管理体系的基本构成要素,可以成为对这类管理体系作出有效性评估的主要依据。但是,对于一个在刑事司法程序中作出合规整改承诺的企业而言,司法机关所要做的是一种类似犯罪学家的工作,包括研究犯罪现象、查找犯罪原因、探求犯罪控制方案等,终极目标是在迫使企业终止犯罪行为的前提下,作出有针对性的制度改进和漏洞堵塞,预防类似犯罪行为再次发生。要评估企业是否通过合规整改达到了这种预防犯罪的目标,检察机关就需要掌握一些有针对性的评估标准,而不只是一系列原则性较强的合规制度要素。可想而知,即便涉案企业在形式上建立了上述合规制度要素,如风险评估、高层关注和承诺、合规内部调查、培训和沟通、对违法人员的惩戒、合规制度的不断改进等,但假如不针对企业发生犯罪的原因进行制度纠错的话,那么,这些形式化的合规管理制度,也注定会流于形式,无法发挥预防犯罪、督促企业依法依规经营的效力。

再次，在检察机关只能设置较短合规考察期的情况下，要求企业按照这些"有效合规计划"的标准来建立合规管理体系，通常不具有现实可行性。与日常性合规体系建设不同的是，涉案企业的合规整改通常要受到一系列因素的制约，例如检察机关的强力监管、第三方合规监管人的监督指导、合规考察期的有限设置、社会各界对合规整改效果的强烈期待和监督，等等。在此背景下，要使合规整改在短时间内发挥实质性效果，企业就必须确立一些现实可行的制度纠错和修复方案，而不能好高骛远，追求建立不切实际的"大而全"的合规管理体系。在一定程度上，合规整改就是企业在发现犯罪直接原因的前提下，对其治理结构、管理方式、商业模式、财务监控、第三方商业伙伴管理等作出结构性的制度调整，消除导致犯罪发生的制度因素。而欧美国家的一些"有效合规计划"，动辄要求涉案企业建立全面的监测、审计和报告制度，建立内部举报制度，持续不断地改进合规计划，等等，这至少对于部分涉案企业而言，既没有针对性，也不具有可行性。

最后，这些"有效合规计划"过分追求合规计划的体系化，无法指导涉案企业进行有针对性的合规整改，无法实现"去犯罪化"的合规整改目标。在合规管理体系建设方面，"体系化"与"针对性"是一对经常发生冲突的目标。通常而言，日常性合规管理机制的建立，侧重追求合规的体系化，以便发挥防控潜在合规风险的作用。但对于危机发生后的合规整改活动而言，要有效地实现预防犯罪、督促企业依法依规经营的目标，最现实可行的还是注重合规整改的"针对性"，也就是针对导致企业犯罪的制度原因，结合企业的性质、业务、规模和业已暴露的合规风险，作出与其相对应的制度纠错和修复努力。当然，这种有针对性的合规整改，可能会存在"注重短期效应"的问题，而体系化的合规整改则有助于发挥"长久预防犯罪"的功能。不过，在没有消除业已暴露的制度缺陷和管理隐患的情况下，动辄奢谈什么"合规体系化建设"，恐怕也很难避免走向无效合规的陷阱。

企业合规计划是一套以防范合规风险为目的而建立的公司管理体系。这套体系在欧美各国几乎越来越具有相同或相似的标准。但这套体系要被引入我国的企业管理体系之中，就需要与我国企业治理结构具有兼容性。当前，我国企业治理结构存在着根本性缺陷，例如很多企业都存在着"内部人控制失控""所有权虚置""产权虚置"等问题，股东大会对董事缺乏有效的制约，董事会也经常被高级管理团队架空，职业经理人队伍并不发达，企业内部普遍存在着以经营业绩和盈利状况进行层层考核的管理方式。在此公司治理结构不发生根本改变的情况下,企业以欧美"有效合规计划"为蓝本,引入合规管理体系,就可能会存在不兼容和操作失灵的问题。无论是企业搭建日常性合规管理体系,还是检察机关督促企业进行合规整改,在不解决治理结构缺陷的情况下,引入合规管理体系,就犹如在荒漠上构筑一座大厦,或者在沼泽地搭建一座大桥一样,注定将实施一种"纸面的合规计划",根本无法针对企业管理模式和商业方式的缺陷和漏洞,建立起一套有效防控违法犯罪行为的管理体系。

三、有效合规计划的重新界定

合规整改的最终目标在于确保企业不会再次发生类似的犯罪行为,建立一种保障企业依法依规经营的管理制度和企业文化。要达到这一目标,就应当将合规整改视为一个动态的过程,其中既包含针对企业特有的合规风险,提出一份书面的合规计划,也要求将这份合规计划加以有效实施,渗透到企业经营管理的每一流程和所有环节,使之真正发挥预防、监控和应对合规风险的作用。不仅如此,对于这种经过良好设计和妥善运行的合规计划,还应对其在预防违法犯罪方面的实际效果,作出科学的评估和审核。

为准确地分析这一问题,我们可以考察一个合规整改的案例。在这一案例中,合规监管人团队创造性地区分了"合规考察三环节",并从这三个角度开展了有效的监督指导工作。

A公司是一家主营软件技术开发、技术咨询等业务的高科技公司。2019年,该公司在没有取得相关资质的情况下,非法从事资金支付结算业务,违规使用单位银行结算账户,为他人提供向个人账户转账的服务,并从中营利,涉嫌构成非法经营罪。考虑到案件的专业性、办理时限、成本收益等诸多因素,检察机关委托某律师事务所作为该案的第三方独立监管人。在作出保密承诺、保证不存在利益冲突之后,律师事务所组建了合规监管人工作团队。该团队随后与承办检察官、A公司法定代表人、公司法律顾问建立了特定的工作联络机制。

从工作流程来看,合规监管人对涉案企业的合规整改承担着监督和指导职责。具体工作流程可分为合规整改准备、合规整改实施和合规整改验收三个阶段。

在合规整改准备阶段，合规监管人的工作重点是督导企业完成《自查报告》《合规整改计划》，并确定《合规考察标准》。在该案的考察过程中，合规监管人经过阅卷、访谈工作，发现上千万的涉案款项之所以轻而易举地通过股东借款、虚假报销等方式转移到法定代表人账户，与公司法定代表人凭借其大股东身份，在公司内部独断专行，公司治理结构失灵，公司资产与大股东个人资产产生混同等，有密切的关系。有鉴于此，合规监管人要求企业根据相关法律法规要求，深刻分析发生涉案行为的具体原因，全面梳理相关的内部经营管理制度，识别现有内控制度下的管理漏洞和薄弱环节，完成了《自查报告》，制定了有针对性的《合规整改计划》。随后，合规监管人参照上述自查报告和合规整改计划，制定了符合案件情况、适应企业自身特点的《合规考察标准》，并提交检察机关审定，使其成为监督考察企业开展合规整改的依据。

在合规整改实施阶段，合规监管人的工作重点是督导企业根据《合规整改计划》开展具体整改工作。在此期间，合规监管人定期向涉案企业了解《合规整改计划》的落实情况，开展实地走访、抽检、不定期访谈员工等工作，起草并向检察机关提交相应的《合规整改督导意见》。合规监管人督导企业进行了一系列整改工作。涉案企业通过修改公司章程，切实发挥监事的监管职责；任命监事担任合规专员，并成立合规整顿小组、制定多项内部财务制度，严格按照审批权限落实执行；修订员工手册，新增合规专员职责、合规监管人有关规定；建立常态化的员工合规培训制度，提升员工的合法合规经营意识；所有高管都签署了书面的合规承诺书。

在合规整改验收阶段，合规监管人的工作重点是判定涉案企业是否完成了合规整改，并出具《企业刑事合规监督考察报告》，参加检察机关组织的听证程序。

在办理该案的过程中，合规监管人"仅对合规整改提出有针对性的专业意见，但不会直接帮助企业开展具体的合规整改工作。此类工作将由企业的顾问律师完成，例如起草合规制度文件、开展合规培训等"。同时，有效的合规自查或内部调查，对于制定合规整改计划和确定验收标准，具有十分重要的作用，"应当将合规自查作为检察院决定是否对企业适用考察机制的考量因素之一,让合规自查成为涉案企业的'必选动作'"。①

通过分析这一合规考察案例,我们可以看到,合规整改是一种立体化和动态化的过程,而不仅仅是若干项合规管理要素的简单堆积。从形式上看,该案中的企业所进行的合规整改,确实包含着"合规计划设计""合规计划执行"和"合规整改验收"三个阶段,而合规监管人团队对企业合规整改的监督和指导,也是从这三个环节来展开的。所谓的"合规整改准备",其实就是督促企业针对管理漏洞设计出有效的合规计划;"合规整改实施"主要是指导企业落实合规计划,使其渗透到企业经营管理的所有环节;而"合规整改验收"则是指合规监管人对企业合规整改是否发挥了预防犯罪的作用、是否形成依法依规经营的企业文化所进行的专业评估。

由此看来,通过总结有效合规整改的经验和规律,可以确立一种立体化和动态化的合规整改有效标准。我们可以将合规整改的过程分解为"合规计划的设计""合规计划的运行"和"合规整改的结果"三个动态的流程,将其分别视为有效合规整改的三个有机环节。为避免将合规整改等同于书面合规管理体系的建立过程,我们需要以实现"有效合规整改"的目标为出发点,确立三项合规整改有效性的标准,使得这三个合规整改环节发挥相对独立的功能。

简要说来,所谓"合规计划设计的有效性",应当是指在识别和诊断企业合规管理漏洞的前提下,建立一套可以有效预防合规风险、监控违规行为和应对违规事件的合规管理体系。所有旨在建章立制的合规整改活动,都应被纳入"合规计划设计"的范围,并接受设计有效性的评估。所谓"合规计划运行的有效性",是指"书面合规计划的调试、运行和落地",通常被称为"穿透式合规管理",也就是将合规计划融入企业决策、业务、财务、经营、人事、奖惩的各个管理环节,使之得到激活和执行,发挥有效的内部监管作用。而所谓"合规计划结果的有效性",则是指企业经过合规整改,所运行的合规计划最终产生了积极的效果,不仅有效地堵塞和消除了合规管理漏洞,预防企业再次发生类似的犯罪行为,而且确保企业内部形成了依法依规经营的企业文化。对于这三项有效合规整改环节,我们可以简要展开分析。

---

① 参见吴巍律师团队:《涉案企业合规考察实务案例分享之二:合规自查应成为涉案企业的"必选动作"(上)》,载陈瑞华、李玉华主编:《企业合规改革的理论与实践》,法律出版社2022年版,第276页以下。

首先,"合规计划设计的有效性",应当是涉案企业在认罪认罚、停止违规业务、采取补救挽损措施的前提下,经过对合规风险的识别,对管理漏洞、制度隐患和治理结构缺陷的调查,在对相关管理制度和治理结构作出适当调整的基础上,引入有针对性的合规管理体系。在一定程度上,合规计划的设计应当是合规整改方案的核心部分,是在对现行管理制度作出纠错和调整的基础上,建立一套可以发挥合规风险预防、监控和应对作用的内部控制体系。通常说来,这一内部控制体系尽管在每个案件中都会有所侧重,而不可能具有整齐划一的模式,但至少应包含合规章程、合规政策和程序、合规组织体系和人员保障、合规风险预防体系、合规风险监控体系以及违规事件应对体系等基本构成要素。[①]

企业合规计划一旦得到批准,就成为检察机关督促企业开展合规整改的主要依据。而合规计划设计的有效性,是合规整改有效性的前提和基础。可以想象一下,涉案企业根据一份无效的合规计划来开展合规整改,怎么可能发挥预防违法犯罪再次发生的效果呢?要确定合规计划设计的有效性,无论是检察官还是合规监管人,都需要将涉案企业提交的"合规计划"视为一种加强内部控制体系的方案,从针对性、可操作性、纠错性和预防性等方面对其作出科学的审查和评估。对于那些不针对企业管理漏洞、不具有可行性、无法纠正企业管理错误或者无法发挥预防违法犯罪效果的合规计划内容,应当责令企业作出必要调整和修正。

其次,在合规整改过程中,检察机关一旦批准了企业提交的合规计划,就应确保该项合规计划得到有效的执行。所谓"合规计划运行的有效性",是指企业根据合规计划所作的承诺,在企业的经营管理中逐一落实和执行合规计划,使其在企业管理的各个环节发挥内部监管作用。例如,企业根据所作的书面承诺,应尽快制定或修订合规章程,将"对合规管理的高层承诺和重视"落实到企业行为准则之中;企业根据合规计划,应针对所涉嫌实施的犯罪类型,发布专项合规政策和员工手册,将法律法规中有关禁止专门性违法违规行为的规范条款,内化为企业员工和商业伙伴所要遵循的行为规范;企业根据书面承诺,应设立合规管理组织和合规管理人员,使其保持独立性、权威性并拥有足够的资源;企业根据合规计划,应激活旨在发挥预防、监控和应对作用的管理体系,包括开展合规风险定期评估、对商业伙伴的尽职调查、合规培

[①] 参见陈瑞华:《有效合规管理的两种模式》,载《法制与社会发展》2022年第1期。

训、合规报告、合规举报、定期合规风险监测和审计、合规风险报告、合规内部调查、合规体系不断改进等流程性管理活动。①

合规计划的有效运行,是合规计划从"纸面合规"走向"实效合规"的关键环节。涉案企业除了要将合规计划所承诺的整改方案逐一加以激活和落实以外,还应将合规管理视为企业的战略管理体系,使其融入企业的决策管理、经营管理、财务管理、人事管理之中,使所有产品研发、业务立项、招投标、进出口、税收处理、污染物处置等活动,都要经受合规审查和风险评估,使所有员工和高管在奖金发放、职务晋升、岗位调动、评优选贤等方面都要接受合规考核。更为关键的是,有效的合规计划运行,还应确保合规组织和合规人员享有"一票否决权",对于不合规的产品、业务、财务、人事事项可以直接加以否决,并得到高级管理层的尊重和接受。一言以蔽之,合规计划的有效运行,意味着涉案企业所建立的合规管理体系,成功地融入企业的治理结构和管理体系,在企业决策、经营、财务、人事等各个环节发挥监管作用。

最后,在得到良好设计和顺利运行的前提下,合规计划还需要发挥积极有效的合规整改结果。所谓"合规计划结果的有效性",并不等同于对违规事件的适当应对,而是指企业经过合规整改,最终达到了所预期的合规整改目标。例如,经过对企业高风险业务的随机抽查,确认企业所有业务、产品、财务、人事等管理事项都成功地接受了合规性审查,避免了再次发生类似违法犯罪行为的可能性。又如,经过对企业员工、高管、商业伙伴遵守法律法规情况的随机检查,确认他们在企业经营的各个环节都提升了合规风险意识,了解了相关法律法规的规定和最新进展情况,形成了依法依规经营的习惯。再如,经过对企业合规组织和合规管理人员工作情况的抽查,确认他们在预防合规风险、监控违规行为和处置违规事件等方面,可以发挥有效的作用,其合规审查意见得到了最高层的普遍接受和尊重,最高层也做到了定期传达合规政策、通报合规事件,形成了"只做合规业务"的管理理念。

相对于合规计划在设计和运行环节的有效性而言,合规计划结果的有效性注重的是合规整改所产生的积极效果。这种效果既不等于提出了良好的合规承诺,也不等于执行了一整套全新的合规管理体系,而是产生了预防合规风险、监控违规行为和补救制度漏洞的实际作用。通过合规管理体系的实际运行,企业在合规考察期之内在依法依规经营方面发生了显著的变化:从

---

① 参见陈瑞华:《企业有效合规整改的基本思路》,载《政法论坛》2022年第1期。

消极层面说,有效地规避了可能发生的合规风险,可以在决策、经营、财务、人事等各个管理环节加强内部自我监管,有效预防类似的犯罪行为;而从积极层面看,则是企业合规体系实现了对高管、员工和商业伙伴的自我监管,形成了依法依规经营的企业文化。①

四、大中型企业的合规计划

迄今为止,无论是美国还是英国、法国、意大利等欧洲国家,对于所推行的"有效合规计划",都确立了各自的要素和标准。总体说来,这些"有效合规计划"的标准,对于企业建立"带有预防性的事前合规体系",确实具有一定的指导作用。对于在案发之前就满足了这些合规标准的企业,无论是司法机关还是行政监管部门,都可以将合规管理体系的建立作为一种必要的激励机制,据此作较为宽大的处理。但是,对于那些因为涉嫌犯罪而受到刑事追诉的企业而言,要建立一种"带有补救性的事后合规体系",就无法完全根据这些标准来建立或者改进合规管理体系。毕竟,在司法机关所确立的有限的合规考察期限内,涉案企业面临重重压力,并受到多方面条件的限制,根本不可能"从容不迫"地建立大而全的合规体系,而不得不针对所涉嫌实施的特定犯罪行为,建立专项合规体系。为避免合规整改流于形式,司法机关也不可能容忍涉案企业提供一种过于理想、空洞和形式化的合规计划,而必须督促企业在引入体系化的合规计划的过程中,确立并激活若干项最基本的合规要素。

由此看来,我们要建立有效的合规计划,就必须在参考其他国家合规管理经验的基础上,兼顾我国企业合规不起诉制度改革的实际情况。在我国合规不起诉制度改革逐渐向纵深推进的情况下,检察机关在多个案例中进行了这一制度的试验,并在部分案例中取得了积极的效果。作为这项改革的观察者和研究者,我们有必要对这些案例加以研究,从中遴选出富有启发性的案例,据此总结出检察机关监督指导合规整改的成功经验。本着这一思路,笔者拟以江苏南京建邺区检察院办理的一起串通投标案为范例,对大中型

---

① 参见李勇:《涉罪企业合规有效性标准研究——以A公司串通投标案为例》,载《政法论坛》2022年第1期。

企业①的有效合规计划作出初步的思考。

江苏省某工程集团有限公司(以下简称 A 公司)是一家大型交通工程施工企业,拥有交通工程特级资质。A 公司注册资本 6.5 亿元人民币,年施工产值、年业务经营总额均超百亿,年纳税总额超 2 亿元。在册员工 6000 余人,带动农民工就业约 3 万人。该公司承建的工程项目多次荣获中国建筑工程"鲁班奖"、中国土木工程"詹天佑奖"等重要奖励。作为国内领先的综合型交通工程施工企业,A 公司在全国多地承建国家重点工程、销售高新技术产品,并陆续在十余个国家承担施工任务和援建项目。

2015 年至 2017 年间,A 公司主管公司招投标工作的总经济师孙某等人,在多个高速公路建设工程项目的投标过程中,与其他投标单位串通投标报价,累计中标金额 34.1 亿余元。2020 年 10 月 18 日,案件进入审查起诉阶段。检察机关认定 A 公司构成串通投标罪,对孙某等人和企业分案处理。

检察机关在审查起诉过程中,多次到 A 公司实地走访调研,全面了解企业是否符合开展合规的条件,审查合规承诺的真实性和自愿性。检察机关认为,串通投标罪属轻罪,A 公司相关人员到案后均积极配合调查,采取补救措施,犯罪情节较轻,且 A 公司在册员工 6000 余人,带动农民工就业约 3 万人,如果定罪处罚,企业经营将会陷入困境,大量人员有失业风险,社会负面影响较大。同时,检察机关了解到,该公司具备建立合规计划的基础条件,并有建立合规管理制度的意愿,符合合规试点要求。经充分释法说理,A 公司签署《合规承诺书》,检察机关建议并指导 A 公司组建专业团队,进行长达 3 个月左右的风险识别,在风险识别的基础上建立、完善合规管理制度,重建公司治理结构,修改公司章程,在公司章程中明确了合规准则,将合规作为公司经营的重要战略,将合规管理作为公司管理层架构之一。A 公司设立合规委员会、首席合规官以及合规管理部,明确集团公司各职能部门的合规职责。A 公司修订了《合规管理体系—经营开发手册(试行)》,包括合规管理办法、经营开发工作

---

① 根据企业的规模,我们一般将有 1000 名以上员工的企业称为"大型企业";将有 300—1000 名员工的企业,称为"中型企业";将有 20—300 名员工的企业,称为"小型企业";将有 20 名以下员工的企业,称为"微型企业"。通常情况下,对于涉案的大型和中型企业,检察机关会督促其建立"范式合规"体系,而对涉案的小型和微型企业,检察机关则督促其建立"简式合规"体系。但这种合规整改思路并不是绝对的,也有一些例外。

具体业务审核流程、岗位合规行为负面清单等8个组成部分。

2021年6月29日,检察机关组织第一次专家听证会,邀请多位合规领域专家对A公司的合规计划设计及执行情况进行论证、评估,认为A公司尽管建立了形式上符合ISO37301《合规管理体系要求及使用指南》标准的合规管理体系,但这一合规计划过于空洞和原则,缺乏有效性和针对性。A公司根据检察机关的建议,修订完善了《集团公司投标专项合规行动计划》,从投标禁止行为、投标关注重点、海外投标环境评估等9个方面,加强专项风险评估,全面梳理岗位职责及负面清单,将合规融入规章制度和管理流程。同时,A公司进一步完善了合规运行支持体系,将合规运行结果全面系统融入员工业绩考评体系,考核结果作为干部任用、评先评优等工作的重要依据;进一步完善了匿名举报、举报者保护机制及合规奖惩制度。特别值得关注的是,A公司采取了以下四项合规整改措施:(1)在董事会之下设立由纪委书记担任负责人的合规委员会,确保合规委员会的权威性和独立性;(2)建立"合规一票否决"制,即首席合规官、合规部门对公司业务决策进行合规审查,并拥有一票否决权;(3)建立合规月度培训制度,将合规计划编入员工手册,并附负面清单和典型案例,遴选一名员工为"合规标杆员工";(4)全面修订经营开发流程,修改绩效考核细则,将合规与晋升、奖金挂钩,每季度考核一次。

2021年10月15日,检察机关组织召开第二次听证会,邀请合规领域专家以及人大代表、政协委员、人民监督员等,对企业合规执行情况以及第三方监管小组的评估报告进行听证,并对检察机关对案件的处理进行听证。经过近一年的时间,2021年10月15日,检察机关依法对该公司作出不起诉决定。

建邺区检察院认为,为确保合规管理制度的有效实施,坚决防止"纸面合规",检察机关应充分履职尽职,积极发挥第三方监督评估机制的重要作用。具体说来,检察机关在办理该案过程中取得了以下基本经验:

一是建立健全监管组织,确保第三方监管的独立性。检察机关联合工商联、司法局、市场监管局、金融监管局等成立企业合规第三方监督评估机制管理委员会(以下简称第三方监管委员会)。结合本案特点及企业类型,第三方监管委员会选任以两名律师、一名同类型企业高管为成员的第三方监督评估小组。检察机关、评估小组、企业签订三方协议,评估小组根据协议开展调阅案件材料、了解企业经营信息、现场检查、飞行检查、问卷、访谈等工作，动态监管公司合规计划的实施情况、执行效果等，对合规管理可能存在的疏漏、问题及时发现、跟踪改进。

二是推行"双听证"模式，确保第三方监管的专业性。在合规计划建立实施初期，检察机关组织了专家听证咨询会，邀请合规领域专家对企业的合规管理制度及其执行情况进行专业评估，确保合规计划的专业性。在合规考察结束之前，检察机关第二次组织专家听证咨询会，对第三方监督评估小组的评估报告、企业合规计划执行情况及效果进行听证。双听证制度的推行，保证了合规计划的专业性和有效性。

三是建立检察机关主导下的协同监管机制，确保第三方监管的客观性。检察机关在委托第三方监督评估小组进行监管的同时，并没有"放手不管"，而是在监管评估过程中发挥主导作用，既对企业执行合规计划的情况进行监督指导，也对第三方监督评估小组的工作进行监督，督促其遵守职业伦理，防止出现不当行为。

四是积极探索合规有效性审查标准及评估方法，确保第三方监管的有效性。在检察机关的主导下，第三方监管委员会研究制定了以企业文化为核心的有效性评估标准，建立了合规有效性评估的"1+1+2"模型并使用SOD风险系数评估法。

经过追踪考察，该企业的合规管理取得积极效果。2022年3月至7月，合规制度试运行期间，该企业共建立程序文件22类382份，记录表单7类388份，中标项目37个，金额132997万元，占全年业务成果的22.1%；7月下旬至10月上旬，更新合规程序文件6类60份，中标项目20个，金额309115万元，占全年业务成果的44.6%，全部中标项目中没有出现违法违规行为。

作为检察机关聘请的合规专家，笔者参与了检察机关组织的第一次听证会。对于A公司初步建立的合规管理制度，出席听证会的专家一致认为缺乏基本的针对性和有效性，合规管理制度过于理想和空洞，几乎都是对一些规范性文件中"合规管理指引"条款的照搬照抄，没有办法确保合规计划的有效执行，更谈不上在预防和发现违法违规行为上发挥积极作用。在第一次听证会之后，经过检察机关督促全面整改，A公司对其合规管理制度作出了大幅度的调整，增加了若干项合规制度要素，确保合规管理体系得到更为合理的设计和更为理想的执行，初步取得了积极的成效。对于这些新增加的合规制度要素，笔者将其视为"最低限度合规计划"的基本组成部分。

其一,涉案企业应修改公司章程,确立合规管理条款,使其成为具有最高效力的合规准则。这是企业合规计划得以运行的前提和基础。通过将合规写入公司章程,确立基本的合规组织和管理结构,涉案企业向全社会作出了合规承诺,并使得各项合规管理制度具有了规范效力。

其二,涉案企业应针对所出现的犯罪问题,建立专项合规计划,并据此确立企业的专项合规政策、标准和程序。这是企业合规计划的核心和灵魂。在上述案件中,涉案企业针对自身出现的串通投标犯罪问题,将合规管理的重点放在"企业经营开发合规管理体系"的建立和完善上,从而形成了以防范经营开发中的违法违规风险为重心的专项合规体系。为此,企业发布了《经营开发合规管理细则》《投标专项合规行动计划》《经营开发合规管理程序性文件》《经营开发工作具体业务审核流程》《经营开发具体业务评审记录表单》,对董事、高管、员工以及第三方合规伙伴参与经营开发、参与招投标的行为,确立了较为具体明确的法律边界,对法律法规所确立的行为准则作出了较为详细的重申和列举,初步形成了有关经营开发和参与招投标行为的基本政策、行为标准和程序流程。例如,在经营开发的政策和标准方面,企业确立了经营开发的机构、工作原则、管理方式、合同签订、证照管理、风险防控等主要事项,确立了投标禁止行为、关注重点、海外投标环境评估等制度。在经营开发的程序流程方面,企业确立了合规风险的识别与防控、合规业务审核、监督检查、合规报告、合规绩效评价以及合规体系改进等主要的流程。涉案企业还发布了《员工手册》,对于"企业合规管理""员工合规行为准则与奖惩"等作出了专门规定,支持员工的依法依规经营行为,严惩员工的违法违规行为,鼓励员工举报违法违规的行为。

其三,涉案企业应建立独立、权威和具有充足资源保障的合规组织。这是企业合规计划得到有效执行的制度保障。在上述案例中,涉案企业确立了董事会、监事会和经营层的合规职责,强调董事会对于合规管理承担领导责任,在董事会之下设立合规管理委员会,由企业纪委书记担任负责人,董事长、总裁、分管领导、主管部门负责人、合规管理专职人员、法律顾问等为委员会委员,承担合规管理的组织领导和统筹协调工作;强调首席合规官具有合规决策上的独立性,对于公司重大经营管理决策的合规性评估,拥有一票否决权,企业中高层不得越过董事会向首席合规官下达指令或者干涉首席合规官的决策行为。

其四,涉案企业应建立合规审查、检查和报告制度,对于企业内部遵守法律法规的情况以及存在的违法违规风险进行全流程监控。合规管理部门对于企业管理制度、业务流程和新业务立项等,根据法律法规进行合规审查,对于各单位合规管理情况进行专项或者日常性检查,对于企业的合规风险提交合规报告,合规报告可以分为合规工作报告、合规风险事项报告和重大合规风险事项报告。

其五,涉案企业应建立合规考核和奖惩制度,以达到激励合规和约束违规的效果。合规管理部门负责对各单位负责人合规经营情况进行考核,考核结果作为员工考核、干部任用、评先选优的重要依据;对于严格依法依规经营、防范合规风险、识别或举报重大风险事项、避免企业遭受损失的单位和员工,在年度绩效考核中进行加分或者给予特别奖励;对于隐瞒合规风险、违法违规的单位或员工,给予处罚,对于涉嫌犯罪的,移交司法机关处理。

其六,涉案企业应推动合规文化建设,将合规作为全体员工行为准则,渗透到企业各项业务流程中,覆盖全部单位和员工。在上述案例中,企业利用管理信息系统、数据集中系统和其他业务支持系统,设计合规风险监测指标,提高合规管理水平;激励合规守法行为,抑制违规违章行为,严惩违法乱纪行为,对于违法违规行为,合规管理部门可独立展开调查,也可以经董事会批准后委托其他机构调查;加强合规培训,畅通员工获取合规政策的渠道,确保员工了解企业合规管理体系、合规政策、员工手册,促使其遵守法律法规,唤醒其合规意识和合规理念,鼓励其举报违法违规行为。

其七,涉案企业应建立合规举报和调查制度,以便使那些违法违规行为受到及时的监控和识别。在上述案例中,企业保障包括员工、客户、股东、合作方、信息使用者在内的所有利益相关方,都可以正常行使举报违法违规行为的权利。对于通过电话或信函等方式提出的举报,首席合规官、合规管理部应当保密,并启动调查程序,并根据事件严重程度分级处理。企业要建立健全举报人保护制度,严禁对举报人打击报复的行为,对因举报而遭受损失的举报人给予必要补偿。

经过一年多时间的"试运行",A公司已经初步形成了依法依规经营的企业文化,所参与的招投标活动,暂时没有再出现违法违规的情况。这显示出该企业所建立的合规管理体系,已经在督促公司董事、高管、员工和合作伙伴依法依规经营方面,发挥了积极的作用。但是,这套经过反复磨合而得以确立的合规管理体系,究竟是否融入了该企业的治理结构之中,究竟能否在堵塞制度漏洞、消除制度隐患和弥补管理缺陷方面,发挥切实有效的作用,尤其是该项合规计划究竟能否被证明是行之有效的，这些都需要在今后的企业经营过程中得到切实的检验。当然，由于我国实行行政监管和刑事司法相互分离的法律体制，检察机关虽享有检察权，并可以通过合规激励等方式对建立事后合规体系的企业作出不起诉等宽大处理，但是在作出出罪决定之后，却无法直接对企业行使行政处罚权，更无法对企业的合规管理施加长久的监管。而对于相关行政监管部门，检察机关最多只能提出加强合规监管的检察建议或者检察意见，无法向其提出"刚性"的加强合规监管的指令。结果，在检察机关结束合规考察程序之后，那些涉案企业所建立的合规管理体系，即便在设计上具有较为合理的框架结构，也有可能由于缺乏有效的合规监管，而最终难以得到切实的落实和实施。对于涉案的大型企业而言，检察机关即便督促其建立了"有效合规计划"，也并不意味着该企业的合规管理就此落地。要推动企业实施有效的合规管理体系，确保这套合规管理体系不流于形式，就需要加强刑事合规与行政监管合规的有机衔接，使得涉案企业在结束了短暂的合规考察期之后，可以在行政机关的监管下，继续强化原有的专项合规管理体系，并针对其他方面的合规风险，开辟出新的专项合规领域。唯有在行政机关常态化的合规监管下，企业的合规管理体系才能落地生根，真正融入企业的生产、经营、财务、人事管理的各个环节，成为一种富有生命力的治理方式。

五、小微企业的合规计划

自2020年3月检察机关启动合规改革以来，基层检察机关就对大量小微企业适用了合规考察制度。检察机关不仅适用了较为简易的"检察建议"或"相对不起诉"模式，而且对部分企业适用了较为正规的"附条件不起诉"模式。在最高人民检察院发布的多起合规试点案例中，那些由小微企业接受合规考察的案件，占据了很大比例。面对这一现状，我们可以暂时搁置"合规不起诉应否适用于小微企业"的问题，而观察一下检察机关对小微企业适用这一制度的实际效果。我们可以通过观察一个案例，来就此作出初步的分析和讨论。

江苏省某市S五交化贸易有限公司（以下简称S公司）2015年6月注册成立，注册资本200万元，在职员工3人，睢某某系该公司法定代表人、实际控制人。

2018年11月22日,该市市场监督管理局在对S公司进行检查时,发现该公司疑似销售假冒"SKF"商标的轴承,并在其门店及仓库内查获标注"SKF"商标的各种型号轴承27829个,金额共计68万余元。2018年12月17日,市场监督管理局将该案移送至市公安局。2019年2月14日,斯凯孚(中国)有限公司出具书面的鉴别报告,认为所查获的标有"SKF"商标的轴承产品均为侵犯该公司注册商标专用权的产品。2019年2月15日,公安机关对本案立案侦查。

2021年5月初,检察机关应公安局邀请,派员介入听取案件情况。鉴于该案立案超过两年,已属"挂案"状态,检察机关决定启动合规考察程序。检察机关向S公司、睢某某告知企业合规相关政策后,该公司分别向检察机关、公安机关递交了《提请开展刑事合规监督考察的申请书》。随后承办检察官走访企业和市场监督管理局、税务局等行政部门,实地查看公司经营现状、指导填写合规承诺、撰写调查报告。经走访调查了解,该公司系已实际经营6年的小微民营企业,因涉嫌犯罪被立案,一定程度上影响经营,资金周转困难,公司面临危机。该公司规章制度不健全,内部管理不完善,尤其是企业采购程序不规范,对供货商资质和货品来源审查不严,单据留存不全,还曾因接受虚开的增值税发票被税务机关行政处罚。检察机关经综合考虑,鉴于S公司有整改行为和较强的合规愿望,认为可以开展企业合规监督考察。

经向上级检察机关请示并向企业合规监管委员会报告后,检察机关联合公安机关对S公司启动合规监督考察程序,确定6个月的整改考察期。同时,企业合规监管委员会根据第三方监督评估机制,从第三方监管人员库中随机抽取组建监督评估小组,跟踪S公司整改,评估合规计划落实情况。

S公司的合规计划主要包括以下内容:(1) 在公司合规章程中,作为公司股东的法定代表人,作出依法依规经营的承诺;(2) 聘请外部法律专家担任公司合规顾问,协助公司开展合规管理工作;(3) 建立四项专项合规管理体系,包括知识产权合规、发票管理合规、财务管理合规和税务管理合规,并确立了四种专项合规的目标、方法和文化建设的计划;(4) 公司设立合规总负责人,由法定代表人担任,同时设立合规专员,由一名主要员工担任,同时由合规顾问协助建立和完善合规管理体系;(5) 在公司经营过程中建立若干项合规机制,包括巡查机制、调查机制、培训机制、风险评估和应对机制、不当行为纠正机制等;(6)梳理企业风险点,制定《财务管理合规建设制度》《发票制发流程》《货物销售采购流程》等内部制度,并形成规范的公司合同模板;在与商业合作伙伴签订合同时,引入专门的"合规条款",将遵守本公司的合规政策作为合同生效的前提条件,加强对供应商的合规管理,与供应商签署"诚信廉洁协议",与员工签署"廉洁协议";(7)在税务方面,公司从以往直接与代账会计单线联系,转变为与会计所在单位签订合同,对财务人员应尽责任、单位管理职责进行书面约定;(8)在知识产权方面,公司明确渠道商应提供品牌授权证明并备案,每笔发货都注明产品明细,做到采购来路明晰、底数清晰。

在合规整改期间,检察机关会同第三方监督评估小组,每月通过座谈会议、电话联系、查阅资料、实地检查等方式,特别是通过"不打招呼"的随机调查方式,检查企业合规建设情况。同时,检察机关还向公安机关通报企业合规建设进展情况,邀请参与合规检查,并认真吸收公安机关有关合规制度完善的意见。2021年8月5日,鉴于该公司员工数少、业务单一、合规建设相对简易的情况,第三方监督评估小组提出缩短合规监督考察期限的建议。检察机关听取市场监督管理部门、税务部门意见后,决定将合规监督考察期限缩短至3个月。2021年8月16日至18日,第三方监督评估小组对该公司合规有效性进行评估,出具了合规建设合格有效的评估结论。

2021年8月20日,检察机关组织公开听证,综合考虑企业合规整改效果,就是否建议公安机关撤销案件听取意见,听证与会人员一致同意检察机关制发相关检察建议。当日,检察机关向公安机关发出检察建议,公安机关根据检察建议及时作出撤案处理,并移送市场监督管理部门作行政处罚。检察机关两个月后回访发现,S公司各项经营已步入正轨,因为合规建设,两家大型企业看中S公司合规资质,与其建立了长期合作关系,业务预期翻几番,发展势头强劲。

在这一案例中,涉案企业是一个只有3名员工的微型公司,涉嫌实施的是侵犯知识产权的犯罪行为。检察机关适用了附条件不起诉制度,设定了合规考察期;针对其忽视法务管理方面的漏洞,督促其委托合规顾问,协助其建立合规管理体系;针对其上游供应商销售假冒注册商标的商品问题,检察机关督促其建立第三方合规体系,加强对供应商的合规管理,特别是在制定的合同模板中加入了专门的"合规条款";针对公司法定代表人忽视依法依规经营的问题,结合该企业的特殊治理结构,检察机关督促由法定代表人担任合规的最高负责人,体现了最高层作出合规承诺的理念;针对供应商和员工合规意识不强的问题,企业还建立了签署诚信廉洁协议的制度……以上几点,无疑是检察机关在该案件中所创设的重要经验。

当然,在一个只有若干名员工的微型企业中,仅仅从形式上建立一套"合规体系",其实质价值是容易引起争议的。合规体系的生命在于行之有效,对于预防和识别违法犯罪行为发挥切实有效的作用,并确保企业形成依法依规经营的文化。在涉案企业的法定代表人本身就涉嫌犯罪的情况下,检察机关接受了由其担任合规负责人的合规计划,并由作为其配偶的主要员工担任合规专员,这种合规组织的设立,究竟能否发挥切实有效的合规功能,这是不能不令人感到疑惑的。与此同时,在企业仅仅涉嫌侵犯知识产权犯罪的情况下,检察机关竟然接受了企业建立四种专项合规体系的承诺,在合规考察期仅仅为3个月的情况下,这些合规体系究竟能否顺利运行,并切实发挥合规管理的作用,这也是不能不令人担忧的。此外,可能是因为合规管理没有抓住重点,涉案企业也没有发布专项合规的政策、标准和程序,尤其是没有对本案涉及的"知识产权合规"确立基本的合规标准和员工行为守则。

或许,假如在遴选合规试点案例时,检察机关慎重行事,过滤掉那些不具备合规整改条件的案件,选取具有基本治理结构的涉案企业开展合规整改工作,就可以避免过于被动的处境了。毕竟,并不是所有单位犯罪案件都适合启动合规考察程序,也并不是所有进入合规考察的单位犯罪案件,检察机关都要作出不起诉的决定。当然,抛开上述案例不谈,我们从近年来基层检察机关对小微企业开展合规不起诉改革试点的案例中,可以吸取哪些有益的经验呢?

第一,小微企业的最高层作出合规承诺,并承担合规管理的责任,这是这类企业进行合规整改的关键之所在。在这类企业的治理结构中,法定代表人或实际控制人完全掌控企业的决策、经营和财务管理,这是企业建立合规体系的制度根基,即便通过合规整改,也难以对这种治理结构作出实质性的改变。既然如此,检察机关在审查涉案企业的合规计划时,就应责令法定代表人或实际控制人作出推行合规管理体系的承诺,并督促其对合规管理承担最高的责任。通过观察若干个小微企业进行合规整改的案例,笔者发现,唯有让企业最高负责人承担起推进合规管理的责任,并将合规管理渗透到企业管理的每一环节,而不只是将合规管理权限赋予某一个员工或者中层管理人员,小微企业的合规计划才是行之有效的,而不是流于形式的。为此,小微企业的合规章程应确立最高负责人作出合规承诺的制度,合规管理应具有相对于业务的优先性,对于存在合规风险的业务,最高负责人必要时可以作出否决。

第二,小微企业应当围绕所涉嫌实施的犯罪建立专项合规计划,并发布专项合规政策、标准和程序,这是合规计划的核心和灵魂。在非常有限的合规考察期之内,要求小微企业对存在风险的各个领域都建立合规体系,是不切实际的,也注定会流于形式。比较切实可行的做法是,针对企业所涉嫌实施的犯罪,建立专项合规体系。例如,在前面的案例中,针对企业涉嫌实施的侵犯知识产权的犯罪,检察机关应责令其建立知识产权合规管理体系。至于涉案企业是否存在其他方面的合规风险,要不要建立其他专项合规体系,通常不应成为检察机关考察的重点问题。如有必要,检察机关可以在建立某一专项合规体系的前提下,在合规考察期结束后,对涉案企业提出建立其他专项合规体系的检察建议。与此同时,在通过风险评估确立专项合规体系的前提下,应当建立专项合规的政策、标准和程序,为公司董事、管理人员、员工以及商业合作伙伴确立基本的行为准则。这些合规政策、标准和程序,是确立合规风险防范的基础,是识别和监控企业内部违规行为的根据,也是在违规行为发生后作出有效应对的保障。

第三,小微企业引入外部法律专家担任合规顾问,并使其在防范、识别和应对合规风险方面发挥实质性的作用,这是弥补公司治理结构缺陷的必要举措。大量的案例显示,很多小微企业之所以走上犯罪的道路,主要原因之一是企业管理层既没有确立合规团队,也没有建立对产品立项或业务开展实施合规审查的机制,甚至就连基本的法务团队都没有建立起来。在合规整改过程中,检察机关要责令这类企业设立合规部门或者建立合规团队,通常会面临诸多方面的困难。而比较可行的做法是,涉案企业建立一种聘请外部法律专家担任合规顾问的制度,通过"出资购买服务"的方式,在最高负责人重视合规管理的前提下,引入外部合规顾问的经验和智慧,协助企业建立和完善合规管理体系。即便在企业建立起内部合规组织或合规团队的情况下,外部合规顾问的作用也是不可或缺的。合规顾问在协助企业建立合规体系之后,还可以支持这一体系的试运行以及维护工作,切实发挥外部合规审计的作用。

第四,小微企业根据自身的管理缺陷和制度漏洞,建立有针对性的预防、识别和应对流程,实行差异化的合规管理,这是保证合规体系行之有效的关键之所在。根据这类企业出现犯罪问题的原因,检察机关可以督促其引入不同的合规要素,切实发挥有针对性的堵塞漏洞、消除隐患和弥补缺陷的作用。在前述案例中,检察机关就接受了涉案企业提出的两种合规方案:一是建立针对供应商的合规管理体系,二是在格式化的合同文本中引入"合规条款"。而其他小微企业涉嫌实施的犯罪案件中,检察机关还可以采取加强合规培训,引入合规风险评估,引入外部合规审计机制,建立合规举报制度,确立针对被并购企业的尽职调查,加强对内部员工、管理人员的反舞弊调查等各种合规管理措施。当然,在小微企业的合规整改中,检察机关没有必要对每个企业都引入上述合规管理因素,而可以采取有针对性的差异化补救措施。

第五,在短暂的合规考察期结束后,检察机关除了向行政监管部门建议作出行政处罚以外,还可以建议这些部门加强合规监管,保证专项合规体系运行的可持续性,并引入必要的行政合规激励机制。要避免小微企业的合规管理流于形式,检察机关就必须保证合规管理可以发挥持续性的作用。迄今为止,绝大多数涉案企业在发生犯罪行为之前,都没有建立合规管理体系,而检察机关即便对企业启动合规考察程序,也最多是督促企业建立起一套形式化的合规管理体系。但这种合规体系究竟能否运行起来,可否发挥预防犯罪的作用,会不会流于形式,都是需要解决的问题。为确保合规管理体系的可持续运行,检察机关应当利用现行的"第三方监管委员会"的制度平台,向相关行政监管部门提出加强合规监管的检察建议,督促这些机关在合规考察结束之后,切实发挥监督企业持续推进合规管理的作用。在检察机关的监督下,行政监管部门不仅可以督促企业实施业已建立的某一专项合规计划,还可以指导企业根据所作的风险评估,建立新的专项合规体系。例如,在前述案例中,检察机关在合规考察结束之后,可以建议市场监管部门继续监督涉案企业完善知识产权合规管理体系,也可以建议市场监管部门指导涉案企业推进包括税务合规在内的其他专项合规管理体系建设。必要时,对于在建立和完善合规管理方面卓有成效的涉案企业,检察机关还可以建议行政监管部门作出减轻或者免除行政处罚的决定,从而推动行政监管部门实行一种新的合规激励机制。

六、无效合规整改的主要情形

在企业合规监督考察制度改革中,如何进行有效的合规整改,已经成为一个困扰试点检察机关的瓶颈问题。我国合规监督考察制度改革的实践表明,那些涉嫌犯罪的企业,无论是小微企业,还是国有企业、上市公司或拟上市公司,都在治理结构、管理方式和商业模式上存在着程度不同的缺陷,也大都没有形成依法依规经营的公司文化。在没有发现企业犯罪的制度根源,没有对企业治理结构、管理方式和商业模式作出实质性调整的情况下,仅仅从形式上引入一套源自西方的"有效合规计划",可能会出现"水土不服"或者"制度不兼容"的问题,导致那些被引进的"合规体系"经常流于形式,而不能发挥预防犯罪的效用。与此同时,在这场制度改革中,一些地方由于受到外部诸多因素的制约和影响,可能会将一些本不具有建立合规体系条件的涉案企业,人为地纳入合规考察的对象,加上没有相对客观的合规评估验收标准,就容易出现"为出罪而合规"或者"为挽救企业家而合规"的现象,以至于背离了合规考察的本来目的。

有鉴于此,我们可以换一种思路,通过对检察机关合规考察的案例作出分析,审视一下检察机关是如何掌握"有效合规整改标准",以及如何对企业合规整改效果进行评估的。应当说,在绝大多数试点案件中,检察机关都将工作重点放在对涉案企业合规计划的审核上,一旦认可其合规计划,一般都会认定企业的合规整改验收通过,作出不起诉的决定。但在极少数案件中,面对个别企业拒绝按照承诺进行整改的情况,检察机关通过实质性的审查评估,还是作出了"合规整改不合格"的认定,并对企业和直接责任人提起公诉。对于这种无法发挥预防犯罪作用的合规整改,我们可以将其称为"无效的合规整改"。

最近,笔者通过调研,发现了一个检察机关宣告"合规整改不合格"的案例。这个非常难得的案件,为我们研究"无效合规整改"提供了一个鲜活的样本。

L公司系政府招商引资的民营企业,吕某系该公司法定代表人。2006年7月31日,吕某以L公司名义向区国土资源局申请临时占地,后获得批准临时占用某镇某村0.3333公顷耕地,使用期限自2006年7月31日至2007年7月31日,并缴纳了1.8万元的复垦费及管理费。在该块土地使用期限到期后,该公司在未办理展期手续的情况下实际继续使用,并且未经土地管理部门批准,又先后两次与所在村签订了土地租赁协议,擅自占用并建设加工厂房及其他配套设施,建成违建物总面积16832平方米。当地自然资源和规划局认定,L公司建设加工厂和配套设施、堆放砂石的行为已导致农田重度破坏,失去了种植条件。2020年8月6日,公安机关以L公司及吕某涉嫌非法占用农用地罪,将该案移送检察机关审查起诉。

检察机关在办案中了解到,L公司系政府招商引资企业,每年都依法纳税,配合镇政府开展相关建设工作,吸纳当地不少农民就业,对当地经济发展具有促进作用。同时,该公司系一家民营企业,公司管理人员法律意识淡薄,认为只要镇政府同意建厂房,就是合法经营;该公司有股东吕某、李某等7人,虽然公司是有限公司,但在实际运营管理中,吕某全权负责公司所有大小事项,其余股东基本不参与实际经营管理,公司的法务审核也形同虚设。如果吕某被判处刑罚,可能会对该公司生产经营造成重大影响。

检察机关向L公司介绍企业合规相关政策后,该公司主动申请参与企业合规程序。鉴于L公司积极配合检察机关的工作,自愿进行整改,当地政府也有建设相关工业园的计划,2021年5月,检察机关将该案纳入企业合规办案程序。随后,当地第三方管委会成立了以市自然资源和规划局领导为组长,县自然资源和规划局、县国土资源执法监察局、县市场监管局、县工商联、律师事务所等7家单位相关人员组成的第三方监督评估组织。在检察机关的推动下,第三方监督评估组织对L公司制定的合规计划提出了修改和完善意见,并对其遵守规定、履行承诺以及合规计划执行情况进行全面考察、评估和验收。同时,检察机关也多次赴L公司查看合规计划落实情况,督促L公司积极整改。

2021年7月,经近两个月的合规考察,第三方监督评估组织出具了考察报告,认为:虽然经过法律政策讲解,L公司认识到其占用农用地行为不符合土地管理法,但仍然认为自身受当地镇政府邀请投资建设没有过错,导致现场整改不主动;多名股东对吕某的整改处理意见提出异议,但并未得到尊重,吕某的个人意见最终仍代表公司意见,《企业合规计划》中规定的完善内部决策程序、法务审核程序,加强与政府相关监管部门的协调配合等整改措施落实不到位,其申请适用企业合规程序的主要目的,是通过相关单位的协调,帮助其补办土地使用手续,企图将其非法占地行为合法化。在考察到期时,该公司既未办理合法用地手续,也未拆除违建的厂房,其违法占用农用地的行为一直处于持续状态。综合认定合规考察结果为"不合格"。

根据第三方监督评估组织的考察结果,检察机关依法对 L 公司提起公诉,同时向县自然资源和规划局发出公益诉讼诉前检察建议。2021 年 8 月,法院支持检察院提出的量刑建议,依法判处 L 公司构成非法占用农用地罪,判处罚金 2 万元,判处吕某有期徒刑七个月,缓刑一年,并处罚金 8000 元。随后,县自然资源和规划局在收到检察机关的检察建议后,对该公司作出行政处罚。

检察机关将涉案企业纳入合规考察对象后,是不是一律都要作出不起诉的决定呢? 这个案例破除了这方面的"神话",给出了否定的回答。检察机关经过合规考察认定企业合规整改"不合格"的,仍然可以作出提起公诉的决定,法院对企业和责任人都可以作出有罪判决。根据案例材料,检察机关认定企业合规整改不合格的根据主要有:企业没有认罪认罚,认为自己"投资建设没有过错";企业没有终止犯罪行为,"违法占用农用地一直处于持续状态";企业没有对治理结构作出任何整改,涉嫌犯罪的直接责任人,竟然成为合规整改的负责人,且不听取其他股东的意见;企业承诺的合规整改措施没有得到落实,诸如"完善内部决策程序、法务审核程序",加强与政府监管部门协调配合的措施,基本没有得到落实,等等。

一般说来,企业合规整改的主要目的在于诊断犯罪原因,提出制度纠错方案,在此基础上,通过引入合规管理要素,作出有针对性的预防犯罪的努力。在司法实践中,不少企业在治理结构、管理方式和商业模式上存在缺陷,不克服这些缺陷,而仅仅从形式上引入一些合规管理的要素,往往是没有实际意义的。就像本案中的这家企业,法定代表人独断专行,全权负责经营管理,架空了其他股东的权利,公司法务审核也形同虚设,这是造成该企业走上犯罪道路的重要原因。不消除这一结构性原因,企业的合规整改就必然流于形式。

通过观察合规考察的实践,结合本案例所暴露的问题,笔者认为,在企业合规监督考察制度探索中,很多企业对于合规整改存在着一些模糊认识,不少律师也将合规整改简单理解为"引入一个管理体系",甚至一些检察官也认为合规整改就是走个过场,这些都是造成无效合规整改不断出现的原因。尽管检察机关对绝大多数被纳入合规考察的企业都作出不起诉的决定,但仍然存在着一些无效合规整改的情形。只有将这些无效整改的情形总结出来,并尽量加以避免,我们才能逐渐掌握合规整改的规律,引导涉案企业走上"有效合规整改"的道路。那么,无效合规整改的情形主要有哪些呢?笔者通过分析相关案例,初步总结出十种情形。

其一,企业没有认罪认罚,没有采取必要的补救挽损措施。

合规整改是企业为预防犯罪再次发生所实施的制度重建活动。企业被纳入合规考察程序的前提条件,必须是认罪认罚,终止犯罪活动,采取补救挽损措施。假如企业一方面申请启动合规考察程序,另一方面却拒绝认罪认罚,将其犯罪行为变相合法化,甚至拒绝终止违法的经营活动,那么,这种合规整改将是毫无意义的。在实践中,涉案企业基于对合规整改的错误认识,有时会拒绝采取必要的补救挽损措施,如不缴纳罚款,不补缴税款,不缴纳违法所得,不赔偿投资人或受害人的损失,或者拒绝修复被破坏的环境资源或社会关系,等等。这些行为既无法修复那些被损害的法益,也难以减轻犯罪所造成的社会危害后果,使得检察机关启动合规考察的基础不复存在。不仅如此,对于对单位犯罪负有直接责任的主管人员或其他员工,有些涉案企业既不采取调离工作岗位、免除职务等行政性措施,也不限制或者取消其参与决策、经营、管理的职权,使其仍然保留重要的工作岗位,甚至还担任合规整改的负责人。这种"拒不处理责任人"的做法,会使得合规整改完全流于形式,根本不可能发挥预防犯罪的作用。

其二,企业没有对治理结构作出实质性的改变,致使合规整改没有任何制度基础。

很多企业之所以走上犯罪的道路,主要是因为治理结构存在严重的缺陷。例如,公司股东对于董事会和管理层的决策、经营活动没有有效的制约;董事会不仅极少召开会议,而且放任执行团队实施决策、经营、人事、财务等管理活动,对企业的运营失去监督作用;监事会形同虚设,对董事会和执行团队缺乏监督;企业管理层管理失控,各部门负责人,如财务、人事、招投标、进出口、销售、生产等部门负责人,难以受到有效监控……在犯罪事件发生后,一些涉案企业尽管作出了认罪认罚和合规整改的承诺,却对上述导致犯罪发生的"病态的治理结构"不作实质性调整。有些作为单位犯罪案件"主管人员"的法定代表人或者实际控制人,被解除羁押后,仍然掌控着公司董事会,要么继续担任董事长、总经理,继续对企业的经营行使决策权和管理权,要么作为实际控制人,继续左右着公司的运营情况。可想而知,在公司股东没有控制力、董事会和监事会形同虚设、公司治理结构没有发生变化的情况下,要引入一套"合规管理体系",这种管理体系怎么可能与公司治理结构发生有机的融合呢?

其三,企业不针对被指控的犯罪类型采取整改措施,而是动辄进行全方位的合规风险评估,建立大而全的合规计划。

在合规改革初期,一些试点单位将"合规"简单理解成"依法依规经营",对于涉案企业进行全方位的合规风险评估。例如,一个涉嫌虚开增值税专用发票的企业,在提交的"合规计划书"中,竟然同时要建立税收合规体系、知识产权合规体系、安全生产合规体系、产品质量合规体系、环境资源保护合规体系。又如,检察机关在办理串通投标案件中,发现涉案企业在财务管理和知识产权保护等方面还存在着制度隐患,就责令企业建立上述多个方面的合规管理制度,完善发票制发流程、销售采购流程等,进行多方面的合规体系建设。这种"头部生病,治疗全身"的合规整改方式,显然违背了合规整改的基本规律。尤其是在有限的合规考察期内,在涉案企业迫切期望获得"无犯罪记录证明"的背景下,检察机关根本没有足够的时间和资源来对企业进行全方位的合规风险评估,更无力督促企业建立多方面的合规体系。一项有效的合规整改,应当是针对已经发生的犯罪,进行有针对性的制度纠错,建立专项合规体系。例如,如果发生的是税收类犯罪,检察机关就应督促企业建立税收合规体系;针对侵犯商标、专利、著作权领域的犯罪,检察机关应责令企业建立知识产权保护合规体系;针对污染环境、非法采矿等方面的犯罪,检察机关应责令企业建立环境资源保护合规体系;针对串通投标、非法经营等方面的犯罪,检察机关应责令企业建立市场秩序合规体系;等等。

其四,对于存在重大隐患的决策、经营、人事、财务、薪酬管理方式,企业没有作出任何改变。

很多企业之所以出现单位犯罪问题,主要是因为在诸多方面的管理方式上存在着制度漏洞和管理隐患。在犯罪发生后,企业所提交的合规整改报告,假如对这些漏洞和隐患不作出实质性的修复和消除,就无法做到有效的合规整改。例如,在决策机制上,企业法定代表人或者其他高管,采取较为强势的管理方式,单方面作出决策,完全架空了董事会和执行团队,也忽视了公司内部的层层制衡机制,无论是产品的立项还是业务的启动,都不经过审计部门和法务部门的审核把关,也不经过任何形式的法律风险评估。这种决策方式不发生改变,那么,合规整改就没有太大的意义。又如,在经营过程中,执行团队或者职业经理人将利润最大化作为主要经营目标,对各业务部门和各分公司、子公司进行层层考核,完全根据其盈利情况按比例计算薪酬奖励,而对其经营活动的法律风险置之不顾。尤其是医药、建设工程等领域的企业,这一问题尤为突出。企业在整改过程中假如不改变此类经营方式和薪酬制度,那么,诸如非法经营、串通投标、虚开发票、侵犯知识产权等方面的犯罪,就难以禁止。再如,在财务管理上,企业最高层放任财务负责人的财务管理,该负责人既不接受公司内部的财务审计,也不会受到外部独立审计部门的制约,企业内部没有对其形成有效制衡的力量。这种财务管理方式很容易诱发经济和金融领域的单位犯罪行为。假如对这种财务管理方式不作出改变,企业的合规整改怎么可能发挥效力呢?

其五,企业没有建立最起码的合规组织体系,没有确立针对经营活动的合规审查机制。

不同企业因在性质、业务、规模等方面存在差异,不可能建立整齐划一的合规体系。但是,作为最低限度的合规要求,企业应建立最高层参与、权威独立的合规组织。假如企业在合规整改过程中,所建立的合规管理委员会或者合规管理领导小组,没有获得企业最高层的授权和参与;假如企业的首席合规官、合规部门或合规专员,不具有独立性,而被要求从事企业经营、销售、投资、并购、财务等方面的管理活动;又假如企业合规管理部门对于产品立项、业务启动没有合规审查权,尤其是没有提出合规异议的权力,那么,这种合规整改将是没有效力的。

其六,企业没有发布专项合规政策和员工手册,没有为合规体系运行确立基本标准。

作为最低限度的合规要求,企业应针对所实施的犯罪,发布专门的合规政策和员工手册。合规政策是一种面向外部商业伙伴的合规管理守则,员工手册则是面向内部员工和管理人员的合规指南,两者共同构成了企业专项合规的规则和标准。假如在合规整改过程中,企业不针对所涉嫌的特定罪名,根据相关的合规风险评估报告,发布专项合规政策和专项员工手册,那么,企业的合规体系就不具备核心和灵魂,企业究竟"依据何种法律法规"来进行经营的问题,就无法得到解决。在此情况下,无论是员工还是高管,都没有有针对性的规则可资遵循,又何谈依法依规经营呢?

其七，企业没有建立相关合规风险评估机制，无法预防合规风险的发生。

作为基本的合规流程，企业应当建立一套旨在预防合规风险发生的管理体系。其中最重要的防范要素是合规风险评估和尽职调查。假如企业在合规整改过程中，不建立定期的合规风险评估，那么，合规体系即便建立起来，也不具有可持续性，更难以应对防不胜防的合规风险。假如企业不针对客户、第三方或者被并购企业，建立专门的尽职调查制度，那么，在以后发展新客户、吸收新的第三方商业伙伴以及进行并购活动时，就会出现新的合规风险，甚至诱发新的犯罪行为。当然，很多企业在合规整改中也强调"合规文化建设"，这也被视为一种预防性要素。不过，在有限的合规考察期内，要实现抽象的"合规文化建设"，可能是难以完成的任务。比较现实可行的做法，应当是建立一种合规培训、合规信息沟通的机制，推动企业逐渐形成一种"主动合规"的机制和习惯。

其八，企业只是在外部引入合规体系的要素，没有将合规管理渗透到管理过程之中，无法建立针对合规风险的监控体系。

企业法务部门之所以越来越被"边缘化"，一方面是因为法务部门解决不了企业的战略风险，另一方面也是因为法务部门往往站在企业经营管理之外处理法律事务。而合规管理与法务管理的本质区别就在于，合规管理既需要最高层作出承诺和亲自参与，也需要渗透到公司经营管理的每一流程中，成为防范企业合规风险的战略性管理活动之一。假如企业在合规整改过程中，仍然按照法务管理的思维建立合规管理体系，将合规视为业务经营之外的风险防控活动，那么，合规管理也将难逃被边缘化的命运。唯有将合规融入公司决策、经营、财务、人事、薪酬管理的各个环节，使之在保持独立性的前提下，对上述管理活动拥有审核、把关、异议甚至否决的效力，那种无效的合规整改才能得到避免。

其九，企业没有对其可能发生的违法违规行为建立必要的应对体系。

合规体系要发挥切实有效的作用，就要在企业内部发生违法违规事件后，确立一种及时有效的补救机制。假如在合规整改过程中，企业对于违法违规事件的发生，不建立内部调查机制，而是尽力遮掩和隐瞒；不及时调查处理责任人，而是采取措施包庇纵容；不去对合规管理漏洞进行修复弥补，而是对制度隐患听之任之，那么，合规体系就无法发挥有效预防犯罪的作用，这种合规整改也注定是无效的。

其十，企业提出了过于理想、宏观和空洞的合规计划，不具有可行性，所作的合规承诺，在有限的合规考察期内无法实现。

原则上，涉案企业所提出的合规整改方案，一旦得到检察机关的认可，就等于与检察机关签署了和解协议。检察机关将根据企业合规整改的实际效果，来判断企业是否忠实地履行了和解协议，并决定是否提起公诉。有鉴于此，企业应当向检察机关提交具有现实可行性的合规整改承诺。在司法实践中，一些企业不考虑合规计划的可行性，动辄提出建立大而全的合规体系，包括四级合规组织体系、多项合规政策、完整的合规程序以及高标准的合规文化建设等。结果，在短短数个月的合规考察期内，这种较为理想、空洞的合规体系根本不可能建立起来，检察机关就可能认定"合规承诺无法实现"，甚至有可能作出对其不利的决定。

七、有效合规计划的差异化思路

在合规整改过程中，检察机关在督促企业发现犯罪原因、进行制度纠错的前提下，要监督企业建立并实施有效的合规计划。但是，不同企业的性质、规模、业务范围、经营状况、治理结构有着各不相同的特征，企业发生犯罪的制度原因也迥然有别，检察机关不可能要求所有涉案企业建立整齐划一的合规计划，而应确立"差异化合规"的基本思路。尽管如此，企业合规作为一种基于风险防控的管理方式，要成功地融入企业的治理结构之中，还是应当具备一些必不可少的制度要素。尤其是那些具有较大规模和现代治理结构的大中型企业，一旦因存在制度漏洞和管理缺陷而出现犯罪问题，往往就意味着该企业不仅仅存在简单的"违法违规风险"，而且发生了由"治理隐患"向"危机爆发"的实质性转移。在此情况下，企业在建立或者改进合规管理体系时，在引入一种体系化的合规计划的前提下，唯有确立一些最基本的合规要素，才能激活这种合规管理体系，使其发挥预防和发现违法违规行为的作用。由此，我们可以提出一种"标准化的合规计划"的概念，使其适用于几乎所有具有现代治理结构的大中型企业。

将合规不起诉制度大量适用于涉案小微企业，是我国检察机关探索出的一项重要经验。从有效预防企业再次犯罪的角度来说，无论是大中型企业还是小微企业，都应被纳入合规考察的适用范围，这是没有异议的。但问题的关键在于，如何对大中型企业与小微企业确立差异化的合规整改方式。这已经成为当下改革的一个瓶颈问题。大中型企业通常具有较为完善的公司治理结构,法人人格与高管人格的独立性可以得到保证,在企业内部建立完善的合规管理体系,可以有效发挥堵塞制度漏洞、消除制度隐患的效果,合规部门可以对那些不规范和有风险的业务,进行合规性审查,甚至作出一票否决的决定。与此相反,小微企业一般都是家族企业,法定代表人或实际控制人往往都是乾纲独断的强势人物,法人人格与高管人格混同的现象比较普遍,股东会、董事会、监事会往往形同虚设,很难对法定代表人或实际控制人产生有效的监督制约作用。在此背景下,对于涉案的小微企业,检察机关即便督促其建立了合规管理体系,也很难通过管理方式和最终制度的改变,发挥督促企业依法依规经营的效果。那些在企业管理中"一言九鼎"的法定代表人或实际控制人,能否不再依赖于违法违规的经营方式,转而充当企业合规管理的推动者和监督者,可能是更需要解决的现实难题。

与欧美国家仅仅对大中型企业适用合规激励机制不同,我国在开展合规不起诉改革之初,就对涉嫌犯罪的大中型企业和小微企业,一视同仁地适用合规考察制度。在一定程度上,对于那些仅有一百多甚至数十名员工的小微企业,根据其认罪认罚和采取补救挽损措施的情况,启动合规考察程序,还被视为我国合规不起诉制度的一项创新之处。

但是,作为一种基于合规风险防控而建立的企业管理方式,合规在小微企业中究竟能否建立起来并得到良好的运行呢?作为一种旨在预防涉案企业再次犯罪的激励机制,合规不起诉制度究竟能否发挥预防和识别企业违法犯罪行为的作用,督促企业建立依法依规经营的企业文化呢?

对于这些问题,目前存在着"肯定说"和"否定说"这两种观点。根据前一观点,任何企业都要建立依法依规经营的制度和文化,在面临刑事追诉时也都具有建立合规体系的动力。在这一点上,小微企业与大中型企业并没有太大区别。更何况,与大中型企业相比,小微企业几乎都是一些在经营、融资、管理等方面面临困境的民营企业,它们涉嫌犯罪的几率更大一些。尤其是在一些沿海发达地区,在诸如虚开发票、污染环境、侵犯知识产权、商业贿赂、破坏数据安全和侵犯个人信息等类型的犯罪案件中,小微企业涉嫌犯罪的案件要占据较高的比例。假如不对小微企业适用合规不起诉制度,就无法贯彻对民营企业进行特殊保护的政策,也无法对民营企业因"缺乏监管"和"野蛮生长"而存在的行业性违规行为,作出有效的治理和改造。

相反,那些持否定说的人士则认为,小微企业通常都是由某一个人或者某一家族控制的民营企业,它们的治理结构普遍存在着先天的缺陷,尤其是存在法人与法定代表人或实际控制人"人格混同"的问题,现代公司法所要求的将法人与自然人进行责任切割的"制度面纱",根本不能发挥作用。在此情况下,对于这类涉嫌犯罪的小微企业,即便检察机关督促其建立了合规管理体系,这一体系也会流于形式,很难发挥预防和识别违法犯罪行为的作用。不仅如此,按照企业合规制度的基本理念,合规体系发挥作用的前提条件之一,在于建立一套具有权威性、独立性和有充足资源保障的合规组织。而在小微企业中,企业的法定代表人或实际控制人,在决策、经营、财务和法务等各个管理环节,具有绝对的权威性和控制力,其权力处于不受有效制约的状态。在此情况下,这类企业即便在形式上确立了一套合规政策和程序,建立了合规组织体系,但如果法定代表人或实际控制人继续从事违法违规行为,企业内部仍然很难有对其决策、经营和财务管理行为进行有效制衡的力量。

  面对上述两种相互对立的观点,我们可以提出一种新的见解:小微企业适用合规不起诉制度,对于督促其依法依规经营以及贯彻特殊保护政策,都是必要的,但也确实存在着企业无法保证合规体系"行之有效"的难题,既然如此,我们可以从合规不起诉改革的实际效果出发,总结在小微企业中适用合规考察制度的经验,提炼出一种适用于小微企业的特殊合规机制。在条件成熟的时候,我们可以将合规不起诉制度区分为两种模式:一种是适用于大中型企业的普通合规模式,另一种则是适用于小微企业的简易合规模式。在对这两类企业适用合规考察制度时,检察机关不仅要设定各不相同的合规考察程序,而且应当确立差异化的有效合规标准。对于这一问题,本书后面将作出专门讨论。

第二章　有效合规整改的基本要素

> 有效的合规整改包含着四个要素：一是涉案企业在认罪认罚的基础上，采取补救挽损措施，及时处置犯罪责任人，这是合规整改的前置性条件；二是涉案企业识别犯罪发生的原因，确定导致犯罪发生的制度漏洞、管理隐患和治理结构缺陷，这是合规整改的针对对象；三是涉案企业对于存在缺陷的治理结构、业务管理、财务管理、人事管理、商业模式采取撤销和改造的措施，这是合规整改的制度纠错措施；四是涉案企业建立专项合规计划，为预防同一类型违法犯罪，确立整体的、全面的和长远的合规管理机制，这是合规整改的体系化预防措施。

一、合规整改的两种思路

二、合规整改的前置性条件

三、涉案企业犯罪原因的诊断

四、合规整改的制度纠错措施

五、专项合规体系的构建

六、针对性和体系化的有机结合

一、合规整改的两种思路

随着企业合规监督考察制度改革的深入推进,有关企业合规整改和验收标准问题的讨论变得日益重要和紧迫。一方面,在合规整改方面,检察机关无论是采取相对不起诉模式,还是采取附条件不起诉模式,都需要审查涉案企业的合规整改方案。唯有制定了切实有效的合规计划,检察机关才能对企业作出相对不起诉的决定,或者将其纳入合规考察的对象。另一方面,在合规验收环节,检察机关要对被提出合规整改建议或者被纳入合规考察对象的企业,作出是否提起公诉的决定,也需要有一些可操作的客观标准,以避免自由裁量权的失控,确保合规不起诉决定的公信力。可以说,在整个合规监督考察过程中,如何设计出一套有效的合规整改方案,始终是困扰检察机关的瓶颈问题。

在合规整改方面,我国法学界和实务界目前存在着两种具有竞争性的观点:一是"体系化整改说",二是"针对性整改说"。前者坚持一种建立合规管理体系的思路,将体系化的合规整改视为预防犯罪再次发生的基本目标。一些实务界人士接受了欧美"有效合规计划"的理念,尤其是将美国司法部有效合规计划三要素,作为评估合规整改有效性的主要标准,也就是强调合规计划设计的有效性、执行的有效性和结果的有效性。其中,设计的有效性是指合规计划要有针对性,也就是基于企业的业务实际设计,在预防和发现违规行为方面发挥作用;执行的有效性是指合规计划要有高层的支持和各类资源保障,鼓励合规,对违规零容忍;结果的有效性则是指合规计划应有效运作,随着内外部环境变化而加以改进,以应对现有和潜在的刑事风险。[1]

有些实务界人士区分了"纠正性合规"和"预防性合规"的概念,认为合规改革初期,企业通常采取以"纠错"为目标的合规整改措施,通过纠正涉罪行为,修复、弥补涉罪行为所带来的经济损失或其他社会危害后果。但随着合规改革探索的不断深入,企业开始注重从源头上完善合规管理机制,最大限度地预防潜在的刑事风险。这种体系化的合规整改强调从整体治理的角度,解决企业管理体系中的深层次问题,预防那些更为潜在、更为系统的刑事法

---

[1] 参见郭小明、刘润兴:《如何确保刑事合规计划得以有效实施》,载《检察日报》2021 年 8 月 6 日,第 3 版。

律风险,实现对刑事风险的深层挖掘和全面预防。①

与"体系化整改说"不同,"针对性整改说"则坚持认为,企业合规整改并不是要引入一套完整的合规管理体系,而是要针对犯罪原因作出有针对性的制度纠错和补救。一些学者和实务专家认为,刑事合规计划的制定应具有针对性,那种"一揽子""大而全"的综合合规计划是对合规泛化理解的结果,通常也是无效的。让企业刑事合规行之有效的前提条件是,针对特定合规风险进行量身打造,这种合规计划的针对性有两个要求:一是对犯罪主观和客观原因进行分析,体现企业对自身犯罪行为的认识;二是针对犯罪原因采取补救措施,以预防企业再次实施犯罪行为。②

有些论者特别强调"刑事合规"的特殊性,认为不能将刑事合规简单地理解为企业为避免刑事风险而制定和实施的企业内部的管理机制,刑事合规其实是一种最优的犯罪预防和社会治理方式,是国家与企业合作治理的表现,使得刑事追诉变得相对容易,体现了一种新型刑法观念和刑法文化。③ 建立合规管理体系是企业基于增强商业竞争力的目标而采取的治理方式,而检察机关没有必要做这方面的工作,只要督促企业采取必要的制度补救工作,有效地预防了犯罪行为的再次发生,就达到了合规整改的目的。④

2021年6月,最高人民检察院会同其他九个部门发布了《关于建立涉案企业合规第三方监督评估机制的指导意见(试行)》(以下简称为《第三方机制意见》),规定第三方组织应当要求涉案企业提交专项或者多项合规计划,并对这种合规计划提出了以下具体要求:合规计划应"主要围绕与企业涉嫌犯罪有密切关系的企业内部治理结构、规章制度、人员管理等方面存在的问题,制定可行的合规管理规范,构建有效的合规组织体系,健全合规风险防范报告机制,弥补企业制度建设和监督管理漏洞,防止再次发生相同或者类似的违法犯罪"。⑤

上述合规计划要求同时吸收和融合了"体系化整改说"和"针对性整改说"的观点。其中,整改应围绕与所涉嫌犯罪有关的公司治理结构、规章制

---

① 参见王峰、王璐:《涉案企业刑事合规整改的三个趋势》,载微信公众号"中伦视界",2021年6月9日发布。
② 参见王焰明、张飞飞:《企业刑事合规计划的制定要把握四个特性》,载《检察日报》2021年7月13日,第7版。
③ 参见石磊:《刑事合规:最优企业犯罪预防方法》,载《检察日报》2019年1月26日,第3版。
④ 参见石磊、陈振炜:《刑事合规的中国检察面相》,载《山东社会科学》2020年第5期。
⑤ 参见《第三方机制意见》,第11条。

度、人员管理等方面存在的问题,弥补制度和管理漏洞,应被视为"针对性整改说"的观点;而制定可行的合规管理规范,构建有效的合规组织体系,健全合规风险防范报告机制,则属于"体系化整改说"的内容。这显然说明,企业合规监督考察制度改革的决策者,对于上述两种竞争性的整改观点,采取了兼容并蓄的态度,抛弃其中略显极端的观点,吸收了其中有益可行的思路。

尽管如此,有关企业合规整改和验收标准问题的讨论,还远远没有结束。从2020年3月最高人民检察院组织六家基层检察院开展制度探索以来,如何设计一套行之有效的合规考察和验收标准,就是一个困扰改革者的问题。自2021年3月最高人民检察院将这一改革试点推向全国十个省份的检察机关以来,一些涉及重大单位犯罪案件的大型企业,逐渐被纳入合规考察的对象。对于这些与中小微企业迥然不同的国有企业、股份制企业甚至上市或拟上市企业,检察机关如何对其合规计划进行审查,如何对接受考察的涉案企业进行合规验收,就变成了一个非常重要也十分敏感的问题。

在实地调研过程中,笔者观察了一些涉案企业提交的"合规计划",发现其中相当一部分都存在着"体系化有余,针对性不足"的问题。无论是企业还是作为合规顾问的律师,都没有对企业出现特定犯罪的特定原因作出探究,没有全面识别导致企业犯罪的制度漏洞和治理缺陷,而是像套用数学公式一样,将那些欧美国家确立的所谓"有效合规计划",生搬硬套地写入合规计划之中。很多合规计划充斥着诸如"发布合规政策和员工手册""建立合规管理委员会""设立首席合规官""建立合规风险评估机制""建立尽职调查制度""建立合规举报制度""推行合规性审查"等方面的内容,有些合规计划书甚至提出了"加强合规文化建设"的方案。由于过于空洞和理想,也没有聚焦于企业犯罪的原因,在较为有限的合规考察期内,这些合规整改方案根本没有实现的可能性,最后大都流于形式。而检察机关出于多方面的考虑,也没有进行深究细查,就草草通过了企业合规考察的"整改验收",对企业作出了不起诉的决定。这种在预防犯罪方面没有效力的合规整改,不仅埋下了企业再次发生相同或类似犯罪的隐患,也给办案检察官带来了程度不同的职业风险。

有鉴于此,本章拟对企业合规整改的有效标准问题作出初步的考察。笔者将根据各地检察机关开展合规监督考察改革的经验,遴选多个较为成熟的合规整改案例,从经验出发,总结出有效合规整改的基本要素。笔者认为,无论是"体系化整改说"还是"针对性整改说",尽管都抱持着/采取了极端化的思路,但都有其独特的可取之处,改革决策者将两种观点加以吸收和融合的思路,无疑是一种正确的选择。但是,有效的合规整改在注重"针对性"的同时,也应重视引入体系化的合规管理;与日常性合规管理体系建设不同,合规整改应当坚持"先破后立"的思路,首先撤销和改造那些容易导致犯罪发生的经营方式和商业模式,消除企业的管理漏洞和治理缺陷,然后才能建立起具有针对性、可行性的合规管理体系,发挥合规整改的整体和长远的犯罪预防效力。

笔者认为,从有效预防犯罪和督促涉案企业依法经营的角度来看,有效的合规整改包含着四个基本要素:一是涉案企业在认罪认罚的基础上,停止犯罪行为,积极配合刑事追诉行动,采取补救挽损措施,及时处置犯罪责任人,这是合规整改的前置性条件;二是涉案企业通过内部调查,查明犯罪事实,查找犯罪责任人,识别犯罪发生的原因,确定导致犯罪发生的制度漏洞、管理隐患和治理结构缺陷,这是确保合规整改具有针对性的制度保障;三是涉案企业进行有针对性的制度纠错和制度修复,对于存在缺陷的治理结构、业务管理、财务管理、人事管理和商业模式采取撤销和改造的措施,这是合规整改的针对性措施;四是在制度纠错的前提下,涉案企业建立有针对性的合规体系,为同一类型犯罪的预防确立整体的、全面的和长远的管理机制,这是合规整改的预防性措施。

二、合规整改的前置性条件

与日常性合规管理体系的建立不同,企业开展合规整改的直接动因在于寻求司法机关宽大的刑事处理。为达到这一效果,企业需要开展有效的合规整改工作,针对已经暴露的违法犯罪事件,通过采取必要的制度纠错和修复措施,建立或者完善合规管理机制。合规整改有效性的根本标准在于企业实施一套预防类似犯罪行为发生的管理机制,并建立一种依法依规经营的企业文化。

但是,无论是合规管理机制的建立还是合规文化的形成,都需要企业具备一系列必要的前置性保障措施。这些前置性保障措施的核心在于配合执法部门的调查处置,对所实施的犯罪采取补救措施,对犯罪所破坏的法益进行必要的修复。正如在一个人疾病暴发之后,医生首先需要进行有针对性的治疗和抢救,使其消除病症,然后才能诊断其病因并采取预防性保健措施一样,一个企业一旦发生犯罪事件并受到刑事执法调查,也需要自愿接受执法调查和处置,对其犯罪行为采取必要的补救措施,然后才能谈得上建立带有预防性的合规管理体系。我们可以通过分析一个合规整改的案例,来对合规整改的配套措施和保障机制作出简要的分析。

【案例1】 根据检察机关的指控,深圳某科技有限公司在未取得中国人民银行批准的从事资金支付结算业务资质的情况下,使用对公账户收取多家公司的资金转账,然后利用本公司对公账户以及法定代表人等人的个人账户进行层层转账,将收取的资金通过公司对公账户转至指定个人账户,为他人提供单位银行结算账户转个人账户的服务,并从中营利,非法从事"过单"业务资金超过1700万元,构成非法经营罪。在审查起诉阶段,涉案企业认罪认罚,愿意停止违法业务,退缴违法所得,自愿接受检察机关的合规监督考察。检察机关委托律师团队作为独立监管人,督导企业开展合规整改工作。在独立监管人的督导下,涉案企业完成了《自查报告》,分析了企业非法从事此类过单业务的原因,以及现有内控制度的漏洞和薄弱环节,并制定了全面停止非法资金结算业务、强化财务制度执行的合规整改计划。主要合规整改内容有四项:一、全面停止涉案违法行为,积极退缴非法获利;二、建立切实可行的监事制度,发挥监事对企业经营的监督作用;三、完善公司规章制度,重点包括修订公司章程,制定对外支付和对内报销的管理办法,制定员工手册;四、建立常态化、制度化、全覆盖且有重点的合规培训制度。

整改方案得到检察机关认可后,涉案企业在合规监管人的指导下,实施了较为具体的合规整改工作。具体整改流程包括:一、完成原有公司小股东的退出和新股东的引入,委任有意愿、有精力监督公司运作的新股东担任公司监事,并兼任合规管理人员;二、成立由会计、出纳、合规管理人员、法定代表人组成的合规整顿小组,使其接受有关账户收支管理的法律法规培训;三、聘请专业机构对公司财务管理建章立制,严格按照新的财务制度进行对外支付和对内报销;四、完成《员工手册》的制定,并按照独立监管人意见进一步完善手册中有关员工行为边界、禁止性要求和相应惩处规定等方面的内容。

在上述案例中,检察机关之所以启动合规考察程序,是因为涉案企业认罪认罚,停止违法业务,退缴违法所得,并在合规监管人的建议下,提交了《自查报告》,提出了有针对性的合规整改计划。在一定程度上,涉案企业通过内部调查,探究企业犯罪的主要制度成因,找到主要的制度漏洞、管理隐患和治理结构上的缺陷;企业提出的合规整改计划,则是针对犯罪原因所提出的犯罪控制方案,目的在于对症下药,消除制度漏洞和隐患,改造企业经营方式、商业模式和治理结构,以预防犯罪的再次发生。但是,假如不采取必要的前置性保障措施,单靠企业提交自查报告和合规整改计划,是难以完成有效合规整改的。

这些前置性保障措施的核心在于配合执法机关的调查,对犯罪行为采取补救措施,对犯罪所侵害的法益采取修复措施,具体包括以下几种:一是终止实施犯罪行为;二是认罪认罚;三是配合执法调查;四是采取补救措施;五是及时处置责任人。下面依次作出简要的分析和评价。

所谓"终止实施犯罪行为",是指涉案企业不仅要承诺停止犯罪活动,还要采取积极措施终止原有的非法经营活动,使其不再发生危害社会的后果。企业所实施的犯罪,要么属于体现企业整体意志的系统性犯罪行为,要么是由于企业管理失控而导致的非系统性犯罪行为。但无论哪一种犯罪行为,都是由于企业存在犯罪故意或者失职行为而导致的危害社会行为。涉案企业一旦受到刑事追诉,并表示出通过合规整改换取宽大刑事处理的意愿,就要在主观上作出终止犯罪行为的意思表示,并在客观上采取积极行动,停止或者制止那些发生在企业内部的犯罪行为。唯有如此,涉案企业才能证明自己具有与司法机关进行合作的愿望,并体现出采取合规整改、修复制度漏洞、预防再次犯罪的诚意。

所谓"认罪认罚",通常是指涉案企业要承认被指控的犯罪事实,并作出愿意接受刑事处罚的承诺。在一定程度上,选择合规整改,意味着企业放弃了诉讼对抗,放弃了无罪辩护,采取与司法机关协商、合作和妥协的诉讼立场。只有承认被指控的犯罪事实,才能配合司法机关的执法调查和追诉行动,全面查找犯罪的制度成因,探求进行制度纠错和预防再次犯罪的可行路径。而认罪认罚,恰恰是涉案企业进行真诚合规整改的前提条件。当然,涉案企业认罪认罚,并不仅仅意味着承认犯罪事实,还要承诺放弃一些诉讼权利,如放弃无罪辩护的机会,放弃正式的法庭审理,放弃正当程序的保障,等等。可以说,唯有选择认罪认罚,涉案企业才能获得以合规整改换取宽大处理的机会,也就是获得刑事合规的激励效果。

所谓"配合执法调查",是指涉案企业对司法机关的刑事追诉行动采取合作的态度,既要配合调查、提供证据和鼓励员工如实作证,又要积极披露犯罪事实,主动调查直接责任人。为配合执法调查,涉案企业通常会采取两种行动:一是责令员工和管理人员采取配合措施;二是进行全面的内部调查,提交《企业自查报告》。这种内部调查既要揭示全部的犯罪事实,也要查明主管人员和其他责任人员的法律责任。唯有采取上述配合执法调查的行动,涉案企业才能显示出放弃诉讼对抗的诚意,获得司法机关的宽大处理,同时也有助于企业查找制度漏洞和管理隐患,为有效的制度纠错和犯罪预防奠定坚实的基础。

所谓"采取补救措施",是指涉案企业要对犯罪所造成的后果采取适度的挽救措施,对犯罪所破坏的法益采取必要的修复行动,以达到减少犯罪社会危害性、降低犯罪严重程度、挽回犯罪损失的目的。具体说来,补救措施大体包括以下几种:一是赔偿被害人或被害单位;二是缴纳行政罚款;三是补缴应纳税款或者海关关税;四是缴纳违法犯罪所得;五是恢复为犯罪所破坏的社会关系;六是修复为犯罪所破坏的环境资源;等等。上述补救措施之所以是合规整改的保障措施,是因为企业唯有采取这些补救挽损措施,才能明显减轻犯罪的社会危害程度,修复为犯罪所破坏的法益,这是司法机关对涉案企业放弃"严刑峻罚"、采取宽大刑事处理的主要依据。与此同时,无论是采取这些补救措施,还是进行刑事合规整改,都是涉案企业预防违法犯罪的必经路径,这对于国家利益和社会公共利益的维护,都是有利的。

最后,所谓"处置责任人",是指涉案企业对那些导致犯罪发生的主管人员和直接责任人员,应采取必要的惩戒措施。刑事合规激励机制的实质在于,"放过涉案企业,但要严惩责任人"。这就意味着对作出合规整改的企业,要宽大处理;但对那些对企业犯罪负有直接责任的人员,则要采取必要的惩罚措施。这种对责任人的惩罚,既可以是调离工作岗位,或者免除职务,也可以是送交行政机关追究行政责任,或者送交司法机关追究刑事责任。唯有及时处置责任人,才能保证合规整改具备基本的人事基础,避免新的合规管理制度掌握在那些违法犯罪的管理人员手中。经验表明,合规管理制度设计得再好,只要继续被不法人员掌握,也难以在预防违法犯罪行为方面发挥有效的作用。

三、涉案企业犯罪原因的诊断

企业之所以走上犯罪的道路,往往存在着多方面的原因。在合规监督考察制度的运行中,检察机关要督促涉案企业进行有效的合规整改,就要责令企业进行内部调查、提交企业自查报告,审查企业是否准确地发现了导致犯罪发生的制度成因。在这一方面,无论是涉案企业、合规监管人,还是检察机关,都在从事犯罪学家的工作,那就是在分析犯罪现象的前提下,进行犯罪原因的探究。只不过,与对自然人犯罪原因的探究不同,对企业犯罪原因的搜寻,更多地集中在管理漏洞、制度隐患和公司治理结构上的缺陷等方面。唯有在这些方面准确全面地识别犯罪原因,才能为企业提出有针对性的合规整改措施奠定基础,创造必要的条件。① 为对这一问题作出准确的解释,我们可以先来分析一个案例。

【案例2】 2010年2月5日,某国有煤矿依法取得《河道采砂许可证》,有效期至2017年12月31日。2013年,该煤矿与程某签订了《固体废料采购合同》,购买程某采挖的泥砂用于充填井下采空区。2017年12月31日,原《采砂许可证》到期后,因无人负责许可证的续办事宜,许可证续办工作搁置了一段时间,直到2018年9月26日,该煤矿才向当地国土资源局报送《关于膏体充填项目取用河流泥砂情况报告》,并申请续办《采砂许可证》。但政府及相关部门因当地河道重新规划问题未予批准。然而,自2018年1月1日以来,程某一直没有中断采挖河流泥砂行为,该煤矿也一直采购程某采挖的泥砂用于生产充填。2019年,程某因涉嫌非法采矿罪被公安机关立案侦查,后被法院以非法采矿罪判处有期徒刑四年。2021年6月,时任该煤矿矿长的汤某被公安机关以涉嫌非法采矿罪立案侦查,并于同年8月被移送检察院审查起诉。检察机关认为,汤某自2018年以来大量收购程某在无采砂许可证的情况下非法采挖的泥砂,构成非法采矿罪;汤某的非法采矿行为是以煤矿的名义、为煤矿的利益而进行的,该犯罪属于单位犯罪,该煤矿涉嫌犯有非法采矿罪。

在律师的帮助下,该煤矿对自身的公司治理结构、经营情况、犯罪事实进行了内部调查,向检察机关提交了自查报告,分析了企业走上犯罪道路的原因,发现了企业存在八个方面的制度漏洞。主要包括:(1)煤矿合规组织结构存在漏洞,岗位职责不够清晰,对涉及环境资源保护的相关业务管理,权责分散、重叠、交叉、缺失、不清晰,在环境资源保护层面缺乏统一、有效的管理。(2)煤矿无第三方供应商准入、监管、退出机制,对第三方供应商存在的超采、非法采砂行为,未能及时识别,亦未予

---

① 参见郭小明、刘润兴:《如何设计有效的刑事合规计划》,载《检察日报》2021年10月18日,第3版。

以制止,放任自流,未制定第三方供应商的退出、更换机制。(3)煤矿内部未建立资质、证照的统一管理、维护、监督及责任追究制度。(4)煤矿在合同签订、履约等环节存在管理失控。(5)煤矿缺乏风险预警、提示和应对机制,法务部门长期处于被动应诉状态,未能主动识别、预防、评估风险,对于数年来连续多次被行政处罚的情况置若罔闻,没有进行有针对性的制度整改。(6)煤矿的环境资源保护工作被分散在调度、企管、外联、生产等多个部门,未在机构及管理机制上形成完整闭环、权责明晰的管理体系。(7)煤矿并未建立起对违规事件的内部调查及惩戒制度,对续办《采砂许可证》负有职责的工作人员怠于履行工作职责,使续办《采砂许可证》的工作被搁置,导致违法犯罪行为的发生。(8)煤矿对经营过程中的法律风险不重视,长期以盈利、发展作为主要目标,对财务管理已建立相对完备的制度体系,但对经营过程中的法律风险则漠然置之,疏于管理。

在这一案例中,企业在律师的帮助下展开了内部调查,发现了导致犯罪发生的若干制度原因。这种内部调查显示,该企业发生单位犯罪并不是偶然的,而是管理制度存在缺陷的必然结果,这些缺陷既包括公司治理结构上的不足,也涵盖了许可证管理、法务管理、合同管理、第三方供应商管理等方面的制度漏洞。假如对上述缺陷不作出有针对性的整改,那么,所谓的合规考察和整改将很难发挥实质性的作用,该企业发生再次犯罪的可能性仍然是存在的。

那么,如何对涉案企业的犯罪原因作出准确全面的揭示呢?通常而言,不同的企业存在着各不相同的犯罪原因,检察机关在合规整改过程中需要对涉案企业的犯罪原因给予差异化的分析。但是,通过分析近年来我国检察机关合规整改的实践情况,我们大体可以将犯罪原因划分为以下几个方面:一是公司治理结构出现重大缺陷;二是公司在经营管理机制上存在重大漏洞;三是公司在财务管理上存在隐患;四是公司在法务管理上存在不足,没有建立针对有风险的业务的合规性审查机制;五是公司在经营方式和商业模式上存在违法犯罪的隐患;六是公司在对员工、子公司、客户、第三方商业伙伴、被并购企业的管理上,存在重大疏漏。下面对这些犯罪原因依次作出简要分析。

(一)企业的治理结构缺陷

根据现代公司治理的基本原理,公司作为具有独立法律人格的法人,不应与决策者和管理者产生人格混同,作为公司所有者的股东应当监督公司的运营情况,作为公司决策者的董事会应对管理者进行监督,作为公司运营管理者的管理团队应当向董事会负责,维护股东的利益。但是,受多方面因素的制约,我国很多企业并没有建立基本的现代公司治理结构,公司人格与管理者人格混同的情况经常发生,股东大会(股东会)形同虚设,董事会开会也流于形式,公司的决策和运营被实际控制在董事长、总经理甚至某一"实际控制人"手中。这种强势人物不仅架空了董事会,而且使公司的所有管理制度被虚置。在近期的合规监督考察制度改革中,很多中小微企业甚至上市公司,在发生诸如非法经营、串通投标、虚开增值税专用发票、污染环境等刑事案件时,都是由这种强势人物直接决策、授权或者允许的。

例如,某从事科技业务的上市公司,董事长架空了由九名董事组成的董事会,极少召开董事会会议,自行决定引入职业经理人,将决策权、经营权和财务管理权进行全面放权,导致董事会对经营活动的监督失控,职业经理人及其聘用的团队全面接管企业,在不受制约的情况下实施了违规披露重要信息的行为,导致该董事长和管理人员被立案侦查,该企业也涉嫌违规披露重要信息罪。

(二)企业的经营管理漏洞

企业是以营利为目的的商业组织。但在我国,很多行业都处于"行政机关监管不力""企业野蛮生长"的状态下,监管部门动辄采取选择性执法和运动式执法的做法,企业的商业竞争处于无序的状态。在此背景下,企业管理团队经常存在侥幸心理,铤而走险,采取各种"走捷径""踩红线"的违法违规经营行为。尤其是众多企业制定了业务考核协议,将产品销售额、工程中标额、完成利润额等作为主要的绩效考核指标,将部门、员工完成工作业绩的结果与工资奖金福利直接挂钩,形成了一种"人人追求经济利益""事事关乎营业指标"的经营管理方式。结果,在管理层的授权或默许下,企业管理人员或员工实施了诸多方面的违法犯罪行为。

例如,某医药生产企业为了某种新药尽快获得生产许可或者成为医院处方药,在一种普遍实施商业贿赂的竞争环境中要么向药监部门行贿,要么向医院药品采购人员行贿,要么给予医务人员明码标价的"回扣"。该企业被认定构成单位行贿罪。又如,某交通工程公司追求经济利益至上的经营方式,为获得工程项目招投标的顺利过关,由总经济师一人拍板决定,负责参与招投标的部门与另外一家企业实施相互违法陪标的行为,结果构成串通投标罪。再如,某不锈钢产品制造企业在生产高科技产品的过程中,产生了大量有毒有害的废水,而要彻底处理这些废水,又需要投入巨额资金建立治污设施。为节省资金,追求较高的商业回报,该企业一直不购买排污治污设备,而默许生产部门直接将大量废水排放到城市下水道管网,结果构成污染环境罪。

(三)企业的财务管理漏洞

很多企业尽管建立了财务管理制度,但这种财务管理更多地侧重于预防财务部门和财务人员的徇私舞弊行为,而没有将对合规风险的管控引入财务管理体系之中。在涉及财务管理领域的风险防控方面,过于注重商业利益,而忽视了合法合规地从事管理工作,更没有形成相互制约平衡的财务法律风险防控体系。结果,在诸如开具发票、设立账外资金、接受外单位资金、提供贷款担保等方面,经常出现违法违规行为,甚至构成某种特定的犯罪。

例如,某民营企业董事长为帮助企业获得土地使用权,向当地主管官员行贿,行贿款使用的是公司的账外资金,事后在财务部门冲账报销。在该起行贿事件中,公司财务管理制度几乎形同虚设,董事长提取资金和报销冲账的行为几乎畅通无阻。又如,本章案例1属于一起非法经营案件,企业财务部门为其他企业提供"过单业务",通过公司对公账户帮助其他企业转移资金,转入个人账户,并按比例收取一定的报酬,构成非法经营罪。再如,在一系列虚开增值税专用发票案件中,企业财务审核形同虚设,对于没有真实商品交易或商业服务的事项,开具虚假的增值税发票,并在财务上加以列支和冲抵。

(四)企业的合规性审查缺陷

很多企业都没有设立合规管理部门,即便设立了法务部门,也仅有为数甚少的法务人员。这些法务人员所从事的工作往往是对企业合同、知识产权、劳动人事等事务的处理,要么从事日常性的合法性审查,要么从事起诉或者应诉工作。但是,对于企业决策、经营、财务以及业务活动是否存在违反行政法规或刑事法律的问题,法务部门则很少进行专门的合规性审查。尤其是在企业数年内接连发生行政违规事件的背景下,企业不作任何预警处理,既不进行内部调查,也不采取补救措施。可想而知,对于几乎所有投资、并购、业务、经营等敏感复杂的企业活动,在面临一系列行政监管风险,甚至面临各种刑事法律风险的情况下,企业竟然从不进行合规性审查,既不对其是否违反行政监管法律作出专门的审核,也不对其是否触犯刑事法律进行有针对性的检查,在此情况下,企业构成某一犯罪也就不足为奇了。

例如,在本章前述案例2中,对于供应商的超范围开采和无证开采问题,涉案的国有煤矿并没有关注其中的刑事法律风险,也没有进行合规性审查,而是采取放任自流的态度。该企业甚至连一名从事法务工作的员工都没有。而作为母公司的上级企业,尽管设立了法务部门,但区区几名法务人员,就连应付本企业的合同审核、出庭应诉等工作都勉为其难,就更不用说对下级分公司进行法律风险防控了。正是这种对刑事法律风险的普遍忽视,对公司经营重要环节的合规性审查缺失,才造成企业陷入非法采矿的控罪之中的结果。

(五)企业经营模式的"犯罪基因"

一些企业设计出了新颖的商业模式,或者采用了十分复杂的经营方式,但对于这种商业模式或经营方式并没有进行合规性评估,没有消除其中的刑事法律风险。尤其是随着市场经济的发展,一些新兴产业相继出现,这些产业在给企业带来巨大商机的同时,也蕴含着多方面的法律风险。这些经营模式要么违反行政法规,带来行政法律风险;要么触犯刑事法律,带来刑事法律风险。例如,近年来存在很多争议的P2P、"套路贷"、互联网金融以及大数据征信等经营方式,都处于合法与违法的边缘地带,这些经营方式很可能符合特定犯罪的构成要件,存在着特定的"犯罪基因"。可以说,在企业的某一种商业经营模式本身就符合特定犯罪构成要件的情况下,企业竟然不对这种经营模式的合法性进行审核评估,更不按照刑法要求对经营模式进行"除罪化"处理,那么,企业构成犯罪就会成为不可避免的结果。

(六)对员工、第三方、被并购企业管理的失控

企业在经营过程中经常遇到来自员工的法律风险。这里所说的员工,既包括普通单位职工、管理人员,也包括来自分公司、子公司的工作人员。根据我国刑法,只要单位员工以单位名义,为单位利益,实施了危害社会的行为,

就可以成立单位犯罪。在企业对上述员工没有建立合规管理制度的情况下，后者的犯罪行为很容易被推定为单位行为，单位因此要为员工的行为承担刑事责任。这里存在着一个基本的法律逻辑：员工实施了犯罪行为，单位因此行为而获得利益，而单位又没有建立一种管理制度，来对员工的行为加以禁止、防范和控制，那么，这种员工行为就应被视为体现了单位的意志，从而应被视为单位行为。

与此同时，企业在经营过程中经常会遇到来自第三方商业伙伴的法律风险。所谓第三方商业伙伴，通常是指那些与企业经营活动存在合作关系的其他企业或者个人，包括上游的供应商、中游的代理商以及下游的销售商。在那些系统性单位犯罪案件中，企业并没有授意或者指令某一第三方商业伙伴实施犯罪行为，而是在第三方实施某一犯罪行为时，作出了默许或者被动接受的意思表示，以至于构成特定犯罪的共犯。而在那些非系统性单位犯罪案件中，企业自身并没有实施犯罪的主观意志，而是因为上述第三方商业伙伴以企业的名义，为企业的利益实施了犯罪行为，从而导致企业承担了一种"连带责任"，构成某一特定的犯罪。在司法实践中，对第三方商业伙伴管理的失控，通常是企业被追究刑事责任的重要原因。

在前述案例2中，涉案国有煤矿与供应商签订了供货合同，但是对于该供应商，该煤矿既没有进行资格审查，没有进行尽职调查和风险评估，也没有对其开采泥砂的行为进行持续不断的合法性审查，而是采取完全放任的态度，对其提供的低价泥砂照单全收。结果，在该供应商构成非法采矿罪的情况下，非法接收泥砂的煤矿也构成非法采矿罪的共犯。而在另一起单位行贿案件中，帮助企业销售汽车的销售商，采取给予巨额回扣的方式销售汽车，在销售商构成行贿罪的情况下，企业也因为没有建立任何有关防止销售商商业贿赂行为的管理制度，而构成了单位行贿罪。

不仅如此，有些单位甚至还有可能受到被并购企业的牵连。在企业并购活动中，假如并购方对于被并购方不进行实质性的尽职调查和风险评估，并购完成后又不进行必要的风险管理工作，那么，被并购企业所实施的犯罪行为，就有可能成为并购企业承担刑事责任的根据。尤其是在并购之前存在的犯罪行为，在并购完成后被立案查处的，假如没有进行并购前的合规管理，也没有进行必要的责任切割，那么，并购企业承担相应的刑事责任，就成为高概率的事件。

四、合规整改的制度纠错措施

与日常性合规体系建设不同的是,合规整改是一种"有针对性"的合规制度重建活动。在检察机关启动合规考察程序的情况下,涉案企业所面对的不是潜在的合规风险,而是已经爆发的犯罪事件;涉案企业要针对自身发生犯罪的制度原因,提出堵塞制度漏洞的方案,以达到预防类似犯罪事件再次发生的效果。面对治理结构和管理制度方面"千疮百孔"的局面,涉案企业要做到有效合规整改,就不能动辄引入所谓的"有效合规计划",建立一种大而全的"合规体系",而应当首先进行制度纠错和管理修复,也就是展开通常所说的"犯罪控制",避免原有的犯罪活动重新发生。所谓"制度纠错"和"管理修复",其实包含着一种"破"和"立"的过程,前者是指涉案企业对那些存在漏洞和缺陷的治理结构和管理模式进行废除和撤销,目的在于终止那些有缺陷的制度安排,阻断企业犯罪发生的因果链条;后者则是指涉案企业在消除制度隐患的前提下展开的制度重建活动,目的在于通过引入新的制度元素,推动企业引入新的治理结构和管理模式,改造企业的经营理念,使其走上依法依规经营的轨道。

这里所说的制度纠错和管理修复,具有"针对漏洞打补丁"的性质,还不等于合规体系的建立。毕竟,我国绝大多数涉案企业在发生犯罪之前,还没有建立合规管理体系。而在犯罪发生后,涉案企业假如直接引入一种标准化的合规管理体系,就无法"对症下药",根本无法消除导致犯罪发生的制度原因。企业要展开有效的合规整改,就应将制度纠错和管理修复作为制度重建的第一步。唯有如此,才能有效地消除犯罪发生的制度原因,为引入体系化的合规管理机制奠定制度基础。为对此作出充分说明,我们可以先分析一个案例。

【案例3】 江苏省张家港市L化机有限公司(L公司)是一家从事不锈钢产品研发和生产的省级高科技民营企业。2018年下半年,该公司在未取得生态环境部门环境评价的情况下建设酸洗池,并于2019年2月私设暗管,将含有镍、铬等重金属的酸洗废水排放至生活污水管,造成严重环境污染。2020年8月,张家港市公安局以L公司和张某等人涉嫌污染环境罪向检察机关移送审查起诉,张家港市检察院进行办案影响评估并听取L公司合规意愿后,指导该公司开展合规建设,在听取行政机关意见并审查企业书面承诺的基础上,作出了合规考察决定。

涉案企业在律师的帮助下,经过内部调查,认为企业主要存在两个方面的问题和隐患:一是公司管理层合规意识不强,专注于生产、销售等环节的经营管理,忽视了废料环保处置等工作,缺乏刑事风险防控意识;二是公司在废水处置方面存在漏洞,对废水的处置未遵守相关法律法规。

针对公司在环保管理方面存在的制度漏洞,涉案企业采取了以下合规整改措施:(1) 公司从"企业运营、生产安全、财税申报、环保处置、应急管理、纪检内核"六个方面,建立了合规管理制度,制定了《员工手册》《合规政策》和《合规执行手册》,发给公司管理层和重要岗位职工;(2) 建立合规执行领导小组,以公司总经理为组长,行政主管和律师为副组长,各班组负责人为成员,建立合规执行领导小组,通过组织培训、巡查、签署承诺书、签署保密协议等方式落实各项合规制度;(3) 在收到环保监管部门的处置决定后,公司立即对酸洗装置进行了封存,对原来酸洗处置的厂区进行了整改,对排污管道进行了环保清理,并将酸洗工作外包给有环保处理资质的公司;(4) 对公司可能在生产经营中产生的废物、废水、废料等物质进行梳理,根据查找到的风险防控点,制定了《污染防治工作责任制》《职业病防治手册》,界定了环保处置隐患、管理职责和防治措施;(5) 公司制定了废料处置流程图、废料处置注意事项、废料处置责任榜等广告牌,放置在公司醒目位置,提醒管理层和员工注意环保处置,增强环保意识;(6) 建立合规培训制度,在对公司高管进行合规培训的基础上,定期或不定期地聘请专业人士进行全员合规培训,提高员工和管理人员的环保意识和依法依规经营意识。①

这一案例曾被最高人民检察院列为企业监管考察第一成功案例。受多方面条件所限,检察机关所进行的合规整改采取的是一种"简式合规程序",所接受的整改方案也主要是制度纠错和管理修复措施。涉案企业所提出的改进措施,都是针对管理漏洞所作的制度纠错和修复。例如,针对过去刑事法律风险防控机制的缺失问题,企业提出了建立合规管理制度的方案;针对过去企业合规性审查欠缺的问题,企业建立了合规管理组织;针对原来企业没有专门污染处理能力的问题,企业采取了污染治理外包的措施;针对员工

---

① 参见《最高检发布企业合规改革试点典型案例》,载最高人民检察院官方网站,https://www.spp.gov.cn/spp/xwfbh/wsfbh/202106/t20210603_520232.shtml,2021年6月3日发布。

和管理人员缺乏环保意识的问题,企业采取了建立培训机制和加强环保宣传的措施;等等。

那么,有针对性的制度纠错和管理修复究竟包含哪些要素呢?原则上,涉案企业在治理结构、经营管理、财务管理、法务管理、第三方管理等方面,只要存在缺陷和漏洞,都需要作出纠正和修补。迄今为止,对于这一问题还没有出现较为系统的研究成果。与对犯罪原因的诊断一样,我们对于制度纠错和管理修复也可以采取经验主义的态度,根据既往较为成熟的合规整改案例,提炼出若干项公认的制度纠错和管理修复的要素。

(一)对公司治理结构的改造

很多企业出现犯罪问题,都是因为在治理结构上存在着诸多方面的缺陷和漏洞。要防止企业再次发生类似的犯罪问题,就需要对其治理结构作出相应的调整和改造。根据我国的司法实践,无论是中小微企业,还是上市或者拟上市企业,都存在着董事长、总经理或实际控制人在经营管理中权力过于集中的问题,这也往往是导致企业犯罪的主要原因。为避免企业重蹈覆辙,检察机关应当监督企业对其治理结构作出实质性的改造。其要点有三:一是对于那些系统性单位犯罪案件,董事长、总经理或实际控制人是犯罪行为的决策者、授权者或默认者,也是案件的犯罪嫌疑人,该企业要作出有效的合规整改,就需要将该董事长、总经理或实际控制人排除在决策者、经营者或控制者之外,更换董事会、监事会或管理团队,使那些与案件没有牵连的董事或职业经理人成为董事长或者总经理。这符合"严惩责任人,才能放过企业"的合规理念。二是对于那些因为员工、第三方、被并购企业犯罪而承担连带责任的非系统性单位犯罪案件,企业因为没有建立合规管理机制而承担连带责任,检察机关在合规整改中,应激活董事会的监督、决策职能,引入外部独立董事,将首席合规官任命为董事会秘书或董事,或者加强监事会的监督作用,使得管理团队的经营活动受到有效的制约。三是有条件的企业,可以设立合规监管委员会或者合规管理领导小组,由董事长、总经理担任成员,由一名非执行董事担任负责人,对企业合规管理负有最高责任。

(二)撤销或改造存在隐患的业务、产品、经营方式、商业模式

很多企业之所以走上犯罪的道路,是因为所从事的业务、生产的产品、采取的经营方式或商业模式,存在着违法犯罪的隐患。在合规整改过程中,涉

案企业需要对这些存在隐患的业务、产品、经营方式或商业模式作出果断的取舍,对于短时间内无法改造的部分予以撤销,对于有希望加以改造的部分则进行实质性的改造,由此才能消除再次发生犯罪的隐患。例如,在前述案例3中,涉案企业放弃了自行处理污染物的尝试,而将治污业务外包给一家有资质的环保企业。又如,某一涉嫌污染环境的企业,在合规整改过程中,直接将短时间内无法消除污染环境隐患的业务予以关停,而改做其他低污染的业务,从事低污染的产品生产。再如,某一涉嫌非法经营罪的企业,将原有未经过授权批准的经营业务予以停止,改为从事一种已得到批准的业务,消除了生产经营中的"非法性"。还有,某一涉案企业原有经营方式或商业模式自身含有符合特定犯罪构成要件的内容,处于合法与违法的边缘地带,在合规整改过程中,涉案企业对此作出实质性的改造,去除了原有的"犯罪元素",避免了对犯罪红线的触碰,实现了经营方式的"去犯罪化"。

(三) 对企业经营管理模式的改造

很多企业之所以走上犯罪的道路,跟企业过于注重经营业绩、偏重管理人员和员工的经济贡献有着密切的关系。在这种"杀鸡取卵""不计代价"的经营理念影响下,企业法务部门的审核把关作用显然无法引起高度重视,企业业务的合规性审查也就被置于可有可无的境地。涉案企业要进行实质性的合规整改,就应改变这种"为盈利而不择手段"的经营理念,确立"依法依规经营"的原则,强化企业的法务管理和合规管理,设立法律与合规部门,并将法务与合规的管理职能加以分离,使得法务部门负责处理企业的民商事法律问题,而合规部门则承担合规风险的防控责任。与此同时,在企业已经发生犯罪事件的情况下,对于企业所有与相关刑事法律风险有关的投资、经营、业务、交易、招投标等方面的活动,都应建立合规性审查机制,具言之,上述存在风险的活动,都应由合规部门对其合法性、合规性进行事先审查,出具合规审查报告。对于任何未经合规审查通过的业务活动,按照"谁决策,谁负责"的原则,确定相应的责任切割机制,使相关决策者和执行者具备较强的风险意识和责任意识。

(四) 对财务管理机制的改造

很多企业的财务管理较为注重"开源节流"的功能,而对其中所蕴含的刑事法律风险则视而不见。涉案企业在对财务管理进行重新塑造的过程中,应当以刑事法律风险防控作为加强制约与平衡机制的目标。例如，可以考虑激活企业董事会审计委员会的职能，使其对企业财务管理发挥最高的监督作用；可以考虑建立对财务管理的多重审核负责机制，建立财务部、分管副总经理和合规部门三级合规性审核签字的机制；可以考虑引入外部审计机制，由董事会授权、合规部门委托外部独立专业审计机构，对企业的财务管理进行独立的外部审计，外部审计应定期进行，并将外部审计报告提交企业管理团队和董事会。

（五）改变对员工、第三方和被并购企业放任自流的管理模式

针对那些非系统性单位犯罪事件，涉案企业在合规整改过程中，应当建立针对员工、第三方和被并购企业的合规管理制度，确立企业与这些关联人员的责任切割和风险转移机制，建立企业的"隔离带"和"防火墙"。例如，对于因员工的违法犯罪行为而承担连带责任的企业，检察机关应督促其制定员工手册，将相关的法律法规所禁止的事项详尽地列入员工手册，同时建立合规培训和合规承诺制度，对员工开展定期的培训，使其了解员工手册所禁止的行为和相关法律规定，并对遵守员工手册作出书面承诺。又如，对于由第三方商业伙伴违法犯罪行为引发的单位犯罪事件，涉案企业应当建立供应商、代理商、销售商的资格审查制度，设立白名单，激活合规尽职调查制度，根据尽职调查结果确定对第三方的合规分级动态管理，并建立不合规第三方的退出机制。再如，对于因被并购企业违法犯罪行为而引发的单位犯罪事件，涉案企业应当建立并购前的尽职调查制度，对被并购企业的情况作出全面的背景调查，并对可能出现的合规风险作出评估，加强对被并购企业的合规管理，如此方能将被并购企业与并购企业的刑事责任加以切割。

（六）打破企业封闭和集权的管理模式，引入外部独立的专业机构

很多涉案企业内部管理存在封闭和集权的问题，造成内部制约机制形同虚设，企业负责人或高层管理人员权力不受制约，以至于在面临严重的刑事法律风险时仍然浑然不觉。在合规整改过程中，涉案企业要有效地调整原有的治理结构、经营管理、财务管理、法务管理机制，就应引入外部独立的专业机构或专业人员，使其发挥独立的合规管理作用。例如，涉案企业需要引入外部律师团队，协助企业进行合规风险评估和制度纠错工作；需要引入外部独立的环保、税务、审计专家，对企业的合规整改作出评估，提出专业的建议；

有时还需要引入若干名独立董事,以改善董事会的结构,强化董事会的独立性,使其发挥监督和制约执行董事的作用;有时也需要引入外部独立专家,担任企业合规管理委员会负责人,或者担任首席合规官,以强化这两种职务的权威性和独立性。

五、专项合规体系的构建

在合规整改中引入合规管理体系,一般可以避免制度纠错和管理修复活动的局限性,从整体和长远的角度达到犯罪预防的效果。首先,制度纠错和管理修复具有"就事论事"的局限性,属于"针对漏洞打补丁"的修补性活动,只能解决迫在眉睫的合规风险,只能修补已经暴露的制度漏洞,但对于潜在的其他合规风险,则无法发挥预防的效果。其次,制度纠错和管理修复只能针对已经爆发的犯罪改进管理机制,却无法针对其他相关的犯罪行为发挥预防效果。例如,这种有针对性的整改或许可以防止虚开增值税专用发票犯罪的再次发生,却难以消除其他税收犯罪活动的成因;可以减少污染环境行为的再次发生,却无法建立环境资源保护的管理体系;可以避免企业再次发生侵犯商业秘密的行为,却无法防止企业侵犯知识产权行为的再次发生……再次,制度纠错和管理修复只能对同类犯罪的再次发生发挥预防作用,却无法对企业的相关合规风险发挥监控和应对作用,既无法对企业经营中的违法违规行为产生"实时监控"和"全方位雷达预警"的效果,也无法在企业发生违法违规事件后,发挥一种有效应对、积极补救的"自我监管"的作用。最后,制度纠错和管理修复只能针对特定犯罪构成产生预防效果,而无法实现企业犯罪的"源头治理",无法实现刑事合规与行政合规的有机衔接,而在企业难以预防行政违规行为的情况下,要想从根本上避免特定"行政犯"行为的再次发生,也几乎是不可能的。

为克服制度纠错和管理修复活动的局限性,涉案企业需要建立一种完整的合规管理体系。这种管理体系可以从整体、全面和长远的角度发挥预防相关犯罪的效用。从最理想的角度来看,任何一个接受合规考察的涉案企业,都应当在制度纠错和管理修复的前提下,建立一种合规管理体系。但考虑到合规整改受到一系列现实条件的限制,尤其是合规整改期限较为短暂,企业要满足一系列繁杂的整改要求,第三方合规监管人的专业化水平有待提升,等等,指望涉案企业建立一种全面的合规计划,是极不现实的,也是没有必要的。那么,涉案企业究竟应建立什么样的合规体系呢?我们可以通过对一个案例的讨论,来作出提炼和总结。

【案例4】 深圳某数据公司是一家以基于云计算和大数据技术开展金融科技研发为主要业务的公司,主营业务是基于网络及其附属平台,为用户提供证券资讯、行情信息、数据统计、交易辅助等服务。从2015年开始,该公司未经证监部门的许可,利用公司开发的APP销售荐股软件,销售额为人民币571万余元,涉嫌非法经营罪。案发后,该公司及其法定代表人均认罪认罚,将相关违法业务停顿,并向已经购买涉案软件的客户进行退款,自愿接受检察机关的刑事合规监督考察。检察机关指派了合规监管人,设定了六个月的刑事监督考察期限。

该公司在独立监管人的督导下,通过积极自查,深入剖析了涉案违规行为发生的原因,特别是公司在产品(业务)立项、执行,以及产品营销、日常运营、售后咨询等方面存在的合规风险点以及管控薄弱环节。在合规风险排查的基础上,公司制定了以严控产品立项合规性审查为核心的《合规整改计划》。《合规整改计划》明确的整改措施包括:(1) 全面停止涉案违法行为,并积极退缴非法收入;(2) 针对违规事件开展面向公司全员的警示与惩戒活动;(3) 任命专职合规管理人员,明确合规管理人员的职权、职责以及预算等资源支持,保障合规管理人员的独立性、权威性和专业性;(4) 针对违规事件暴露出的高风险业务环节,在产品(业务)立项的事前、事中、事后环节嵌入合规审查、合规检查程序;(5) 宣传合规文化,建立常态化、制度化、全覆盖且有重点的合规培训制度。

在合规整改实施过程中,涉案公司在独立监管人的监督指导下,采取了以下合规整改措施:(1) 全面采取了入口清理、付款屏蔽、使用界面下线、后台数据处理模块删除等措施,永久性关停所有涉嫌违规的业务,为相关用户办理退款。(2) 公开发布了《致全体公司同事的一封信》,就违规事件进行反思、检讨,就开展合规风险排查、停止风险业务、坚持合规经营表态。(3) 制订了《合规管理制度》,明确合规委员会、合规管理人员的职权、职责以及预算等资源支持;任命了不从事经营活动的人员担任合规管理人员;合规管理人员签署《任职承诺书》,承诺认真履职,对公司的合规经营负责。(4) 制订了《产品(业务)立项审查管理制度》,明确了"未经合规审查,或者经合规审查发现存在重大合规风险且无法有效化解的产品/业务,公司不得立项及开展","监管部门(包括但不仅限于企业股东会、合规委员会等)对企业的产品(业务)定期或不定期地进行抽查","涉及公司重大、核心产品(业务)的立项,需聘任第三方机构展开专业评估审查并给出书面评估意见",以及"形成的立项报告书、相关会议记录等执行性文件应当归档"等各项机制。(5)制订了《合规文化宣传培训制度》;公司高管签署了《合规承诺书》,承诺合规经营,为合规管理提供充分的人力、物力、财力、技术支持;组织开展全员合规培训,形成了培训记录、签到表等培训档案。

在合规监管人的监督指导下,涉案企业所进行的合规整改措施,有些属于具有针对性的制度纠错和管理修复活动,有些则具有合规管理体系构建的性质。例如,建立《合规管理制度》,设立合规组织体系;制定产品立项合规审查制度,强调未经合规审查,企业不得从事产品或服务的立项或开展;制定合规培训制度,高管签署合规承诺书,企业组织全员配合培训,等等。当然,这些体系性整改措施,并不是对日常性合规管理体系的简单照搬,仍然具有一定的"针对性",是从体系化的角度所建立的犯罪预防机制。

通过对数个较为成功的合规整改案例的剖析,我们发现合规整改中的体系化建设,属于一种"有针对性的合规体系建设",这种体系具有以下几个方面的特征:一是与日常性合规管理体系不同,合规整改要引入的是"专项合规管理体系",要注重合规体系建设的"有针对性"和"专门性";二是在关注特定犯罪预防的前提下,注重对特定类型犯罪行为的全面预防;三是在强调犯罪预防的前提下,进行必要的合规延伸,将相关的行政法律风险作为防控的对象;四是在合规考察期十分有限的情况下,应注重企业合规体系设计的有效性,也就是满足预防犯罪的最低限度合规管理要求。

(一)专项合规体系

在没有发生危机的情况下,企业所进行的日常性合规管理体系建设,通常可以基于合规风险评估情况,建立若干项专门性的合规管理体系。但合规整改发生在刑事司法程序之中,企业已经涉嫌某一特定犯罪,涉案企业不可能再进行全方位的合规风险评估,而只能针对所发生的犯罪行为,建立特定化的合规管理体系。例如,针对涉嫌虚开增值税专用发票的犯罪行为,检察机关要督促企业建立税收合规管理体系;那些涉嫌污染环境、非法采矿等犯罪的企业,需要建立环境资源保护合规管理体系;那些涉嫌实施生产销售假冒注册商标商品犯罪的企业,需要建立知识产权保护合规管理体系;那些涉嫌实施串通投标、非法经营等犯罪的企业,需要建立反不正当竞争合规体系;那些涉嫌实施单位行贿罪的企业,需要建立的是反商业贿赂合规体系;那些涉嫌实施侵犯公民个人信息、帮助信息网络犯罪活动等犯罪的企业,则需要建立数据保护合规管理体系;等等。

在合规考察制度改革的初期,一些检察机关对于涉嫌特定犯罪的企业,发现其存在多个领域的合规风险,于是就责令其建立若干个专项合规体系。这种合规体系建设显然是不成功的,属于无效的合规整改。例如,对一个涉嫌虚开增值税专用发票犯罪的企业,检察机关竟然责令其建立税收、环保、安全生产、知识产权保护、产品质量等多个合规体系。这与检察机关对合规整改的模糊认识具有密切的关系。而随着改革的深入推进,检察机关普遍认识到,合规整改只能采取特定的专项合规体系建设。在极为有限的合规考察期内,检察机关即便发现企业存在其他尚未暴露的违法行为,或者发现企业存在其他领域的合规风险,也不宜启动其他专项合规体系的建设。检察机关应当专注于企业所涉嫌的特定犯罪行为,责令企业查找导致犯罪发生的制度原因和管理隐患,进行有针对性的制度纠错和补救,引入某一专项合规管理体系。从现实可行性的角度来说,涉案企业在考察期内能够建立这种专项合规管理体系,就相当不容易了。至于其他存在重大风险的合规领域,则可以留待合规考察结束后,再建议企业进一步改进其合规管理体系。

(二)类型化犯罪行为的预防机制

有针对性的合规体系建设,并不意味着其只发挥预防特定犯罪再次发生的作用。那种仅仅针对特定罪名建立的合规体系,假如对于预防同一类型的犯罪行为不能发挥有效的作用,就是作用有限甚至是无效的合规体系。涉案企业应当在考察特定犯罪发生原因的基础上,针对与该项犯罪有关的某一类型犯罪,建立体系化的犯罪预防机制,从而发挥整体性、普遍化和长远的犯罪预防作用。

例如,对于某一涉嫌非法采矿犯罪的企业,检察机关在督促其查找犯罪原因、提出制度纠错方案的前提下,应当要求其建立"环境资源保护合规管理体系"。之所以要建立这种从"一罪"到"一类罪"的犯罪预防体系,是因为唯有如此,才能避免"打补丁"式的合规整改,对环境资源领域的所有犯罪行为产生阻断和防控的效果。

(三) 刑事合规与行政合规的衔接

很多学者和实务界人士高度重视"刑事合规"的重要性,强调进行合规整改的目的在于实现国家与企业的协同性犯罪治理目标。这固然是不错的论断,但是,假如涉案企业的合规体系建设仅仅将预防的对象放在犯罪行为上,那么,所谓的"犯罪预防"也是根本无法实现的。这是因为,我国的单位犯罪大多数都是"行政犯",也就是从行政违法违规行为转化过来的犯罪行为。根据"法秩序统一性"的原理,企业构成这类"行政犯"的前提,是触犯了特定的行政法规,构成行政不法行为。而在构成行政违法的前提下,由于行为所造成的危害社会后果达到了特定数量、情节,或者具备了特定的构成要件,因而转化为犯罪行为。这显然说明,所谓的"单位犯罪",与"单位行政违法行为",并不存在实质性的界限,只要达到刑法所规定的数量、情节要求,或者具备了特定构成要件,单位行政违法行为就可以转化为单位犯罪。正因为如此,假如涉案企业在合规整改过程中,不将预防该类"行政犯"的再次发生作为建立合规体系的目标,那么,这种合规整改充其量只能预防犯罪行为的再次发生,而不可能预防行政违法行为的再次发生。在企业合规体系无力阻止其继续实施行政违法行为的情况下,该企业就可能继续"野蛮生长",在行政违法方面突破界限,走上犯罪的道路。

基于上述考虑,一个有效的合规整改方案应当注重刑事合规与行政合规的有效衔接,将预防企业行政违法作为合规体系建设的基本目标,才能实现企业犯罪的"源头治理",避免企业从行政违法走向刑事犯罪。因此,有针对性的合规体系建设,应当将特定领域的行政违法预防作为基本目标,在专项合规政策和员工手册中,将行政法规所确立的禁止性规则,全都吸纳进来,并融入到企业的决策、业务、财务、人事管理的每一流程之中。唯有杜绝任何形式的行政违法,才能防微杜渐,避免企业在某一领域出现犯罪事件。

(四) 合规体系的双重要素

所谓合规体系的有效性,通常是指涉案企业针对所暴露的合规风险,在作出合规纠错和管理修复的前提下,建立了有针对性的合规管理体系。涉案企业至少应当完成两个部分的合规管理制度建设:一是普遍性的合规组织体系和合规管理流程,二是个性化的合规管理制度。在合规整改过程中,涉案企业可以针对其特定的预防犯罪需要,对这两部分制度要素作出合理的配置。

在普遍性合规管理体系方面,涉案企业可以建立最低限度的合规组织体系和合规管理流程。这至少包括合规组织、合规审查、预防体系、监控体系、应对体系等五个要素。例如,根据本企业的实际情况,涉案企业可以建立合规管理组织架构,那些上市或拟上市公司,可以采用合规组织的最高标准——由董事会合规管理委员会、首席合规官、合规部和分支机构合规部组成的四级组织结构。而那些中等规模的企业,则可以设立合规管理领导小组。但无论如何,作为最低限度的合规组织要求,企业应保证合规机构和合规人员的独立性、权威性,并享有与合规职责相称的权力和资源。又如,在合规组织建立的前提下,涉案企业应确立合规审查机制,作为最低限度的合规要求,任何一项业务或产品的立项,都应经受合规部门的合规性审查,对于存在重大合规风险的业务或者产品,合规部门可以提出异议甚至否决的建议,对此建议,董事会或者管理团队应作出附理由的决定。再如,在预防体系搭建方面,涉案企业可以根据自身情况选择预防体系的配置标准。大型企业,尤其是上市或拟上市公司,应当建立包括定期合规风险评估、尽职调查、合规培训、合规宣传沟通在内的预防体系。中型企业短时间内即使无法建立上述体系,至少也应当建立针对第三方的尽职调查以及针对全体员工的合规培训机制。还有,在监控体系建设方面,完整的合规风险识别可以包括合规巡视、合规报告、内部举报、合规审计等机制。但无论是什么样的企业,最低限度的要求应当是确立合规报告和内部举报机制,以便企业及时发现已经发生的合规风险和违规事件。最后,在应对体系方面,涉案企业根据自身情况,可以确立包括合规内部调查、反舞弊调查、合规奖惩、持续不断的改进等机制,以确保企业对于违规事件作出恰当及时的处置和补救。在无力达到上述要求的情况下,涉案企业至少应当建立内部调查和制度改进机制,对于违法违规事件作出快速及时的反应,并对合规体系作出持续不断的更新。

在个性化合规管理体系方面,涉案企业要建立一个最起码的专项合规体系,就需要针对特定领域的合规风险,发布专项"合规政策"和"员工手册",建立专门化的合规部门。例如,针对涉嫌虚开增值税专用发票的犯罪行为,涉案企业应发布"税收合规政策""税收员工手册",建立"税收合规部",或者设立"税收合规专员";针对涉嫌污染环境的犯罪行为,涉案企业应发布"环境资源保护合规政策""环境资源保护员工手册",建立"环境资源保护合规部",或者设立"环境资源保护合规专员";对于涉嫌串通投标犯罪的企业,检察机关应督促其发布"反不正当竞争合规政策""反不正当竞争员工手册",建立"反不正当竞争合规部",或者设立"反不正当竞争合规专员";等等。其中,专项合规政策是涉案企业与外部企业或个人发生经济交往时,督促对方遵守的合规管理制度;专项员工手册是涉案企业要求内部员工、管理人员一体遵行的行为守则;专门合规部门或合规人员,则是企业负责某一特定领域合规管理的专职人员。

六、针对性和体系化的有机结合

有效合规整改的基本目标,是涉案企业通过制度纠错和建立合规体系,建立一套有效预防犯罪的管理机制,达到企业依法依规经营的效果。为实现这一目标,企业合规整改应与日常性合规体系搭建具有本质的区别,将合规整改的"针对性"和"体系化"进行有机的结合。对于任何一个涉嫌犯罪的企业而言,一旦被列为合规监督考察的对象,无论是适用相对不起诉模式,还是适用附条件不起诉模式,都应引入三项基本的合规整改要素:一是在认罪认罚的前提下停止犯罪行为,积极配合刑事追诉行动,采取补救挽损措施,处理责任人;二是查找犯罪原因,发现导致犯罪发生的制度漏洞、管理隐患和治理结构缺陷;三是针对上述漏洞、隐患和缺陷,进行有针对性的制度纠错和管理修复,切断犯罪发生的因果链条,避免同一犯罪的再次发生。企业合规整改无论是适用"简式合规模式",还是"范式合规模式",都要采取上述三个方面的整改措施,这样才能实现合规整改的基本目标。

但是,对于适用范式合规模式的涉案企业而言,尤其是那些建立了现代公司治理结构的大型企业、上市或拟上市企业,仅仅做到上述三方面的整改要求,还远远不够。这些企业要建立一种整体的、全面的和长远的犯罪预防机制,就要引入合规管理体系。与日常性合规管理体系不同,合规整改所要建立的合规体系是一种具有针对性的专项合规管理体系,这种体系要将同一类型犯罪的再次发生作为预防的对象,将行政监管合规与刑事合规进行有机结合,实现企业犯罪的源头治理。不仅如此,在检察机关合规考察制度的限制下,这种通过合规整改所要建立的合规体系,也需要具备一些最低限度的要素,建立足以预防犯罪发生的合规组织体系,激活企业有效防范、监控和应对合规风险的能力,同时确保全体员工、管理人员以及其他关联人员,遵守专门性的合规政策和员工手册,激活企业内部的"自我监管机制"。

第三章 企业合规整改的相称性原则

> 那种对所有涉案企业建立统一合规计划的努力,注定是无效的。有效合规整改的奥秘在于,涉案企业应根据企业规模、行业特点、业务范围、涉罪性质、合规风险等因素,投入相应的合规管理资源,建立相适应的合规组织体系,引入成比例的风险预防、合规性监控以及违法行为应对的制度流程。

一、相称性原则的提出

二、相称性原则的性质和功能

三、相称性原则的比较考察

四、相称性原则在我国合规考察制度中的引入

五、相称性原则的适用(Ⅰ)——合规整改模式的选择

六、相称性原则的适用(Ⅱ)——合规管理体系的差异化设置

七、有效合规的制度保障

一、相称性原则的提出

如何有效地开展企业合规整改？如何通过企业合规体系建设,实现预防同类犯罪再次发生的目标？这是我国检察机关在推动合规改革的过程中一直要严肃面对的问题。迄今为止,在推动合规改革方面,最高人民检察院已经发布了两份指导性改革文件[1],发布了四批典型试点案例[2],试图从建立有效合规标准的角度,对全国地方检察机关的改革试点提供指导和帮助。这些规范性文件和试点案例,几乎都要求涉案企业根据人员规模、行业特点、业务范围、涉嫌犯罪的类型以及合规风险等情况,来建立与之相适应的合规领导组织、合规管理人员和合规管理体系。一些地方检察机关针对当地众多小微企业涉嫌犯罪的情况,出于节省合规资源、减轻涉案企业负担的现实考虑,创造性地引入了"范式合规"和"简式合规"这两种合规整改模式,针对不同的涉案企业适用差异化的合规管理机制。

我国检察机关在合规改革中所确立的上述规范和制度,体现了"相称性原则"的基本要求。所谓"相称性原则",本来属于公法领域中的重要原则,具有限制公权力和保障个人权利的功能。在合规管理领域中,不少国家基于限制公权力和实现有效合规等方面的考虑,逐步在合规法律中确立了这一原则。英国、法国、美国等国家在建立合规管理制度的过程中,已经确立了包括"相称性""最高层承诺""合规风险评估"等在内的基本原则,并确立了相应的合规管理制度。其中,"相称性原则"更是被英国法律视为有效合规"充分程序"的六大原则之首,法国法律将这一原则奉为反腐败合规体系的核心理念,美国法律也吸收了相称性原则的要求,将那种"以风险为基础"的合规体系视为有效合规的基本标准。在上述三个国家的刑事合规整改制度中,相称性原则已经成为有效合规的基本要求,涉案企业无论是建立合规领导组织、

---

[1] 截止到2022年8月,最高人民检察院为推进企业合规改革,会同其他八个部门联合发布了两份重要的规范性文件:一是2021年6月3日发布的《关于建立涉案企业合规第三方监管评估机制的指导意见(试行)》,二是2022年4月19日发布的《涉案企业合规建设、评估和审查办法(试行)》。这两份规范性文件确立了合规改革的目标,第三方机制的组成和工作机制,企业合规建设、第三方组织评估和检察机关审查的标准。值得注意的是,上述规范性文件在确立了合规改革基本目标和最低工作标准的基础上,提出了针对不同涉案企业和不同案件建立差异化合规整改标准的要求。

[2] 最高人民检察院先后于2021年、2022年和2023年发布了四批"企业合规改革试点典型案例",公布的案例一共20个,涉及的案件类型主要包括虚开增值税专用发票、非法经营、污染环境、商业贿赂、串通投标、假冒注册商标、重大责任事故、走私普通货物、掩饰隐瞒犯罪所得、非法获取计算机信息系统数据、内幕交易、提供虚假证明文件、非法采矿等。

配备合规管理人员,还是建立针对合规风险的预防、监控和应对机制,都要考虑企业规模、行业特点、业务范围、涉罪性质等因素,并据此作出合规风险识别和风险评估,从而建立一种与上述因素相适应的合规管理体系。

我国检察机关在合规改革试点过程中,已经明确强调针对不同性质的企业建立差异化的专项合规体系。应当说,相称性原则在我国相关规范性文件和试点案例中已经得到初步的确立,这对于实现有效合规整改的目标无疑是一种重要的制度保障。但是,由于相关理论研究略显薄弱,研究者对于合规改革所面临的理论难题也缺乏应有的敏感性,对于相称性原则的性质、内涵、外延和理论根基等,没有作出较为深入的研究,对于检察机关所作的一些制度安排缺乏充分的讨论和反思,对于相关试点案例中的制度探索也没有给予足够的理论关注。可以说,合规改革的实践探索表明,法学界对于检察机关的改革试点工作,应当进行有针对性的经验总结和理论概括,对改革实践中的难题作出理论回应,并适时提出一些具有指导性的理论命题。

有鉴于此,本章拟对合规整改中的相称性原则作出初步的分析和讨论。笔者将简要分析这一原则的内涵、外延和理论基础,对英国、法国和美国合规法律中所确立或吸收的相称性原则作出比较考察。在此基础上,笔者将对我国检察机关规范性文件和试点案例中引入的相称性原则作出分析和评论,并从合规整改模式的选择与合规体系的构建这两个角度,阐述我国法律未来全面确立相称性原则的基本思路。

二、相称性原则的性质和功能

相称性原则,又称比例性原则(principle of proportionality),原属于公法领域中的一项基本原则,与"法律保留原则"并称为公法领域限制公权力、保障个人权利的"帝王条款"。相称性原则的基本含义是,法律出于保障基本人权的目的,要求公权力机构必须注重各种强制性手段的正当性,也就是注重在限制个人权利所要达到的目的与达成目的的手段之间保持基本的平衡,从而使公权力机构对个人权利的限制达到最小化的程度,避免公权力机构对个人权利的过度干预。[①]

与一般的行使公权力的行为不同,企业建立合规管理体系的活动同时具

---

① 关于公法领域中的相称性原则(或者比例性原则),可参见梅扬:《比例原则的适用范围与限度》,载《法学研究》2020年第2期。

有私法属性和公法属性。一般而言,企业所建立的合规管理体系有两种基本类型:一是"事前合规"体系,也就是在没有受到行政执法调查或刑事追诉的情况下所开展的日常性合规体系建设活动;二是"事后合规"体系,也就是企业在受到行政执法调查或刑事追诉的情况下,为获得宽大处理而开展的合规整改活动。相比之下,第一种合规体系建设既有可能是企业自生自发开展进行的,也有可能是企业依据法律所要求履行的法律义务而进行的,因此同时具有私法属性和公法属性;而第二种合规体系建设则是在行政监管部门或检察机关的监督和制约下展开的,是企业为避免灾难性的惩罚性后果所要承担的法律义务,因此其公法属性要明显超过私法属性。

企业所进行的日常性合规体系建设活动,属于为增强商业竞争优势、获得更多商业交易机会而实施的加强内部风险防控的活动。但是,随着行政监管部门逐步引入合规监管体系,确立了诸如强制合规之类的监管方式,企业在特定情形下要承担建立合规管理体系的法律义务。例如,法国2016年实施的《萨宾第二法案》就确立了强制合规制度,对于达到一定规模的企业,国家反腐败机构赋予其建立反腐败合规体系的法律义务,并对不履行该项义务的企业作出行政处罚。[①] 我国行政监管部门在证券、反垄断和反洗钱等监管领域,也初步确立了强制合规制度,责令符合条件的企业承担建立合规体系的义务,并对不履行该义务的企业作出行政处罚。[②] 在此背景下,企业在监管部门的督促下开展日常性合规体系建设的活动,也逐渐具有了越来越显著的公法属性。

可以说,当建立合规体系成为企业的法律义务,行政监管部门可以对不履行该义务的企业作出行政处罚的时候,合规体系建设就不再仅仅属于企业内部的"经济活动"或"内部管理行为",而属于国家公权力机构限制企业权益的一种强制性措施。为限制行政机关的权力,这种强制合规制度应当贯彻相称性原则的要求,确保行政机关督促下的合规体系建设以达到合规管理目标为限度,与企业所面临的合规风险相适应,避免企业承担过度的代价。

相比之下,企业在受到行政执法调查或者刑事追诉的情况下所开展的合规整改活动,具有不同程度的合规激励效应。表面看来,适用合规考察程序属于涉案企业的自愿选择,也是企业向行政机关或检察机关所作的合规承

---

① 参见陈瑞华:《法国〈萨宾第二法案〉与刑事合规问题》,载《中国律师》2019年第5期。
② 参见陈瑞华:《论企业合规在行政监管机制中的地位》,载《上海政法学院学报(法治论丛)》2021年第1期。

诺。但是，这种选择和承诺在很大程度上是行政部门或检察机关强制下的产物。为避免受到严厉的行政处罚或刑事处罚，尤其是为防止受到诸多方面的"资格剥夺"，涉案企业与行政机关或检察机关达成和解协议，作出实施合规管理的承诺，开展合规整改活动，进行"事后合规"体系建设。尤其是在刑事诉讼过程中，涉嫌犯罪的企业一旦被纳入合规考察程序，就要接受检察机关的合规整改要求，接受第三方组织的合规监督考察，接受第三方监管机制委员会组织的合规整改验收评估，投入人力、物力、财力，在公司治理方式、商业模式和管理机制等方面作出程度不同的改造，堵塞管理漏洞，消除制度隐患，克服治理结构上的缺陷。

涉案企业通过与检察机关达成和解协议而实施的合规整改行为，属于一种带有惩罚性的法律义务，具有明显的公法属性。假如涉案企业不履行这一义务，或者没有满足检察机关的合规整改要求，那么它们就有可能被定罪判刑。与此同时，承诺开展合规整改的企业，还需要认罪认罚，配合调查，采取缴纳罚款、补交税款、缴纳违法所得、赔偿被害人、修复环境资源等补救挽损措施，提交内部调查报告，提交合规整改计划，按照合规承诺，建立专门性的合规管理体系。这些都属于检察机关强制企业承担的义务，对企业带有一定的处罚性。不仅如此，检察机关为督促企业开展有效的合规整改，经常会对责任人员作出处罚，要么撤销职务，调离工作岗位，要么撤销管理或业务团队，甚至会追究其刑事责任。检察机关在对企业启动合规考察程序的同时，有可能对责任人员提起公诉，提出量刑建议，这势必面临如何确定其刑事处罚的问题。正是由于合规整改具有一定的"处罚性"，会使涉案企业和责任人员承受各种不利的法律后果，因此，在这种企业为获得宽大刑事处理而开展合规整改的过程中，也应贯彻相称性原则。

在检察机关启动的合规整改过程中，相称性原则究竟有哪些具体要求呢？

根据相称性原则，涉案企业应当根据自身的规模、经营情况、业务类型、治理结构、企业文化等情况，识别和管理合规风险，并确立与合规风险相适应的合规管理体系。同时，检察机关在督导涉案企业开展合规整改的过程中，也应根据这一原则，监督企业建立一种与实现合规管理目标相符合的合规组织体系，按照必要性原则投入人力物力等合规资源，根据比例性原则建立合规风险的防控、监控和应对流程。

从实现有效合规目标的角度来看，相称性原则有两个方面的具体要求：

一是"积极的相称性原则",二是"消极的相称性原则"。前者是指涉案企业在合规整改过程中,需要投入较为充足的资源,建立必要的合规管理制度,以满足有效合规整改的基本要求,也就是有效地预防犯罪行为的再次发生,建立依法依规经营的企业文化。在合规整改过程中,检察机关对于那些存在较大合规风险、缺乏合规管理基础的涉案企业,假如不针对其发生犯罪的内在结构性原因提出有针对性的整改方案,不投入较为充足的合规资源,不对其治理结构、管理方式或商业模式作出较为彻底的改造,那么,企业所进行的合规整改就可能流于形式,难以达到有效预防犯罪再次发生的效果。可以说,落实积极的相称性原则的要求,是涉案企业实现有效合规目标的保证,也是检察机关或第三方组织对企业合规整改有效性进行考察评估的重要标准。

而所谓消极的相称性原则,则是指检察机关要求涉案企业所投入的资源和所建立的合规管理制度,要以有效的合规整改为限度,选择那些给企业带来最小负担和代价的管理制度,并使其所投入的资源和所建立的制度,与企业所要预防的合规风险相适应。一方面,涉案企业为进行合规整改所建立的管理制度,应遵循"必要性原则",也就是在足以达到有效合规整改效果的前提下,应选择那些对企业损害较小、所带来的负担较轻或者惩罚后果较为轻缓的制度安排。另一方面,根据狭义的"成比例原则",在整个合规整改过程中,涉案企业所建立的合规组织、所配备的合规管理人员、所设定的考察期限、所选定的合规监管人以及所投入的其他合规资源,应当与其规模、业务范围、行业特点、涉罪轻重程度以及所面临的合规风险相适应,或者成正比例关系。原则上,涉案企业规模越大,涉嫌犯罪越严重,所面临的合规风险等级越高,检察机关或第三方组织越应当督促其建立更为标准化的合规管理体系。相反,对规模较小、涉罪较轻或者合规风险等级较低的企业,提出过高的合规整改要求,使其承担难以承受的合规负担,就构成了一种"过度合规",违背了相称性原则的要求。

那么,在检察机关主导的合规整改过程中,涉案企业建立合规管理体系,为什么要遵循相称性原则?检察机关或第三方组织为什么要将其遵循相称性原则的情况,作为对涉案企业合规整改有效性的考察评估标准呢?

对于这一问题,我们可以从四个角度作出简要的论证。首先,基于合规整改的"公法属性",相称性原则可以发挥适度约束公权力、保障涉案企业合法权益的作用。尽管合规整改可以发挥"替代刑事处罚"的功能,但检察机关一旦对涉案企业启动合规考察程序,仍然会使企业承担一系列带有"惩罚性"

的法律义务,不仅会使其承担一定的经济代价,还会使其被迫改造治理结构,使其生产经营活动、商业竞争力、社会声誉暂时受到一定的损失。为防止合规整改权力的滥用,避免使涉案企业承受不必要的负担,检察机关在启动合规整改程序、设定合规整改模式以及责令企业投入合规资源方面,都应秉持"不过度"的理念,对合规整改的"惩罚性"予以尽可能严格的限制,使所有合规整改措施的强制程度都被限定在足以达到有效合规整改的限度之内。例如,一些欧美国家的检察机关动辄对涉案企业作出数亿乃至数十亿美元的罚款,责令企业接受由前任检察官或前任法官领衔的合规监管人团队,并让企业直接向该团队支付几乎是天文数字的合规监管费用,令企业不堪重负。这显然违背了相称性原则的要求,造成了一种"过度合规整改"的结果。这种合规整改的正当性就容易引起社会各界的质疑。[①]

其次,相称性原则是实现有效合规整改的必要保证。无论是涉案企业实施合规管理体系,还是第三方组织对企业合规进行监督、指导、考察和报告工作,或者是检察机关对涉案企业的合规整改情况作出评估验收,都应将有效合规整改作为基本目标。而涉案企业唯有遵循相称性原则,将有效预防同类犯罪再次发生作为一切合规整改工作的出发点,才能使其合规整改工作不偏离正确的轨道,既避免发生"合规整改不足""合规流于形式"的情况,也防止出现"过度合规整改"或者"涉案企业不堪重负"的局面。在很大程度上,唯有贯彻积极的相称性原则,涉案企业才能达到有效合规整改的目标;而落实消极的相称性原则,则要以实现有效合规整改的目标作为基本限度。例如,对一个治理结构存在严重缺陷、合规风险等级较高的企业,假如仅仅出于"避免企业负担过重"的考虑,降低合规考察要求,不责令其建立有针对性的专项合规计划,不要求其建立体现最高层重视原则的合规组织,不要求其投入必要的合规资源,那么,整个合规整改将是流于形式的。目前,我国一些地方在合规改革中之所以出现"纸面合规"或"无效合规"的情况,至少是因为检察机关没有按照相称性原则的要求,向企业提出彻底整改的合规要求。又如,对于具有不同治理结构、人员规模、合规风险等级的不同涉案企业,检察机关动辄提出一种整齐划一的合规整改模式,对于实现有效合规整改的目标而言,也是有失偏颇的。在一定程度上,对不同企业经过合规风险等级评估,采取差异化的合规整改措施,也是实现有效合规整改的基本保障。

---

① 参见〔美〕布兰登·L. 加勒特:《美国检察官办理涉企案件的启示》,刘俊杰、王亦泽等译,法律出版社 2021 年版,第 222 页。

再次,相称性原则可以保证企业合规资源分配的优化。为实现企业合规管理的基本目标,企业应遵循相称性原则,将财务和人力资源分配给那些对其业务构成最大威胁的合规风险领域,而不应对所有风险领域进行资源的平均分配。遵循这一原则,可以最大限度地降低合规成本,实现合规管理效益的最大化。尤其是对于那些经营陷入困境的小微企业而言,在确保实现有效合规整改目标的前提下,应尽可能确立"最小损害原则",避免使其承受过多的经济负担,避免提出过度的合规要求。这是企业进行实质性合规整改的保证,也是企业通过合规来实现可持续发展的基本要求。与欧美国家的检察机关相比,我国检察机关在合规整改中之所以既没有采取科以高额罚款的做法,也没有建立由涉案企业直接向合规监管人支付高额监管费用的制度,并对小微企业适用相对简易的合规监管模式,就是考虑了降低合规整改成本、实现资源配置优化的要求,将合规整改控制在涉案企业可承受的范围之内。[1]

最后,贯彻相称性原则有助于实现司法正义的理念。检察机关对不合规事件采取零容忍的政策,并不意味着对每一起单位犯罪案件都采取完全相同的处理方式。一方面,在违法犯罪事件发生后,涉案企业根据相称性原则,对于负有重大责任的管理人员和员工作出严厉处罚,要么撤销其职务,调离工作岗位,解散工作团队,要么送交司法机关追究刑事责任,而对那些实施轻微违法行为或者不存在严重过错的员工,则采取宽大处理的措施。这显然符合"同样情况同等对待,不同情况差别对待"的形式正义原则。另一方面,根据单位犯罪的轻重程度,检察机关分别采取"并案处理"和"分案处理"的程序模式。对于情节轻微的单位涉罪案件,检察机关对涉案企业与相关责任人员一并启动合规考察程序,对合规整改合格的案件,作出"双重不起诉"决定,对企业和责任人员同时采取出罪措施。而对那些可能判处三年有期徒刑以上刑罚的重大单位涉罪案件,检察机关则对责任人员单独提起公诉,而对涉案企业独立启动合规考察程序,并根据合规整改结果作出是否提起公诉的决定。这种根据犯罪情节轻重程度对不同企业采取差异化处理的方式,显然也符合罪责刑相适应的实体正义理念。

三、相称性原则的比较考察

在当代的合规管理理论中,有关相称性原则的讨论刚刚开始,尚未达到

---

[1] 参见谢鹏程:《论涉案企业合规从宽检察改革的内在逻辑》,载《民主与法制》2021年第42期。

较为成熟的程度。但通过对一些国家合规管理制度的比较考察,我们可以打开视野,观察这一原则在哪些领域和在多大程度上被引入合规体系建设过程之中。限于资料,本章拟对英国、法国和美国合规法律规范中引入或吸收相称性原则的情况,作出简要的比较分析,尤其是要分析这一原则在上述国家确立有效合规标准的过程中,究竟发挥了哪些重要的作用。

(一) 英国法中的相称性原则

英国 2010 年通过的《反贿赂法》确立了一种"商业组织预防贿赂失职罪",2017 年通过的《刑事金融法》确立了另外两种涉及税收问题的失职类犯罪。两部法律在确立上述失职类犯罪的基础上,引入了严格责任和合规无罪抗辩制度,涉案企业唯有提出证据证明其建立了较为完善的预防商业贿赂和逃税的管理机制,才能说服司法机关对其作出无罪处理。据此,有效的合规管理机制成为企业作出无罪抗辩的法定事由。那么,究竟何谓有效合规呢?根据英国有关部门的解释,企业建立有效合规体系的标准在于确立"充分程序"(adequate procedure)六项原则,包括相称程序原则、高层承诺原则、风险评估原则、尽职调查原则、有效沟通原则以及监控和评估原则。[1]

其中,"相称程序原则"(principle of proportionate procedure)在上述六项原则中居于优先地位。根据这一原则,商业组织用来预防相关人员实施贿赂的程序,应当与其所面临的贿赂风险以及该组织活动的性质、规模和复杂程度成正比例,它们应当是清晰的、实用的、易于获取的和可有效实施的。

一般情况下,企业以预防违法犯罪为目的而建立的合规管理程序,可以包括高层承诺、预防风险的措施、执行合规政策的总体策略、风险评估程序、尽职调查、纪律惩戒程序、举报程序、沟通和培训、合规风险的监控、合规体系的监测和改进等内容。企业在建立或改进合规计划时,需要采用以风险为基础的方法(risk-based approach),对企业内部进行整体上的风险评估,以便使合规程序与所面临的合规风险相适应。与此同时,考虑到不同企业的业务性质、规模以及复杂程度都不一样,所面临的合规风险也不尽相同,因此,企业在建立合规程序时,还应建立与上述因素相适应的合规管理制度。[2]

以反腐败合规程序为例。企业所要建立的反腐败合规程序,应当与企业所面临的腐败风险相适应。对这些风险作出评估是建立反腐败合规体系的

---

[1] 参见陈瑞华:《英国刑事合规的有效性标准》,载《人民检察》2022 年第 9 期。
[2] 参见张远煌等编著:《企业合规全球考察》,北京大学出版社 2021 年版,第 95—96 页。

第一步。一个企业的风险水平可能与企业的规模、业务性质和复杂程度密切相关,但企业规模并不是唯一的决定因素。例如,小企业可能面临相当大的风险,需要建立与该风险相适应的合规程序,但这种程序并不需要达到像大型跨国公司那样的复杂程度。另一方面,企业的风险水平还可能与第三方商业伙伴的类型和性质密切相关。例如,企业经过评估认定某一关联人员没有腐败风险,就不需要建立任何旨在防止发生腐败行为的合规程序。相反,企业在与外国公职人员谈判时所聘请的第三方代理人,通常被视为具有较高的腐败风险,因此需要针对这类人员建立更为完善的反腐败合规程序。[1]

作为"充分程序"的首要原则,相称性原则在英国司法实践中究竟是如何得到运用的呢?在2018年的 R. Skansen 一案的判决中,涉案企业被指控犯有商业组织预防贿赂失职罪,但是其援引了"充分程序"的六项原则,试图证明自身建立了足以预防贿赂犯罪的有效程序。英国法庭经过审理,最终认定这种无罪抗辩是无效的,陪审团裁决被告企业构成犯罪。在该案中,涉案企业认为,考虑到企业的规模和办公场地的有限性,它不需要建立复杂和精密的内部控制程序;企业的业务在本地运营,而没有跨国运营,不需要建立过于严格的控制程序;企业对全体员工都提出了严禁行贿的要求,不需要建立过于具体明确的反贿赂政策;企业已经建立了以诚实和正直为核心的公司文化;在案件发生时,企业已经制定了要求员工以合乎道德、公开和诚实的方式与第三方商业伙伴打交道的政策,并在办公室公共区域内展示了这项政策;企业建立了能够监控、批准和结算发票的财务控制制度;企业的合同条件明确禁止贿赂行为,并确立了发生贿赂时企业终止执行合同的权利;等等。[2]

对于企业的上述无罪抗辩,法庭并没有予以采纳,相当于裁决该企业反贿赂程序是"不充分"的。一般认为,一旦面临刑事追诉程序,涉案企业仅仅通过以下方式进行无罪抗辩,通常是无法令人信服的:在危机发生后采取被动的行动;依靠"员工知道不应这样做"的主张;依靠通用的道德政策;向有关部门报告可疑活动;等等。相反,企业要提出有效的无罪抗辩,就需要按照包括相称性原则在内的要求,证明其在案发之前已经设计、实施和执行了可有效预防商业贿赂行为的"充分程序"。为此,企业事先所建立的预防腐败程序

---

[1] Thomas Fox,"New First Principle of Adequate Procedure:Proportionality",https://www.jdsupra.com/legalnews/new-first-principle-of-adequate-procedure-85559/,2011-05-04.

[2] "First Case on Bribery Act's 'Adequate Procedures' Defence:Five Things You Need to Know",https://www.burges-salmon.com/news-and-insight/legal-updates/first-case-on-bribery-acts-adequate-procedures-defence-five-things-you-need-to-know,2018-03-20.

必须与企业的情况相适应,尤其是要考虑企业发生贿赂的风险、企业规模、所从事的行业和所在的经营地域等因素。即便建立了反腐败程序,也要考虑这些因素是否发生了显著的变化,以及它们是否可能即将发生变化,从而根据上述变化作出相应的调整。①

(二) 法国法中的相称性原则

2021年,法国国家反腐败局(AFA)在总结相关实践经验的基础上,发布了一份反腐败指南(以下称为《法国反腐败指南》),对公共部门和私营企业实施有效的反腐败合规的标准作出了较为详细的规定。尽管《法国反腐败指南》对涉案企业并不具有强制约束力,但其可以成为AFA审查企业合规计划有效性的重要依据。该指南确立了企业有效合规的一个核心理念和三个制度支柱。其中,"相称性原则"为法国企业合规的核心理念,三项制度支柱则分别为"高级管理层的反腐败承诺""风险识别"和"风险管理"。这三项制度支柱贯彻了相称性原则的基本理念和要求。②

所谓"相称性原则",是指企业应根据其所面临的合规风险情况来建立反腐败合规计划,合规风险情况由不同的因素所决定,这些因素可以包括业务活动、产品或服务类型、治理结构、规模、业务部门、营业地点以及不同类型的第三方商业伙伴等。

为体现相称性原则的要求,企业通过高层承诺、风险识别和风险管理三个制度支柱,来确保所建立的合规管理制度与企业合规风险保持适度的平衡和适应。例如,在高层承诺方面,高级管理层为有效地预防和发现企业腐败行为,应当"根据企业的风险状况投入适当的反腐败资源,以便设计、实施和监督作为反腐败计划组成部分的措施和程序"。对于任何违反反腐败指南或者被定性为腐败的行为,高级管理层应对行为人实施适当的和成比例的制裁措施。

合规风险识别是确定反腐败合规管理体系的基础,也是贯彻相称性原则的必要保障。唯有采用"以风险为基础"的评估方法,准确地识别腐败风险,企业才能采取与风险相适应的适当风险管理措施。为进行科学的风险识别,

---

① "First Case on Bribery Act's 'Adequate Procedures' Defence: Five Things You Need to Know", https://www.burges-salmon.com/news-and-insight/legal-updates/first-case-on-bribery-acts-adequate-procedures-defence-five-things-you-need-to-know, 2018-03-20.

② 参见《陈瑞华:法国反腐败案件的有效合规标准》,载微信公众号"悄悄法律人",2022年6月29日发布。

企业应确保所发现的风险真实反映了企业发生违法违规的可能性,对风险的严重性作出准确的评估,通过行动进行适当的排序和处理,以便对其进行有效的管理。对于企业的合规风险,还要进行及时的更新和验证,以使其反映企业最新的风险状况。

合规风险管理是一套对已识别的腐败风险加以预防、监测和补救的措施和程序。根据相称性原则,无论是预防机制、监测流程还是补救措施,都不应是千篇一律的,而应与企业的风险状况相适应。例如,在合规培训方面,企业对于管理人员和处于高风险岗位的员工,应组织强制性培训,并根据风险情况来确定培训的内容。又如,在尽职调查方面,企业应根据风险识别和评估结果,来确定第三方商业伙伴的风险等级,对于无风险或低风险的第三方商业伙伴,可以不进行尽职调查,或者可以简化尽职调查的手段,而对于存在较高风险的第三方伙伴,则需要进行更为彻底的尽职调查。再如,为实现监测违规事件的目的,企业应建立内部举报系统和内部控制系统,但考虑到企业性质、规模和业务的差异,企业应建立差异化的内部举报系统,在建立三道内部控制防线方面,特别是实施内部审计控制时,企业可以由自身的会计和财务人员来加强审计措施,也可以交由外部合格的专业审计人员完成。

此外,为贯彻相称性原则的要求,法国的反腐败指南特别强调对私营企业和公共部门建立差异化的反腐败合规政策。对于私营企业,合规管控的风险除了包括那些在法国境内外实施的贿赂和利用影响力兜售行为以外,还包括那些法律未提及的更广泛的风险,如伪造或滥用公司资产犯罪、洗钱犯罪等。不仅如此,公职人员敲诈勒索、非法获益、挪用公款和徇私舞弊等风险,也是反腐败管理的重中之重。而对于包括行政部门、公营企业、非营利企业等在内的公共部门,反腐败合规体系要关注其较为广泛的任务、责任、法律规范、治理结构、地域范围、诚信标准、工作人员身份以及相关第三方的类别。反腐败指南明确要求"公共部门应以与其存在的腐败风险相适应的方式来实施该项指南",它们可以使用其他方法来达到相同的效果。[①]

(三)美国法中的相称性原则

美国在合规法律规范中并没有明确提及"相称性原则",但在合规实践中贯彻了这一原则的精神。原则上,美国检察官对于是否起诉涉嫌犯罪的企

---

① See "The French Anti-Corruption Agency Guidelines", https://www.agence-francaise-anticorruption.gov.fr/fr/document/french-anti-corruption-agency-guidelines, 2022-7-23.

业,以及是否达成和解协议,享有很大的自由裁量权。但在行使这种自由裁量权时,检察官也要考虑和评估涉案企业的具体情况,尤其是是否存在现实的违规风险。

根据美国《联邦检察官执法手册》所确立的"联邦检察官起诉商业组织的基本原则"(the principles of federal prosecution of business organizations),检察官在实施刑事调查、决定是否起诉以及是否达成各种协议时,需要考虑九个方面的因素:一是企业罪行的性质和严重程度,包括对公众造成危害的风险;二是企业内部不法行为的普遍程度,包括公司管理层对不当行为的共谋或纵容情况;三是企业先前存在类似不当行为的历史,包括对企业所采取的刑事、民事以及监管执法行动;四是企业对其不当行为的及时和自愿的披露,以及对于调查其代理商的合作意愿;五是企业是否已经事先建立了合规计划,以及该计划是否切实有效;六是企业的补救措施,包括实施一项有效合规计划或者改进现有合规计划的努力,撤换负有责任的管理层,对不当行为的实施者采取惩戒或解聘措施,提供赔偿,并且与政府机构进行合作;七是附带后果,包括是否存在对股东、养老金领取者、雇员以及其他无责任的人造成的不成比例的伤害,起诉对公众造成的影响;八是起诉对企业不当行为负责的个人,是否已经足够;九是对企业采取民事或监管执法的补救措施,是否已经足够。①

根据一位联邦检察官的说法,有效的合规计划一定建立在以风险为导向的基础上,并确保所投入的合规制度资源与企业所面临的风险成比例。通常情况下,企业需要首先考虑其商业模式、业务活动类型、薪酬激励机制等因素,然后根据其风险状况来确定合规计划的框架。②

据此,无论是理论界还是实务界,都认为美国检察机关所奉行的是一种基于风险的合规监管制度。这一制度在很大程度上体现了与"相称性原则"相类似的要求。原则上,每个企业受其规模、业务和合规风险的影响,会有各不相同的合规需求,在合规计划方面也难以有一个万全的合规方案。无论是司法部还是证交会,都要求企业根据自己的需求、风险和所面临的挑战来量身打造各自的合规计划。那种将所有合规风险一视同仁的"一刀切"的合规计划(one-size-fits-all compliance program),被视为错误和无效的。相反,一个

---

① See "A Resource Guide to the US Foreign Corrupt Practices Act"(Second Edition),https://www.justice.gov/criminal-fraue file/1292051/download,2022-8-4.

② See Hui Chen,"Seven Signs of Ineffective Compliance Programs",https://huichenethics.com/2018/04/11/seven-sings-of-ineffective-compliance-progranes-expanded/,2018-04-11.

行之有效的合规计划,一定是经过合规风险评估,根据企业所面临的不同等级的合规风险,投入与其相适应的合规管理资源,建立成比例的合规风险防范、监控和应对机制。

例如,在评估涉案企业投入的合规管理资源时,检察官经常要考虑企业的规模、治理结构、行业、经营所在地以及与业务有关的风险。在评估企业是否具有合理的内部控制机制时,检察官通常会根据企业的规模、结构和风险情况,来确认企业是否投入了足够的合规人员和资源。

又如,在进行风险评估方面,检察官鼓励涉案企业投入更多精力和资源到较高风险领域,并随着合规风险的增加,及时调整包括尽职调查和内部审计在内的合规程序。尤其是在对客户、第三方商业伙伴和被并购企业开展尽职调查方面,应确立一种与交易的规模和风险相称的尽职调查机制,以确保尽职调查的规模和程度,是根据行业、国家、交易规模和性质以及第三方赔付的方法和数额来加以确定的。

再如,在是否指定合规监管人方面,检察官要根据诸多方面的因素作出评估。

一般而言,检察官并不需要在每个案件中都任命合规监管人。只有在企业尚未建立有效的合规计划或者需要建立必要的内部控制机制的情况下,任命合规监管人才被视为适当的。而假如企业已经对其违法违规行为进行了自愿披露,进行了完全合作,并对改革内控机制作出了真正承诺,那么,检察机关就不再任命合规监管人,而采取让企业进行自我监管的方式,责令其定期提交合规报告。

那么,在考虑是否指定合规监管人方面,检察官究竟要考虑哪些因素呢?一般而言,检察官需要考虑两个因素:一是指定合规监管人对于公司和公众的潜在利益;二是合规监管人的成本投入以及对于公司运营的影响。其中,在评估指定监管人所带来的潜在利益时,检察官要考虑以下几个具体因素:不合规行为是否涉及操纵、篡改公司账簿,或者利用了公司合规体系或内控机制的漏洞;不合规行为是否普遍存在于公司内部,或者是否由高层管理人员批准或者给予便利支持;公司是否对其合规体系和内控机制作出重大改进;公司对于合规体系或内控机制的改善,是否可以发挥防范或者发现类似违规行为的作用;等等。

还有,检察官无论是与涉案企业达成认罪协议、暂缓起诉协议还是不起诉协议,都需要确定一个一般不超过三年的合规监管期限。在确定这一期限时,检察官需要考虑的因素有:涉案企业及其业务的规模;相关违规行为的性质和严重程度;违规行为的广度和持续时间,包括高管是否授意或者亲自参与;公司类似违规行为的历史;监管协议规定的纠正措施的规模和复杂性;监管开始时纠正措施设计和实施的阶段;等等。原则上,越是需要采取复杂和广泛的纠正措施,就越是需要较长的监管期限;相对于已经实施合规管理体系的企业而言,对那些从未建立合规体系的企业,需要设置更长的监管期限;在企业没有满足监管协议要求的情况下,检察官可以适度延长合规监管期限;在被监管的企业放弃相关企业,或者被其他企业收购的情况下,结束监管可能是较为慎重的做法。[1]

(四) 简要比较

为实现有效合规管理的目标,英国、法国和美国通过不同方式确立或吸收了相称性原则的要求。据此,企业无论是开展日常性合规体系建设,还是进行合规整改活动,都需要遵循相称性原则的基本要求,确保为建设合规管理体系所投入的制度资源,符合所要达到的有效合规目标要求。表面看来,这三个国家都主要是在反腐败合规体系建设中引入了相称性原则,但是,企业要建立"以风险为基础"的合规体系,并达到有效合规的目标,就应当遵循相称性原则的要求,在建立合规体系和投入合规资源时,充分考虑企业规模、行业特点、业务范围、合规基础以及所面临的现实合规风险。

涉案企业的合规整改是一种"事后合规体系建设活动",是企业为避免受到严厉刑事处罚而承诺实施合规管理的活动,其基本目标在于通过堵塞管理漏洞和消除制度隐患达到有效预防同类犯罪再次发生的结果。无论是英国、法国还是美国,都已经建立并实施了暂缓起诉协议(DPA)或不起诉协议(NPA)制度,检察机关在涉案企业提出申请并作出合规承诺的前提下,设定合规考察期,指派合规监管人,设定合规整改标准,并在对企业合规验收评估合格后,作出不起诉等宽大处理。在此过程中,以相称性原则为基础的有效合规标准,发挥了较大的指导作用。无论是涉案企业建立专项合规体系,还是检察机关对企业合规体系建设情况进行考察,或者合规监管人对企业合规整改效果作出专业评估,都要遵循相称性原则的基本要求。

当然,上述三个国家在合规体系建设中引入相称性原则时,也存在一些

---

[1] 参见刘海涛:《刑事合规监管人制度研究:美国刑事监管人的制度设计以及借鉴意义》,载微信公众号"商业合规观察",2020年11月1日发布。

值得吸取的教训。在相关规范性文件和合规整改案例中,我们几乎处处可以看到与"相称性原则"相关的要求,但对于这一原则的具体内涵和外延,却没有给出较为清晰的界定。在这三个国家,检察官似乎被赋予了过大过多的自由裁量权,可以根据涉案企业的规模、行业特点、业务情况等进行合规风险识别和风险评估,然后在确定企业合规风险等级的前提下,确定企业所要采取的合规整改模式和所要投入的合规资源。但是,在企业已经涉嫌特定犯罪的情况下,究竟如何识别合规风险?究竟如何划分企业的合规风险等级?在建立合规管理体系时究竟要考虑哪几个差异性要素?在企业存在诸多方面合规风险差异的情况下,究竟要确立什么样的合规整改模式?在为企业引入基础性合规要素时,究竟要关注哪些较为具体的差异?对于最低限度的合规体系与差异化的合规要素,究竟应如何加以平衡……对于上述问题,上述三国的合规法律规范似乎还无法给出明确的答案。对于合规整改中的相称性原则的内涵、外延和适当运用,我们似乎还可以有更多更大的探索空间。

四、相称性原则在我国合规考察制度中的引入

自 2020 年最高人民检察院启动企业合规改革以来,涉案的中小微企业被纳入合规改革试点的案例一直占据着较高的比例。与欧美国家相比,我国并没有将合规改革的对象仅仅限于那些人员规模较大、营业收入较高的大型涉案企业,而是不区分企业的人员规模、业务情况、所属行业和是否建立事前合规的情况,一视同仁地适用合规从宽制度。但是,涉案企业一旦被纳入合规考察程序,检察机关就面临着如何确立合规整改模式、责令企业投入多少合规资源以及如何确定合规整改标准的问题。在改革初期,一些试点检察机关根据涉案企业的规模、所涉嫌犯罪的轻重程度以及所面临的风险情况,设定了"检察建议模式"和"合规考察模式"[1],前者又称为"相对不起诉模式",是指检察机关对涉嫌轻微犯罪的小微企业,先作出相对不起诉的决定,再发出责令其开展合规整改的检察建议的制度模式。后者又称为"附条件不起诉模式",是指检察机关对涉嫌犯罪并作出合规整改承诺的企业,设定合规考察期,委派合规监管人进行监督、指导、考察、报告,在考察期结束前进行验收评估,对于合规整改合格的企业作出不起诉决定的制度模式。随着改革试点的深入推进,被纳入试点范围的涉案企业呈现出多元化的局面,检察机关根据

---

[1] 参见陈瑞华:《企业合规不起诉制度研究》,载《中国刑事法杂志》2021 年第 1 期。

企业的规模、业务、行业和所涉嫌犯罪的轻重情况，提出了区别对待的改革思路，创立了"简式合规"与"范式合规"相结合的合规整改模式。① 不仅如此，随着越来越多的重大单位涉罪案件被纳入改革，检察机关原来实行的将涉案企业与有关责任人员进行"并案处理"的制度模式，显现出越来越明显的局限性，而对那些责任人员可能判处三年有期徒刑以上刑罚的重大单位涉罪案件，检察机关越来越多地采用"分案处理"的程序模式，使得涉案的责任人员被提起公诉，而涉案企业则被列为合规考察的对象，适用合规整改程序。②

通过上述制度探索，我国检察机关在合规改革中逐步引入了"相称性原则"的基本理念，对涉案企业合规整改的制度模式作出了差异化对待，创立了若干项相关的制度。根据最高人民检察院的统计，2021年3月至2022年6月，全国检察机关累计办理企业合规案件2382件，其中适用第三方监管评估机制案件1584件，对接受合规整改的606家企业、1159人作出不起诉决定。③ 通过分析不难看出，在没有适用第三方监管评估机制的近800件试点案件中，检察机关显然没有适用附条件不起诉模式，而很可能适用了相对不起诉模式；而在适用第三方机制的近1600件试点案件中，检察机关也有"简式合规"与"范式合规"的区分，并没有采取整齐划一的合规整改模式。这至少说明，检察机关在开展合规改革过程中，根据企业所涉嫌犯罪的性质、严重程度、企业规模、所属行业和所从事的业务情况等，设定了差异化的合规整改程序，体现了相称性原则的要求。在以下的讨论中，笔者拟从规范、模式和案例等三个角度，对相称性原则在我国合规改革中的引入情况作出简要分析和评论。

（一）相称性原则在规范性文件中的体现

根据2021年6月3日最高人民检察院联合相关部门发布的《关于建立涉案企业合规第三方监管评估机制的指导意见（试行）》（以下简称为《第三方机制意见》），涉案企业进行合规整改，提交合规计划，应"围绕与企业涉案犯罪有密切联系的企业内部治理结构、规章制度、人员管理等方面的问题，制定可行的合规管理规范，构建有效的合规组织体系，健全合规风险防范报告机制，弥补企业制度建设和监督管理漏洞，防止再次发生相同或者类似的违法

---

① 参见毛逸潇等：《企业合规监督考察如何落在实处》，载《检察日报》2021年10月21日，第3版。
② 参见陈瑞华：《涉案企业合规整改的分案处理模式》，载《法治时代》2022年第1期（创刊号）。
③ 参见孙风娟：《最高检发布第三批涉案企业合规典型案例》，载微信公众号"最高人民检察院"，2022年8月10日发布。

犯罪"。

而根据 2022 年 4 月 19 日最高人民检察院办公厅与相关部门共同发布的《涉案企业合规建设、评估和审查办法(试行)》(以下简称为《合规办法》),涉案企业合规建设,是涉案企业通过完善企业治理结构、健全内部规章制度,"形成有效合规管理体系"的活动;涉案企业合规评估,是第三方组织对企业合规整改计划和相关管理体系的有效性进行考察评价的活动;涉案企业合规审查,是检察机关和第三方组织对涉案企业合规整改的有效性进行审核的活动。上述规定显然表明,涉案企业开展合规整改、建立合规计划的主要目标,是有效地防止企业再次发生违法犯罪行为。任何涉案企业,一旦被检察机关启动合规整改程序,不论其人员规模、所涉嫌犯罪、所从事行业和所经营的业务等存在什么样的差异,也不论要建立什么样的专项合规计划,要建立什么样的合规组织,要投入多少合规资源,都不应偏离"有效预防犯罪"这一基本的合规目标。

为实现有效合规整改的基本目标,在保证建立最低限度合规管理体系的前提下,我国检察机关提出了根据涉案企业的不同情况建立差异化合规管理制度的具体要求。首先,涉案企业应当以"全面合规为目标、专项合规为重点",根据企业规模、业务范围、行业特点等因素的变化情况,逐步增设必要的专项合规计划,推动全面合规。原则上,根据企业涉嫌犯罪的具体情况,检察机关应督促其制定"专项合规计划",确保所进行的合规整改能够有效地防止再次发生相同或类似的违法犯罪行为。通过对涉案企业建立"专项合规计划"的反复强调,检察机关要求企业既不能建立"大而全""大而空"的合规计划,也不能进行那种"头痛医脚"的无效合规整改,而应注重合规整改的针对性、专门性和有效性,在有限的合规考察期内,尽量针对已经爆发的合规风险领域,作出切实有效的合规体系建设,防范特定类型的违法犯罪的再次发生。

其次,在合规资源投入上,检察机关要求涉案企业应设置与企业类型、规模、业务范围、行业特点等相适应的合规管理机构或者管理人员。根据企业的具体情况,在保证有效合规整改的前提下,涉案企业既可以专设合规管理机构和合规管理人员,也可以设置兼职合规管理人员,或者从外部聘请合规管理人员。

再次,第三方组织在制定合规评估工作方案时,要根据有效合规评估的要求,结合特定行业合规评估指标,制定符合涉案企业实际情况的"评估指标体系"。根据《合规办法》的要求,评估指标的权重可以根据"涉案企业类型、规模、业务范围、行业特点以及涉罪行为等因素"进行设置,并适当提高合规管理的"重点领域、薄弱环节和重要岗位等方面指标的权重"。

最后,针对小微企业在合规资源投入有限性等方面的特殊情况,《合规办法》提出了一些有别于大中型涉案企业的简易化的合规整改要求。例如,对于未启动第三方机制的小微企业,检察机关可以不再对第三方组织合规评估过程和结论进行审核,而可以直接对企业提交的合规计划和整改报告进行审查。又如,对于小微企业合规计划和整改报告的审查,无论是检察机关还是第三方委员会,都应重点审查"合规承诺的履行""合规计划的执行"和"合规整改的实效"等内容。

(二)"简式合规"与"范式合规"的引入

欧美国家暂缓起诉协议制度的适用对象几乎都是大型企业,这些企业既具有较大的人员规模,也具有较为完整的治理结构,检察机关通常设置三年合规考察期,督促其建立符合国际标准的合规管理体系。[①] 但相比之下,在我国合规改革的试点案件中,小微企业涉嫌犯罪的案件占了很大比例,有些地方甚至达到50%以上。当然,在小微案件以外,那些由大中型国有企业、上市公司或拟上市公司涉嫌实施的犯罪案件,也逐渐被纳入检察机关合规整改的对象,其适用比例呈现出逐渐上升的趋势。在此背景下,假如检察机关建立一套适用于全部涉案企业的合规体系建设模式,就难以实现有效合规整改的目的。毕竟,对于小微企业,假如提出过高的合规整改要求,如建立过于复杂的合规组织,配备太多的合规人员,投入超出合规必要性的资源,可能会使其不堪重负,不仅难以履行所作的合规承诺,而且会导致合规整改流于形式,无法达到有效预防违法犯罪的效果。

有鉴于此,一些地方检察机关根据涉案企业的性质、规模和合规风险等情况,设立了两种分别适用于大中型企业和小微企业的合规整改模式:一是"范式合规模式",二是"简式合规模式"。前者是一种标准化的合规整改模式,也就是针对那些存在现代治理结构的大中型涉案企业,检察机关启动第三方监督评估机制,由第三方委员会遴选若干名合规监管人组成第三方组织,设定较长的合规考察期,由第三方组织对涉案企业的合规整改情况进行持续不断的监督、考察、指导和报告,第三方委员会对合规整改情况进行验收

---

① 参见陈瑞华:《企业合规视野下的暂缓起诉协议制度》,载《比较法研究》2020 年第 1 期。

评估,检察机关对合规整改合格的企业,作出不起诉或其他宽大的刑事处理。在适用"范式合规模式"的过程中,第三方委员会会指派较多的合规监管人,设定较长时间的合规考察期,涉案企业被责令建立较为正规的合规组织,配置较多的合规管理人员,投入较多的合规资源。在一定程度上,这种"范式合规模式"也就是合规整改的标准制度模式。[1]

与"范式合规模式"不同,"简式合规模式"则适用于那些规模较小、合规问题较为明确、监督评估专业性要求不高的涉案企业。对于适用这一模式的案件,检察机关可以通过制发企业合规检察建议,直接提出合规整改的要求,责令企业在一定期限内完成合规整改或者建立合规体系。当然,对于适用这一模式的案件,检察机关也可以启动第三方监督考察评估机制,但通常会设置较短的合规考察期(一般不超过3个月),遴选较少(通常2名以下)的合规监管人,责令企业提交较少的合规整改报告(通常不超过2次),等等。顾名思义,所谓"简式合规",实际就是标准合规整改模式的"简化版",检察机关对企业在合规组织、合规人员配备、第三方组织的组成、合规考察期限、合规整改报告等方面,提出了简易化的要求,使得涉案企业通过投入与其企业规模、合规风险相适应的较少合规资源,即可完成合规整改的工作。[2]

上海市金山区检察机关是较早提出"范式合规"和"简式合规"概念的检察机关,并通过发布规范性文件,将这两种合规整改模式转化为可操作的制度安排。根据该院的规范要求,对于经营规模较大、合规要求较高的涉案企业,适用范式合规模式,也就是检察机关严格按照"标准化实施样板",开展企业社会调查,由企业作出合规承诺,制定并执行合规计划,实行第三方监管,并经评估验收听证后作出是否起诉的决定。而对于小微企业,则适用简式合规模式,检察机关针对企业经营管理漏洞发出检察建议,提出合规整改要求,并根据企业的整改落实情况作出是否起诉的决定。[3]

作为被纳入最高人民检察院首批改革试点单位的金山区检察院,在该院试点的大多数单位涉罪案件中,都采取了简式合规模式。那么,与范式合规模式相比,简式合规模式究竟具有哪些特点呢?

---

[1] 参见《合规之道,取则行远(中)——检察机关办理涉案企业合规案件适用流程繁简分流的思考与探索》,载微信公众号"上海检察",2021年12月2日发布。

[2] 参见尹庆、申鸣阳:《第三方机制涉案企业"简式合规"与"范式合规"的比较与实践》,载微信公众号"金茂法律评论",2022年5月26日发布。

[3] 参见《企业犯罪不能"一诉了之""一放了之"!他们这样做》,载微信公众号"风云法眼",2021年3月31日发布。

第一,对上述两种合规整改模式的选择性适用,检察机关并没有设定较为明确的标准。检察机关主要通过对以下几个因素的考量,来确定是否适用简式合规模式:一是企业从业人员的人数;二是企业经营业务的范围和规模;三是企业办公场所面积的规模;四是企业营业收入和纳税数额;五是企业资产总体数额;六是企业管理层级和管理部门的规模;等等。

第二,对于所有申请合规整改的企业,检察机关都要开展涉案企业社会调查,对企业能否适用简式合规程序进行全面评估。检察机关可以通过上海市大数据中心等平台,对企业的经营信息进行初步了解,可以调取涉案企业的财务审计报告、纳税记录、经营合同等材料,还可以实地走访政府行政部门,向企业员工进行调查访谈,从而了解企业营业情况。

第三,在社会调查的基础上,检察机关根据企业所涉嫌实施的犯罪行为,邀请专业人员进行专家评审,形成合规检察建议,列明企业需要开展合规整改的计划项目,要求企业在一定期限(2—3个月)内完成合规整改工作。

第四,检察机关可以通过第三方机制委员会遴选2—3名合规监管人组成第三方组织,对涉案企业合规整改情况进行考察评估。第三方组织的考察频率和方式都采取较为简易的方式,通常考察次数为一次。检察机关也不再责令企业提交合规计划,而是通过检察建议提出较为明确具体的合规整改要求,企业需要按照检察建议的要求开展合规整改活动。

第五,合规考察期到期之前,第三方组织对企业合规整改情况进行评估验收。经验收合格的,检察机关根据企业合规建设的成效以及第三方组织的评估意见,作出是否宽大处理的决定。在决定作出后的1—2年内,检察机关联合相关行政监管部门定期对企业进行跟踪监督,要求企业提供书面反馈意见,持续关注企业合规整改的后续效果。

(三) 相称性原则在试点案例中的适用

"范式合规"和"简式合规"的区分,也在一些试点案例中得到了一定程度的体现和适用,尤其是上海市检察机关办理的案件。在上海市检察机关迄今办理的超过百起合规改革试点案例中,适用简式合规模式的案例占据了一半以上的比例。这两种合规整改模式也得到其他地方检察机关的采纳。最高人民检察院2022年8月发布的第三批"涉案企业合规典型案例",就将江苏省南京市静宁区检察院办理的一起提供虚假证明文件案件纳入其中,并将该案中适用简式合规模式的经验加以推广。在一定程度上,根据涉案企业规模、涉罪情况、合规需求等来选择适用"简式合规"和"范式合规"的改革经验，已经得到最高人民检察院的认可。①

2019年1月，F公司接受委托为G公司协议搬迁项目进行征收估价，先是采取整体收益法形成了总价为2.23亿元的评估报告初稿，后为满足G公司的要求，时任F公司总经理的王某，要求公司估价师严某将涉案地块评估单价提高，后者在无事实根据的情况下，随意调整评估报告中的营业收益率，最终形成的《房屋征收分户估价报告》，将房屋评估总价定为2.49亿元，后相关部门按此报告进行拆迁补偿，造成国家经济损失2576万元。

2021年6月，检察机关对本案采取分案处理的方式，对王某、严某提起公诉，对F公司启动合规整改，确定了为期6个月的合规考察期。考虑到F公司系小微企业，检察机关对其适用了简式合规程序，包括：指导企业开展风险自查，形成自查报告；指导企业针对制度漏洞，修订合规计划；围绕13个风险点，发出检察建议，督促企业进行合规整改；指导企业设立合规部门，修订员工手册，制定《评估业务合规管理制度》，委托研发线上审批的OA系统；组织开展合规培训。为降低合规成本，减轻企业经济负担，检察机关直接开展合规监管和评估，设置合规整改时间表，要求企业明确整改节点，按时序推进整改。检察机关还邀请三名专业人员协助开展合规监管和评估工作。经过6个月的合规整改，检察机关对合规整改作出验收。

按照江宁区检察院的经验，检察机关应根据企业类型开展有针对性的合规整改工作。小微企业在治理模式、业务规模、员工数量、资金能力、风险防范等方面，与大中型企业具有显著的差异，检察机关应根据上述差异，积极探索适合小微企业的合规模式，在保证合规计划制定、实施、验收评估等基本环节的同时，通过简化程序、降低成本，制定与大中型企业不同的监管标准，激发小微企业开展合规工作的积极性。

为体现差异化和有效化的理念，检察机关既可以启动第三方监督考察机制，也可以由检察机关直接提出指导合规整改的检察建议。在前一种情况下，无论是合规考察期限、合规监督人的数量，还是合规监管方式，都可以适

---

① 参见孙风娟：《最高检发布第三批涉案企业合规典型案例》，载微信公众号"最高人民检察院"，2022年8月10日发布。

度简化。而在后一种情况下,检察机关可以对企业提交的合规计划和整改报告进行审查,主导合规监管和验收评估活动。检察机关可以听取公安机关等部门的意见,建立合规监管互通机制;可以设立合规时间表,要求企业按照时序推进合规整改;可以采取"定向"加"随机"的方式,审查合规进展情况;可以选择由专家学者、监管人员、侦查人员组成评估小组,通过听证方式,对合规整改效果进行验收评估。

(四)简要评论

为实现有效合规整改的目标,涉案企业需要建立与企业规模、涉嫌犯罪的性质、行业特点、业务类型、合规风险等相适应的专项合规体系,无论是检察机关还是第三方组织,都要按照相称性原则的要求,对涉案企业合规整改的有效性进行考察评估。这种理念显然已经得到了检察机关的广泛接受。无论是最高人民检察院的改革文件,还是各地检察机关的改革实践,都满足了相称性原则的基本要求。尤其是一些地方检察机关根据涉案企业的类型所推行的"范式合规模式"和"简式合规模式",更是考虑了小微企业的特殊合规要求,兼顾了有效合规整改与降低改革成本的要求,是相称性原则在合规改革中得到贯彻的重要体现。

但是,目前的合规改革仍然处于试点和探索阶段,无论是涉案企业的合规整改方式,还是检察机关或第三方组织的合规考察和评估方式,都还有较大的试验空间。在贯彻相称性原则方面,当下的合规改革在不少制度安排上仍然有进一步改进的余地。

例如,一些试点检察机关出于降低改革成本的目的而采用的"简式合规模式",存在着"为简化而简化"的问题,没有建立最低限度的合规管理制度,也没有遵循有效合规整改的基本要求。这很可能造成合规考察质量的降低,使得涉案企业的合规整改流于形式。尤其是检察机关和合规监管人在没有掌握科学的合规评估方法的情况下,仅仅根据涉案企业提交的书面规章制度,或者根据企业来不及落实的多项合规承诺,就作出"合规整改合格"的评估结论,并据此对企业乃至责任人员作出不起诉等宽大处理,这容易给人造成合规评估验收过于轻率的印象,也会使人怀疑这种合规整改在预防犯罪方面能否发挥有效的作用。

又如,在确立合规整改模式时,一些检察机关过多地关注了涉案企业的人员规模,而忽略了这些企业的治理结构、行业特点、业务范围、涉嫌犯罪的轻重程度,尤其是没有对其合规风险进行科学的识别和评估,所采取的合规整改措施可能违背相称性原则的要求。在改革实践中,一些小型涉案企业尽管人员规模并不大,却可能属于国有企业或者上市公司的子公司,涉嫌实施了较为严重的犯罪行为,其治理结构存在着严重的缺陷,其管理方式和商业模式存在着较大的漏洞和隐患。假如不对其管理制度进行较为彻底的改造,那么,该类企业仍然难以避免再次犯罪。因此,这类企业尽管规模不大,却需要根据其居高不下的合规风险,对其提出较为严格的合规整改要求。相反,还有些涉案企业尽管属于大中型企业,但它们涉嫌实施的犯罪并不严重,且具有较为完善的治理结构,已经初步建立了合规管理体系,在案发后作出了内部调查,及时处理了责任人员,提出了有针对性的合规整改方案。对于这类具有合规管理基础的涉案企业,也没有必要提出过于严格的合规整改要求,而可以针对其管理漏洞和制度隐患,责令其改进合规管理体系,这样就可以达到有效合规整改的目标。在一些欧美国家,对于那些已经初步建立合规管理体系的超大型涉案企业,检察机关经过识别和评估,认为其合规风险处于较低等级的,也可以不指派合规监管人,而允许企业自行聘请合规顾问,定期提交合规整改报告。

再如,一些检察机关尽管考虑了降低小微企业的合规成本问题,却没有认真研究这类企业治理结构和管理方式的特殊性问题,没有提出有针对性的合规整改措施,导致在"简式合规"的名义下,对其提出一些形式化甚至程式化的合规要求,使得合规整改无法产生有效预防犯罪的预期效果。事实上,很多小微企业都存在着"法人人格与自然人人格混同"的问题,其主要负责人或实际控制人大权在握,独断专行,将企业已经设立的监督机制、审批制度和决策流程完全虚置化,既没有建立业务开展和产品立项的"合规性审查机制",也没有任何部门或人员对那些存在明显合规风险的产品或业务,具有提出质疑和否决的能力。而这些主要负责人或实际控制人经常是单位犯罪的始作俑者或主要责任人员。在启动合规考察程序后,检察机关出于避免企业资金链中断、业务停止或客户流失的考虑,往往对这些责任人员网开一面,采取取保候审措施,甚至责令其主持企业的合规整改工作,而没有采取任何对其决策权和经营权加以限制的措施。这种不改变企业治理结构,不建立有效的监督制约机制,不引入外部权威力量督促责任人员改变企业经营模式的"合规整改",注定会流于形式,甚至埋下了企业再次发生违法犯罪的隐患。

五、相称性原则的适用(Ⅰ)——合规整改模式的选择

针对不同单位涉罪案件的类型,选择适用差异化的合规整改模式,这是我国检察机关在合规改革中所创造的一项基本经验。但是,为实现有效合规整改的目标,检察机关在确定合规整改模式时,除了要考虑涉案企业的人员规模这一因素以外,还应综合考虑以下重要因素:企业涉嫌犯罪的类型,犯罪轻重程度,涉案企业的治理结构,涉案企业的行业特点和业务范围以及涉案企业所面临的现实合规风险。根据涉案企业的犯罪类型,检察机关可以确定专项合规计划的不同类型;针对涉案企业涉嫌犯罪的轻重程度,检察机关可以选择适用"并案处理模式"或"分案处理模式";通过考虑涉案企业的涉罪轻重情况和人员规模,检察机关可以选择适用"相对不起诉模式"或"附条件不起诉模式";根据涉案企业的人员规模、行业特点和业务范围,检察机关可以选择适用"范式合规模式"或"简式合规模式"。

(一)专项合规的选择

按照企业合规的基本原理,企业要实现有效预防违法犯罪行为、形成依法依规经营的企业文化的目标,就需要针对自身所面临的现实合规风险,建立专门性的合规管理体系。与企业的日常性合规体系建设活动不同,涉案企业在合规整改过程中不需要识别和评估所面临的合规风险领域,而可以根据自身所涉嫌的犯罪类型,来确定所要开展的专项合规计划的类型。具体而言,在对被指控的罪名认罪认罚的情况下,涉案企业就面临着受到定罪量刑的现实危险。企业唯有针对该项罪名建立专门性合规计划,以预防相同或类似犯罪再次发生为目标,才能达到有效合规整改的效果。假如不遵循这种专项合规整改的理念,而是根据企业存在的抽象合规风险,任意设定合规体系建设的类型,那么,在十分有限的合规考察期内,在合规资源投入受到诸多限制的情况下,涉案企业就有可能实施"大而全"甚至"大而空"的合规整改,不要说预防其他违法犯罪行为的发生,甚至就连预防被指控的犯罪再次发生的目标,都根本无法实现。①

为实现有效合规整改的目标,涉案企业需要根据被指控的犯罪类型,确

---

① 参见陈瑞华:《企业有效合规整改的基本思路》,载《政法论坛》2022年第1期。

定专项合规计划的类型。这是涉案企业选择合规整改模式的重要一步,也是检察机关审查企业是否开展了有效合规计划的重要标准。例如,对于涉嫌实施虚开增值税专用发票犯罪的企业,检察机关应督促其建立"税收合规计划",以预防税收领域的相关违法犯罪行为作为合规整改的目标。又如,对于涉嫌实施侵犯商业秘密、销售假冒注册商标的商品等犯罪的企业,检察机关应要求其建立"知识产权保护合规计划",将预防知识产权领域的犯罪行为作为合规整改的目标。再如,对于涉嫌实施污染环境、非法采矿、非法占用农用地等方面犯罪的企业,检察机关应督促其建立"环境资源保护合规计划",以预防再次发生环境资源领域的犯罪作为合规整改的目标。不仅如此,对于那些涉嫌实施商业贿赂、危害网络或数据安全、侵犯个人信息、危害安全生产、串通投标、非法经营等方面犯罪的企业,检察机关也应督促其建立诸如"反商业贿赂合规计划""网络数据安全合规计划""个人信息保护合规计划""安全生产合规计划""反不正当竞争合规计划"等专项合规计划,以预防再次发生各相关领域的违法犯罪行为。

(二) 并案处理模式与分案处理模式

根据单位涉罪案件的轻重程度,检察机关可以选择适用"并案处理模式"或"分案处理模式"。所谓"并案处理模式",是指对于那些可能判处三年有期徒刑以下刑罚的轻微单位涉罪案件,检察机关可以将其作为一个整体,对涉案企业适用合规考察程序,在对企业合规整改验收合格的情况下,对企业与责任人员一并作出不起诉的决定。而所谓"分案处理模式",则是指对于那些可能判处三年有期徒刑以上刑罚的重大单位涉罪案件,检察机关对涉案责任人员与涉案企业分别适用不同诉讼程序,也就是对涉案责任人员单独提起公诉,提出适当的量刑建议,使这些人员受到定罪量刑的处罚,而对符合条件的涉案企业则启动合规考察程序,并根据企业合规整改的评估结果作出是否提起公诉的决定。[①]

"并案处理模式"与"分案处理模式"的划分,意味着检察机关在轻微单位涉罪案件中,可以遵循"双罚制"的原则,在涉案企业成功开展合规整改的情况下,对企业和责任人员一并作出宽大的刑事处理。与此同时,对于重大单位涉罪案件,检察机关则对同一案件适用两种相对独立的诉讼程序,对责任

---

① 参见张静雅:《二元分离模式下单位刑事责任之重构》,载《国家检察官学院学报》2022年第4期。

人员单独追究刑事责任,而对合规整改成功的企业则给予宽大的刑事处理,甚至可以作出不起诉决定。这体现了"宽严相济"的刑事政策,意味着检察机关根据单位涉罪案件的轻重程度,对企业和责任人员作出相应的宽大处理或严厉处罚。在前一种模式中,检察机关遵循的是"放过涉案企业,也同时放过责任人员"的政策;而在后一种模式中,检察机关则奉行了"放过涉案企业,但惩罚责任人员"的司法理念。这种根据涉罪轻重情况而采取区别对待的制度安排,体现了相称性原则的要求。

(三) 附条件不起诉模式与相对不起诉模式

在合规改革试点的初期,一些基层检察机关根据案件具体情况创立了两种合规整改模式:一是针对涉罪情节较轻、主观恶性不大或者具有合规整改基础的涉案企业,适用"相对不起诉模式",检察机关在进行初步调查的基础上,责令涉案企业制定合规整改方案,经审核确认相关合规计划后,对企业直接作出相对不起诉的决定,并通过发出检察建议的方式,责令涉案企业在某一期限内根据其所作的合规承诺,完成合规整改的工作。二是针对涉罪情节较重、主观恶性较大或者没有合规基础的涉案企业,适用"附条件不起诉模式",检察机关责令企业提交自查报告和专项合规计划,设定合规考察期,指派合规监管人,责令涉案企业在考察期限内完成合规整改工作,并根据对企业合规评估验收的结果,作出是否提起公诉的决定。

随着最高人民检察院对第三方监督考察评估机制的推行,各地检察机关在改革试点中适用第三方机制的案件逐渐增多,适用"附条件不起诉模式"的案件比例也随之逐步提高。但迄今为止,各地检察机关仍然保留了对轻微单位涉罪案件适用"相对不起诉模式"的做法。根据相称性原则,对于那些涉嫌犯罪情节较轻,单位主观恶性不大,在管理制度和治理结构方面没有太大漏洞,或者具有合规整改的基础的涉案企业,可以继续适用相对不起诉模式。尤其是对于那些具有"非系统性单位犯罪"特征的涉罪案件,单位并没有明显的集体犯罪意志,而主要是因为在制度管控上存在失职情况而造成了内部人员犯罪行为的发生,检察机关可以优先考虑适用这一模式。当然,在适用这一模式时,检察机关在检察建议中应提出较为明确的合规整改要求,设定明确的整改时限,并建立"行刑衔接"的工作机制,委托相关行政监管部门做好合规监管工作。同时,检察机关还应对企业的合规整改情况进行跟踪回访,在所设定的整改时限到期后,检察机关要会同相关监管部门,对企业合规整改的效果作出评估验收。对于拒绝按照检察建议的要求进行合规整改,或者在合规整改方面敷衍塞责、流于形式的,检察机关可以向行政监管部门提出对其采取从重行政处罚的建议,必要时也可以保留重新提起公诉的权力。

(四) 范式合规模式与简式合规模式

对"范式合规模式"和"简式合规模式"的选择性适用,是一些地方检察机关作出的制度创新。但是,检察机关在适用这两种整改模式时,除了考虑涉案企业的人员规模以外,还应考虑企业治理结构的完善程度、企业所从事的行业特点以及企业的业务范围。尤其是通过对上述因素的综合考虑,检察机关应对涉案企业的合规风险作出科学的识别和评估,并根据企业的合规风险等级,在上述两种模式中作出选择适用。与此同时,检察机关应当严格区分"相对不起诉模式"和"附条件不起诉模式",只有在决定适用后一种模式的情况下,才可以进一步区分适用"范式合规模式"和"简式合规模式"。

具体而言,检察机关经过综合考量单位涉罪案件的各种情况,决定适用附条件不起诉模式,也就是对企业启动第三方合规考察程序的,可以对那些人员规模较大、治理结构存在重大缺陷、合规风险等级较高的涉案企业,适用"范式合规模式",也就是标准化的合规管理模式,责令企业建立较为完备的合规组织,配备较多的合规管理人员,投入相适应的合规资源,设置较长的合规考察期,指派较多的合规监管人。相反,假如涉案企业属于小微企业,治理结构并不存在严重的缺陷,合规风险等级也不高,检察机关可以适用"简式合规模式",在遵循有效合规最低要求的前提下,责令其建立基本的合规领导组织,配备必要的合规管理人员,设置较短的合规考察期限,不必指派较多的合规监管人,甚至可以不指派合规监管人对其进行持续的合规监管,而由检察机关直接对其合规整改工作进行监督、指导和评估验收。

六、相称性原则的适用(Ⅱ)——合规管理体系的差异化设置

在合规整改中贯彻相称性原则的要求,还需要设置差异化的合规管理体系。原则上,为实现有效合规整改的目标,在引入最低限度的合规要素的前提下,应当根据企业的规模、所涉嫌犯罪的轻重程度、行业特点、业务范围等情况,建立相对应的合规管理体系。尤其是在确定了企业的合规风险领域之

后,还需要对企业发生违法犯罪行为的可能性进行风险识别,并对企业所具有的具体合规风险等级作出较为准确的评估和确定。在合规风险识别和风险等级评定的基础上,企业需要建立与之相适应的合规管理体系,确定具体的合规主体、合规组织、合规人员、合规防范、合规监控和合规应对体系,投入与具体合规风险相适应的合规资源。

(一) 风险识别和风险评估

原则上,企业唯有对其所存在的合规风险及其影响作出全面的评估,才能在其合规政策中落实相称性原则的要求。在企业建立合规体系方面,相称性原则要求企业根据两个要素对其具象性合规风险作出适当的反应:一是风险评估所确定的风险概率,二是合规风险对企业业务目标可能造成的影响。[①]

要作出准确无误的合规风险评估,企业首先需要进行风险识别。通常情况下,"合规风险"是一种企业因违法违规行为而遭受损失的可能性,包含着两个基本要素:一是企业内部发生违法违规情况的可能性,二是企业因发生违法违规情况而遭受刑事处罚的可能性。通过汇集多个部门的数据和资料,结合企业所发生的犯罪类型,企业合规管理的薄弱环节,以及企业发生纠纷、诉讼,接受行政调查、刑事调查等方面的经历等情况,一般可以确认企业业务中可能存在的合规风险。这种合规风险可以表现为较为宏观的"风险领域",也可以表现为较为微观的"风险业务环节""风险岗位"和"风险人员"。当然,任何企业在经营过程中都会面临种类各异、程度不同的"合规风险",这种风险有可能是潜在的,也有可能是现实的;有可能是宏观层面的,也有可能是微观层面的;有可能是一种"内部发生违法违规的可能性",也有可能是一种"受到刑事处罚的可能性"。有的合规专业人士将那种宏观的、潜在的、概括的企业违法违规可能性,称为"抽象性合规风险",而将那种微观的、纯粹的、现实的因违法违规遭受处罚的可能性,称为"具象性合规风险"。[②] 合规风险识别的主要目的是,在发现种类繁多的"抽象性合规风险"之后,通过认真观察、分析和比较,找到企业所面临的"具象性合规风险"。

与日常性合规体系建设不同的是,涉案企业的合规整改发生在刑事诉讼

[①] See "What is Proportionality in Corporate Compliance?", https://www.ganintegrity.com, 2022-7-21.

[②] 参见《中兴通讯首席法务官申楠:合规风控的认知和管理进阶之路》,载微信公众号"合规小叨客",2022年7月19日发布。

过程之中。无论是侦查机关还是检察机关，都已经确定了企业涉嫌实施的罪名，如虚开增值税专用发票罪，销售假冒注册商标的商品罪，污染环境罪，非法经营罪，单位行贿罪，串通投标罪，走私普通货物、物品罪，等等。涉案企业要申请检察机关启动合规考察程序，就需要将其被指控的犯罪视为"具象性合规风险"，并据此确立专项合规计划。至于涉案企业存在的其他方面的违法犯罪的可能性，则应被归入"抽象性合规风险"之列，检察机关在有限的合规考察期限内，一般没有必要将这些风险作为合规整改的对象。

在确定了"具象性合规风险"之后，企业就需要对这些风险作出科学的评估。合规风险的评估通常可以从两个维度加以展开：一是确定合规风险发生的"概率"，即如果不采取任何合规管理措施，企业发生这种违法违规的情况的可能性有多大？二是评估不合规可能带来的"影响"，也就是假如发生了上述违法违规行为，企业可能会受到哪些直接或间接的影响，会遭受哪些方面的损失？

在实践中，有专业经验的合规人员通常按照10分制对合规风险发生的概率进行评分，并将不合规事件所造成的影响换算为特定的经济值或者相关区间。通常，企业通过将合规风险发生的概率与不合规的影响值相乘，就可以据此计算出每个已识别合规风险的风险等级。尤其是，企业要根据自查报告的结论，找到存在较高风险的经营岗位，如生产部门、销售部门、财务部门、污染物处理部门、招投标部门、进出口部门、客户、供应商、代理商、分销商等，发现具有较高风险等级的经营活动，分析造成合规风险的治理结构、商业模式和管理方式。经过对上述岗位、人员、活动和管理方式的风险等级的划定，确定最终的合规风险等级。通常情况下，那些与相关犯罪的发生具有较高关联性的经营部门、人员、岗位和管理模式，就存在较高等级的合规风险，也是需要重点开展合规整改的对象。

（二）以合规风险为根据的合规管理体系

检察机关无论采取何种合规整改模式，都需要督促涉案企业建立以有效合规为目标的合规管理体系。原则上，涉案企业需要遵守一些最低限度的合规要求，如最高层承诺的原则、合规管理融入企业管理流程的原则、合规风险评估的原则、尽职调查原则、合规培训和沟通的原则、合规风险实时监测和报告的原则、合规管理体系定期补救和改进的原则，等等。在遵守上述基本原则的前提下，企业需要在引入每一项合规制度要素时，都根据合规风险识别和评估的结果,建立与之相对应的合规管理制度,投入符合比例性要求的合规资源。

其一,企业应针对特有的合规风险,建立一套体现相关法律、法规和商业伦理规则的合规政策、标准和程序。经过合规风险评估,企业可以根据自身存在的风险、经营范围、业务类型和所在经营地的法律情况,确定所要建立的专门性合规体系。在确定专项合规体系的基础上,企业可以制定专门性的合规政策、标准和程序。这些政策、标准和程序通常表现为"对外的合规政策"和"对内的管理手册"这两个方面。其中,"对外的合规政策"要记录企业为管理某一专门性合规风险所确立的各种商业行为准则、禁止性规则、合规与违规的界限、进行商业交易的程序等内容,主要目的在于约束各种商业伙伴的行为,使其受到本企业合规政策的约束;"对内的管理手册"主要被用来约束全体员工的行为,为其执行职务的行为设定基本的行为准则和合法边界。当然,即便是建立同一类型的专项合规体系,不同的企业也不需要发布整齐划一的合规政策和员工手册,而应根据企业的风险情况、规模、合规基础等因素,制定有针对性的相关文本。原则上,对于那些适用简式合规模式的小微企业,检察机关只要督促其发布以预防再次发生相关犯罪为目的的合规政策和员工手册,就可以了。而对于那些适用范式合规模式的大中型企业而言,检察机关则需要督促其将相关刑法、行政法规和部门规章的强制性条款,转化为企业的合规义务,将其详尽地确立在合规政策和员工手册之中。

其二,企业应针对自身的合规风险,建立内部的合规组织体系,安排合规专业人员。针对不同规模的企业,检察机关可以督促其建立与其治理结构相适应的合规组织体系,有的可以是董事会下设的合规管理委员会,有的则可以是合规领导小组。针对存在不同风险的企业,可以督促其建立不同类型的合规性审查机制,有的可以设立专门合规部门进行合规性审查,有的则可以引入外部合规专家提供定期的合规性审查服务。不仅如此,即便对于那些已经建立了合规部门的企业,检察机关也应根据企业的规模、合规风险、合规基础和经济承受能力,督促其配备可以有效发挥预防犯罪作用的合规管理人员,投入相应的合规物力财力保障。

其三,企业在建立预防性管理程序方面,应建立与企业合规风险、犯罪轻重程度、合规基础和经济能力相适应的制度和流程。例如,企业应根据自己的合规风险等级,确定定期风险评估的频率和方式,并根据自身所确立的合规组织,采取由合规部门主持的合规风险评估,或者采取由外部合规顾问主持的风险评估。又如,针对出现不同合规风险的企业,可以将尽职调查划分为若干个等级,对于风险较高的第三方商业伙伴适用最高等级的尽职调查程序,对于风险较低的客户或被并购企业则适当降低尽职调查程序的等级,而对于没有任何合规风险的供应商、代理商、销售商、顾问等,则不必启动尽职调查程序。再如,在合规培训和内部沟通方面,企业应根据自身的风险领域、高风险业务活动和风险岗位,确定合规培训的对象、内容和方式,并根据企业自身的文化传统,确定企业上下沟通和传播合规理念的途径。对于存在较高等级合规风险的涉案企业,检察机关应督促其建立全员定期培训和重点风险岗位专门培训相结合的培训机制。而对于适用简式合规模式的小微企业,检察机关则应督促其专门针对所涉嫌实施的犯罪,进行有针对性的合规培训,目的在于提高全体员工和重点岗位人员的法律意识和风险防控能力。

其四,在建立监控性流程方面,涉案企业应考虑企业自身的特殊情况,建立有助于发现违法违规行为的制度和程序。例如,在建立合规报告制度方面,可以考虑发挥大中型企业合规分级管理的优势,建立定期的自下而上的合规风险报告机制,也可以在小微企业的合规体系中,发挥合规管理专员和外部合规顾问的作用,对违法违规行为进行识别和报告。又如,在建立合规举报机制方面,检察机关要求所有涉案企业都建立标准的"吹哨人制度",这并不符合实际情况。对于要建立范式合规模式的大中型企业而言,建立这种合规举报机制确实是必要的。但对于采取简式合规模式的小微企业而言,检察机关可以更多地发挥外部合规顾问和独立董事的作用,对企业的违法违规行为进行识别和监测。

其五,在建立合规体系的补救和完善机制方面,不同的涉案企业应建立差异化的管理体系。对于大型企业而言,随着相对完善的合规体系的建立,应当引入违法行为发生后的内部调查、反舞弊调查和及时改进合规体系的工作机制,以确保合规管理体系能够应对不断变化的合规风险。但对于小微企业而言,则可以考虑引入外部独立的合规顾问,对其合规体系进行定期的审查和评估,发现制度存在漏洞和隐患的,可以及时加以修补和完善。

七、有效合规的制度保障

无论是涉案企业建立合规管理体系,还是检察机关对企业的合规整改作出考察和评估,都要以有效预防同类犯罪再次发生为目标,确立并贯彻相称性原则。根据这一原则,企业的合规整改工作应当与所要达到的合规目标相契合,并与企业的规模、涉罪性质、行业特点、业务范围、合规风险等相适应,避免使企业承受过度的和不必要的合规负担。这既可以防止司法机关滥用权力,实现有效合规整改的目标,也有助于确保合规资源的合理配置,实现司法正义原则。目前,英国、法国和美国在合规整改制度中已经确立了相称性原则,甚至还将这一原则奉为有效合规的制度保障和核心理念。我国检察机关在合规改革试点中已经初步引入了相称性原则,并据此确立了有效合规建设、考察、评估的基本标准,甚至根据企业规模初步创设了"范式合规"与"简式合规"这两种合规整改模式。通过总结我国合规改革试点的有益经验,我们可以从完善合规整改模式和改进合规体系建设这两个角度,提出全面确立相称性原则的基本思路。

当然,企业合规改革是一项前无古人的事业,要形成较为成熟的制度,还需要进行较为充分的尝试和探索。本书对合规整改中的相称性原则的探讨,既是从有效合规整改的角度出发,对涉案企业合规整改活动规律的理论提炼,也是对我国检察机关合规改革经验的初步总结。应当说,对于相称性原则的理论分析,才刚刚开始,所提出的一些概念和命题有待于接受法学界的理论评价,也需要接受合规改革实践的检验。笔者殷切期望,在这场难得一遇的合规改革探索中,法学界不应当满足于提供改进制度的具体对策,而应当进行一些相对独立的理论思考,将一些成熟的改革经验上升为概念、命题和理论,从而作出一些创新性的学术贡献,并从宏观和长远的角度为这场改革提供应有的理论智慧。

第四章　合规整改中的高层承诺原则

> 高层承诺原则之所以是有效合规的保障,主要是因为企业最高层要承担起"合规治理"的责任,包括合规领导机构的构建、专项合规计划的制定、合规文化的传达、合规资源的投入以及合规与业务关系的协调。至于那些较为具体的合规管理职能,则应交由合规部门承担,最高层没有必要亲力亲为,越俎代庖。

一、企业高层参与合规治理的难题
二、比较法的考察
三、高层承诺原则的含义与功能
四、合规体系的搭建
五、合规文化的传达
六、合规体系的运行
七、企业高层推动下的合规治理

一、企业高层参与合规治理的难题

企业合规是一种基于合规风险防控而建立的公司管理体系。合规管理的基本目标是有效预防可能发生的违法犯罪行为,达到企业依法依规经营的效果。但是,企业要建立并运行合规管理体系,既要投入大量人力、物力、财力和时间资源,也要将合规管理融入公司治理结构、内控体系和业务流程之中,需要将合规管理确立为公司的战略管理要素之一。况且,合规管理本身不仅难以直接创造经济价值,还会对企业的业务开展和产品立项造成不同程度的阻碍和困扰,合规管理与业务开展的冲突几乎是在所难免的。在此背景下,没有企业最高管理层的高度重视和强力推进,要指望合规管理体系在企业内部得到建立和运行,并达到有效预防违法违规行为的目标,几乎是不可想象的。

企业合规管理体系的建立和运行,有赖于最高管理层的承诺和行动。尤其是那些因涉嫌犯罪而被纳入合规考察程序的企业,在合规整改中更要贯彻"高层承诺原则"。所谓"高层承诺原则",是指企业内部具有决策权、监督权和经营管理权的机构或主管人员,如董事会、监事会、高级管理团队等,应对企业通过合规管理实现有效预防违法违规行为的目标作出正式承诺,并为实现这一目标而采取一系列有效的推进合规管理的行动。通常说来,一个建立合规管理体系的企业,会配置专门的合规管理部门和合规管理人员,这些部门和人员会从事各种较为专业化、技术化的合规管理工作,如合规政策和员工手册的制定和定期更新,合规风险的预防,遵守法律法规情况的实时监控,对违规事件的必要应对,等等。对于这些合规管理实务,企业最高管理层没有必要事必躬亲,代替合规管理部门和管理人员从事具体管理实务。企业最高管理层所要做的,主要是从战略层面确立合规管理的目标,传达依法依规经营的企业文化,建立并激活企业的合规领导机构,推动专项合规计划的建立,为合规管理投入充足的管理资源,并在合规与业务发生冲突时作出必要的协调,以确保合规管理体系的运行畅通无阻。

自 2020 年最高人民检察院开展企业合规改革试点以来,各地检察机关对于有效合规整改的目标和路径作出了探索。从最高人民检察院公布的合规改革典型案例来看,大多数检察机关和第三方组织在督导企业建立合规计划的过程中,都自觉贯彻了高层承诺原则,要求企业的董事会、股东、管理团队负责人充当合规整改的责任人,推动企业合规整改工作的有序开展。无论是企业内部调查的开展,合规计划的制定,还是确保合规计划的运行,应对第三方组织的监督考察,这些企业的最高层都为合规整改投入了大量的管理资源。尤其是考虑到检察机关一旦启动合规考察程序,即意味着涉案企业的命运处于不确定状态,其是否被作出出罪处理,主要取决于企业合规整改目标能否实现以及合规验收的合格与否,因此,大多数涉案企业的最高层基于一种理性选择的精神,为获得"无犯罪记录证明",避免企业陷入灾难性后果,也会在合规整改过程中全力推进合规纠错和合规计划执行工作。但是,一旦检察机关对涉案企业给出"合规验收合格"的结论,并作出不起诉的决定,涉案企业的合规整改工作通常就告一段落,那些通过行刑衔接机制接手企业合规整改工作的行政监管部门,对于企业持续性开展合规整改大多缺乏足够的动力,也没有推进有效合规整改所需要的专业技能。在此背景下,企业最高层无论是在传达合规文化还是在投入合规管理资源方面,都会失去积极性和主动性。

而从检察机关的角度来看,一旦对那些涉嫌实施犯罪的企业启动合规考察程序,经常会面临如何有效激发最高层的重视和承诺的问题。特别是那些存在重大合规风险的国有企业、超大型民营企业、上市或拟上市公司,本身存在着较为复杂的公司股权结构和治理机构,也存在着大量的子公司、分公司和上下游商业伙伴,有些企业的并购活动发生得还相当频繁。这些企业在开展合规整改的过程中,有时只重视一些形式化的建章立制,而没有针对犯罪原因开展实质化的合规整改。在那些治理结构存在严重缺陷的企业中,最高层既不对股权结构作出调整,也不改变董事会和监事会的人员构成,导致这些缺陷无法得到根除,仍然存在再次发生违法犯罪的制度隐患。对于合规管理与业务管理之间的矛盾和冲突,最高层也不作有针对性的处理,致使合规管理部门缺乏应有的权威地位和充足的资源保障,合规管理很可能流于形式。而对于企业内部长期存在的病态管理文化,最高层也不作任何改变,更不通过沟通、培训等方式传达一种对违法违规行为零容忍的合规文化。对于这种忽视高层承诺原则的合规整改活动,有些检察机关听之任之,只关注涉案企业形式化的制度建设,而忽略了企业高级管理层在开展制度纠错和运行合规计划方面的积极作用。

2022年4月,最高人民检察院办公厅联合发布了《合规办法》,在引导涉案企业开展合规建设方面,吸收了高层承诺原则的一些内容。① 首先,根据《合规办法》,"涉案企业一般应当成立合规建设领导小组,由其实际控制人、主要负责人和直接负责的主管人员等组成,必要时可以聘请外部专业机构或者专业人员参与或者协助。合规建设领导小组应当在全面分析研判企业合规风险的基础上,结合本行业合规建设指引研究制定专项合规计划和内部规章制度"。这就以权威性文件的形式确立了企业最高层建立合规领导机构的制度设计。其次,《合规办法》要求:"涉案企业实际控制人、主要负责人应当在专项合规计划中作出合规承诺并明确宣示,合规是企业的优先价值,对违法违规行为采取零容忍的态度,确保合规融入企业的发展目标、发展战略和管理体系。"这就确立了企业最高管理层在推进企业合规文化建设方面的责任,将预防违法违规行为作为企业合规管理的基本目标。最后,《合规办法》还规定:"涉案企业应当为合规管理制度机制的有效运行提供必要的人员、培训、宣传、场所、设备和经费等人力物力保障","涉案企业应当建立合规绩效评价机制,引入合规指标对企业主要负责人、经营管理人员、关键技术人员等进行考核"。这就为企业高层承担在合规管理资源投入方面的责任确立了明确的规范依据。

尽管最高人民检察院已经高度重视合规整改中的高层承诺原则,但是,法学界对于这一原则的内涵、外延、功能、实现路径等问题并没有作出理论分析,实务界对于这一原则的适用更是不予重视。而部分合规考察不成功的案例也足以显示,很多涉案企业对于最高层在推进有效合规管理中的作用,还缺乏较为清晰的认识。有鉴于此,本章拟对这一原则作出初步的研究。笔者将通过比较法的考察,以美国、英国和法国反腐败合规标准的确立为范例,对这些国家在企业合规管理中实施高层承诺原则的情况作出分析。在此基础上,笔者将揭示高层承诺原则的基本内容和理论基础,对高层承诺原则的四项要素——合规领导机构构建、合规文化传达、合规管理资源投入和合规与业务冲突解决,作出简要但尽量系统的分析。最后,针对我国检察机关合规改革中所面临的相关问题,本章将对如何通过合规整改贯彻这一原则,提出一些初步的理论设想。

---

① 参见最高人民检察院办公厅等 2022 年 4 月发布的《涉案企业合规建设、评估和审查办法(试行)》,第 4 条、第 6 条和第 9 条。

二、比较法的考察

什么是高层承诺原则？这一原则的基本含义是什么？贯彻这一原则对于实现有效合规管理的目标究竟有何意义？我国现行的各类推进合规体系建设的规范性文件，对于这些问题的回答都存在一定的差异。相关研究论著对这些问题的解答也是莫衷一是，容易令人产生一定的困惑。考虑到企业合规本身属于一种典型的"舶来品"，来源于美国，继受于欧洲各国，并逐渐为其他国家和各国际组织视为有效公司治理的基本制度，因此，我们在回答上述问题之前，可以先进行简要的比较考察。我们可以简要分析一些国际组织是如何定义高层承诺原则的，然后再对这一原则作出相应的国别分析。

（一）相关国际组织的定义

作为有效合规基本要求的高层承诺原则，最早被确立在美国的相关法律之中，后来被英国、法国等欧美国家所接受。随着合规管理以及有关的合规价值理念逐渐得到世界各国的广泛接受，一些国际组织也开始在国际公约或国际规范文件中确立有效合规的基本标准，并引入了高层承诺原则。受研究资料所限，笔者拟结合巴塞尔银行监管委员会、经济合作与发展组织以及国际标准化组织所发布的相关规范文件，对国际组织有关高层承诺原则的定义作出简要分析。

2005年4月，巴塞尔银行监管委员会发布的《合规与银行内部合规部门》，强调合规应从银行高层做起，唯有董事会和高级管理层作出表率，合规才最为有效；在最高层的领导监督下，银行开展业务时应坚持较高合规标准，始终力求遵循法律的规定和精神。[1]

该文件为会员国银行企业建立合规部门和合规体系，确立了十项基本原则。其中前四项原则都涉及董事会、高级管理层，要求它们分别承担合规管理的监督责任和执行责任。原则上，银行董事会应推行诚信和正直的价值观念，审批银行的合规政策和相关文件，监督合规政策的实施，确保合规管理问题由高级管理层在合规部门的协助下迅速解决，董事会应对银行合规风险情况进行定期评估。与此同时，银行高级管理层在合规管理方面应承担以下责

---

[1] 参见陈瑞华：《企业合规基本理论》（第二版），法律出版社2021年版，第450页。

任;制定合规准则;确保对合规政策的遵守,采取必要的补救和惩戒措施;在合规部门的帮助下,定期进行合规风险识别和评估,采取必要补救措施,定期向董事会报告合规风险,及时报告重大违规情况;确保银行建立一个常设的、有效的和符合基本原则的合规部门。

1997年,总部位于法国巴黎的经济合作与发展组织(OECD)(以下简称经合组织)理事会签署了《OECD反贿赂公约》,要求"每一缔约方应依照其法律准则采取必要措施以确定法人会因对外国公职人员行贿而承担责任"。该组织2009年通过的《OECD反贿赂建议》,要求成员国鼓励企业建立独立于企业管理机构的监控机构,如董事会或监事会的审计委员会,制定和实施适当的内部控制和合规措施,以预防和查明海外贿赂行为。该组织同年通过的《OECD内部控制、道德和合规良好实践指南》(以下简称《合规指南》),明确要求企业确定并确保内部控制和合规方案的有效性,以预防和查明国际商业交易中贿赂外国公职人员的行为。①

经合组织发布的上述《合规指南》,确立了一系列旨在确保相关合规方案或措施有效性的做法,尤其强调"高级管理部门对公司预防和查明海外贿赂行为的内部控制、道德操守和合规方案或措施,给予有力、明确和明显的支持和承诺"。这就等于在反海外贿赂合规领域确立了高层承诺原则。

2021年,国际标准化组织(ISO)发布了《合规管理体系——要求及使用指南》(ISO37301)。该文件强调组织领导层在推进合规方面的重要性,认为"组织合规的实现是由领导层运用核心价值观以及普适的优秀治理方法,结合道德要求和社会准则共同形成的。将合规融入组织员工的行为中,依赖于各级领导层和组织清晰的价值观,以及确认和落实促进合规行为的措施"。②

该文件所说的"组织"既包括商业企业,也包括其他非政府组织和政府机构。该文件高度重视组织的"治理结构和最高管理者"在推进合规方面的"领导作用",这主要体现在三个方面:一是发挥合规的领导作用并作出合规承诺;二是建立符合要求的合规方针;三是确保在组织内分配和沟通相关岗位的职责和权限。其中,在"领导作用和承诺"方面,该文件要求"治理机构和最高管理者"在合规管理体系的制定、实施和持续改进方面发挥领导作用,建立、维护并在各个层级上推广合规文化,作出积极和持续不断的合规承诺,确

---

① 参见张远煌等编著:《企业合规全球考察》,北京大学出版社2021年版,第366页。
② 参见最高人民检察院涉案企业合规研究指导组编:《涉案企业合规办案手册》,中国检察出版社2022年版,第408—411页。

保组织内部合规治理的有效实现。在制定"合规方针"方面,文件要求"治理机构和最高管理者"建立符合要求的合规方针,包括适合组织的宗旨,体现组织的合规目标,满足适用要求的承诺,有关持续改进合规管理体系的承诺。在"岗位、责任和权限"的设定上,文件还要求"治理机构和最高管理者"确保在组织内部分配和沟通相关岗位的职责和权限,确保合规管理体系的运行,确保管理者对其职责范围内的合规工作负责,并确保所有人员遵守组织合规义务、方针、程序,报告合规事项,参加合规培训。

(二) 美国、英国和法国法律中的高层承诺原则

在法律中确立有效合规标准的立法尝试,发端于20世纪90年代的美国。1991年,美国对《联邦量刑指南》作出大规模修订,在其中增设了"组织量刑指南"这一章节,确立了有效合规计划的七项标准,其中第二项就是"企业负责人和治理部门(董事会)监控和管理合规计划"。其后,美国司法部和多个行政监管部门在一系列合规管理指引中确立了有效合规评估的标准,其中无一例外地包含了"高层承诺"的要素。在美国之后,英国在反腐败领域确立了商业组织预防贿赂失职罪,后来又在税收领域确立了两项商业组织预防逃税失职类犯罪,并在法律中将企业实施有效合规计划作为涉案企业无罪抗辩的法定事由,而有效合规计划的基本标准就是"充分程序"六项原则,其中第二项原则即为"高层承诺原则"。法国在2016年公布的《萨宾第二法案》中建立了强制合规制度和暂缓起诉协议制度,并确立了有效合规的基本要素。2020年12月,AFA发布了《法国反腐败指南》,对公共部门和私营企业实施有效的反腐败合规的标准作出了详细的规定。该指南将相称性原则确立为反腐败合规体系的核心理念,将高层承诺原则视为合规管理的三项重要支柱之一。[①]

1. 美国法中的高层承诺原则

2012年,美国司法部和证交会联合发布了《美国反海外腐败法资源指南》。该项指南旨在为各类公司提供有关反海外腐败法执法方面的实用信息。该指南将"高级管理层的承诺和阐述"视为有效合规计划的基本要素。[②]

根据该项文件,一个企业即使精心设计了书面的合规计划,假如各级管理层为达成业务目标,明示或者暗示员工从事不法行为,那么,这种合规计划

[①] 参见最高人民检察院涉案企业合规研究指导组编:《涉案企业合规办案手册》,中国检察出版社2022年版,第449页。
[②] 参见叶海波主编:《反海外腐败合规实践指引》,法律出版社2021年版,第80页。

将是无效的。为确保合规计划的有效执行，司法部和证交会会考虑企业高层对建立合规文化的承诺，并审查这种承诺是否得到中层管理人员和所有员工的有效执行。与此同时，司法部和证交会还会评估企业高级管理层是否在整个组织结构中清楚地阐明了合规要求，确保合规计划在中层管理人员和全体员工中得到了明确的传达。

2019年4月，美国司法部刑事部门发布了《公司合规计划评价》。2020年6月1日，美国司法部发布了《公司合规计划评价》的更新版。该文件确立了有效合规计划的三个基本要素：合规计划的良好设计、有效实施和预期效果的达成。其中，高级管理层的承诺被视为合规计划有效实施的重要标准。

根据这一文件，有效的合规计划需要公司中高级管理层作出创造和培养合规文化的承诺。检察官应审查公司高级管理层是否清楚地表达了公司的道德标准，准确无误地进行了传达，并且以身作则实施这些标准；检察官也要审查公司中层在强调合规标准和鼓励员工遵守标准方面的表现；检察官在分析高层和中层的重视程度时，应审查中高层本身的行为，对合规的承诺以及进行监督的有效性。[1]

那么，高层承诺原则在具体的合规整改案例中究竟是如何贯彻的呢？笔者曾对美国司法部与涉案企业达成暂缓起诉协议的四个案件进行过研究，并对有关协议文本所记载的合规计划条款进行了分析，结果发现，这四项合规计划都设立了"高层承诺"条款，强调涉案企业的董事和高管为企业合规提供强有力的支持和承诺，反对那些违反相关法律法规的行为。与此同时，企业应督促中层管理人员强调这些合规标准，鼓励员工遵守这些标准。企业在日常运营中要培育合规管理的文化。作为在企业内部具有最高效力的文件，无论是企业章程还是企业行为准则，都应将上述高层承诺确立为一项基本准则。[2]

2. 英国法中的高层承诺原则

根据英国《2010年反贿赂法》，"高层承诺原则"（principle of top level commitment）是指，商业组织的高级管理人员（包括董事会、股东和其他同等机构或个人）应致力于预防关联人员商业贿赂行为的发生，他们应在组织内

---

[1] 参见陈瑞华：《有效合规计划的基本标准——美国司法部〈公司合规计划评价〉简介》，载《中国律师》2019年第9期。
[2] 参见《陈瑞华：美国暂缓起诉协议案例中的合规计划——以四个DPA案例为切入点》，载微信公众号"悄悄法律人"，2022年2月9日发布。

部培养一种禁止商业贿赂的企业文化。①

2011年,英国司法部通过了《反贿赂法实施指南》,对包括高层承诺原则在内的"充分程序"六项原则作出了解释,确立了贯彻这些原则的基本程序。2020年,英国SFO发布的《企业合规评估操作手册》又进一步对上述六项原则作出了解释。根据这些文件,无论企业的规模、结构和市场情况如何,高层承诺原则都体现在两个方面:一是高级管理层应传达企业的反贿赂立场;二是高级管理层应当适度地参与制定预防贿赂的程序。②

高级管理层如何传达对商业贿赂的零容忍立场呢?英国《反贿赂法实施指南》允许企业采取多种形式,但认为高层发表一种正式的声明对于企业内部建立反贿赂的文化而言非常重要。该类声明需要为不同的人员量身定制,并定期在企业内部网站上公开发布,以引起人们的广泛关注。那些足以证明高层承诺的有效正式声明可以包括以下几种:一是承诺公平、诚实、公开地开展业务;二是承诺对贿赂行为零容忍;三是阐明违反合规政策对员工和管理人员的后果;四是阐明其他相关人员违反与防止贿赂有关的规定的后果;五是阐明拒绝贿赂所获得的商业利益;六是提及企业已经或正在实施的预防贿赂程序;七是列明参与制定和实施企业预防贿赂程序的关键个人和部门;八是提及企业对集体反贿赂行动的参与。③

在参与预防贿赂程序的制定方面,高级管理层可以采取与企业的规模、管理结构和企业情况相适应的不同形式。小型企业可能需要高层管理人员亲自参与发起、制定和实施贿赂预防程序。而大型跨国企业则通常由董事会负责制定预防贿赂政策,指派管理团队设计、操作和监督预防贿赂程序的实施,并定期对这些政策和程序进行审查。无论采取何种形式,高层参与预防贿赂程序都需要具备以下几个要素:一是在适当情况下,选拔和培训高级管理人员领导反贿赂工作;二是在制定行为准则等关键措施上发挥领导作用;三是认可所有与预防贿赂有关的出版物;四是在增强认识和鼓励企业内部进行透明对话方面发挥领导作用,以确保向员工、子公司和相关人员有效传播反贿赂政策和程序;五是与外部人员和外部机构进行接触,以帮助阐明企业的政策;六是适当参与那些关键政策的制定工作;七是确保开展风险评估;八

---

① 参见张远煌等编著:《企业合规全球考察》,北京大学出版社2021年版,第95—96页。
② 参见最高人民检察院涉案企业合规研究指导组编:《涉案企业合规办案手册》,中国检察出版社2022年版,第449页。
③ 参见陈瑞华:《英国刑事合规的有效性标准》,载《人民检察》2022年第9期。

是开展对违规行为的一般监督,并在适当情况下向董事会或同等机构反馈合规管理的效果。

3. 法国法中的高层承诺原则

2020年通过的《法国反腐败指南》,试图为企业认识、预防、发现和制裁相关腐败犯罪确立必要的措施和程序。该指南将"相称性原则"确立为核心理念,并将"高级管理层的反腐败承诺""风险识别"和"风险管理"确立为有效预防腐败的三个制度支柱。①

根据这一指南,"高级管理人员"是指那些根据公司章程和有效标准履行公司管理职责的高级负责人。在设置董事会的企业中,高级管理人员的工作要接受董事会的监督,而董事会则负责确保通过适当和有效的反腐败计划来妥善应对企业所面临的腐败风险。这些高级管理人员在执行企业任务、展示能力和开展业务方面所作的反腐败承诺,是所有反腐败计划的基础。

这种承诺不仅体现在高级管理层在企业内部实施预防和发现腐败行为的决心上,还体现在反腐败资源的适当分配上。为保证反腐败计划所包含的措施和程序得到有效的设计、实施和监督,高级管理层应部署与其腐败风险相适应的适当资源。其一,高级管理层既可以亲自负责反腐败计划的设计、实施和监督工作,也可以将这些工作委派给其他工作人员。在后一情况下,有关工作人员必须直接向高级管理层进行报告。其二,高级管理层应确保其下属工作人员通过经验或接受培训获得必要知识,享有为履行职责所需要的足够权力和相关信息。其三,高级管理层应对其反腐败计划的各项措施和程序的审计结果加以审查,以确保该计划的正常运行。其四,高级管理层应亲自参与执行某些重要的反腐败措施和程序,例如,对特定的腐败风险作出识别验证,根据第三方尽职调查结果作出决定,或者对那些违反行为准则或实施腐败行为的人作出处罚,等等。其五,高级管理层应在企业内部以及向第三方商业伙伴传达其反腐败计划,强调自己对道德和诚信的坚定承诺。其六,高级管理层应确保对那些违反行为准则或实施腐败行为的人,作出适当和成比例的制裁。②

---

① 参见《陈瑞华:法国反腐败案件的有效合规标准》,载微信公众号"悄悄法律人",2022年6月29日发布。

② See "The French Anti-Corruption Agency Guidelines", https://www.agence-francaise-anticorruption.gouv.fr/fr/document/french-anti-corruption-agency-guidelines, 2022-7-23.

(三) 简要的比较和评论

通过对国际组织有关合规文件的分析,我们不难发现,这些文件对企业高级管理层在推广合规文化和推行合规治理这两个方面的作用给予了强调。在前一方面,这些文件都重视董事会和高级管理层对合规价值观念的传达,强调合规要从最高层做起,使其充当合规管理的表率。而在后一方面,这些文件则强调最高层在建立合规管理体系和推进合规管理方面的领导作用,其中董事会承担着合规治理的领导和监督作用,管理层则发挥着推行合规治理的具体责任。但是,这些国际规范文件对高层承诺原则的表述,显得过于抽象和概括,在有些方面还存在着模糊不清的问题。考虑到企业合规是一项十分复杂的公司内部控制活动,参与这种内部控制的主体既有董事会、高级管理层,也有公司设立的合规委员会、首席合规官,还有合规部门和合规管理人员,因此,如何区分最高管理层的合规治理职能与合规部门的合规管理职能,可能是一个需要作出清晰界定的问题。

通过对三个西方国家有效合规标准的考察,我们也注意到,这三个国家对于高层承诺原则都给予了高度重视,将其视为评估企业合规有效性的重要根据。但相比之下,美国法更强调公司董事和管理团队为企业合规提供强有力的支持和承诺,并在日常经营中培育合规文化和传达合规价值。英国法将高级管理层的"承诺"明确设定为两个方面:一是传达企业的反贿赂立场,二是适度参与制定预防贿赂的程序。法国法非常重视高级管理层的两种责任:一是在企业内部实施预防和发现腐败行为的决心和承诺,二是对反腐败合规资源进行适当分配。显然,这种主要体现在反腐败合规领域的高层承诺原则,在上述国家既有着一些相似的要求,也有着各自不同的侧重点。但至少,与国际组织的规范文件相比,这三个国家的法律对于高层承诺原则的内涵和外延都给出了界定,并将高层的合规治理职能与合规部门的合规管理职能作出了清晰的区分。

三、高层承诺原则的含义与功能

所谓"高层承诺",并不意味着企业的高级管理层亲自实施合规管理,而主要是指那些担负着企业决策、监督和执行职责的董事会和高级管理团队,应承担企业合规治理的职能。要理解何谓"高层承诺",需要区分企业的"合规管理职能"和"合规治理职能"。

所谓"合规管理职能",是指企业合规部门为有效预防和发现违法违规行为,所发挥的日常性合规风险识别和风险管理的功能。在一个初步建立合规管理体系的企业中,企业法律合规的最高负责人(首席法律顾问或首席合规官),领导着本企业的合规管理工作;合规部门是专门的合规管理部门;合规部门配备的管理人员是专门从事合规管理的专业人员。为贯彻合规融入业务部门的理念,有些企业还在各业务部门和管理机构委任了一些兼职合规专员,使其承担一定的合规管理职责。

作为一种以风险为导向的管理活动,合规管理包含着一系列具有专业性和技术性的管理活动。从具体管理目标来看,合规管理可分为六个方面的内容:一是合规政策、标准和程序的确立,包括制定合规政策和员工手册;二是违法违规行为的预防,包括合规风险评估、尽职调查、合规培训、合规文化建设;三是企业合规情况的实时监控,包括合规报告、合规举报、合规审计和监测、合规稽查等;四是违规事件的应对,包括合规内部调查、责任人员处罚、合规管理体系改进等;五是合规向管理全流程的渗透,包括合规绩效考核、合规成为职务晋升和工资提高的依据,等等;六是合规融入各个业务环节,包括对新业务和产品立项、生产、销售、排污、进出口、招投标、发票、合同、商业伙伴等的合规性审查等。

与"合规管理职能"不同的是,"合规治理职能"是指企业确定并传达合规价值目标、建立合规管理体系和推进依法依规治理的功能。与合规管理职能相比,合规治理职能属于一种带有战略性的风险防控活动。现代公司治理结构存在着传统的决策治理、业务治理、财务治理等三大战略性治理职能,它们分别对应于企业的决策风险防控、经营风险控制和财务风险控制。与上述三项治理职能相对应的,还有企业的合规治理职能,后者所要解决的主要是企业所面临的合规风险控制,也就是减少或消除那种由企业违法违规所带来的行政处罚、刑事责任追究、国际组织制裁以及由此导致的资格剥夺等重大损失。

在企业推进合规治理的过程中,合规治理职能只能由行使公司最高权力的董事会和高级管理人员来承担。所谓"高层承诺原则",基本含义是指企业的董事会、高级管理人员(简称为"高级管理层")对企业的合规治理作出权威的承诺和高度的关注,在有效合规治理方面发挥领导、监督和推进的作用。那么,高级管理层的这种合规治理职能究竟体现在哪些方面呢?这直接涉及高层承诺原则的基本内涵和外延。我们可以将合规管理职能作为参照系,来揭示合规治理职能的内涵,并由此界定高层承诺原则的基本含义。

在笔者看来,高层承诺原则包含着三个方面的基本含义:一是企业最高层应承担起搭建合规管理体系的职责,包括主持建立一个有效运行的合规领导机构,推动合规管理体系的有效建立和持续改进。二是最高层应在企业内部传达合规文化,包括作出合规治理的承诺,向全体员工、股东、分支机构、商业伙伴传达合规理念、分享合规知识、介绍合规管理体系建设的进展情况。三是企业最高层应承担起维护合规管理体系有效运行的职责。这主要包括:最高层应为合规管理投入充足的资源;最高层应当持续关注合规管理与业务管理的协调,消除可能发生的矛盾和冲突。

为什么要在企业建立合规管理体系的过程中确立高层承诺原则?尤其是在合规监督考察程序中,确立高层承诺原则,对于涉案企业有效开展合规整改究竟具有什么样的意义呢?总体上看,高层承诺原则的确立和落实,是确保企业建立有效合规管理体系的制度保证,对于企业有效预防违法违规和犯罪行为可以发挥积极作用。对于这一论断,我们可以从四个方面作出简要的论证。

首先,唯有贯彻高层承诺原则,才能实现专项合规计划制定的有效性。

假如企业的董事会、高级管理人员对于企业合规管理的目标不给予充分重视,对于企业合规体系的构建不承担主导和监督责任,那么,企业就不可能实施良好的"合规治理",而最多推行一种事务性的"合规管理",甚至将合规管理视为一种应对行政机关监管和考核的手段。尤其是在检察机关启动合规考察程序之后,涉案企业的高级管理层假如对合规管理的有效性不给予足够的重视,就很容易制定一种"大而全""大而空"的合规管理体系,而根本无法发挥有效预防违法犯罪行为的作用。

唯有在高级管理层的亲自主导和推动下,涉案企业才有可能根据检察机关和第三方组织的要求,建立起有针对性的合规管理体系。例如,在高层领导下,涉案企业可以对其发生犯罪的内生性结构原因作出全面准确的内部调查,不避讳企业治理结构的缺陷、管理制度的漏洞和经营模式的隐患,并采取有针对性的制度纠错措施。又如,在最高层的主持下,涉案企业可以针对企业涉嫌实施的犯罪类型,识别和评估面临的具体合规风险领域,并据此建立专项合规管理体系。再如,在最高层的推动下,涉案企业可以投入充足的人力物力资源,引入最低限度的合规管理体系,包括建立合规领导机构,配备合规管理机构和管理人员,聘请外部合规顾问,发布专项合规政策和员工手册,建立必要的合规风险防范、全流程监控和违规事件应对的管理体系,等等。

其次,确立高层承诺原则,是专项合规计划得到有效运行的重要保证。

没有高级管理层对合规治理的重视和承诺,企业所建立的合规管理制度,很难得到激活和落地,很多相关规章制度都会流于形式,无法在公司治理中发挥事先预防、实时监控和事后应对的作用,甚至出现"纸面合规""形式合规"或"无效合规"的局面。这主要是因为,企业合规是一项不会直接创造经济价值的管理活动,与企业作为商业组织所具有的追逐利润的本性存在天然的冲突。没有最高层的承诺,合规治理在公司治理结构中无法保留一席之地;没有最高层的重视,公司管理更容易向具有"开源"作用的业务管理和可发挥"节流"效果的财务管理进行倾斜,合规治理难以在整个管理体系中占有合理的比重和分量;没有最高层的推动,合规管理就很难得到各个业务部门的配合和支持,沦为一种"曲高和寡"和"可有可无"的管理职能。长期以来,在最高层不重视的情况下,很多企业的法律事务部门都遭到无视或抵制,成为一种被边缘化的部门,这就是一个值得吸取的教训。

在企业董事会或高级管理人员作出合规承诺的情况下,企业有望形成一种对违法违规零容忍的价值理念,树立"合规创造价值""合规优先于业务"的企业文化。企业最高层可以将合规风险控制确立为公司的战略性风险控制体系之一,为运行合规管理体系投入较为充足的资源,激活合规风险评估、尽职调查、合规培训、合规文化传播、合规性审查、合规绩效考核、合规风险报告、合规举报、违规事件调查、合规制度补救等一系列管理制度,确保合规管理被融入到公司治理结构、管理体系和业务流程之中。对于合规治理受到忽视、合规管理遭到抵制、合规与业务发生冲突等方面的情况,最高层可以及时地作出疏导和解决。对于一些管理人员违法违规的事件,以及对于那些管理人员没有通过合规绩效考核的情况,最高层可以直接作出处罚,或者作出适度的行政处理。由此,企业合规管理体系就可以从"书面"走向"现实",从"承诺"走向"落地",从"形式化"走向"实质化"。

再次,落实高层承诺原则,是涉案企业专项合规计划产生有效结果的前提条件。

合规管理的有效性,意味着企业通过建立和运行合规管理体系,有效实现预防违法违规行为的目标。在检察机关主导的合规考察程序中,涉案企业实现有效合规整改的主要标志,就是达到了有效预防相同或类似违法犯罪行为再次发生的效果。而没有最高管理层的重视和承诺,企业合规管理就容易变成一种事务性和技术性的活动,既难以消除股东、董事、高级管理人员为追逐经济利益而实施违法犯罪行为的欲望和冲动,也无法对员工、分支机构、供应商、代理商、分销商等利益相关者实施有效的"内部监管",甚至无法减少企业内部纵容和放任违法违规行为的现象。在此情况下,想要有效预防违法犯罪行为的发生,就成为一种不切实际的目标。

而通过贯彻高层承诺原则,企业最高管理层可以通过以下方式确保合规管理产生有效的结果:一是根据合规整改的阶段性效果,对专项合规计划作出必要的调整,尤其是根据检察机关或第三方组织的要求,对存在重大合规风险的管理部门、业务环节和经营人员加强相应的风险管理,保证内部控制体系的有效性;二是引入外部独立的合规顾问,对合规管理体系的有效性进行定期审计和检测,尤其是对合规顾问通过随机访谈员工、抽样审查交易记录、穿透式检查业务流程、随机参加会议、审核模拟投诉效果等方法所制作的合规审查报告,进行全面的评估;三是在检察机关组织的合规验收听证会上,听取听证员、第三方机制委员会代表、人民监督员等对合规整改报告的意见和建议,对企业合规整改工作作出进一步的改进和完善。

最后,坚持高层承诺原则,是涉案企业合规管理具有可持续性的重要保证。

企业合规体系建设是一个持续不断的过程。一方面,企业需要对所建立的专项合规管理计划,在保证其得到有效运行的前提下,根据企业经营情况和合规风险的变化,作出持续不断的改进和完善。另一方面,企业需要针对新的合规领域,建立新的专项合规管理体系,如在原有的"税收合规管理体系"之外,增加新的"环境资源保护合规计划";在原有的"知识产权保护合规体系"之外,开拓出新的"网络数据保护合规计划";在原有的"安全生产合规体系"之外,探索出新的"反商业贿赂合规计划",等等。但是,没有企业最高层的重视和承诺,上述改进合规管理体系和拓展专项合规计划的设想,是不可能实现的。这是因为,企业合规是一项需要投入大量人力、物力、财力资源的公司治理活动,没有最高层的支持,这种资源投入是无法得到保证的;企业合规也是一项需要对公司治理结构、管理体系和业务经营方式作出重大改变的事业,没有最高层的强力推动,合规管理体系也很难建立起来,或者即使建立起来,也难以得到有效的运行。

贯彻高层承诺原则,让企业最高管理层对合规治理承担最大的责任,这有助于形成一种外部压力与内部能动相结合的合规推进机制，使企业合规管理体系的持续发展具有强大的动力支持。一方面，在企业董事会和高级管理人员的重视和推动下，企业会逐渐形成一种上下一体的合规文化，产生一种"合规创造价值"的观念认同，摒弃那种为追逐利润而不择手段的价值理念，承担起社会责任和道德义务，激发企业推进合规治理的内生行动力。由此，就有可能达到那种从"要我合规"到"我要合规"的公司治理效果。另一方面，在司法机关和监管部门施加强大外部压力的情况下，那些涉案企业不得不面临在"开展合规整改"与"承受灾难性后果"之间进行选择的局面，最高管理层基于理性选择的原则，会倾向于选择通过合规整改换取宽大处理的道路，尽力争取获得有效的合规激励。由此，也有可能实现从"被迫性合规"到"协商性合规"的合规发展效果。

四、合规体系的搭建

很多企业之所以走上违法犯罪的道路，通常都是因为高级管理层对于合规管理不予重视，没有建立权威的合规领导机构，致使合规部门长期处于"边缘化"的地位，在公司治理结构中只重视控制决策风险、经营风险和财务风险，而对企业违法违规所带来的合规风险视而不见，更没有将合规管理视为公司的战略管理，没有对各项业务、产品、经营方式、商业模式等开展合规性审查。结果，在企业出现违法违规经营的情况甚至发生犯罪事件之后，高级管理层要么浑然不觉，没有危机意识，要么采取逃避、遮掩或者对抗的危机应对方式。

对涉案企业进行合规整改，既应当进行必要的制度纠错，也要搭建一种有效的合规管理体系。而要搭建合规管理体系，就应当建立一种权威高效的合规领导机构，同时建立一种以风险为导向的专项合规计划。在这两个环节上，企业最高层的重视和承诺都将起到至为关键的作用。

（一）合规领导机构的构建

所谓合规领导机构，是指企业内部对合规管理工作发挥领导、监督和推动作用的治理机构。通常情况下，在那些设立了董事会的大中型企业中，董事会一般要设置合规管理委员会，承担对合规管理工作的领导职责。而在没有设立董事会的小微企业中，企业应设置由最高负责人参与的合规领导小组。为推动上述合规领导机构的构建,企业最高层应当遵循"先破后立"的原则,先后采取制度纠错和建立体系的措施,确保企业内部建立一个旨在推动合规治理的领导机构。

第一,从制度纠错的角度来看,企业应当通过内部调查,发现导致违法犯罪行为发生的内生性结构原因,特别是在公司治理结构上存在的致命缺陷,并对公司治理结构作出实质性的调整。在这一方面,唯有企业最高层痛下决心,拿出壮士断腕的勇气,真正改造企业的股权结构、董事会组成、监事会设置和管理团队配置,才能达到"先破后立"的效果。例如,最高管理层可以根据不同企业的情况,采取惩罚直接责任人员、重组董事会、解散管理团队、改组法律合规部门等纠偏措施,为重建合规领导机构奠定组织基础。

第二,在制度纠错的基础上,最高管理层应当根据企业规模、业务范围、产品类型、风险特征等,建立差异化的合规领导机构。为体现高层承诺的原则,企业可以考虑组建具有最高权威的合规领导机构。在设立董事会的大中型企业中,最高层可以考虑在董事会之下设立合规管理委员会,由董事长、管理团队负责人以及相关业务部门主管担任成员,由一名非执行董事担任委员会负责人。而在没有设立董事会的小微企业中,最高层则可以设立合规工作领导小组,由实际控制人、主要负责人以及直接负责的主管人员担任主要成员,由一名地位超脱的高级管理人员担任小组负责人。无论是合规管理委员会还是合规工作领导小组,都应当吸纳公司总法律顾问或首席合规官加入其中,并使其获得企业高级管理人员的职务或身份,在企业管理层级中享有较高的权威和地位。

(二) 专项合规体系的搭建

在推动企业组建合规领导机构的前提下,最高层应当根据企业的人员规模、业务范围、经营状况、主要合规风险等情况,推动建立某一专项合规计划,引入一种体系化的合规管理制度。对于那些没有建立合规体系的企业而言,最高层在推动企业建立有效合规管理体系方面,发挥着至关重要的作用。而对于那些已经建立合规体系的企业而言,最高层根据企业合规风险评估的情况,推动企业针对制度漏洞和管理隐患,对合规体系作出必要改进和完善,也是十分重要的。

首先,基于"以风险为导向的合规治理"的理念,最高层应根据企业所面临的主要合规风险,选择一种或若干种专项合规计划,推动企业建立有针对性的合规管理体系。无论是日常性合规体系建设,还是在检察机关的监督下开展合规整改活动,企业最高层都应对所面临的现实合规风险作出准确的识别和评估。尤其是在接受合规考察的过程中,企业最高层应针对企业所涉嫌实施的犯罪类型,确定相对应的专项领域。在确定专项合规计划类型的前提下,最高层应推动企业引入合规管理的双重要素:一是基础性合规管理要素,二是专门性合规管理要素。

其次,最高层在引入基础性合规管理要素方面,应遵循合规治理的相称性原则,根据企业的规模、业务、经营和风险情况,建立符合有效合规最低要求的管理要素。企业应当根据其特有的合规风险情况,制定有针对性和体系化的专项合规计划,包括发布合规章程,组建合规管理机构,配备合规管理人员,确保合规管理融入各项业务流程之中,确保合规管理在企业管理体系中具有适当的优先性,确保企业建立一种有效防范风险、实时监控和应对的流程。

再次,最高层在引入专门性合规管理要素方面,应将有效预防相同或类似违法犯罪行为的再次发生作为基本目标,注重专项合规政策的发布,以有效督促商业伙伴遵守本企业的合规政策;重视专项合规手册的制定,以有效开展对全体员工的合规培训和合规承诺工作;强化对特定商业模式和经营方式的改造,消除原有的企业经营"犯罪基因",实现企业经营的"去违法化";侧重对企业各项业务活动的"合规性审查",对于存在违法违规风险的业务活动,引入"一票否决"的过滤机制,尽早防范可能发生的违法犯罪风险。

最后,最高层对于企业所建立的专项合规管理体系,应当推动其持续不断地改进和完善,确保其发挥持久的合规治理效果。对于企业的合规风险,最高层应推动一种定期的风险评估和风险监测,针对企业合规风险的变化情况,推动合规管理体系的不断改进。与此同时,最高层应推动引入定期的合规审计和合规检测机制,可以通过企业合规管理团队,也可以借助于外部合规顾问的力量,对企业合规管理体系的有效性进行定期的审查和检测,并针对所发现的漏洞和隐患,采取相应的制度补救措施。不仅如此,对于企业内部发生的重大违法违规事件,或者实施过严重违法行为的管理人员或员工,最高层应本着一视同仁的态度,采取公平的合规调查和纪律惩戒措施。更为关键的是,最高层应围绕着违法违规事件发生的教训,启动企业的内部调查机制,查找企业合规管理的缺陷和不足,并据此采取相应的制度修复措施,以保证合规管理体系的持续完善。

五、合规文化的传达

企业文化是一个企业在长期经营过程中形成的特定价值观念、氛围和习惯。造成企业出现违法犯罪行为的原因,除了治理结构具有缺陷、管理存在漏洞以及制度安排出现隐患等有形原因以外,还与企业存在特有的"违法犯罪文化"具有较为密切的关系。这种企业文化通常表现为,以追逐利润为导向,对员工设置苛刻的绩效考核指标,对达不到目标的员工实施严厉的处罚措施,甚至实行严厉的"末位淘汰机制",迫使员工为提高经营业绩而不惜以身试法;强调业务优先于合规经营,将合规视为"依附于业务的管理活动",对于产品立项和业务环节不进行任何实质性的合规性审查;注重短期效应和眼前的经济利益,对于存在违法违规隐患的业务活动,采取包装、隐瞒甚至欺骗的掩饰措施,造成越来越大的合规性隐患;持有消极应对执法调查的观念,遇有监管部门的检查或执法活动,指使或者纵容员工采取不承认违法事实、毁灭证据、建立攻守同盟、拒绝配合调查等抗拒措施,期望借此达到逃避法律追究的目的等等。①

加勒特教授在《美国检察官办理涉企案件的启示》一书中曾对这种导致企业犯罪发生的特有文化作出过形象的描述。他以某一实施税收欺诈犯罪行为的企业为例,认为这类企业存在一种特殊的"企业文化",那就是高级管理层通过对企业税务专业人员"持续施加压力",迫使他们向各类客户推销各种各样的违法避税方案。涉案企业"将其税务专业人员变成了销售人员,迫使他们达到收入目标,使用电话营销来寻找客户,使用保密的客户税务数据来识别潜在买家,以及针对自己的审计客户进行推销"。该企业建立了电话营销中心,督促业务人员通过向富有的客户推销避税方案,来大幅提高经营业绩,从而与银行和参与避税的各方按比例分配免缴税款所带来的1%左右的利润。②

企业犯罪学的研究表明,要有效预防企业犯罪的再次发生,除了要引入合规管理制度以外,还必须改变企业的经营文化。当然,改变企业文化,"并不是改变企业文化的方方面面,而是侧重改变与刑法遵守有关的企业文化"。

---

① 参见李勇:《涉罪企业合规有效性标准研究——以 A 公司串通投标案为例》,载《政法论坛》2022 年第 1 期。

② 参见〔美〕布兰登·L. 加勒特:《美国检察官办理涉企案件的启示》,刘俊杰、王亦泽等译,法律出版社 2021 年版,第 222 页。

改变企业文化的有效办法,就是采取内部控制手段和程序,尤其是制定合规政策和程序,促使员工遵守法律法规,影响员工的思维和行为。①

要改变原有的企业价值理念,建立一种崇尚依法依规经营的企业文化,就必须贯彻"高层承诺原则",发挥企业董事会、监事会、管理团队等高级管理层在传达合规理念、推进依法依规经营中的主导作用。经验表明,合规文化的传达和建立,仅仅依靠企业法律合规部门自身的力量是远远不够的。没有最高管理层的鼎力支持,这些部门在推进合规文化建设方面,通常会因为缺乏足够的权威性而面临重重阻力和障碍。而企业要成功地推行合规管理体系,就必须由最高管理层率先垂范,改变原有的容易导致犯罪发生的经营文化,通过多种方式向员工、投资人、子公司、分支机构、商业伙伴等传达一种依法依规经营的价值观念,强调实施合规管理的重要性,并在推行合规管理的过程中贯彻合规管理的理念。②

首先,企业最高层应当在合规章程、合规政策、员工手册等文件中明确传达合规价值。

合规文化并不是一些虚无缥缈的价值理念,而应当具有一定的表达载体。企业高级管理层要推行或者传达依法依规经营的理念,就需要在企业规范性文件中明确表达出来,并在相关的合规管理制度和合规整改实践中予以强有力的贯彻落实。在所有的企业规范性文件中,合规章程又被称为"企业商业行为准则",是具有最高效力的合规文件,是企业推行合规管理体系的最重要载体。合规章程作为企业的整体意志,应当将"依法依规经营"作为企业承担社会责任和道德义务的标志,将执行合规管理体系作为企业优先作出的战略选择,企业最高层应对违法违规行为采取"零容忍"的态度。而合规政策作为记载企业合规管理规范、标准、程序的综合性文件,应当重申企业注重合规管理的价值理念,并将这一理念贯彻到各项管理制度之中。不仅如此,员工手册作为规范每一位员工的行为守则,也应强调依法依规经营的重要性,督促员工遵守各项体现合规文化的规章制度。

例如,在美国司法部和证交会的监督指导下,西门子公司根据相关和解协议,履行所作出的合规承诺,在其商业行为准则中表达了合规管理的价值观念。该公司强调,"西门子只做合规的业务",要求所有员工"遵守经营所在

---

① 参见《陈瑞华:美国检察官是如何进行合规整改的》,载微信公众号"悄悄法律人",2021年12月27日发布。

② 参见张远煌、秦开炎:《合规文化:企业有效合规之实质标准》,载《江西社会科学》2022年第5期。

国法律法规,不得从事违法活动";所有员工应"彼此尊重、诚实和守信";所有员工应"对西门子声誉承担责任";管理人员应"履行合规管理职责并监督员工守法"。①

又如,中兴公司在与美国司法部和相关行政监管部门达成一揽子和解协议后,重新塑造了合规经营的价值理念。该公司的商业行为准则,将"诚信为本、按照道德标准开展业务"奉为公司经营的基本准则,将"以合乎道德的方式代表公司从事业务"确立为每一位员工的义务,公司致力于形成高效而有组织的合规运作,将合规制度嵌入公司全部业务流程,促进合规与业务的融合,形成业界一流的合规管理体系,使合规成为该公司的竞争优势。在出口管制合规体系方面,中兴公司强调,出口合规是"每个人的责任",合规"不仅可以创造价值,还可以保护价值"。②

其次,企业最高层应定期发布合规声明,传播本企业的合规政策,普及合规管理知识,推广合规价值观念。

除了在有关规范文件中强调合规管理的价值以外,企业高级管理层还应定期通过发布声明、公开信、宣传视频等方式,向全体员工、投资人、子公司、分支机构、商业伙伴等传达合规管理的知识、规则、经验、教训和相关的合规事件,从而发挥持续性和常态化地传播合规文化的作用。最高层既要传达合规管理的概念和要求、合规管理的积极意义、遵守合规的益处和违反合规制度的后果、开展合规管理的基本路径和方式,也要传达法律法规的最新变化、企业所面临的最新合规风险、最近发生的违规事件及其处理结果,以及公司合规政策的最新变化。通过这种传达,企业高层可以督促全体员工、分支机构树立依法依规经营的意识,在合规管理中发挥积极作用,从违法违规事件中吸取经验教训。同时,也提醒投资人、客户、商业伙伴,注意坚守自己的行为底线,遵守企业的合规政策,了解自己不当行为的法律后果。

例如,中兴公司在合规文化建设方面,就特别重视发布合规声明的作用,并借此在企业内外塑造出一种依法依规经营的文化氛围。该公司的董事长和总裁定期发表全员声明,表达合规建设的决心;公司高管作为各自领域第一合规责任人签署合规责任状,作出合规承诺,传达公司建立合规体系的决心和信心;中兴公司持续开展全员合规培训,倡导全员监督、内部举报文化以及多方位的外部合作。

---

① 参见陈瑞华:《西门子的合规体系》,载《中国律师》2019 年第 6 期。
② 参见陈瑞华:《中兴公司的出口管制合规计划》,载《中国律师》2020 年第 3 期。

为推动合规文化的普及和合规意识的增强,确保合规政策和合规理念在全公司内部的有效沟通,中兴公司从2018年起向所有业务合作伙伴发出公开的出口合规函,强调公司的出口合规政策和流程。公司还向全体董事、管理人员、员工和合同工发出多份关于出口管制合规的管理层承诺声明,传达合规创造价值的理念,告知公司出口合规计划的更新和进展。公司还发出若干份就禁止向限制地区转移受《美国出口管理条例》(EAR)管控之物品致董事、管理人员、员工、合同工、供应商以及业务合作伙伴的公开信及通知,重申遵守美国出口管制法规是中兴公司及其国际运营业务的基本要求。不仅如此,中兴公司的首席出口管制合规官(CECO)还向业务合作伙伴发出"季度通讯稿",通报公司合规计划的进展情况。①

再次,企业高级管理层应通过合规培训、面对面交流等方式,建立一种向全体员工传达合规管理的价值的制度。

合规培训和面对面交流是高级管理层传达合规理念的重要途径,也是一种有效预防合规风险的制度安排。一方面,通过参与合规培训,董事会成员和管理团队成员与员工一起接受教育,了解合规管理的目标和价值,掌握依法依规经营的知识和技能,在接受培训后,与员工一起签署合规承诺书,作出遵守合规政策的书面承诺,这本身就可以产生一种极好的示范效应。另一方面,高级管理层亲自为全体员工讲授合规知识、理念和相关案例,与员工进行面对面的交流,可以引起员工的高度重视,鼓励员工熟悉并遵守企业的各项合规政策,产生最好的合规文化传达效果。

中兴公司打造合规文化的经历就是一个典型的例子。该公司认为,培训是合规文化塑造的重要着力点。企业运用多元化的培训方式,培养员工"知规—守规—执规"的规则遵从意识,在面对不断演变的内外部政策规则时,更好地理解规则,把握合规底线。同时,要让员工勿忘历史,直面"伤疤"。②

最后,企业最高层应当率先垂范,领导、监督和实施各项合规管理工作。

在推行合规文化方面,高级管理层的率先垂范和以身作则是非常重要的,这对于形成依法依规经营的"群聚效应"具有无可替代的作用。管理层在传达合规价值理念的同时,还应当通过制定发布合规文件,参加合规培训、会议和论坛,签订合规承诺书,接受合规绩效考核等多种方式,学习合规,遵守

---

① 参见陈瑞华:《中兴公司的专项合规计划》,载《中国律师》2020年第2期。
② 参见《中兴通讯首席运营官谢峻石:持续优化合规治理,构筑合规数智化体系》,载微信公众号"合规小叨客",2022年8月3日发布。

合规管理制度，向全体员工作出示范。与此同时，高级管理层还可以通过监督合规风险评估、研究合规风险报告、调查违法违规事件、处罚违法违规的责任人员、针对管理漏洞对合规管理机制进行改进和完善等方式，持续不断地领导和监督合规管理工作，向全体员工展示管理层推进合规管理的坚定决心和扎实态度，推动合规文化在企业内部的推广和普及。

高层在合规管理中的率先垂范，可以对全体员工遵守合规管理规范产生积极的示范和推动作用。经验表明，假如高级管理层实施或鼓励实施违法违规行为，或者实施或鼓励实施违反公司合规管理政策的行为，会对全体员工起到极坏的示范和激励效应。相反，假如董事会成员和管理团队成员积极参与合规管理工作，积极遵守法律法规和企业合规政策，对于任何违反法律法规或公司合规政策的人，不论职务地位高低，一律作出平等的纪律惩戒，那么，这对于全体员工将会产生普遍的威慑效果。这种率先垂范本身，就是一种可发挥积极效果的合规文化传达方式。

六、合规体系的运行

合规管理体系的构建和合规文化的传达，是企业最高层所发挥的重要合规治理功能。但是，要推动企业实现有效合规治理的目标，最高层还应对合规体系的有效运行承担更大的责任。当然，考虑到合规治理与合规管理存在着实质性的差异，最高层也不可能越俎代庖，替代合规部门的具体管理工作，而主要应承担那些对于合规治理至关重要的职责。这些职责主要表现在两个方面：一是最高层应确保合规资源的充分投入，以确保合规部门在发挥合规管理职能方面获得充足的资源保障；二是最高层应注重协调合规管理与业务开展的关系，处理好两者之间可能出现的矛盾和冲突，打通合规与业务之间的"任督二脉"。

同样以中兴公司为例，其在合规体系运行方面高度重视领导层的推动作用。在该公司看来，"一把手"是合规文化塑造的关键，管理层要"知责于心""担责于身""履责于行"，从资源投入到对重大事项的亲自参与和细节关注，管理层都要躬身实践，用自己的实际行动和价值观导向来领导和带领全体员工执行合规政策。同时，管理层要严格执行"合规一票否决制"，做到违规必罚,绝不成为规则的"破坏者"。①

（一）合规资源的充分投入

合规管理体系的有效运行,在很大程度上取决于合规资源的充分投入。无论是合规领导机构的构建、合规管理体系的运行,还是合规文化的广泛传达,都需要企业高级管理层果断地作出决策,投入较为充足的人力、物力、财力和时间,为合规管理体系的有效运行提供支持和保障。企业高级管理层应保持充足的经费预算,设置权威而独立的合规管理部门,配备充足与专业的合规管理人员,以确保合规管理的有效性和可持续性。没有最高管理层的重视和支持,并持续投入充足的合规资源,任何企业的合规管理都将是不可持续的,也是无法实现有效合规管理目标的。②

首先,企业最高层应确保合规管理部门的合理设置。尽管不同企业所要建立的合规管理部门存在差异,但从实现有效合规目标的角度考虑,企业最高层应遵循最低限度的组织原则。例如,最高层应确保合规部门具有独立性,专门从事合规风险的防控工作,尽量不肩负企业决策风险、经营风险和财务风险的控制工作,将"合规风险控制"从传统的"风险控制""内部控制""审计控制"中独立出来。又如,最高层应维护合规部门的权威性,赋予其对管理人员和全体员工开展合规绩效考核的权力,并确保合规考察在整体绩效考核中占据较高的分值和比重,同时赋予其在各项业务流程中从事"合规性审查"的权威,必要时保障其对不合规业务的一票否决权。

其次,企业最高层应为合规部门配备充足的合规管理人员。在一定程度上,合规管理体系的完善程度,决定了企业合规管理人员的规模。一个从不开展合规风险评估、尽职调查、合规培训、合规报告、内部举报、合规审计和监测的企业,肯定不会配备太多的合规管理人员。而一旦上述合规管理机制得到运行,企业又要将合规管理融入企业管理流程之中,甚至渗透到企业的各个业务环节之中,那么,原来配备的合规管理人员就显得捉襟见肘,难以应付常态化的管理工作了。因此,合规管理人员的规模,取决于企业合规管理职能的多少。而最低限度的合规管理人员配备,又对合规管理体系的有效运行

---

① 参见《中兴通讯首席运营官谢峻石:持续优化合规治理,构筑合规数智化体系》,载微信公众号"合规小叨客",2022年8月3日发布。
② 参见《合规体系建设关键要素研究——高层承诺》,载微信公众号"合规小叨客",2021年7月9日发布。

具有重要的保障作用。根据一些企业的合规管理经验,在专职合规管理人员短时间内难以配备的情况下,最高层可以临时采取两种替代性的人员配备措施:一是在企业各个部门和分支机构委任一定的兼职合规管理专员,使其在合规管理部门与业务部门之间充当合规管理的中介和桥梁;二是聘任专业的合规顾问,由其协助合规管理部门开展合规风险评估、合规尽职调查、合规培训、合规审计和检测等专项合规管理工作。

再次,企业最高层应为合规管理体系的运行提供必要的预算支持。在一定程度上,企业合规管理是一项耗时费力的管理活动。最高层应从有效防控合规风险、预防违法犯罪行为的目标出发,根据本企业的合规管理需要,投入较为充足的资金支持,并根据合规风险的防控需要持续进行调整,从而保证合规管理的顺利运行。通常情况下,最高层对合规管理预算的决策,应考虑以下几个方面的因素:一是企业合规专职管理人员的规模和职务层级;二是合规兼职人员的规模和工作量;三是常态化合规管理工作的资金保证情况,如风险评估、尽职调查、合规培训、合规文化传播、合规报告、合规内部举报、违规事件调查和处理、合规审计、合规体系定期完善和改进,等等,都需要充足的资金支持;四是国家法律法规和政策的变化以及本企业违法违规事件发生的频率;五是企业违规事件在行政执法、刑事司法和国际组织制裁等领域的进展情况;等等。

最后,企业最高层还应为合规管理投入必要的时间成本。为履行所作的合规承诺,推动完成合规整改工作,中兴公司董事长将一半左右的工作时间投入到合规管理工作之中。这个例子足以显示,最高管理层在合规管理上投入充足的时间资源,对于合规管理体系的有效运行是非常重要的保障。在推动企业有效合规管理方面,最高层可以在以下几个方面投入充足的时间,体现对合规管理的高度重视,解决合规管理中的瓶颈难题:一是合规管理委员会或合规工作领导小组,对于合规计划的制定、完善和改进,应投入充足的时间,适度增加召开合规管理会议的时间和频次;二是在传达合规文化、发表合规声明等方面,最高层应定期投入时间资源,至少,公司董事长、管理团队负责人和首席合规官,都应当投入时间精力,面向全体员工、股东、子公司、分支机构和商业伙伴,发出有关推广合规价值的倡导性宣言;三是对于合规管理遇到的重大争议问题,尤其是在合规管理与其他管理、合规与业务发生冲突时,最高层应投入时间资源,为合规管理提供强有力的支持,疏通部门之间的关系,解决部门之间的冲突,消除合规管理的"肠梗阻"现象,由此才能推动合规管理的有序运行。

（二）合规管理与业务管理的协调

很多企业之所以走上违法犯罪的道路，与高级管理层基于追逐商业利益的考虑而轻视合规管理具有密切的关系。为了最大限度地提高经济效益，降低经营成本，企业高层通常存在着"重业务，轻合规"的倾向，忽视对业务活动合规性的审查，或者将合规管理加以边缘化，使其在企业内部控制体系中处于无足轻重的地位。结果，在公司治理结构层面上，法律合规部门的声音无法传达到董事会、监事会和管理团队，对公司的战略决策难以发挥实质性的影响；在公司业务开展过程中，合规管理部门的权威性难以得到保证，对诸多存在重大合规风险的业务活动难以进行有效的合规性审查；在公司管理层面上，合规管理不具有较大的话语权，在针对全体员工的绩效考核中，合规既不是优先的考核事项，也不占有较高的分值比重。

要有效地预防违法犯罪行为，实现有效合规管理的基本目标，就需要企业最高层将合规管理置于优先的地位，妥善处理好合规与业务的关系。与具体的合规管理部门相比，企业高级管理层没有必要在合规管理上事必躬亲，更没有必要替代合规管理部门从事较为技术化的预防、监控和应对工作。高级管理层所要承担的责任是，在合规管理制度执行过程中，一旦发现存在合规管理不畅通甚至遇到阻力的情况，应当传达一种"合规优先于业务""对违规事件零容忍"的理念，保证合规管理的有效落实。

首先，在治理结构层面，无论是董事会还是管理团队，都应当赋予首席合规官较为崇高的地位，其不仅可以参加董事会，成为合规管理委员会的成员，还应具有高级管理人员的职务。最高层应当尊重合规管理的独立性和权威性，支持首席合规官和合规管理部门的工作，对重大违法违规事件作出果断处置，对直接责任人员作出及时处罚。尤其是，最高层应当向各级管理人员传达"合规管理具有优先性"的理念，倡导"合规高于业务"的原则，强调"合规管理在企业管理中具有首要地位"的观点。对于违法违规或者不遵守合规政策的管理人员，最高层应当坚决作出纪律惩戒；对于在遵守合规政策方面作出表率或表现突出的管理人员，最高层应给予优厚的奖励。

其次，在管理层面，高级管理层应当将合规作为管理的优先事项，将合规作为全体员工绩效考核的重要指标，并适度加大合规考核在素有业绩考察中的分量和比重，将合规绩效作为员工薪酬提高、职务晋升、外派外放以及评优创先的重要标准。高级管理层可以引入合规绩效考核一票否决的机制,对于合规考核不合格的管理人员和员工,一般应否决其职务晋升、薪酬提高等方面的资格。

最后,在业务与合规的关系协调方面,高级管理层应当推广"合规优先"的原则,强调对所有的业务开展和产品立项,都应建立合规性审查机制,高度关注存在重大合规风险的生产、销售、招投标、财务、发票、进出口、排放污染物、合同签订、商业伙伴、公司并购等各合规环节遵守法律法规的问题,必要时建立合规部门对违法违规业务的"一票否决"机制。不仅如此,高级管理层还应当引入一种"穿透式的合规管理机制",也就是将合规性审查渗透到公司业务的每一流程和所有环节,使得所有业务人员在各项业务流程中都遵守公司的合规政策和标准,实现相关合规风险的有效控制。

七、企业高层推动下的合规治理

本质上,高层承诺原则是企业建立和实施有效合规计划的重要制度保障。理解高层承诺原则的关键,在于区分"合规治理职能"与"合规管理职能",让企业董事会、执行团队在领导、监督和实施合规治理方面发挥关键的作用,从而为合规部门的合规管理活动创造条件。根据这一原则,最高层不需要替代合规部门的具体管理工作,其核心使命有三:一是搭建合规管理体系,包括建立合规领导机构和制定专项合规计划,并确保合规计划的持续改进和完善;二是传达合规文化,包括通过制定商业行为准则、发表声明、参与培训和交流以及率先垂范等方式,向全体员工、投资人、分支机构、商业伙伴等传达合规治理的价值观念和合规管理的知识技能;三是推动合规体系的有效运行,包括保证合规管理的人力物力财力资源投入,对合规与业务的关系作出强有力的协调,打通那些困扰合规体系运行的"肠梗阻"现象。

无论是在日常性合规体系建设还是在合规整改中,高层承诺原则都是一项引领企业实施有效合规管理体系的基本理念。尤其是在合规整改过程中,针对涉案企业存在的治理结构缺陷、管理漏洞和制度隐患,无论是检察机关还是第三方组织,都应督促企业落实高层承诺原则,使最高层承担起合规治理的最高责任,才有可能从实质上推动企业完成有针对性的制度纠错工作,并在此基础上引入一种专项合规计划,确保该计划得到顺利的落实和执行,切实实现有效预防相似违法犯罪行为再次发生的目标。从我国检察机关推动的改革试点案例来看,高层承诺原则已经逐步得到涉案企业的重视,并在其合规整改过程中得到程度不同的体现。但是,涉案企业要建立一种常态化的有效合规体系,就应在合规整改过程中和合规整改完成后,同样贯彻高层承诺原则,为企业的合规治理持续不断地投入充分资源,发挥最高层在传达合规文化方面的关键作用,推动合规体系的不断完善和改进。最高层对合规治理的承诺和重视,将成为企业合规治理的"动力之源",是企业合规管理可持续发展的一种强大的支撑力量。

第五章　专项合规计划的思路和要素

> 在有限的合规考察期内,涉案企业要进行有效的合规整改,就应放弃"全面合规"的尝试,树立"专项合规整改"的思路。所谓"专项合规计划",就是针对企业特定的合规风险领域,为预防特定违法犯罪行为的再次发生,所建立的专门性合规管理体系。搭建专项合规计划的关键,在于引入"基础性合规要素"和"专门性合规要素",并对其进行有机的整合。

一、"全面合规"的制度困境

二、一个案例的分析

三、专项合规计划的性质

四、专项合规计划的理论根基

五、专项合规计划的要素(Ⅰ)——基础性合规要素

六、专项合规计划的要素(Ⅱ)——专门性合规要素

七、专项合规计划的扩展

一、"全面合规"的制度困境

随着合规管理制度逐步在我国得到推行和发展,有关企业应建立何种类型的合规管理体系的问题,引起了社会各界的讨论。目前,在企业合规建设领域,存在着"全面合规体系说"与"专项合规体系说"的争论。所谓"全面合规体系说",实际上是一种"以管理为导向"的合规建设思路,强调遵循"保证企业依法依规经营"的理念,先通过梳理国家法律、法规、政策、国际法律文件、企业规章制度乃至行业管理、职业伦理等规范,来确定企业的"合规义务",再识别和评估企业的合规风险,并据此建立旨在预防企业违法违规行为的管理体系。而所谓"专项合规体系说",则是一种"以合规风险为基础"的合规理念,强调根据企业规模、行业特点、业务范围、违法违规事件等因素,识别和评估企业发生违法违规的现实可能性,并据此确定企业的具体合规领域,建立有针对性的专门化合规管理体系。

中兴公司的首席法务官申楠就曾对这两种合规思路作出过非常形象的评析。在他看来,中兴公司在合规建设初期,形成了"以管理为导向"的合规体系建设思路,从合规文化建设、合规资源投入、流程制度建设和专业能力提升四个维度,建立了自上而下的合规管理体系。但是,随着合规治理进入"深水区",这种"部分场景的僵化遵从规则"思路暴露出越来越多的问题。企业将对合规风险的关注逐渐前移,形成了"以风险为导向"的合规管理体系。上述两种合规思路的最大差异是,前者强调的是"抽象性合规风险",也就是宏观的、概括的、潜在的发生违法违规的可能性,而后者则重视"具象性合规风险",亦即微观的、纯粹的和现实的发生违法违规的可能性。[①] 基于上述认识,中兴公司最终将合规管理体系建设集中在三个领域:出口管制、反商业贿赂和数据保护,并据此建立了三种专项合规管理体系:出口管制合规计划、反商业贿赂合规计划和数据保护合规计划。[②]

根据企业是否发生违法违规事件以及是否要采取危机应对措施,我们通常将合规管理区分为"日常性的合规体系建设"与"危机发生后的合规整改"两种类型。[③] 在日常性合规体系建设中,由于企业并未发生迫在眉睫的

[①] 参见《中兴通讯首席法务官申楠:合规风控的认知和管理进阶之路》,载微信公众号"合规小叨客",2022年7月19日发布。
[②] 参见陈瑞华:《中兴公司的专项合规计划》,载《中国律师》2020年第2期。
[③] 参见陈瑞华:《有效合规管理的两种模式》,载《法制与社会发展》2022年第1期。

现实合规风险,为防止那些潜在的和宏观的合规风险,企业通常愿意接受"依法依规经营"的合规思路,按照"全面合规体系说"的理念,来进行合规风险识别和评估,并建立"大而全"的合规管理体系。例如,很多国有企业在国资管理部门的指导下,通常都按照这一思路,首先识别所谓的"合规义务",建立企业需要遵循的"法律法规库",然后识别和评估合规风险,并据此建立十几项乃至数十项合规管理体系。①

而在违法违规事件发生之后,"涉案企业"在面临行政执法调查、刑事追诉乃至国际组织制裁的情况下,需要通过合规整改,进行"事后合规体系建设"。在这种合规整改过程中,"全面合规体系说"的思路就暴露出一些难以克服的缺陷和不足,而"专项合规体系说"的思路则具有了更大的说服力。根据后一思路,涉案企业要避免受到严厉的行政处罚、刑事责任追究或者国际制裁,就要建立专门性的合规管理体系,有效地防止再次发生相同或者类似违法违规行为。对于实现这一目标而言,涉案企业对自身所可能面临的抽象性合规风险进行识别和评估,通常是没有太大意义的,而应将合规体系建设集中到预防相关领域的违法违规行为上面。为此,涉案企业需要针对已经发生的违法违规行为,建立与其密切相关的专门性合规管理体系。例如,阿里巴巴公司在接受国家市场监管总局行政执法调查的过程中,就针对自身所发生的违反反垄断法的行为,建立了反垄断合规管理体系,以避免垄断行为的再次发生②;江苏省张家港市检察机关在对L公司污染环境案进行合规整改的过程中,就责令其针对发生环境资源犯罪的内在结构性原因,建立环境资源保护合规计划,以防止破坏环境资源行为的再次发生③;湖南建工集团在接受世界银行调查的过程中,为解除所受到的取消招投标资格的处罚,就要建立"诚信合规管理体系",以达到预防欺诈和腐败行为再次发生的效果④。

自2020年3月以来,最高人民检察院推动了企业合规从宽制度改革,对那些符合条件的涉案企业适用合规考察制度。在改革试点之初,一些地方检察机关接受了"全面合规整改"的思路,针对企业涉嫌某一犯罪的案件,通常

---

① 参见汤敏志:《全面合规还是专项合规?涉案企业合规改革的启示》,载微信公众号"安理律师",2022年5月13日发布。
② 参见《市场监管总局对阿里巴巴的行政处罚决定书》,载微信公众号"彭拜新闻",2021年4月10日。另参见《国家市场监管总局行政指导书》,载微信公众号"市场监管半月沙龙",2021年10月8日。
③ 参见最高人民检察院涉案企业合规研究指导组编:《涉案企业合规办案手册》,中国检察出版社2022年版,第91页以下。
④ 参见陈瑞华:《湖南建工的合规体系》,载《中国律师》2019年第11期。

会责令其提交合规自查报告,找出存在合规风险的若干领域,并建立若干种合规管理体系。例如,对于一个涉嫌环境资源犯罪的企业,检察机关一经发现该企业在税收、知识产权、安全生产、产品质量等领域存在合规风险,就可以责令其在制定环境资源保护合规计划的同时,还要实施税收合规计划、知识产权保护合规计划、安全生产合规计划和产品质量合规计划。但是,检察机关为企业合规整改设定的考察期是十分有限的,涉案企业所投入的合规资源也会受到诸多方面的限制,这种通过全面合规风险识别来推行"全面合规"的做法,不仅无法保障所有合规整改计划得到有效实施,甚至就连与涉嫌犯罪密切相关的合规管理体系,都无法得到建立,更谈不上有效的实施。"全面合规整改"的思路,最终会走向纸面合规和无效合规的结局。在经历各种挫折之后,很多地方的检察官们逐渐认识到,涉案企业的合规整改,最多只能针对那些与涉嫌犯罪密切相关的现实合规风险,以防止相同或相似犯罪再次发生为目标,建立并实施一种专项合规整改计划。

通过总结各地检察机关的合规改革经验,最高人民检察院最终接受了"专项合规整改"的思路,并将其确立在指导性规范文件之中,使其成为合规改革的基本理念。根据2022年4月最高人民检察院会同其他部门通过的《合规办法》,"涉案企业合规建设",是涉案企业针对与涉嫌犯罪有密切关系的合规风险,制定专项合规整改计划,完善治理结构,健全内部规章制度,形成有效合规管理体系的活动;"涉案企业合规评估",是指第三方组织对涉案企业专项合规整改计划和相关合规管理体系有效性进行了解、评价、监督和考察的活动。《合规办法》要求涉案企业成立合规建设领导小组,在全面分析研判企业合规风险的基础上,研究制定专项合规计划和内部规章制度。那么,涉案企业制定专项合规计划的目标是什么呢?根据《合规办法》,实施专项合规计划并不是为了预防所有违法犯罪活动,而是"有效防止再次发生相同或者类似的违法犯罪行为"。在这种专项合规计划中,涉案企业负责人应当作出合规承诺并明确宣示,合规是企业的优先价值,对违法违规行为采取零容忍的态度,确保合规融入企业的发展目标、发展战略和管理体系。①

尽管如此,我们对专项合规整改计划的研究仍然是十分薄弱的,甚至存在着一些有待澄清的理论问题。例如,究竟什么是"专项合规计划"?它与"全面合规计划"具有怎样的关系?又如,在企业合规整改过程中,为什么要

---

① 参见最高人民检察院涉案企业合规研究指导组编:《涉案企业合规办案手册》,中国检察出版社2022年版,第84页。

确立"专项合规整改"的基本理念？这一理念与有效合规整改又具有什么样的关系？再如，即便是开展"专项合规整改"，涉案企业也需要引入一些"基础性合规要素"，使之成为企业建立合规管理体系的平台，并在此基础上确立特定的"专门性合规要素"。那么，这些"基础性合规要素"与"专门性合规要素"究竟具有什么样的关系？它们如何进行有机的衔接和结合呢？还有，在合规考察期结束，检察机关根据验收评估结果对涉案企业作出宽大处理后，如何运用"行刑衔接机制"，根据企业所面临的其他合规风险情况，在相关行政监管部门的帮助下，继续扩大专项合规计划的范围？

针对上述问题，本章拟对刑事合规整改中的专项合规计划作出初步的研究。笔者将结合一个合规整改的案例，讨论专项合规计划的性质，论证涉案企业实施专项合规计划的正当依据，对专项合规计划中的基础性合规要素和专门性合规要素作出具体分析。在此基础上，笔者将提出涉案企业建立有效专项合规计划的基本思路。

二、一个案例的分析

什么是专项合规计划？专项合规计划究竟包括哪些合规要素？检察机关在合规整改过程中，为什么要督促涉案企业建立专项合规计划？如何建立一项有效的专项合规计划？要回答这些问题，我们既要作出充分的理论分析，也应关注检察机关的合规整改实践，从具体案例中获得一定的启发和灵感。

J 公司和 D 公司都是某市轻工业集团公司的下属二级国有企业。其中，D 公司是该集团全资控股的子公司，J 公司则是该集团控股 53.29% 的子公司，主要从事黄金交易和黄金饰品加工业务。2020 年 9 月，公安机关对 J 公司涉嫌虚开增值税专用发票一案进行立案侦查。由于 J 公司涉嫌的虚开增值税专用发票犯罪造成国家税款损失超过 12 亿元，而该公司则符合合规考察的基本条件，因此，检察机关对该案采取分案处理的方式，也就是在对 J 公司多名直接责任人员提起公诉的同时，对该企业启动了附条件不起诉程序。

在合规考察过程中，作为 J 公司母公司的某市轻工集团，决定将该公司交由没有涉案的 D 公司托管，后者对 J 公司的领导层和管理层进行了全面改组，按照 D 公司的管理框架对 J 公司进行日常管理，并在第三方组织的监督下,开展合规整改工作。在3个月的合规考察期结束后,第三方组织认为这种以D公司行政托管的方式开展的合规整改,无法保证J公司建立有效的合规管理体系,需要对企业合规整改思路作出重大调整。检察机关接受了第三方组织的建议,作出了延长3个月考察期的决定。

根据第三方组织的要求,轻工集团终止了D公司对J公司的行政托管关系,将其持有的J公司股权全部无偿划转给D公司,由此形成了D公司直接控股J公司的股权结构。据此,J公司重新组建了由五名董事组成的董事会,董事长和两名董事由D公司提名委派,其中一名董事担任总经理,一名董事担任总法律顾问。另外两名董事则分别由非控股股东提名和员工选举产生。

J公司在董事会之下成立专门的合规委员会,使之成为企业合规管理的领导机构。合规委员会由董事长、总法律顾问和另一位由董事会选举产生的董事组成。公司党支部专职纪检委员列席合规委员会,委员会主任由总法律顾问担任,主持委员会的工作。在董事会之外,J公司设立一位监事,由D公司提名委派,兼任J公司法律合规部长。监事可以列席董事会会议,并对董事会决定的重大事项进行监督。与此同时,J公司还重新调整了股东会的职权,将黄金业务中的部分事项交由股东会审议决定,强化了董事会在合规管理方面的领导权和监督权,确定了总法律顾问主管公司合规管理工作的职权。此外,按照轻工集团所设计的治理结构,J公司的董事长、总经理和总法律顾问,兼任控股公司的董事和高管,公司财务负责人由控股股东委派、董事会聘任。在总经理之下设立了四个常设部门:综合管理部门、营销部门、财务部门和法律合规部门。

根据第三方组织的建议,J公司制定了《合规管理办法》,确定了以董事会合规委员会为合规决策机构、总法律顾问为合规管理负责人、法律合规部为合规管理牵头部门的合规管理体系,建立了总法律顾问的合规意见前置机制(一票否决权),制定合规管理工作细则和管理流程。其一,各业务部门负责主动排查梳理经营中的合规风险点,并向法律合规部发出预警,法律合规部可以借助其他渠道收集合规风险点;其二,法律合规部对排查识别出的合规风险点进行调查评估,分为"一般合规风险事件""较大合规风险事件"和"重大合规风险事件",并采取不同的应对方案,建立定期和不定期合规风险报告机制;其三,建立合规审查机制,涉及黄金业务的事项,一律提交法律合规部进行合规审查并出具审查意见;其四,建立合规审计机制,法律合规部根据年度合规管理工作计划,联合其他部门组织合规审计;其五,建立举报监督机制,对违规行为确立举报渠道;其六,建立违规问责机制,对未履行合规职责或实施不合规行为而导致公司遭受制裁、处罚或损失的人员,追究其相关责任。

针对企业原来存在的"票货分离"的交易模式,为预防虚开增值税专用发票行为的再次发生,J公司全面规范了黄金交易业务流程。该公司根据上海黄金交易所的会员管理办法,发布了《商业合作伙伴管理制度》《发票管理制度》《黄金销售业务反洗钱内部控制制度》《黄金交易业务流程实施细则》,明确规定了交易员、提货员、税务专员、发票管理员等关键岗位的职责。在此基础上,J公司重新整合了黄金交易业务流程,包括在"供应商和客户准入""合同审查""付款""提货交货""发票管理""档案管理"等各个环节完善风险控制。与此同时,J公司将重大黄金交易的审批权上提至股东会、董事会和总经理层面。在发票管理环节,公司设置专门的发票管理员和税收专员,对发票开具的流程作出了具体的规范。

针对企业原来存在的外部居间人通过空壳公司勾结内部工作人员虚开发票的问题,J公司建立了"商业伙伴管理制度",包括商业伙伴(供应商、客户、加工商等)的资质审核、入库审批和评价管理制度,以及合规伙伴的分级管理和黑白名单制度。

针对企业原来实行的以经营业绩为主要导向的绩效考核制度,J公司优化了绩效考核机制,完善了相关绩效考核制度和办法,对中层管理人员和员工设计了不同的合规指标和考核比例。综合管理部门和法律合规部负责制定合规绩效考核指标,考核结果作为被考核人奖金、薪酬、职务晋升、选拔、培养的参考依据。根据相关制度,对领导班子的考核指标中,经营指标由原来的70%下降到60%,增加合规绩效考核指标,对从事违规黄金交易的,实行一票否决制,取消绩效年薪。在对中层管理人员和员工的考核中,适度增加了合规绩效考核的比例。

J公司还开展了合规培训和合规文化建设。公司组织全体员工签署合规承诺书,将高级管理人员和合规管理人员的合规承诺书,在公司OA系统中予以公开;开展专项合规培训;通过召开合规整改检查动员大会、合规整改模拟听证会等方式,提高全员合规意识,打造合规文化;设立多种举报渠道,并在 OA 系统中进行展示,受理各种违规举报。

延长考察期结束后,检察机关组织了专门的合规评估验收听证会,作出了合规整改合格的结论,并据此对 J 公司作出了不起诉的决定。①

通过分析这个案例,我们可以看到,检察机关通过审查涉案企业的合规自查报告,了解了造成企业犯罪的主要结构性原因,也就是公司在治理结构、黄金交易业务合规审查制度、发票管理制度、商业合作伙伴管理制度、业绩考核制度等方面存在的严重的管理漏洞和缺陷。一项有效的合规整改方案,就应当针对这些结构性原因,在改造公司治理结构、管理制度的前提下,引入专项合规管理体系,达到预防类似犯罪再次发生的目标。

首先,J 公司所建立的是一种"专项合规管理体系",也就是专门性的"税收合规管理体系",并围绕这一合规体系建立了规章制度,建立了合规组织体系,配合合规管理人员,重新构建了合规管理流程,全面规范了黄金交易业务流程和发票管理制度。作为一种"以风险为导向"的企业管理制度,合规管理要针对企业所面临的现实风险来构建和实施。与那种日常性合规管理体系建设活动不同,合规整改是一种"事后合规建设活动",企业所涉嫌实施的税收犯罪活动,本身就属于企业所面临的主要合规风险,也就是存在发生违法违规乃至犯罪活动的可能性。当然,涉案企业很可能还存在其他方面的合规风险,如有可能存在知识产权、安全生产、招投标、进出口、产品质量等方面的违法违规乃至犯罪的可能性。但是,由于涉案企业尚未在这些领域发生违法违规或犯罪活动,所面临的相关合规风险不是迫在眉睫的现实危险,而最多属于一种抽象的可能性,因此,检察机关就没有将合规整改的范围加以扩大,而主要集中在税收合规这一专门性合规体系建设上。

其次,检察机关督促涉案企业开展税收合规整改的主要目的,是预防企业再次发生虚开增值税专用发票犯罪以及相关联的税收犯罪活动。由于在治理结构、管理制度等方面存在结构性的缺陷,企业可能出现多方面、多种类的违法犯罪。但在合规考察过程中,针对涉案企业已经发生税收犯罪行为的现实情况,检察机关开展合规整改的目标,不是"预防所有违法犯罪行为发生",而只是"预防相同或类似犯罪再次发生"。这是涉案企业开展合规整改活动的出发点,也是第三方组织进行合规监督考察的目标,更是检察机关进

---

① 2022 年 8 月,笔者参加某市检察机关组织的合规整改验收听证会,对一起涉嫌虚开增值税专用发票犯罪的企业开展合规整改的情况进行了全面了解,并据此整理出了本章的案例材料。该案是近年来难得一见的合规整改成功案例,具有极大的研究价值。

行合规整改验收评估的主要依据。

再次,在检察机关和第三方组织的督导下,涉案企业为开展合规整改所建立的合规管理制度,明显地分为两大类型:一是基础性合规要素,二是专门性合规要素。前者属于涉案企业为开展合规管理所建立的基础性和通用性的合规管理体系,既包括公司治理结构的调整、董事会的组成、总法律顾问的设置和职权、法律合规部的合规管理,也包括合规审查、合规风险识别和评估、合规审计、合规考核、合规举报和报告、合规培训、合规文化建设等一系列合规管理要素。后者则是涉案企业为预防税收犯罪发生所建立的专门性合规要素,包括各种专门性行为守则、管理制度、黄金交易业务流程、发票管理制度、商业合作伙伴管理制度,等等。

最后,涉案企业为开展合规整改所建立的专项合规计划,一方面要致力于推动企业消除再次发生税收犯罪的可能性,确保企业在黄金交易、发票管理、商业合作伙伴管理等方面实现依法依规经营的目标,另一方面也要为企业建立其他专项合规计划创造条件,实现合规管理的可持续发展。在一定程度上,专门性合规要素的有效实施,可以发挥预防特定犯罪再次发生的效果。而基础性合规要素的有效执行,则可以确保合规管理体系的运行,使得包括"高层承诺""合规风险识别和评估""合规风险预防""合规风险监控""违规事件应对"在内的合规管理目标,得到切实的实现。未来,在识别和评估其他合规风险的前提下,企业还可以基础性合规要素为平台,引入其他专项合规管理体系,从而逐步实现有效的合规风险防控。

三、专项合规计划的性质

对个案的分析只是获取经验认识的重要途径,要抽象出普遍性的知识,我们还需要超越经验,对事物的本质属性作出理论上的提炼。我们已经通过案例分析形成了对专项合规计划的初步了解,那么,究竟如何认识专项合规计划的性质呢?为了确保有关分析更具有针对性,我们可以将"全面合规计划"作为参照系,通过比较考察,揭示"专项合规计划"的若干基本特征。在以下的讨论中,笔者将从"合规目标""合规义务""合规风险""合规路径"等四个方面,对"全面合规"与"专项合规"作出比较分析,从而对专项合规计划的性质作出初步的解释。

(一) 合规目标

作为一种强化企业社会责任的管理活动,企业建立"全面合规体系"既要实现"近期目标",也要追求"长期目标"。所谓近期目标,是指通过建立合规管理体系,有效地防范企业所面临的各种合规风险,既要避免因违反国际组织规则和外国法律而遭受制裁,也要防止因违规经营而受到政府部门处罚。但是,上述合规体系建设活动具有"被动合规"的性质,属于合规体系建设的"初级阶段"。而企业合规管理的长期目标,是从"被动合规"走向"主动合规",从"要我合规"变成"我要合规",也就是在防范和化解合规风险的基础上,建立完善的合规管理体系,提升企业的软实力和商业竞争力,形成依法依规经营的企业文化,确保企业实现可持续发展的目标。①

相比之下,在检察机关推动的专项合规整改过程中,涉案企业在检察机关和第三方组织的督导下,主要追求的目标是预防相同或类似犯罪再次发生。这一目标包含以下几个构成要素:一是涉案企业所要防范的是与企业犯罪类型密切相关的专门性合规风险,也就是再次发生同类犯罪的可能性;二是涉案企业针对相关专门性犯罪活动的发生,要通过内部调查,发现导致该种犯罪发生的内部结构性原因,尤其是管理漏洞、制度隐患和治理结构缺陷;三是企业要针对上述结构性原因,建立并实施有针对性的专门性合规整改计划。很显然,在检察机关启动合规考察程序后,涉案企业建立合规管理体系,并不是要防范所有合规风险,避免发生任何违法违规行为,而主要是防控那些与特定犯罪类型相关的合规风险,避免"再次发生相同或类似犯罪行为"。至于实现"我要合规""主动合规"甚至"形成合规文化",在合规考察期和合规资源投入十分有限的情况下,则属于"可遇而不可求"的抽象目标,检察机关尽管可以鼓励涉案企业追求这一目标,但从现实的角度衡量,一般没有必要将其作为评估涉案企业合规整改是否成功的标准。

(二) 合规义务

"全面合规管理"是一种"大合规"的思路,强调企业"依法依规经营",也就是在经营管理过程中遵守各种法律法规、规章制度和行业道德规范。这些法律规范构成企业在合规管理中所要遵循的"合规义务"。按照这一合规思

---

① 参见王志乐:《企业合规计划的基本问题》,载微信公众号"转型中的刑法思潮",2020年7月15日发布。

路,合规是指一个企业遵守全部的"合规义务",而合规义务则来自企业外部的"合规监管要求"和企业自身的"合规承诺",前者是企业要"强制遵守"的合规要求,后者则是企业"自愿选择遵守"的合规要求。据此,企业所要遵守的"规"或者说"合规义务",可以包括三种形态:一是所谓"外规",也就是企业应遵守所在国的法律法规和监管规定;二是所谓"内规",亦即企业内部规章制度;三是所谓"德规",是指企业的诚信道德规范。①

在企业日常性合规管理中,上述"全面合规管理"的思路经常使企业陷入法律法规和行业规范的"汪洋大海"之中,承担过多过重的"合规义务识别"工作。与此相反,"专项合规管理"的思路则强调针对企业所涉嫌实施的特定犯罪,找到特定的合规风险领域,然后再去识别相应的"合规义务",也就是企业在合规管理中所要遵循的法律法规。与"全面合规管理"的思路相比,"专项合规管理"的思路更加强调对特定领域的合规义务的识别,并将其纳入合规政策和员工手册之中,使之成为企业上下一体遵守的行为规则。例如,对于涉嫌实施虚开增值税专用发票犯罪的企业,检察机关会督促其建立税收合规管理体系,在合规政策和员工手册中汇集有关税收管理的全部行政法律规范和刑法规范,以防止企业再次发生税收领域的犯罪行为。又如,对于那些涉嫌实施污染环境、非法采矿或非法占用农用地等犯罪的企业,检察机关会督促其建立环境资源保护合规管理体系,在合规政策和员工手册中引入有关环境资源保护的行政法律规范和刑法规范。再如,对于那些涉嫌实施侵犯知识产权、非法经营、串通投标、走私等犯罪行为的企业,检察机关会督促其建立相对应的专项合规管理体系,并将相关领域的行政法律规范和刑法规范注入合规政策和员工手册之中,使之成为企业上下所要遵守的"合规义务"。

(三) 合规风险

毫无疑问,合规风险识别和评估是建立一切合规管理体系的基础。但是,在识别合规风险方面,"全面合规管理"和"专项合规管理"具有两种截然不同的合规思路。按照"全面合规管理"的思路,企业没有发生违法违规事件,也没有受到行政执法调查、刑事调查或者国际组织制裁,而是基于应对合规监管或者增强商业竞争力的考虑,会首先识别各种法律法规、规章制度或行业规范,并将其转化为带有强制性或者自愿性的"合规义务",甚至建立数

---

① 参见郭凌晨、丁继华、王志乐:《合规:企业合规管理体系有效性评估》,企业管理出版社2021年版,前言,第 IX 页。

量庞大且不断更新的"合规义务库"。企业对照这种"合规义务"的要求,再考虑其行业特点和业务范围,进行合规风险识别工作,将那些可能出现违法违规行为的领域,列为企业的"重点合规领域"。按照这一思路,很多企业动辄识别出十余种甚至数十种"合规风险",并建立旨在防控相关"重点合规风险"的合规管理体系。有些企业甚至明确将"淡化专项合规""强化全面合规"奉为合规体系建设的重要理念。①

与此同时,按照"全面合规管理"的思路,合规风险被界定为企业因违法违规经营所带来的一切制裁、处罚、声誉损失等后果。由于将合规定位为"依法依规经营",因此所要防范的合规风险也就等于因为违法违规所带来的一切不利后果。按照这一思路,企业所要防范的合规风险既包括违法违规的可能性,也包括可能受到的刑事处罚、行政处罚、民事责任追究、纪律惩戒甚至不利的社会评价。

与"全面合规管理"的思路不同,"专项合规管理"并不关注那些抽象的和潜在的合规风险,而更重视那些具体的、现实的和迫在眉睫的合规风险。从理论上讲,任何企业都存在违反所有法律法规的可能性,但基于对行业特点、业务范围、企业规模和发生违规事件的现实可能性等方面的考量,这种违法违规的可能性有"潜在的可能性"和"现实的可能性"之分,前者可称为"抽象性风险",后者则可称为"具象性风险"。与此同时,前者包括一切违法违规所可能带来的不利后果,而后者则主要是指因为实施犯罪活动而带来的被追究刑事责任的可能性。在启动合规整改活动之前,涉案企业已经发生了现实的犯罪行为,如虚开发票、污染环境、销售假冒注册商标的商品、非法经营、串通投标、单位行贿等犯罪,并被列为犯罪嫌疑人,接受司法机关的刑事追诉。在检察机关启动合规考察之后,涉案企业没有必要再从"全面合规管理"的角度进行合规风险识别,而只需要针对所涉嫌实施的犯罪类型,将发生类似违法犯罪行为的可能性确立为合规风险,也就可以完成合规整改的工作了。可以说,那些在检察机关督导下开展合规整改的涉案企业,没有开展识别"抽象性合规风险"的可能性和必要性,而应将"类似犯罪再次发生的可能性"确立为具象性合规风险。因为涉案企业假如不防控这一具体合规风险,就可能继续发生类似犯罪行为,并存在重新受到刑事责任追究的现实危险。当然,确立了某一特定具体合规风险,并不等于合规风险识别和评估工作的全部完成。

---

① 参见《企业合规风险识别与评估的步骤及重点内容》,载微信公众号"赛尼尔法务管理",2022年4月10日发布。

在此之后,涉案企业还需要通过内部调查,对容易再次引发相关犯罪的业务环节、风险岗位和风险人员,继续加以识别,并作出相应的风险等级评定,从而为建立合规组织、配置合规人员和投入合规资源等,提供科学的依据。但无论如何,开展"专项合规管理"的企业,都应针对与特定犯罪有关的具象性合规风险,开展合规整改工作。

(四)合规路径

"全面合规管理"遵循了"以管理为导向"的合规理念,通常确立了一种"合规义务识别——全面风险控制——重点合规管理领域"的合规建设路径。尤其是那些为数众多的国有企业,在各级国资管理部门的指导下,更是以"实现依法依规经营"为直接目标,建立了"大而全"的合规管理体系。这种合规路径通常包含三个要素:一是进行合规义务识别,将各种法律法规、规章制度和行业规范作为合规义务的来源,重点识别那些具有强制力的合规义务;二是建立全面防范合规风险的管理体系,建立包括合规领导组织、合规管理部门、合规人员配置、合规风险防控、合规风险监控、违规事件应对以及合规融入业务和管理各个环节的制度,使合规管理成为企业管理的有机组成部分;三是确定重点合规领域,将其视为合规管理体系的"枝叶",而将一般性合规风险防控体系视为合规管理的"主干"。[①]

与"全面合规管理"的思路不同,"专项合规管理"遵循了"以风险为导向"的合规理念,确立了一种"合规风险识别——专项合规管理——有针对性的管理要素"的合规建设路径。作为"以风险为基础"的管理体系,合规管理的前提在于合规风险识别和评估,也就是对企业发生违法违规行为的可能性作出准确的认识和评价。涉案企业在已经发生特定犯罪的情况下,将与所实施犯罪有密切关系的特定领域作为风险领域,将该领域中"特定犯罪再次发生的可能性"确立为所要防控的具体合规风险。在此基础上,涉案企业建立一种以预防该类犯罪再次发生为目标的专项合规管理体系,如税收合规体系、知识产权合规体系、环境资源保护合规体系、网络数据合规体系、安全生产合规体系、招投标合规体系、反商业贿赂合规体系,等等。在上述专项合规体系中,涉案企业要针对其内部结构性犯罪原因,为堵塞管理漏洞、消除制度隐患、去除治理结构缺陷,有针对性地引入两项合规管理要素:一是基础性合

---

① 参见《杜江波:杜绝纸面合规,推动本质合规》,载微信公众号"赛尼尔法务管理",2022年9月7日发布。

规要素,也就是那些发挥合规风险防控作用的管理平台;二是专门性合规管理要素,亦即那些对特定犯罪的再次发生具有预防、监控和应对作用的专门化管理制度。当然,与"全面合规管理"的思路不同,"专项合规管理"并不要求所有企业建立整齐划一的合规管理体系,而强调根据涉案企业的规模、行业特点、业务范围、涉嫌犯罪的轻重以及合规风险的状况,引入差异化的合规管理要素。无论是"基础性合规要素"还是"专门性合规要素",都应根据相称性原则,以有效预防特定犯罪再次发生作为构建的根据。

四、专项合规计划的理论根基

在企业合规改革过程中,我国检察机关经历了从"全面合规管理"到"专项合规整改"的思路转变。最高人民检察院也在相关规范性文件中确立了"专项合规整改"的目标和路径。那么,我国检察机关在合规改革中为什么要选择专项合规整改的思路?专项合规计划的理论根基究竟有哪些呢? 在以下的讨论中,笔者拟从合规资源合理配置、有效合规实现、合规相称性原则和比较优势的角度,对此作出简要的论证。

(一) 合规资源的合理配置

涉案企业之所以要建立专项合规整改计划,首先是因为在合规资源有限的情况下,涉案企业根本无法建立"全面合规管理体系",而只能选择针对某一合规风险的专项合规计划。通过对西门子公司和中兴公司建立合规管理体系的经验研究,我们不难发现,企业要建立并实施合规管理体系,需要投入大量的合规资源,包括为实现合规管理目标所需要的人力、物力、财力和时间。欧美国家的检察机关在对一些涉嫌犯罪的企业进行专项合规整改的过程中,动辄确定长达3年的合规考察期,指派由多达数十名合规专家组成的合规监管团队,督导企业推进合规整改工作。[1] 相比之下,我国检察机关通常只设置6个月以下的合规考察期,指派由若干名合规监管人组成的第三方组织,监督并指导涉案企业开展合规整改工作。众多小微企业受财力所限,没有能力配备太多的合规管理人员,所投入的财力物力也是较为有限的。而一些大中型企业在投入合规管理资源方面也会受到诸多限制。与此同时,很多涉案

---

[1] 参见〔美〕布兰登·L. 加勒特:《美国检察官办理涉企案件的启示》,刘俊杰、王亦泽等译,法律出版社2021年版,第222页。

企业出于"尽快获得无犯罪记录证明"的现实考虑,迫切期望在尽可能短的时间内完成合规整改工作,并说服检察机关作出不起诉的决定,以便尽快获得上市、参加招投标以及参与其他市场准入的资格等。而检察机关在对一些大中型企业开展合规整改工作时,还有可能考虑诸多方面的影响因素,甚至受到一定的政治压力。在此背景下,涉案企业显然不具有建立全面合规管理体系的现实条件。

在合规考察期限和合规资源投入十分有限的情况下,涉案企业开展专项合规整改,建立专项合规计划,就成为一种具有现实可行性的选择。一方面,涉案企业不需要进行复杂的合规义务识别工作,也不需要进行全面的合规风险识别和评估,而可以企业所实施的犯罪类型为依据,直接确定所要建立的专项合规计划。另一方面,在建立专项合规计划时,涉案企业也不需要建立大而全的合规管理体系,而只需要根据管理漏洞、制度隐患和治理结构缺陷,建立一种有针对性的专项合规计划,引入特定的基础性合规要素和专门性合规要素,就足以达到合规整改的目标了。

(二) 有效合规的实现

企业不仅要建立一套体系化的合规管理制度,而且要确保该制度的有效执行。作为一种合规管理的理想目标,"有效合规"通常有两层含义:一是有效地预防违法违规行为的发生,二是有效地形成依法依规经营的企业文化。但是,在短暂的考察期内,涉案企业根本没有办法达到"预防所有违法违规行为再次发生"的目标,更难以全面形成依法经营的企业文化。

假如涉案企业将有效合规的目标重新加以调整,将合规管理的工作难度适度降低,那么,实现有效合规的目标还是具有现实可能性的。在合规改革过程中,检察机关推动企业建立专项合规计划,一方面降低了有效合规的目标,将"预防所有违法违规行为"变更为"预防相同或相似犯罪再次发生",也不再动辄强调建立虚无缥缈的"企业合规文化"。另一方面,通过调整合规整改计划,确立专项合规整改方案,将合规整改的方向和重点集中在与特定犯罪有关的经营方式、业务流程和管理模式之上,而一般不需要对企业治理结构作出全方位的调整。由此,有效合规整改的实现,就不再是一种遥不可及的目标。

尤其是,为避免出现"纸面合规"和"无效合规",涉案企业不仅要努力实现合规计划制定的有效性,还要致力于实现合规计划执行的有效性,并最终实现合规计划结果的有效性。①涉案企业要接受第三方组织的全程监督和指导,还要接受检察机关的考察评估。在合规整改要求越来越严格的情况下,涉案企业唯有缩小合规管理范围,集中在某一专项合规管理体系上,才有可能建立一种有针对性的合规计划,保证这一合规计划的有效运行,并经过科学评估实现有效预防特定犯罪再次发生的结果。

(三)相称性原则的体现

相对于企业动辄建立大而全的合规管理体系的思路而言,专项合规管理的思路体现了合规相称性原则,确保企业的合规管理体系与企业规模、行业特点、业务范围、违法犯罪行为的严重性以及现实的合规风险相适应。

相称性原则是企业建立合规体系所要遵循的基本准则,也是企业建立有效合规管理体系的重要保障。所谓相称性原则,是指企业所要建立的合规管理体系,应当与企业所要实现的有效合规管理目标相适应。为此,企业需要根据合规风险识别和评估的结果,建立相对应的合规风险管理机制。一方面,企业必须投入较为充足的合规资源,才能实现有效合规的基本目标;另一方面,企业也不能投入过度和过多的合规资源,甚至超出自身的承受力,而应当保证合规管理体系被控制在达到有效合规管理目标的限度之内。②

相对而言,全面合规管理的思路明显不符合相称性原则的基本要求。对于涉案企业,假如不考虑企业规模、行业特点、业务范围以及合规风险领域和风险等级等情况,动辄追求全面的合规义务识别和合规风险评估,就有可能建立大而空的合规管理体系,反而忽略了那些最急需进行合规管理的领域,难以预防特定违法犯罪行为的发生。相反,假如根据企业所涉嫌实施的犯罪类型,直接确定专门化合规领域,并通过较为具体的合规风险评估,来建立某一特定的专项合规管理体系,那么,这种合规管理的思路就更加符合相称性原则的要求,既可以避免合规资源的短缺和投入的不足,又可以防止出现合规资源过度投入的现象。因此,在检察机关启动合规考察之后,涉案企业遵循"以风险为导向"的合规整改思路,将合规风险领域界定为企业涉嫌实施的犯罪领域,将预防特定犯罪再次发生作为合规整改的目标,并据此建立有针对性的专项合规计划,这更加符合相称性原则的要求,是实现有效合规的重

---

① 参见陈瑞华:《合规监管人的角色定位——以有效刑事合规整改为视角的分析》,载《比较法研究》2022年第3期。
② 参见陈瑞华:《企业合规整改中的相称性原则》,载《比较法研究》2023年第1期。

要保证。

（四）"专项合规计划"的比较优势

检察机关在合规整改中之所以采用专项合规计划，还基于对"全面合规管理"局限性的认识，以及对专项合规管理的相对优势的清晰认识。无论是进行日常性合规体系建设，还是进行合规整改，"全面合规管理"的思路都具有非常明显的缺憾：一是企业从"合规义务"的识别出发，来进行合规风险的识别和评估，所发现的往往是抽象的合规风险，而不是现实的合规风险；二是企业从所识别的抽象合规风险入手，建立合规管理体系，而往往对那些现实的、具体的和迫在眉睫的合规风险视而不见，无法有效防范最可能发生的违法违规行为；三是企业过分强调全面合规管理的重要性，容易陷入体系化和形式化的合规制度建设之中，而无法针对合规风险，将合规管理渗透到企业的管理过程和业务交易流程之中，可能造成纸面合规和无效合规的结果。

正因为全面合规管理的思路具有上述缺陷，因此，那些一开始被迫进行合规整改的企业，在主动拓展合规管理体系时，都没有接受全面合规管理的思路，而采用了专项合规管理的思路。例如，西门子公司最初是接受美国司法部和证交会的合规整改，被迫建立反商业贿赂合规体系。后来，经过专门的合规风险识别和评估，该公司最终建立并实施了另外三个专项合规计划：反垄断合规计划、数据保护合规计划和反洗钱合规计划。中兴公司最初是在美国联邦法院和相关行政监管部门的监督下，被迫建立出口管制合规计划。后来，该公司主动识别出了另外两个领域的合规风险，最终建立了反商业贿赂合规计划和数据保护合规计划。

相对而言，专项合规管理的思路具有以下较为明显的制度优势：一是从企业所面临的现实合规风险入手，高度重视企业违法违规的现实可能性，尤其是通过案例分析、企业规模、行业特点、业务范围等识别出企业最有可能出现违法犯罪行为的经营领域，从而准确地发现合规风险；二是根据企业所涉嫌实施的犯罪类型，来识别相应的专门合规风险，并据此建立专项合规管理体系，可以实现有效预防特定犯罪再次发生的目标；三是不拘泥于建立大而全的合规体系，而是从有效预防特定犯罪的角度出发，引入必要的基础性合规要素和专门性合规要素，使它们产生有机的衔接和融合，从而发挥有效预防、监控和应对专门化合规风险的作用。

五、专项合规计划的要素（Ⅰ）——基础性合规要素

所谓"基础性合规要素"，是指企业建立合规管理体系所必须具有的基本合规制度，在整个合规管理体系中具有全局性和基础性的地位。[①] 有些研究者将基础性合规制度与"专项合规计划"相提并论，认为企业首先应该建立基础性合规制度，并将此作为建立合规管理体系的主要标志，而专项合规计划则是在基础性合规制度的基础上搭建起来的专门性合规制度。其实，在检察机关推动的合规改革过程中，涉案企业要进行有效的合规整改，就不可能先建立"通用合规制度"，然后在此基础上搭建专项合规计划，而只能建立一个统一的专项合规体系，并将基础性合规要素和专门性合规要素都纳入其中。准确地说，专项合规计划就是企业所要致力于建立的合规管理体系，而"基础性合规要素"和"专门性合规要素"都属于这一体系的有机组成部分。

"基础性合规要素"在专项合规管理体系中可以发挥合规管理制度平台的作用。其确立了涉案企业的合规理念和基本准则，引入了合规管理组织体系和合规管理人员配置，建立了合规风险识别和评估机制，配置了企业预防合规风险、监控合规管理和应对违规事件的一系列管理流程。一个企业要构建任何一种专项合规计划，都应引入必要的基础性合规要素。例如，涉案企业根据自身涉嫌实施的犯罪类型，可能要构建税收合规计划、知识产权合规计划、环境资源合规计划、安全生产合规计划、招投标合规计划、反走私合规计划、网络数据保护合规计划、反商业贿赂合规计划，等等。但无论建立何种合规计划，企业都应考虑建立一种合规管理的基础性平台，将合规行为准则、合规组织、合规管理人员配置、合规风险识别和评估、合规尽职调查、合规培训、合规文化建设、合规报告和举报、合规审计和监测、合规内部调查、合规奖惩机制以及合规补救机制等制度性要素建立起来，并使之在合规管理中得到落地、运行和激活，发挥有效预防违法违规行为的作用。未来，在合规整改结束之后，涉案企业假如要巩固合规整改的成果，建立其他新的专项合规计划，就可以在此"基础性合规要素"的基础上，经过必要的修正和整合，引入其他"专门性合规要素"，从而发挥预防其他违法违规行为发生的效用。在一定程度上，"基础性合规要素"的适当构建，可以为企业建立一系列专项合规管理

[①] 参见季美君：《论通用合规》，载《民主与法制》2022年第19期。

体系奠定制度基础,提供制度平台,并引领企业合规管理的战略发展方向。

那么,"基础性合规要素"究竟包括哪些内容呢?根据合规整改的相称性原则,涉案企业不可能建立一种整齐划一的专项合规管理体系,在构建基础性合规要素方面也应有必要的制度差异。但是,无论是大中型企业还是小微企业,无论是那些涉嫌重大犯罪的企业,还是涉嫌实施轻微犯罪的企业,也无论涉案企业从事什么样的行业和业务,在构建基础性合规要素方面,都应遵循基本的合规管理原则,并引入一些最低限度的合规管理制度。

我们先来分析涉案企业构建基础性合规要素所要遵循的基本原则。在很多合规整改案例中,涉案企业在第三方组织的指导下,完善了股权结构和治理结构,建立了合规领导组织,配置了合规管理人员,建立了合规管理的工作流程。这些较为具体的基础性合规管理制度,其实体现了若干项基本的合规管理原则。其一,企业构建基础性合规管理制度,应当遵循"高层承诺"的原则。根据这一原则,企业的最高负责人或实际控制人,应当遵循"合规优先于业务"的理念,对一切违法违规行为采取零容忍的态度,参加合规管理最高决策机构,并承担合规管理"第一责任人"的角色,切实发挥合规管理领导作用,维护合规管理人员和合规部门的权威,对有争议的合规管理事项作出最终的决策。其二,涉案企业应贯彻"合规优先于业务"的原则,拒绝一切违法违规或者有违法违规风险的业务或产品,对所有业务活动或产品立项确立"合规性审查"的机制,赋予合规管理人员和合规部门合规审查的权力,甚至授予合规管理人员对违法违规业务的"一票否决权"。其三,涉案企业应落实"合规融入企业管理流程"的原则,在人事、财务、经营、决策等各管理层面,都应将合规管理作为优先选择事项,将管理人员和员工的合规业绩作为人事晋升、薪资调整、业绩奖励的主要依据。其四,涉案企业应贯彻"有效合规预防"的原则,通过合规风险评估、合规尽职调查、合规培训和合规文化建设等工作,建立有效阻止违法违规行为发生的管理机制。其五,涉案企业应落实"有效合规监控"的原则,将合规管理体系建设成为一种"24小时实时雷达预警系统",通过合规报告、合规举报、合规审计和监测等工作机制,监测企业内外的各种经营和管理活动,及时发现存在违法违规情况的行为,并作出及时有效的处置。其六,涉案企业要遵循"有效合规应对"的原则,在发生违规事件或者发现违规行为之后,应作出及时有效的处置,采取补救措施,通过合规内部调查报告、处置责任人员、奖励优秀合规管理人员和举报人员、采取必要制度改进措施等方式,确保违规事件得到有效处置,合规管理制度漏洞和隐患得到堵塞和消除。其七,涉案企业还要遵循"合规管理持续性改进"的原则,经过持续不断的合规审计和监测、风险评估和合规内部调查,发现新的合规风险,修复原有的合规管理制度漏洞,扩展新的专项合规体系,使合规管理能够不断适应新的合规需求,实现有效预防新的违法违规行为的目标,确保达到企业依法依规经营的效果。

在遵循上述基本原则的前提下,涉案企业一般应引入哪些"基础性合规要素"呢?通过考察那些合规整改较为成功的案例,参照《合规办法》的要求,涉案企业无论建立何种专项合规计划,都至少应建立以下合规管理制度,并使之成为企业的基础性合规平台。第一,涉案企业应当制定合规章程或企业行为准则,使之成为指导企业合规管理的最高规范性文件。合规章程应包含合规价值理念、基本行为准则和合规管理体系架构等基本要素。第二,涉案企业应组建合规管理领导机构,那些建立了董事会的企业,应设置合规管理委员会,而那些没有设置董事会的企业,可以设立合规领导小组,由企业最高负责人或实际控制人作为成员,由一名不享有最高决策权的高管担任委员会或领导小组的负责人。该委员会或领导小组应拥有对合规管理的最高决策权、监督权和争议解决权。第三,涉案企业应设立专门的合规管理部门或专职合规管理专员,或者引入专业化的合规团队,对企业的各种业务活动行使"合规性审查权",对有违法违规情况或可能的业务行使"一票否决权",如遇有争议,可以提交合规管理委员会或合规领导小组最终决定。同时,合规部门应配备必要的合规管理人员,投入与专项合规管理相称的人力物力财力等资源,保证合规管理人员享有基本的权威性和独立性。第四,涉案企业应建立足以发挥预防、监控和应对作用的管理体系和内部控制流程,包括建立合规风险识别和评估、尽职调查、合规培训、合规文化建设、合规报告、合规举报、合规审计和监测、合规内部调查、合规奖惩、合规体系改进等工作机制。第五,涉案企业应将合规管理融入企业业务、管理的各个环节和流程之中,建立合规绩效考核制度,将合规作为对负责人、经营管理人员、关键技术人员和员工进行考核的依据。不仅如此,涉案企业还应建立持续整改、定期报告等工作机制,确保其合规管理机制根据企业发展情况不断得到调整和完善。

六、专项合规计划的要素(Ⅱ)——专门性合规要素

所谓"专门性合规要素",是指企业针对特定的合规风险,为防止发生特

定的违法违规事件而建立的专门性合规管理制度,在合规管理体系中处于核心性和保障性的地位。[①] 从合规管理的目标来看,专门性合规要素的设立,是为了预防特定违法违规事件的再次发生。在检察机关推动的合规考察程序中,涉案企业因为涉嫌实施虚开发票、污染环境、销售假冒注册商标的商品、串通投标、非法经营、商业贿赂等犯罪行为,已经暴露出特定的合规风险。涉案企业在检察机关和第三方组织的督导下,在建立基础性合规要素的前提下,引入专门性合规要素,目的就在于预防上述特定犯罪的再次发生。无论是涉案企业的合规整改,还是第三方组织的合规监管,以及检察机关的合规考察评估,都要围绕着是否有效实现了预防特定犯罪再次发生的目标,来对合规整改的有效性作出评价和审核。

为了达到预防特定犯罪再次发生的目标,涉案企业究竟要引入哪些专门性合规要素呢？在诸多合规整改案例中,涉案企业对专门性合规要素的引入,存在很大的差异。例如,涉案企业要建立税收合规计划,一般需要对发票的管理作出严格规范,消除"票货分离"的经营模式。又如,对于涉嫌实施污染环境犯罪的企业,检察机关通常会责令其找到某一专门治理污染物的商业合作伙伴,监督其与后者签订并执行处理污染物的合同,监控污染物收集、运输、处置、检验和达标排放的全部流程。再如,在企业涉嫌实施走私犯罪的案件中,检察机关往往会责令其对进出口流程加强监督管理,建立内部控制体系,或者对导致走私行为发生的第三方代理报关公司,建立专门的合规管理体系,如建立尽职调查、风险等级划分、黑白名单、退出机制等风险防控机制。

那么,在专门性合规要素的构建方面,在不同涉案企业建立差异化的合规管理体系的过程中,究竟可否提炼出一种普遍化的制度框架呢？其实,只要我们认真分析那些合规整改的成功案例,就不仅可以总结出基础性合规要素的制度框架,也可以概括出专门性合规要素的制度结构。从理论上看,专门性合规要素的引入要遵循三项基本原则:一是"针对性原则",二是"补救性原则",三是"监控特定业务流程原则"。简单说来,所谓"针对性原则",是指专门性合规要素的引入,要建立在对特定合规风险识别和评估的基础上,并针对那些存在重大风险的业务环节和管理流程,建立有针对性的管理机制。所谓"补救性原则",是指涉案企业应针对原来存在的特定管理漏洞和制度隐患,建立专门的补救性机制,减少再次发生违法违规行为的可能性。所谓"监

[①] 参见陈瑞华:《企业合规基本理论》(第三版),法律出版社2022年版,第117页。

控特定业务流程原则",则是指针对那些存在现实合规风险的业务流程,建立特定的内部控制机制,加强不同部门之间的相互制约和平衡,加强上级部门对下级部门的监控,保证有关业务流程的合规性。为贯彻上述基本原则,涉案企业通常要引入一些专门性的合规管理机制,并使之与基础性合规要素进行必要的衔接和融合。

(一) 专门性的合规政策和合规员工手册

有效合规管理的基本要求是,企业需要针对特定的合规风险,制定相应的合规政策、标准和程序。在特定合规风险领域确定之后,涉案企业需要将这些政策、标准和程序予以发布,使之成为企业上下一体遵守的行为规则。[①]例如,对于那些涉嫌虚开增值税专用发票的企业,检察机关要督促其针对税收犯罪这一行为类型,将专项合规风险确定为"税收犯罪再次发生的可能性",并据此建立"税收合规管理体系"。在此基础上,企业要发布"税收合规政策"和"税收员工手册"。当然,对于企业涉嫌实施其他类型犯罪行为的案件,检察机关也可以以此类推,督促其建立相关的专项合规计划,并发布相关的专项合规政策和专项员工手册。

涉案企业为什么要发布专项合规政策和员工手册呢?一般说来,"专项合规政策"记录的是"对外开展合规管理的合规义务",也就是将那些特定领域的法律法规所确立的行为规则以及企业的合规组织、管理流程和奖惩机制加以汇集,向外部宣示企业的合规行为守则、标准和程序,督促外部商业合作伙伴遵守法律法规的规范性文件。而"员工手册"则属于"对内实施合规管理的合规义务",也就是将相关领域的义务性规则和禁止性规则加以汇编,督促内部员工和管理人员遵守法律法规的规范性文件。

无论是"专项合规政策"还是"专项员工手册",都应当针对特定领域的合规风险,吸纳该领域中的法律、法规、部门规章、行业管理等方面的各种强制性行为规范,使之成为企业实施合规管理的重要规范依据。两者共同构成涉案企业所要遵从的"规",也就是带有强制性的行为规范。这两类文件一般应将行政法律、刑法针对某一领域所确立的规则全部加以吸纳。例如,在环境资源保护合规计划中,企业所制定的"环保合规政策"和"环保员工手册",应当将我国行政法和刑法有关环境资源保护方面的所有强制性行为规则,经过

[①] 参见梁涛:《美国企业合规制度的构建:国家监管、强制性自我监管与刑事激励》,载《政治与法律》2022 年第 7 期。

分门别类的排列组合,全部确立下来。

涉案企业发布专项合规政策和员工手册,并不仅仅是起到宣示合规管理理念的作用,更主要的是为了落实合规风险评估、合规尽职调查、合规培训和合规承诺的具体内容,从而有效地预防特定合规风险的发生。例如,针对已经发布的"网络数据合规政策"和"网络数据员工手册",涉案企业应对企业是否存在网络数据领域的违法违规可能性作出定期评估,对相关客户、第三方和被并购企业是否存在数据违规问题作出尽职调查,对员工和相关人员进行有关网络数据法律遵从问题的合规培训,督促其就遵守网络数据法律作出合规承诺。

(二) 企业相关业务、产品、管理模式的可替代方案

很多企业之所以走上犯罪的道路,主要是因为在产品立项、业务开展、污染物处置、财务管理、进出口管理、招投标管理等方面没有进行合规性审查,导致企业长期以来对违法违规的商业模式产生了严重依赖。在合规整改过程中,涉案企业通常会停止那些存在问题的业务、产品、经营模式、管理方式或者污染物处置方式,从而确保"停止犯罪活动的继续进行"。但是,假如涉案企业仅仅满足于建章立制,建立一种形式化、体系化的"合规管理机制",而不对这些业务、产品、管理模式等作出实质性的改变,那么,在检察机关作出宽大处理之后,企业一旦恢复生产经营活动,就有可能继续沿袭原有的商业模式和经营方式,无法消除其生产经营活动中的"犯罪因素"。[①]

一些开展合规整改较为成功的涉案企业,通常都会在停止原有业务、产品、管理模式的基础上,寻找没有合规风险的可替代方案。例如,一个涉嫌犯有污染环境罪的企业,在合规整改过程中,除了引入一些基础性合规要素以外,通常会配置处置污染物的机构、人员、设备、技术和相关保障措施,或者与那些专门处置污染物的企业建立商业合作关系,委托其依法依规处置污染物,从而保证污染物的排放达到法律要求。又如,一个涉嫌生产销售假冒注册商标商品的企业,为开展有效的合规整改,一般会在停止生产销售原有产品之后,改变产品或者业务,选择一种消除了法律风险的新产品或新业务。再如,一个涉嫌实施侵犯网络系统犯罪的企业,为开展实质性的合规整改,在向被侵权网络企业作出赔偿并与其签署和解协议之后,有可能与后者签署长

---

① 参见陈瑞华:《企业有效合规整改的基本思路》,载《政法论坛》2022年第1期。

期商业合作协议,通过合法方式向其购买相关数据信息,从而成功摆脱存在合规风险的商业模式。

在涉案企业的合规整改中,这种为产品、业务、管理模式寻求"可替代方案"的管理机制,并不是每个企业都必须采取的合规管理措施,也不属于"基础性合规要素"的组成部分,而属于企业可选择的合规风险管理方式。这种管理机制在不同企业中具有差异化的表现形式,可以发挥有效预防特定犯罪再次发生的实际功能,因此可以被归为"专门性合规要素"的有机组成部分。

(三) 专门化的业务控制体系

在专项合规管理体系建设中,涉案企业一方面要建立一套包括合规组织、合规人员配备、合规风险防范、合规监控、违规事件应对、合规绩效考核等在内的管理体系,另一方面也要在提供业务产品可替代方案的前提下,建立一套旨在对业务活动加以监控的管理流程。前者作为基础性合规要素,强调将合规管理融入企业的决策、经营、财务、人事、奖惩等管理体系之中,后者则侧重于对企业经营业务流程实施专门化的内部控制。这种专门化的业务控制体系,其实是专门性合规要素的重要组成部分。

在前面分析的案例中,涉嫌虚开发票的涉案企业,在检察机关和第三方组织的督导下,同时建立了两套合规管理体系:一是以《合规管理办法》为核心,建立了"以董事会合规委员会为合规决策机构、总法律顾问为合规管理负责人、法律合规部为合规管理牵头部门的合规管理体系";二是以《商业合作伙伴管理制度》《发票管理制度》《黄金销售业务反洗钱内部控制制度》《黄金交易业务流程实施细则》等为标志,建立了包含"供应商和客户准入""合同审查""付款""提货交货""发票管理""档案管理"等在内的黄金交易业务流程。建立这一黄金交易业务流程的主要目的,在于消除原有的"票货分离"的交易模式,加强对商业合作伙伴的合规管理,确保每一项发票的开具,都有相对应的真实货物交易,并对交易过程作出真实的记录,避免虚开发票行为的再次发生。可以说,没有上述旨在控制黄金交易流程的管理体系,单靠那套基础性合规要素,涉案企业是不可能有效预防类似犯罪再次发生的。

根据所要建立的专项合规体系的不同类型,涉案企业要针对那些出现现实风险的业务领域和经营环节,引入有针对性的专门性合规要素。例如,为防止再次发生环境资源领域的犯罪行为,涉案企业需要对内部生产部门、环境治理部门以及商业合作伙伴建立防止危险废物排放的控制体系;针对走私犯罪开展合规整改的,应围绕进出口业务管理建立一套控制体系,重点规范进出口业务管理、报关、委托代理报关等一系列容易出现违法违规风险的环节;针对串通投标所引发的合规风险,涉案企业应对招投标的决策、标书的制定、招投标的实施以及商业伙伴的选择等业务环节,作出合规性审查,并加强内部控制。

上述这种针对不同业务环节实施的内部控制,通常包含三项基本内容:一是进行建章立制,发布必要的管理制度,确立相应的管理标准和工作流程,如发票管理制度、招投标管理流程、合同审查制度、第三方合作伙伴管理制度、进出口报关流程、废弃物排放标准,等等;二是引入新的业务管理流程,提高决策事项和财务审批的层级,确立内部不同部门的相互制衡机制,激活监督部门的一票否决机制,等等;三是实施交易过程真实记录制度,对容易出现重大合规风险的产品和业务实施过程,作出准确无误的书面留痕或电子记录,实现业务流程的可复原性,为随时审查和监控业务的合规性提供制度保障。

(四) 特定化的企业培训内容

合规培训既是合规风险防范体系的组成部分,也是合规文化建设的重要途径。但是,根据所要防范的合规风险类型的不同,涉案企业需要建立差异化和有针对性的合规培训体系。从制度框架上看,合规培训属于基础性合规要素的内容;但从培训内容和所要达到的目标来看,合规培训也是专门性合规要素的重要内容。

一个涉案企业要开展有效的合规培训,除了向员工和管理人员传达基本合规价值观以外,还应将专项合规政策、专项员工手册以及有关业务控制制度作为合规培训的重要内容。在一定程度上,上述后一种培训对于防止类似犯罪的再次发生具有直接的积极效果。通过这种培训,企业合规部门旨在向员工和管理人员传达以下信息:一是在税收、环保、知识产权、安全生产、招投标、进出口等各个领域,合法行为与非法行为的界限;二是在上述各个业务环节存在的主要合规风险,包括违法违规的可能性、构成犯罪的可能性以及由此可能引发的法律责任;三是有效执行相关业务的具体流程,特别是若干关键管理节点的运行方式;四是各个具体业务环节出现违法违规或犯罪行为的典型案例;等等。

(五) 专门性的企业合规部门和人员配置

建立有效发挥风险防控作用的合规管理部门,并配置必要的合规管理人员,这是合规管理体系得到有效运行的基本保障,本身属于基础性合规要素的内容。但是,假如涉案企业是一个具有复杂治理结构的大中型企业,特别是那些上市公司、拟上市公司或者大型国有企业,那么,无论是合规部门还是合规人员,就都不能按照通用性的原则进行配置,而应遵循专门化和有针对性的基本原则。

按照中兴公司开展合规管理的经验,大中型企业应根据合规风险识别和评估的结果,确立开展合规管理的重点领域,确定专项合规管理体系的基本类型,然后有针对性地设立专门性合规部门,配置专门性的合规管理人员,使其从事专门性的合规管理事务。例如,中兴公司的出口管制合规部,就配置了专业化的进出口合规管理人员;反商业贿赂合规部和数据保护合规部,则分别配置了与所要防控的合规风险相适应的反商业贿赂合规管理人员和数据保护合规管理人员。

涉案企业配置专门性的合规管理部门和管理人员,可以有效地实现合规管理的专业性和有效性,确保那些专门性合规要素的有效运行。通常情况下,理想化的合规管理团队应由三部分人员组成:一是专业化的法律合规人员;二是熟悉企业相关业务的管理人员;三是相关的专业技术人员。第一种人员的专业优势在于能够及时识别和评估合规风险,更新合规管理制度,确保企业建立和实施有效的合规管理体系;第二种人员的特长在于将合规管理与企业决策管理、经营管理和人事、财务管理进行有机的结合,实现合规融入管理流程的目标;第三种人员则擅长将合规管理与业务或产品的管理流程进行衔接,使合规管理渗透到专业性较强的业务活动之中,保证第一线的业务操作者主动采取依法依规的操作方式,从源头上杜绝违法违规行为的发生。

(六) 专门性的企业合规持续改进机制

涉案企业要进行有效的合规整改,就应针对合规风险发展变化的情况,根据相关法律法规更新的趋势,对其专项合规管理体系进行持续不断的改进和更新。与合规培训和合规组织相似,合规管理改进机制既是基础性合规要素的内容,也具有专门性合规要素的属性。

这种合规管理改进机制可以从三个方面确保涉案企业的专项合规管理

体系跟上时代的步伐,持续发挥有效预防违法违规和犯罪的作用。首先,涉案企业需要根据专门领域法律法规的变化,对其专项合规政策和员工手册作出更新,对员工和管理人员进行重新培训,对相应的合规风险领域和风险点作出创新识别和评估。其次,涉案企业需要对相关领域的合规风险不断进行识别和评估,发现容易出现违法违规和犯罪行为的业务环节、管理岗位和管理人员,从而据此改进相关的合规管理制度,改变相关的业务管理流程。最后,涉案企业一旦需要拓展新的市场,如设立分支机构,开展并购业务,开拓海外市场等,都需要对相关领域的合规风险作出重新评估,并对相关合规管理制度作出调整。

七、专项合规计划的扩展

在检察机关推动的合规考察程序中,涉案企业需要针对特定的合规风险,确立"专项合规整改计划"的思路,以预防相同或类似犯罪再次发生作为有效合规整改的目标,并以此为依据来确立对企业合规建设、考察和评估的标准。专项合规整改一旦完成,并且符合了"有效合规"的基本标准,检察机关就可以结束合规考察程序,对企业作出不起诉或者其他宽大处理的决定。但是,合规体系建设是一个持续不断的过程,在有限的合规考察期限之内,企业通常只是制定出了有针对性的合规整改方案,或者对企业治理结构、商业模式或经营方式作出了初步的改造,而根本来不及将有关合规计划加以全面实施,也难以将合规要素融入到企业生产、经营、管理的各个环节之中,更谈不上对有关合规管理要素的实施效果作出科学的评估。因此,检察机关需要督促相关行政监管部门对涉案企业的合规整改继续进行监督、指导和考察,以确保相关的专项合规计划得到真正的执行,达到有效合规整改的目标。

与此同时,涉案企业有可能在其他领域还存在着违法违规的可能性。在有限的合规考察期内,检察机关根本来不及对其他合规风险采取合规整改措施,涉案企业也不可能建立实施其他合规整改计划。在某一专项合规整改完成之后,检察机关根据涉案企业自查或第三方组织考察的结果,发现涉案企业有必要启动其他领域的专项合规计划的,应督促企业继续开展合规管理体系工作。最高人民检察院办公厅等发布的《合规办法》就此指出,"涉案企业应当以全面合规为目标、专项合规为重点,并根据规模、业务范围、行业特点等因素变化,逐步增设必要的专项合规计划,推动实现全面合规"。

在笔者看来,要增设新的专项合规计划,并推动全面合规的实现,检察机关需要借助相关行政监管部门或行业协会的力量,真正激活行刑衔接机制。例如,可以考虑引入强制合规制度,对于那些合规整改成功的企业,检察机关和相关行政监管部门通过合规风险识别和评估,要求企业承担建立实施其他专项合规管理体系的义务,检察机关可以向行政机关提出检察建议或检察意见,由后者承担监督指导企业建立新的专项合规管理体系的责任。又如,可以考虑引入行政合规激励机制,检察机关建议行政机关,对于那些主动启动其他专项合规体系建设的企业,确立减免行政处罚的奖励机制。再如,可以考虑健全完善行政机关与相关行业协会联合监督指导企业建立其他专项合规管理体系的制度,由行政机关负责监督和指导,行业协会督促企业建立专项合规计划,并对成功实施专项合规管理体系的企业,给予合规资格认证、优先贷款、赋予特定招投标资格等必要的奖励。当然,专项合规计划的有效拓展,是企业合规改革从刑事领域扩展到行政执法领域的新课题,也是一项涉及健全完善行政合规激励机制的改革。对于这一问题,法学界有必要从交叉学科的角度作出深入的研究,也可以通过跟踪合规改革进展情况,获得新的灵感和启发。

第六章　重大单位涉罪案件的分案处理问题

> 我国检察机关在合规考察程序中坚持了一种"放过企业,也放过企业家"的改革思路。这在轻微单位涉罪案件中或许具有可行性。但在企业涉嫌重大犯罪的案件中,只能采取分案处理的程序安排,确保单位与责任人员的责任分离:对责任人员提起公诉,而对涉案企业则启动独立的合规考察程序。由此,合规改革的思路应转变为"放过企业,惩罚责任人"。

一、重大单位涉罪案件的处理难题

二、一个案例的分析

三、单位与个人的责任分离

四、企业定罪附随后果的规避

五、法益修复的效应

六、特殊预防的效果

七、对若干质疑的回应

八、"放过企业,惩罚责任人"的实现

一、重大单位涉罪案件的处理难题

2020年3月,我国检察机关开始进行涉案企业合规不起诉的改革探索。为避免与现行法律规定发生冲突,检察机关最初将改革试点的对象限定为轻微单位涉罪案件。应当说,对于那些可能对直接责任人判处三年有期徒刑以下刑罚的轻微单位犯罪案件,检察机关对单位和直接责任人员同时作出相对不起诉的决定,是不存在太大法律障碍的。毕竟,无论是单位还是责任人员,只要属于"犯罪情节轻微",且具有"不需要判处刑罚或者免除刑罚"的情节,检察机关就可以依法作出相对不起诉的决定。至于对涉案企业是否启动合规考察程序,企业是否建立了有效的合规计划,对于检察机关是否作出不起诉的决定最多属于"锦上添花"的事情,而并不会产生实质性的影响。即便企业不采取合规整改措施,检察机关也照样可以对这类企业作出相对不起诉的决定。

但是,随着改革试点范围的逐渐扩大,一些涉嫌实施重大犯罪的大型企业逐渐被纳入改革者的视野。这些企业要么属于在当地具有较大影响的国有企业,要么属于具有完整治理结构的上市公司或拟上市公司。它们所涉嫌实施的犯罪,涉及虚开增值税专用发票、破坏环境资源、侵犯知识产权、违反安全生产规定、破坏市场秩序、实施商业贿赂等多方面的罪名,有些属于责任人员可能被判处三年有期徒刑以上刑罚的重大单位犯罪案件。对于这种较为重大的单位涉罪案件,检察机再采取"双重不起诉"的处理方式,就将面临重大的法律障碍。① 毕竟,这些涉案企业的主管人员和其他责任人员,并不符合适用相对不起诉的条件,检察机关不得不对他们提起公诉。而涉案企业尽管也不符合直接适用相对不起诉的条件,但检察机关却可以对其启动合规考察程序,设定一定的合规考察期,指派合规监管人,督促其开展正式的合规整改,并对合规整改验收合格的企业作出不起诉的决定。如此,对单位责任人员的起诉与对单位本身的合规考察,就只能在诉讼程序上发生分离,检察机关对这类案件的分案处理,就成为一种无奈的选择。②

对涉案企业与内部责任人员采取分案处理的方式,早在20世纪就在欧美

---

① 关于检察机关对涉案企业与责任人员进行"双重不起诉"所引发的争议问题,可参见李玉华:《企业合规本土化中的"双不起诉"》,载《法治与社会发展》2022年第1期。
② 参见李小东:《涉案企业合规建设"深圳模式"的探索与实践》,载《人民检察》2021年第20期。

国家的合规不起诉制度中得到确立。用美国联邦检察官的说法,这属于一种"放过企业,惩罚责任人"的制度安排。无论是在美国,还是在英国、法国、澳大利亚、加拿大等国家,暂缓起诉协议或不起诉协议的适用对象,通常都是那些涉嫌严重经济犯罪的大型公司甚至超级跨国企业。对于这些涉案企业,检察机关基于公共利益的考量,并兼顾公平公正的价值要求,可以与其达成附条件不起诉的协议,督促其启动合规整改程序。但与此同时,检察机关对于企业内部负有责任的高级管理人员和相关员工,则单独向法院提起公诉。可以说,这种在对涉案企业启动合规考察程序的同时,单独对责任人员提起公诉的做法,在欧美国家已经成为一种制度常态,其在正当性和可行性方面,并没有面临较大的争议。①

但在我国法律制度和法律理论中,这种"放过企业,惩罚责任人"的做法,却受到了很大程度的质疑。② 一方面,按照我国现行的单位犯罪制度,在单位构成犯罪的前提下,法律对单位和责任人员采取"双罚制"的处罚方式,单位与责任人员的刑事责任是不可分离的,一旦对单位采取出罪处理,就不应再对主管人员和其他责任人员采取刑事追诉措施。因此,对单位与责任人员采取分案处理的方式,就不具有合法性和正当性。另一方面,我国检察机关之所以推动合规不起诉的改革探索,主要动因在于既要保护涉嫌犯罪的企业,也要保护那些对企业命运具有重大影响的企业家。假如仅仅"放过企业",而"惩罚责任人员",那么,这既违背了改革的初衷,也会使涉案企业因为法定代表人或实际控制人的锒铛入狱而陷入灾难性后果。③ 不仅如此,假如采取对单位与责任人员分案处理的方式,还有可能使涉嫌重大犯罪的企业,仅仅因为采取合规整改措施就被免除刑事责任,这会带来放纵重大单位犯罪的后果,影响刑法的统一实施。④

面对上述理论上的质疑和争议,我们需要以重大单位犯罪案件为切入点,对分案处理的正当性和必要性作出论证。在一定程度上,合规不起诉的本质是一种"程序出罪"机制,也就是对那些在实体上已经构成犯罪的企业,通过设置若干前置性条件,使其在刑事诉讼过程中受到"脱罪处理"。那么,为什么要引入这种"脱罪处理"机制呢?

---

① 参见陈瑞华:《企业合规视野下的暂缓起诉协议制度》,载《比较法研究》2020年第1期。
② 参见谢鹏程:《论涉案企业合规从宽检察改革的内在逻辑》,载《民主与法制》2021年第42期。
③ 参见黎宏:《企业合规不起诉:误解及其纠正》,载《中国法律评论》2021年第3期。
④ 参见赵赤:《刑事合规:重在选择企业合规出罪路径》,载《检察日报》2022年1月28日,第3版。

过去，我国法学界已经通过初步的比较研究，介绍并分析了源自国外的"水漾理论"，认为对企业适用合规不起诉制度，主要目的在于通过对企业予以宽大处理，防止企业的投资者、雇员、养老金领取者、客户等各方的利益受到损害，避免刑事处罚的"水漾效应"。① 笔者也曾从"利益兼得原理""刑法功能的有效替代"以及"检察官参与公司治理"的角度，论证了检察机关与涉案企业签署暂缓起诉协议或不起诉协议，可以同时兼顾各方利益，发挥合规整改的非刑事处罚功能和行为矫正功能，达到有效防止犯罪再次发生的效果。②

这些观点对于论证欧美国家建立合规不起诉制度的合理性，无疑是具有说服力的。但是，对于中国当下合规不起诉改革所面临的种种争议，特别是对于在重大单位涉罪案件中采取分案处理方式的正当性问题，我们似乎应从理论上作出重新思考，提出一些有针对性和说服力的论证。

本章拟通过对一个合规考察案例的分析，讨论检察机关在采取分案处理措施时所考虑的若干因素，并对分案处理的理论根据作出重新总结。笔者认为，表面看来，分案处理使责任人员受到严厉处罚，却使涉案单位逃脱法网，似乎有违刑事司法的统一性和公平性。但实际上，无论是"放过单位"还是"处罚责任人员"，都符合一种统一的司法理念，也就是一种建立在实用主义哲学基础上的有效单位犯罪治理理论。

根据这一理论，检察机关在对重大单位涉罪案件进行处理时，应当遵循社会公共利益衡量的基本理念，将对单位犯罪的有效治理作为程序选择和实体处理的主要目标。在对直接责任人员追究刑事责任确属不可避免的情况下，应站在维护社会公共利益的立场上，给予涉案企业针对犯罪原因采取制度补救措施的机会，促使其通过修复法益和预防犯罪来换取程序出罪的决定。作为一种为重大单位涉罪案件分案处理提供正当根据的理论，有效单位犯罪治理理论有别于传统的以自然人犯罪为基础的理论，具有四个方面的基本要素：一是不再固守传统的单位犯罪理论，不再将单位责任与个人责任视为一个不可分割的整体，而是对单位责任与个人责任加以区别对待，重视单位因未尽管理义务而承担的失职责任；二是不再固守所谓的"双罚制"，而是对单位和个人的定罪附随后果作出全面平衡，避免企业因被定罪而带来的资格剥夺等灾难性后果，防止各方利益受到损失；三是不再过分强调罪责刑相

---

① 参见叶良芳：《美国法人审前转处协议制度的发展》，载《中国刑事法杂志》2014 年第 3 期。
② 参见陈瑞华：《企业合规基本理论》（第三版），法律出版社 2022 年版，第 329 页以下。

统一的理念,而是对那些采取补救挽损和修复法益措施的涉案企业,启动附条件不起诉的程序,使其获得程序出罪的机会;四是不再强调对涉案企业通过刑事处罚来发挥特殊预防和一般预防功能,而是通过堵塞管理漏洞,消除制度隐患,改变企业治理结构,实现企业的"自我监管",达到预防单位再次犯罪的效果。

二、一个案例的分析

什么是单位犯罪的有效治理理论？这一理论应包含哪几个构成要素？这一理论在哪些方面支撑着分案处理方式的正当性？……对于这些问题,假如沿袭传统的论述方式,就很容易陷入"从概念到概念"的循环论证之中,难以提出令人信服的理论。本章拟从一个案例出发,实际考察检察机关在对一起重大单位涉罪案件采取分案处理时,究竟从哪些角度考虑了有效控制单位犯罪的要求,并从中探寻这一理论的基本要素。我们不是从理论出发来讨论分案处理问题,而是从实践出发来发现一种新的思维逻辑,并通过对规律的发现和理论的概括,来论证分案处理方式究竟如何实现单位犯罪的有效治理。

J公司是某市轻工集团下属国有企业,经营范围包括黄金交易、金银首饰、珠宝玉石、金银徽章、黄金回收等产品和服务,其手工打金项目属于省级和市级非物质文化遗产代表性项目,拥有一批省市级非遗传承人和工艺美术大师,拥有"第一福"中华老字号品牌。公司目前有从事黄金业务的在职员工149人,退休职工327人。J公司2002年获得上海黄金交易所首批综合类会员资格,并获得从事大宗黄金交易业务的资格,是该市三家综合类会员中唯一的国有企业。上海黄金交易所实行固定化会员管理制度,会员资格采取"退一进一"的严格管理方式,假如J公司因被定罪判刑而失去会员资格,将彻底失去重新成为会员的机会。

2016年至2019年期间,J公司为提高大宗黄金销售业绩,接受嫌疑人陈某、姜某居间介绍,先后与200余家空壳公司进行大宗黄金交易,向其开具黄金销售增值税专用发票,实物黄金则交给陈某、姜某另外指定的实际购金人。据统计,J公司通过这种"票货分离"的经营方式,为他人虚开增值税专用发票7986份,票面金额74亿余元,价税合计86亿余元,税额12.3亿元。

J公司董事长郭某负责公司全面业务和黄金交易资金审批,为追求公司黄金交易业绩,放任或默许公司开展票货分离的黄金交易;副总经理莫某主管黄金交易部,负责黄金交易合同及资金审批,放任票货分离的黄金交易持续发生;黄金交易部经理黄某具体管理黄金交易业务,结识陈某、姜某,并将上述"票货分离"式黄金交易引入公司,配合陈某和姜某,帮助完成具体业务;黄金交易部员工王某、梁某负责从银行提取实物黄金交付给陈某、姜某指定的实际购金人。另外,犯罪嫌疑人梁某、钟某、刘某则从事整理购金企业资料、制作购销合同、操作购金系统、开具发票等辅助性活动。

2020年9月,公安机关对J公司涉嫌虚开增值税专用发票一案进行立案侦查。同年12月,作为J公司母公司的某市轻工集团,决定将该公司交由下属全资子公司D公司加以托管,后者对J公司的领导层和管理层进行了全面改组,并按照其管理框架对J公司进行日常管理。2021年4月,案件被移送检察机关审查起诉。

检察机关认为,该案"具有开展企业合规的可行性和现实必要性",J公司具有特殊的社会贡献和独特的商业价值,目前该公司因涉嫌虚开增值税专用发票犯罪,已经被暂停大宗黄金交易资格。假如检察机关提起公诉并追究其刑事责任,该公司将被永久取消会员资格,无法继续开展黄金现货交易业务。同时,"该案具备探索开展重大单位犯罪案件企业合规工作的法律基础和条件",J公司属于合规改革的企业范围和案件类型,且属于间接故意犯罪,没有直接从虚开发票中获取非法利益,而是在与虚开居间人和下游虚开犯罪团伙通谋下被动成为虚开链条起点,属于共同犯罪中的从犯。J公司和责任人均认罪认罚,并向检察机关缴纳了违法犯罪所得。

检察机关考虑到本案的案值和社会影响,无法对J公司和责任人采取相对不起诉的处理,而采取了以下分案处理的方式:一方面,在满足相关前置程序要求后,检察机关对J公司启动合规考察程序并设置考察期,考察期满验收合格后,对其作出相对不起诉的决定。另一方面,被告人郭某、莫某、黄某作为J公司直接负责的主管人员,被告人王某作为J公司其他责任人员,其行为触犯刑法,检察机关对其以虚开增值税专用发票罪向法院提起公诉。而对在共同犯罪中情节轻微的梁某、钟某、刘某,检察机关则作出了相对不起诉决定。

检察机关根据J公司的申请,启动了合规考察程序。J公司被要求针对虚开增值税专用发票行为所形成的合规风险进行"自查摸排",提交合规自查报告,签署合规承诺书。检察机关指派检察官在国资监管部门、上海黄金交易所、税务部门等协助下开展合规考察工作,设定了三个月的考察期,并组建了由若干名合规监管人组成的第三方监督评估机制组织,对J公司的合规整改工作进行全面监督指导。在考察期满后,检察机关将对J公司的合规整改效果作出评估验收,经验收认定合规整改合格的,才会作出相对不起诉的决定。在作出不起诉决定后,检察机关还将就大宗商品生产交易类国有企业涉税合规经营监管问题,向国资监管部门发出检察建议,同时还将就上海黄金交易所会员交易客户资质审核设立行业规范问题,向上海黄金交易所发出检察建议。①

这是一个具有里程碑意义的案例,实现了在重大单位涉罪案件中实行分案处理的制度突破。根据我国刑法,该案中涉嫌虚开增值税专用发票数额超过十亿元的主管人员和其他责任人员,可能被判处十年有期徒刑以上的刑事处罚,而且也没有法定的从轻、减轻或者免除刑罚的情节。对于这些涉案责任人员,检察机关不得不向法院提起公诉。但是,对于涉嫌犯罪的J公司,检察机关却没有提起公诉,而是启动了合规考察程序,设定了考察期,委派了由多名合规监管人组成的第三方组织,监督指导其合规整改工作,在评估验收合格的情况下,可以作出不起诉的决定。那么,检察机关对涉案单位与责任人员分案处理的依据究竟有哪些呢?

根据案例的情况,J公司具有重大社会贡献,包括具有非物质文化遗产代表项目、拥有中华老字号品牌、获得上海黄金交易所会员资格等,这显然是检察机关对其适用合规考察程序的重要考量因素。与此同时,J公司认罪认罚,积极配合刑事执法,缴纳全部违法犯罪所得,其母公司采取整顿措施,包括停止大宗黄金交易业务、更换管理层、采取托管措施等,也是检察机关对其不提起公诉的重要原因。毕竟,通过上述举措,J公司具有了认罪悔罪表现,及时停止了犯罪行为,采取补救挽损措施,及时减轻了犯罪的社会危害后果。更为重要的是,J公司具有开展专项合规整改的强烈意愿,不仅提出了适用合规考察程序的申请,而且针对犯罪所暴露的合规风险,提交了合规自查报告和专项合规计划,检察机关经过审查评估,认为该公司具有实施有效合规计划

---

① 这一案例系笔者在某省某市检察机关调研时获悉。由于案件尚未形成最终的处理结果,因此本书隐去了案例所涉及的检察机关、涉案企业的具体信息。

的现实可能性,可以建立一套足以发挥预防犯罪作用的合规管理体系。

以上情况足以说明,检察机关之所以对重大单位涉罪案件作出分案处理的程序安排,除了有不得不对责任人员提起公诉的考虑以外,更主要的目的是针对涉案单位所实施的犯罪行为进行全面的综合治理。与传统的公司治理不同,检察机关对涉案企业所开展的犯罪治理,并不是通过发挥刑事处罚的报应和威慑功能,来达到对犯罪进行特殊预防和一般预防的效果,而是着眼于违法犯罪风险的识别、评估和管理,通过堵塞漏洞、消除隐患和改变治理结构等方式,来实现有效预防单位再次发生犯罪的目标。

首先,涉案公司发生犯罪的主要原因,是从事业务活动的管理人员和员工受到外部居间人员的诱惑,与大量空壳公司开展了"票货分离"的黄金交易,而公司管理层放任了这种具有犯罪风险的业务模式,公司本身在合规风险防控和财务管理方面存在明显的漏洞和隐患,也没有建立任何法律风险审查机制,对于这种异常交易方式的发生存在着严重的管理失职行为。在这种内外勾结的虚开发票行为过程中,涉案企业并不是主要的获利者,公司的高管与业务人员才是获得巨大利益的责任人员。在此情况下,无论是主管人员还是其他责任人员,都是虚开发票行为的策划者、实施者和受益者,他们"罪无可恕",应当承担相应的刑事责任。而涉案企业本身,并不是虚开发票行为的决策者和授意者,而主要是因为没有建立完善的管理制度,没有建立旨在防范合规风险的内部控制体系,而导致出现了内部失控局面。可以说,尽管本案构成单位犯罪,但是涉案单位所承担的主要是失职责任,而责任人员则承担故意犯罪的责任。这两种责任具有本质上的区别。

其次,避免使涉案单位遭受重大损失,是对其实施犯罪治理的基本考虑。涉案公司是上海黄金交易所的会员单位,具有从事大宗黄金交易的资格,创造了具有巨大商业价值的品牌。一旦检察机关对该公司提起公诉,并使其被定罪量刑,该公司就面临灾难性的后果,不仅会失去会员资格和大宗黄金交易资格,还有可能陷入业务停止、员工失业、税收大幅流失甚至破产倒闭的危险境地。与责任人员的定罪后果相比,对涉案企业定罪所带来的后果,将不仅给企业带来灭顶之灾,而且会严重损害社会公共利益。因此,要加强对涉案单位的有效犯罪治理,就不应使其承受定罪所带来的附随后果,而应对其采取一种替代定罪量刑的合规整改方式,使其有机会消除犯罪原因,修复制度漏洞。

再次,鼓励涉案单位采取补救措施,降低犯罪的社会危害性,是对其实施有效犯罪治理的必要保障。涉案单位认罪认罚，积极缴纳全部违法犯罪所得的财物，上级企业对涉案企业采取托管措施，停止了涉案单位的大宗黄金交易业务，全部更换了原来的决策团队和管理人员。这些措施可以发挥必要的补救挽损和法益修复功能，及时减轻犯罪的社会危害后果。涉案企业所采取的这些认罪、配合和补救措施，可以为实现经营方式和商业模式的去犯罪化创造条件。

最后，采取有针对性的犯罪预防措施，是有效控制单位犯罪的关键举措。针对此次犯罪发生的制度成因，涉案企业进行了有针对性的合规整改。为防止再次出现企业管理失控的问题，上级企业对涉案企业的治理结构作出了调整，重新帮助涉案企业组建了董事会，从负责托管的公司向涉案企业派驻了专职法律顾问，并使其享有对涉案企业黄金交易业务的合规审查权和一票否决权。为彻底取消"票货分离"的交易模式，上级企业帮助涉案企业完善了包括客户审查、发票管理等在内的五道管理流程。为防止外部居间人员诱惑业务人员实施违法行为的情况再次出现，上级企业帮助建立了对第三方商业伙伴的尽职调查和风险管理制度。当然，对于涉案企业的合规整改，检察机关在合规监管人的协助下，经过三个月的监管考察，认为仍然存在一些问题，尤其是如何将上级企业和托管企业协助建立的合规管理制度，转化为涉案企业自身的制度，使涉案企业的合规管理机制得到真正的激活，这是需要进一步加以解决的问题。因此，检察机关将该企业的合规考察期延长三个月，督促企业进行有针对性的进一步合规整改。假如该企业的合规整改最终取得成功，那么，那些导致犯罪发生的内生性结构成因，就可以逐一得到消除，该企业再次发生类似犯罪的可能性也将大大减少。

三、单位与个人的责任分离

按照传统的单位犯罪理论，司法机关遵循主客观相统一的原则，在认定单位构成犯罪时，既要以单位具有主观罪过为前提，也要以单位实施了法定的危害社会行为为条件。这一较为抽象的理论，并没有解决单位与责任人员的刑事归责问题。在司法实践中，无论是高级管理人员还是普通员工，只要以单位名义实施犯罪，违法所得归单位所有的，就都构成单位犯罪。由于对单位设置了较低的入罪门槛，我国司法机关对于单位犯罪采取了客观归责的处理方式，倾向于将主管人员和其他责任人员的犯罪行为，推定为"单位犯罪"行为。这一方面容易导致涉案责任人员为减轻自身罪责,而将刑事责任推脱给涉案单位的局面,另一方面也带来司法机关为确保罚金、没收财产的顺利执行,或者为追缴高额的涉案财物,而对单位任意入罪的后果。这种对单位刑事责任的任意追究,以及对责任人员刑事责任的随意宽纵,无疑会造成社会公共利益的损害。

在检察机关主导的合规不起诉改革探索中,针对重大单位涉罪案件的合规考察问题,出现了将单位与责任人员进行分案处理的改革探索。[①] 而支撑这一改革探索的重要根据,就是建立在单位法律人格独立基础上的责任区分理论。按照当代公司法的基本原理,公司是依法设立并具有独立法律人格的商业组织。公司一经成立,就具有独立于其组成人员的法律人格,独立地行使法律权利,履行法律义务,承担法律责任。作为一种商业组织,公司尽管不能像自然人那样表达意志和实施行为,却可以通过发布抽象性规章制度和作出具体决定,来表达单位的整体意志,实施单位的整体行为。而无论是高级管理人员还是普通员工,在没有取得公司授权、批准或默许的情况下,不是为实现公司利益而实施的行为,只能属于个人行为,并由个人承担独立的法律责任。公司法中的"刺破面纱"理论,主要讲的是在特定情形下,一旦公司责任与股东、高管责任出现混同和集中的情况,就应由后者代替公司承担法律责任。但这也从反面说明,在正常情形下,公司与高级管理人员不能形成人格混同,而应独立地行使权利,履行义务和承担责任。

通常情况下,单位犯罪可以分为两种基本形态:一是系统性单位犯罪,也就是企业集体决策实施的故意犯罪;二是非系统性单位犯罪,也就是企业内部主管人员或其他责任人员,以企业名义并为追求企业的利益而实施的犯罪。前一种情形也就是企业通过制定犯罪政策或者决策层集体决定实施的犯罪,在实践中极少发生。而后一种情形则属于常态下的企业犯罪,即企业法定代表人、实际控制人、高级管理人员或者相关人员,在独立意志支配下实施的犯罪,而企业则因为存在管理失职导致放任或者纵容了这种犯罪的发生。[②] 相比之下,在单位涉罪案件中,尽管司法机关对单位和责任人员都要追究刑事责任,但两者承担刑事责任的依据具有实质性的差异:无论是高级管理人员还是普通员工,只要对有关犯罪行为承担直接责任,就应像自然人犯

---

① 参见李小东:《涉案企业合规建设"深圳模式"的探索与实践》,载《人民检察》2021年第20期。
② 对系统性单位犯罪与非系统性单位犯罪的详细分析,可参见陈瑞华:《企业合规出罪的三种模式》,载《比较法研究》2021年第3期。

罪那样,对于其直接实施的犯罪行为承担刑事责任。相对而言,至少在非系统性单位犯罪案件中,单位对犯罪行为的发生并不存在直接故意,而主要是因为管理存在漏洞、制度存在隐患、治理结构存在缺陷承担失职责任。

这种强调单位与责任人员独立承担刑事责任的理念,在我国刑法和相关司法解释中也已经得到初步的承认。例如,对于单位犯罪案件的归责问题,我国刑法尽管原则上采取"双罚制"的方式,但对于私分国有资产、私分罚没财物、工程重大安全事故、违规披露或不披露重要信息等犯罪,也确立了"单罚制"的处罚方式,也就是不追究单位的刑事责任,而以单位犯罪方式追究责任人员的刑事责任。这显然体现了一种将单位责任与责任人员责任加以分离的处理方式。又如,对于单位犯罪案件,检察机关即便没有起诉单位,而单独起诉了直接负责的主管人员和其他责任人员,法院也应予以受理,并援引刑法有关追究单位直接责任人员刑事责任的法律条款予以处理。再如,审判期间,在被告单位被撤销、注销的情况下,法院对单位犯罪直接负责的主管人员和其他责任人员也应当继续审理,但应对责任人员以单位犯罪定罪量刑。还有,我国刑法所确立的"拒不履行信息网络安全管理义务罪",就为作为网络服务提供者的单位确立了一种因管理失职而引发的刑事责任,而这种刑事责任显然有别于自然人所承担的刑事责任。[1]

而在合规不起诉改革探索中,无论是对涉案企业的合规不起诉,还是对责任人员的单独起诉,都体现了上述对单位与责任人员进行责任区分的理念。基于对涉案企业采取特殊保护的刑事政策,也基于防止国家利益和社会公共利益遭受侵害的考量,检察机关将涉案企业开展合规整改、实施有效合规计划,视为该企业所表达的整体意志和行为,也作为对其独立作出宽大刑事处理的直接依据。而对于直接负责的主管人员和其他责任人员,检察机关则将其视为独立承担刑事责任的犯罪主体,不受单位合规出罪的影响。[2]

按照单位独立人格理论,涉案企业实施有效的合规计划,在有效治理犯罪方面可以发挥积极的作用。本着"向前看"的态度,涉案企业通过实施合规管理体系,发布有针对性的合规政策、标准和程序,建立并强化合规管理组织,有效防范、监控和应对可能发生的合规风险和违规事件,这不仅可以体现企业自身放弃追求、放任犯罪结果发生的意志,而且可以堵塞管理漏洞,消除再次发生犯罪的隐患,尽到对高级管理人员、员工乃至第三方商业伙伴的合

---

[1] 参见陈瑞华:《企业合规不起诉的八大争议问题》,载《中国法律评论》2021年第4期。
[2] 参见刘艳红:《企业合规不起诉刑法教义学根基》,载《中国刑事法杂志》2022年第1期。

规管理义务,避免承担失职责任。不仅如此,涉案企业通过改变治理结构和管理方式,实现了企业经营过程中的"去犯罪化",消除了导致犯罪发生的内生性原因,实现了有效预防犯罪的效果。这是对企业采取"程序出罪"的基本根据。

在对涉案企业采取合规出罪措施的同时,为什么要对责任人员采取单独起诉的处理方式呢?那些对单位犯罪负有直接责任的主管人员和其他责任人员,因为在单位犯罪过程中发挥了组织、策划、指使、实施、辅助等方面的作用,因此要承担独立的刑事责任。除非他们具有法定的或者酌定的从宽处理情节,否则司法机关不可能对其作出从轻、减轻或者免除刑事处罚的决定。而涉案企业采取合规整改措施,实施有效的合规计划,这与主管人员和其他责任人员一般没有直接的关系,更不应成为对这些责任人员予以宽大处理的直接依据。毕竟,企业建立有效的合规计划,既不能说明责任人员在主观上不再具有追求、放任犯罪结果的意志,也不能证明责任人员具有矫正行为模式、预防再次发生犯罪的实际表现,因此,企业合规整改成功不能成为对责任人员"程序出罪"的依据。

四、企业定罪附随后果的规避

通常情况下,检察机关一旦对一个企业提起公诉,就极可能使其被追究刑事责任。从理论上讲,定罪与判刑都是追究刑事责任的法定形式,定罪是司法机关代表国家对一个人作出的权威谴责,而判刑通常会剥夺一个人的自由、财产乃至生命。相比之下,对自然人而言,判处刑罚带来的后果似乎要比定罪更为严重。但就单位涉罪案件来说,判刑所带来的主要是罚金,也就是一种剥夺其部分财产的附加刑。而定罪所带来的则不仅仅是一种权威谴责和道义否定,更主要的是一系列带有资格剥夺性质的附随后果。[①] 这些带有惩罚性的定罪附随后果,已经在有些国家和地区的刑法中,被确立为法定的"资格刑",但在我国现行刑法中仍然被排除于主刑和附加刑之外。[②] 迄今为止,一旦司法机关对企业作出生效的有罪判决,这种定罪附随后果就会以行政处罚或行政制裁的方式出现,并使得涉案企业在各种市场资格准入方面受到程度不同的惩罚。

---

① 参见王瑞君:《"刑罚附随性制裁"的功能与边界》,载《法学》2021年第4期。
② 参见王瑞君:《我国刑罚附随后果制度的完善》,载《政治与法律》2018年第8期。

定罪附随后果的第一种形式是在法院作出生效有罪裁决前后,行政机关对企业依法作出的"正式行政处罚"。根据我国行政处罚法,对实施行政违法行为的企业,行政机关可以处以多种法定的行政处罚,其中涉及限制或剥夺企业市场准入资格的处罚主要有:"暂扣许可证件""降低资质等级""吊销许可证件""限制开展生产经营活动""责令停产停业""责令关闭""限制从业",等等。这些旨在限制或剥夺企业生产经营和市场准入资格的行政处罚,在各种行政法规中都得到了确立,并成为使违法企业承受严重后果的处罚措施。例如,根据《网络安全法》《数据安全法》的规定,对于危害网络和数据安全、侵犯公民信息的违法行为,行政机关可以对情节严重的涉案企业,采取"暂停相关业务""停业整顿""关闭网站""吊销业务许可"或者"吊销营业执照"等严厉处罚;根据《环境保护法》的规定,对于违法排放污染物的企业,行政机关可以根据情节分别采取"限制生产""停产整治""责令停业、关闭"等处罚措施;根据《海关法》的规定,对于违反海关法的企业,行政机关可以采取"暂停从事有关业务""撤销注册"等行政处罚。可以说,几乎所有行政法规,都会为违法企业设立类似的旨在限制或剥夺资格的处罚后果。

按照我国的法律制度,涉案企业实施行政违法行为,情节严重的,应当承担刑事责任。在司法实践中,行政机关对涉案企业采取上述限制或剥夺资格的行政处罚,通常有两种途径:一是在行政调查结束后,行政机关率先对涉案企业作出上述行政处罚,然后移送侦查机关启动立案侦查程序,并最终使企业受到定罪判刑的惩罚;二是行政机关在立案调查过程中,认为涉案企业已经构成犯罪的,可以移交侦查机关,在法院作出生效有罪判决后,再作出上述行政处罚。当然,在后一种情况下,即便涉案企业没有被作出有罪裁决,法院也可以向行政机关发出司法建议书,检察机关可以发出检察建议书,建议行政机关作出相关行政处罚。

定罪附随后果的第二种形式则是在法院作出生效有罪裁决后,行政机关对企业采取的"非正式制裁"措施。与被定罪的自然人相似,企业一旦被法院作出生效有罪判决,便具有了"犯罪前科"或"犯罪记录",并且在各种市场准入、参与交易的资格方面受到限制性或禁止性的对待。这些"非正式制裁"措施尽管没有被确立在行政处罚法之中,也不属于"正式的行政处罚",但却使被定罪的企业受到长期性甚至永久性的惩罚,使其生产、经营、贷款、招投标、交易、上市等受到程度不同的负面影响,甚至会使企业陷入灾难性的境地,面临破产倒闭的危险。①

　　这些"非正式制裁"措施通常由国家机关或具有公共管理职能的组织以规范性文件的形式确立,将被定罪的企业排除在准入资格之外。例如,在行政机关明确提出要求的情况下,证券交易所为企业上市所确立的"重大违法类强制退市"情形,就包括了企业因实施相关犯罪行为而被法院作出生效有罪判决的情况;按照行政机关的指令,组织招投标的部门所确立的禁止参与投标的情形,就包括了企业因实施特定犯罪而被作出生效有罪判决的情况。

　　又如,我国各地国家机关或公共管理组织正在探索实施的"黑名单"制度,已经包括了"安全生产黑名单""食品药品黑名单""税务黑名单""生态环境失信黑名单""行贿人黑名单"等诸多领域的权利限制制度。其中,相关企业只要被法院作出生效有罪判决,就有可能被列入上述"黑名单",并在一段时间内被限制或者剥夺各种市场准入资格。按照有些地方行政机关的规定,企业一旦被纳入"生态环境失信黑名单",就有可能受到以下"非正式制裁":被纳入重点监管范围,提高检查的比例和频次;从严审核行政许可项目;从严控制生产许可证或排污许可证发放;限制新增项目审批和核准;停止享受税收、补贴等优惠政策;禁止作为供应商参加政府采购活动;限制或取消贷款资格;禁止参与评优;撤销相关荣誉称号;等等。而根据有些地方的"行贿人黑名单"制度,被列入相关黑名单的企业,将被限制参加招投标活动,取消享受财政补贴资格,被禁止参与土地使用权转让、工程建设、政府采购、资金扶持等政府项目。不仅如此,几乎所有被纳入"黑名单"的企业,都会被政府部门公布相关信息,允许社会各界对此进行查询,这显然会对企业的社会声誉造成负面损害。②

　　单位一旦被作出生效有罪判决,无论是受到"正式行政处罚",还是受到"非正式制裁",都将被国家机关或者社会公共管理组织限制或者剥夺各种市场准入资格,使其在采购、业务、进出口、参与招投标、上市、贷款、获得特许经营权等方面受到程度不同的限制,最严重的甚至面临停产停业、破产倒闭的命运。因此,在被定罪之后,相对于所受到的罚金处罚而言,单位所受到的上述附随后果,才对其构成致命的打击,使其承受灾难性的后果。③ 而这些打击

---

① 参见杜茂林、徐雨婷:《行贿人进"黑名单"》,载《南方周末》2020年12月1日。
② 参见《胡建淼:上"黑名单"属于什么行为性质? 当事人对其不服,可以提起行政诉讼么?》,载微信公众号"法治政府研究院",2019年4月11日。
③ 检察机关作出合规不起诉决定,使得涉案企业重新获得上市资格的案例,可参见钟亚雅等:《走出企业合规改革的"广州节拍"》,载《检察日报》2022年5月11日,第9版。

和后果最终都会程度不同地造成社会公共利益的损害。

首先,定罪的附随后果严重损害了单位利益相关者的利益。正如前述案例所显示的那样,涉案单位一旦被定罪,就会面临失去经营资格的局面,由此便会造成投资人无法得到投资回报,员工面临下岗失业的命运,退休员工赖以生存的退休金都难以领取的后果。不仅如此,诸多企业一旦被认定有罪,还有可能使客户的业务受到损害,使得上游的供应商、中游的代理商以及下游的分销商、承包商等失去商业机会,使众多的第三方商业伙伴的利益受到损害。除此以外,作为涉案企业的利益相关者,包括银行在内的债权人,将面临贷款无法收回甚至形成高额呆账坏账的局面。在一定程度上,涉案企业的规模越大,经营范围越广,被定罪后给利益相关者造成的危害后果就越加严重。

其次,定罪的附随后果将造成当地政府的利益受到侵害。在中国特有的国情下,地方政府的政绩与当地经济发展具有极为密切的联系,而企业所创造的就业、纳税、高科技产业、进出口业务、商业品牌等,又是衡量经济发展水平的重要指标。一个在当地具有重大社会影响的企业,一旦被作出生效有罪判决,并被剥夺市场准入资格,就有可能出现大量员工失业,退休人员生活难以为继,处在上、中、下游产业链上的商业伙伴受到损失的局面,而这些都有可能酿成社会群体事件,影响社会的稳定,对政府造成程度不同的冲击和影响。与此同时,企业一旦被定罪,还有可能无法获得贷款,被剥夺参与招投标的资格,失去上市资格或者不得不被强行退市,导致一个充满活力的高科技企业停产停业,当地失去一个知名的商业品牌。这些都有可能影响当地政府的税收收入,对当地的经济指标造成负面影响。由此不难理解,在合规不起诉改革过程中,各地政府为什么积极参与这一改革,并努力争取将一些重要涉案企业纳入合规考察的范围。在这些现象的背后,其实存在着挽救公共利益这一重要衡量因素。

最后,定罪的附随后果可能造成国家利益的损害。在一些高新科技产业领域,我国一些企业掌握了先进的技术和工艺,在国际市场中形成了具有价格优势和技术优势的商业品牌,打破了欧美国家的技术垄断,获得了一定范围的海外市场,为国家带来了高额的外汇收入。这类企业一旦被作出生效有罪判决,就有可能因为戴上"犯罪企业"的标签,无法获得"无犯罪记录证明",而失去参与国际市场竞争的资格。这等同于我们"自断臂膀",严厉打击具有国际竞争优势的中国企业,为外国企业重新占据市场优势地位甚至垄断经营创造条件，从而严重损害了国家利益。当定罪危及国家利益的时候，检察机关就不能再固守机械的法制主义思维，不能为办理一个案件，而搞垮一个企业甚至一个民族产业。

正是考虑到对一个企业定罪会带来一系列带有资格剥夺性质的附随后果，并给利益相关者的利益、当地政府的利益乃至国家利益造成如此严重的影响，检察机关才作出通过合规整改"放过涉案企业"的改革努力。而相比之下，对单位直接责任人员的定罪，尽管也会使其具有"犯罪前科"或"犯罪记录"，并给行为人及其近亲属带来一定程度的附随后果，使其参与政治、经济、社会生活的资格受到程度不同的限制或剥夺，但这种附随后果的影响范围并不大，不会使众多利益相关者的利益受到损害，更不会危及当地政府和国家的利益。通过对定罪的附随后果的认真衡量，我们可以得出结论，在重大单位涉罪案件中实行分案处理的方式，对涉案单位采取合规整改措施，作出附条件的不起诉决定，而对直接责任人员提起公诉，可以最大限度地减少利益相关者、当地政府和国家的利益损失，有助于对涉案企业进行有针对性的犯罪治理，发现导致单位犯罪发生的内在结构性成因，防止单位犯罪的再次发生。

五、法益修复的效应

众所周知，犯罪是一种严重侵犯法益的违法行为，具有程度不同的社会危害性。这是对犯罪人追究刑事责任的重要依据。在重大单位涉罪案件中，基于直接责任人员犯罪行为的严重性，检察机关没有自由裁量的余地，只能依法对其提起公诉，追究其刑事责任。但是，对于涉案单位，之所以适用合规考察程序，并根据其合规整改的效果，可以作出程序出罪的处理，是因为单位采取了诸多认罪悔罪、停止犯罪行为、配合刑事调查、赔偿、挽损等补救性措施，发挥了修复法益、减少犯罪社会危害后果的作用。[①] 因此，基于维护公共利益的考虑，检察机关可以对涉案企业与直接责任人员采取分案处理的方式。

检察机关对涉案企业适用合规考察程序，要以涉案企业放弃诉讼对抗为

[①] 有关企业合规具有"法益修复"功能的理论总结，最早见于广东省深圳市龙华区检察院的改革经验介绍。参见韦磊等：《帮企业找到隐患补齐短板——深圳龙华：建立法益修复考察期制度推动企业合规整改》，载《检察日报》2021年6月21日，第2版。

前提。在对直接责任人员提起公诉的情况下,对涉案企业启动合规考察程序,首先是因为该企业作出了认罪认罚的承诺,认可了检察机关指控的犯罪事实和罪名,放弃了无罪辩护的机会,对所实施的犯罪作出愿意承担刑事责任的承诺。这是涉案企业修复法益的前提条件。假如对检察机关所指控的犯罪事实不予承认,对有关罪名不予接受,那么,涉案企业就不可能真诚地表达悔改之意,后续所采取的诸多补救挽损措施,就有可能是出于趋利避害的功利考量,而不是"发自肺腑"地放弃犯罪行为,这些措施就有可能是临时的、随意的和应付的,而不可能产生真正的修复法益的效果。基于这一考虑,涉案企业通过董事会或其他权威决策部门作出认罪认罚的意思表示,这是接受检察机关合规整改要求的前提,也是与检察机关进行诉讼合作的表现方式。

在承认犯罪事实的前提下,涉案企业停止犯罪行为,这是与检察机关进行诉讼合作的又一前提条件。对于一个企业而言,所谓停止犯罪行为,不单单是指终止危害社会的行为,还意味着该企业停止那些具有犯罪基因的经营活动,取消那种容易造成犯罪的商业模式,不再持续进行那些已经暴露出合规风险的交易或业务。例如,在不同的案件中,涉案企业停止"票货分离"的销售模式,撤销通过"串标""围标"而进行的招投标活动,终止"虚报进出口货物数额"的进出口业务,放弃那些难以制止污染环境的"产品生产",改变无效的治污方式,采取委托专业机构处理污染物的交易模式,等等。唯有采取上述彻底终止涉罪的交易、经营、业务模式的行动,才能真正避免危害社会行为的再次发生。在合规考察程序中,检察机关之所以责令企业终止那些有社会危害性的业务,停产停业,就主要是出于避免犯罪行为再次发生,维护公共利益的考虑。

在传统的对抗性司法程序中,检察机关通常要在刑事追诉活动中投入大量司法资源。尤其是在企业涉嫌实施虚开发票、污染环境、侵犯知识产权、非法经营、商业贿赂、串通投标等商事犯罪案件的情况下,涉案企业通常具有较强的反侦查能力,侦查机关在调查取证方面面临程度不同的困难,检察机关在使案件达到法定证明标准方面,也经常面临诸多方面的难题。而涉案企业一旦申请合规考察,作出合规整改的承诺,并采取积极配合刑事调查的举措,就可以使检察机关不再将工作重点放在追求定罪结果上,这不仅可以节省人力、物力和财力投入,而且可以在涉案企业的配合和支持下,发现更多的犯罪线索和犯罪行为,查处更多的直接责任人员。例如,涉案企业可以主动提交相关证据材料,接受检察机关的调查核实,要求全体高管和员工接受检察机关的问询谈话,甚至积极向检察机关报告新的违法犯罪事实,主动披露尚未被掌握的违法犯罪责任人员。相对于过去那种动辄抗拒调查、责令员工建立"攻守同盟"甚至毁灭证据的对抗性行为而言,上述这种积极配合刑事调查的行为,显然更有助于检察机关快速查明案件事实,有利于公共利益的维护。

在涉案企业申请合规考察的案件中,检察机关通常都会责令涉案企业积极赔偿被害人的损失,或者与被害人达成刑事和解协议,在真正解决被害人赔偿问题的前提下,与被害方达成和解和谅解。这对化解因犯罪而引发的社会冲突和对立,恢复为犯罪所破坏的社会关系,无疑具有积极的效果。可以说,那些申请合规考察的涉案企业,在与检察机关达成合作协议的前提下,又与被害方达成了刑事和解协议。这种双重和解协议的达成,对于减少犯罪的社会危害后果,消除潜在的危害社会稳定与和谐的因素,无疑具有积极的意义。

在涉案企业申请合规考察的案件中,检察机关通常会责令其采取缴纳行政罚款、补缴税款、缴纳违法犯罪所得、修复为犯罪所破坏的环境资源等补救挽损措施,这无疑可以大大降低犯罪所造成的社会危害后果,产生明显的修复法益效果。通过缴纳罚款、税款和违法所得,涉案企业不仅放弃了"违法所得的利益",而且甘愿接受法定的经济处罚;通过修复环境资源,涉案企业终止了危害社会后果的继续发生,使环境资源得以"恢复原状",回到违法犯罪行为发生前的状态。上述这些法益修复措施,标志着涉案企业采取了切实有效的补救措施,减少乃至消除了犯罪行为所造成的危害社会后果。这足以显示,涉案企业成功地挽救了社会公共利益,对该企业继续追究刑事责任的必要性大大降低了。

在涉案企业通过上述多方面补救挽损措施,达到"修复法益"效果的情况下,检察机关基于公共利益衡量的考虑,对其采取宽大刑事处理,确实具有现实的必要性和内在的合理性。但相对而言,那些涉案的直接责任人员,无论是直接负责的主管人员,还是其他责任人员,尽管也可能采取诸如认罪认罚等配合刑事调查的措施,但通常既不会达到如此明显的修复法益的效果,也不会从实质上降低犯罪的社会危害后果。而涉案企业为修复法益所采取的措施,也只能成为对涉案企业宽大处理的依据,而不能成为对直接责任人员进行宽大处理的依据。尤其是考虑到在重大单位涉罪案件中,直接责任人员依法应被判处较重的刑事处罚,即便他们采取一些认罪认罚或其他补救性的措施,也不足以达到程序出罪的程度,因此,对责任人员与涉案企业采取分案处理的方式，对于合理地评判各自的刑事责任，可能是更为妥当的。

六、特殊预防的效果

过去，我国司法机关处理单位涉罪案件，基本上采取了与自然人犯罪案件相似的理念，也就是强调刑罚的报应功能和威慑功能，并通过这些功能的发挥，来实现预防犯罪的效果。但是，司法实践的经验表明，对单位与责任人员不加区分地实施"严刑峻罚"，在治理单位犯罪方面很难达到积极的效果。

检察机关推动的企业合规不起诉改革，带来了预防犯罪理念的重大变化。通过对涉案单位启动合规考察程序，检察机关督促其开展合规整改，建立一套兼顾针对性和体系性的合规计划，从制度上消除诱发犯罪发生的内在结构性成因，实现预防犯罪再次发生的效果，建立一种依法依规经营的企业文化。与此同时，对于在单位犯罪发生过程中负有直接责任的内部人员而言，也应将他们放到合规整改的制度框架之中，使其承担相应的责任，至少要被停职、调离或者撤职，必要时可以对其追究刑事责任，唯有如此，才能消除这些责任人员继续实施违法犯罪行为的可能性，实现单位犯罪的有效预防。

在重大单位涉罪案件中实行分案处理的方式，就是实现这种有效预防犯罪理念的制度保障。表面看来，对涉案单位启动合规考察程序，而对直接责任人员提起公诉，说服法院追究其刑事责任，似乎对单位和责任人员采取了区别对待的处理方式，容易令人对其在犯罪治理方面的协调性产生质疑。但是，从有效治理单位犯罪的角度来看，这种注重对单位"宽大处理"，而对责任人员"严厉处罚"的制度安排，却可以从不同侧面达到统一的积极效果。

首先，通过督促涉案企业采取合规整改措施，实施有效的合规计划，可以有效发挥预防犯罪的作用。企业合规是一种基于合规风险防控的公司治理方式。涉案企业如果能通过合规整改，在检察机关和合规监管人的督导下，最终成功地建立并实施一套有效的合规计划，那么，那些导致单位犯罪发生的内在结构性成因就有可能被消除，单位再次犯罪的可能性也会大大降低。[①]在有效预防犯罪方面，有效合规计划可以从以下几个方面发挥积极的作用：一是通过进行合规内部调查，提交自查报告，涉案企业可以准确地进行合规风险识别和评估，发现容易出现犯罪现象的管理领域和业务环节，从而有针

[①] 参见〔美〕菲利普·韦勒：《有效的合规计划与企业刑事诉讼》，万方译，载《财经法学》2018 年第 3 期。

对性地采取合规整改措施。二是通过改造公司治理结构,将合规管理提升到与决策管理、经营管理和财务管理并驾齐驱的战略高度,在董事会或其他最高决策机构下设立合规管理委员会或者合规管理领导小组,设置独立、权威而有资源保障的合规管理部门,建立对所有业务和产品的合规审查机制,对有合规风险的业务和产品实施"一票否决机制",这种体现"最高层承诺和重视"的合规体系,可以有效地发挥防范和监控违法犯罪行为的作用。三是针对所发生的犯罪类型,建立专项合规计划,将相关法律法规的要求融入企业专项合规政策、标准和程序之中,使其成为企业上下一体遵循的行为准则,成为合规培训、合规风险评估、合规尽职调查的基本依据。四是在合规风险识别和评估的基础上,建立一套针对合规风险的管理流程,尤其是要激活尽职调查、合规培训、合规报告、内部举报、定期合规审计和监测、合规内部调查、奖惩以及制度改进等管理机制,发挥合规体系在事先防范、事中监控和事后应对方面的积极作用。

其次,在对涉案企业督促合规整改的同时,对直接责任人员提起公诉,使其受到严厉的定罪判刑,可以从两个方面发挥有效预防单位犯罪的作用。一方面,绝大多数单位犯罪行为,都是由具体管理人员或员工直接实施的,也与主管人员的组织、唆使、放任或失职行为具有较为密切的联系。在很多案件中,无论是主管人员还是其他责任人员,既是单位犯罪行为的始作俑者,也是直接获利者。因此,唯有让对犯罪负有直接责任的高管和员工承担刑事责任,使其承受定罪的后果并受到严厉的刑事处罚,被"剥夺违法所得的利益",才能对后来上任的高管和员工产生有效的威慑和吓阻效果,避免他们重蹈覆辙,重新走上犯罪的道路。可以说,对直接责任人员采取严厉处罚的方式,可以对后来的主管人员和一般员工产生程度不同的一般威慑作用,这是预防单位犯罪再次发生的必由之路。另一方面,对这些直接责任人员追究刑事责任,本身也是合规整改的有机组成部分。对直接责任人员及时加以惩处,既包括对在单位犯罪中负有直接责任的高管、员工,采取刑事追诉措施,也包括对这些责任人员加以撤职、调离、降级等行政处理,或者改组董事会,撤销管理团队,重组法律合规团队,甚至对整个涉案企业采取托管措施。这种内部惩戒措施可以为企业进行实质性的合规整改创造基本的条件。[①] 经验表明,

---

[①] See F. Mazzacuva,"Justifications and Purposes of Negotiated Justice for Corporate Offenders:Deferred and Non-Prosecution Agreements in the UK and US Systems of Criminal Justice", *The Journal of Criminal Law*, June 1,2014.

对相关管理人员的更换,与对相关合规管理制度的运行,通常都是"同一硬币的两面",两者是不可分割的。要真正引入一种全新的合规管理制度,使其融入企业管理的各个流程和环节,就必须更换实施这一制度的管理人员。否则,涉案企业纵然引入了最理想的合规计划,也会导致该计划流于形式,成为"纸面合规""无效合规"甚至"假合规"。

最后,无论是对单位的合规整改,还是对直接责任人员的提起公诉,都有助于推动企业形成依法依规经营的合规文化,这对于单位犯罪的有效治理,是一种重要的助推器。检察机关对单位的合规整改,意味着推动其建立一套合规管理体系,但这一体系的有效运行,还需要伴之以合规文化的建设。涉案企业通过合规培训、内部沟通交流、合规承诺和合规宣传等方式,推动企业形成"合规创造价值"的文化氛围,形成一种"只做合规业务"的价值观。[①] 另一方面,通过对直接责任人员提起公诉,使其承担因定罪而带来的负面后果,检察机关可以推动企业引入一种新的奖惩机制,使得那些违法违规的高管和员工受到严厉惩罚。对责任人员的严厉处罚,从消极的角度来看,可以使全体高管和员工受到震慑,逐渐形成一种"不敢违规经营"的文化;而从积极的层面来讲,则可以鼓励高管和员工积极举报违规行为,形成一种"自觉遵守法规"的习惯,主动承担应有的社会责任和道德责任,从而在企业内部树立"以守法守规为荣,以违法违规为耻"的价值观。

七、对若干质疑的回应

通过前面的讨论,我们从有效控制犯罪的角度,论证了对涉案单位与责任人员分案处理的正当性和合理性。目前,在重大单位涉罪案件中实行对涉案单位和责任人员分案处理的改革探索刚刚兴起,也面临着一些理论和实践上的争议。面对这些争议,我们的讨论似乎不能仅仅停留在正面论证的层面,还应更进一步,对几种比较有代表性的观点作出必要的回应。

首先,不赞同分案处理的第一种观点,是所谓的"单位与责任人员刑事责任不可分离说"。根据这一观点,只要单位主管人员和其他责任人员以单位的名义实施了犯罪行为,并且违法犯罪所得由单位获得,单位就应承担刑事责任。在认定主管人员和其他责任人员构成犯罪的情况下,假如检察机关对

---

① 参见 Carole Basri, *Corporate Compliance*, Carolina Academic Press, 2017, pp. 72-84.

单位适用合规考察程序，进而采取出罪处理，就等于将这些责任人员的行为视为独立的自然人犯罪，而否定了整个案件的"单位犯罪"的性质，违背对单位追究刑事责任的规律。

根据现有的单位犯罪构成要件理论，单位责任与个人责任的确是不可分离的，对单位和责任人员的分案处理也是不符合这一理论的。但是，考虑到绝大多数单位犯罪都是非系统性单位犯罪，主管人员和一般员工的犯罪行为发生在先，单位往往成为被客观归责的对象，因此，责任人员所要承担的其实是与自然人犯罪案件相似的刑事责任，而单位所承担的则主要是因管理有漏洞、制度有隐患、治理有缺陷而形成的失职责任。正是因为在绝大多数单位涉罪案件中，单位责任和个人责任形成的基础具有实质性的差异，我们才应当对单位和责任人员采取分案处理的方式，督促那些有合规意愿且符合条件的涉案单位，进行合规整改，而对涉嫌犯有较重罪行的责任人员，则采取单独提起公诉的处理方式，追究其刑事责任。

其次，反对分案处理的第二种观点，是所谓的"追究个人刑事责任以单位构成犯罪为前提说"。根据这一观点，我国刑法对单位犯罪一般采取"双罚制"的归责方式。单位构成犯罪既是追究单位刑事责任的依据，也是追究主管人员和其他责任人员刑事责任的依据。在单位不构成犯罪的情况下，对责任人员追究刑事责任也就失去了法律依据。相反，根据分案处理的逻辑，检察机关将涉嫌犯罪的单位纳入合规考察程序，并以合规整改合格为依据，作出相对不起诉的决定，却对主管人员和其他责任人员单独提起公诉，这可能不具备追究责任人员刑事责任的依据。

按照前面的分析，"双罚制"固然是处理单位犯罪问题的基本原则，但它不是绝对的，在例外情形下，或者在无法追究单位刑事责任的情况下，"单罚制"也是一种必要的制度选择。不仅如此，在重大单位涉罪案件中，检察机关并没有对涉案单位采取"实体出罪"的处理方式，而是在承认其在实体上构成犯罪的前提下，对其采取了"事后合规，程序出罪"的处理方式。这种对"实体入罪"的单位，采取"程序出罪"的做法，在自然人涉嫌犯罪的案件中，已经得到广泛的适用。无论是对普通嫌疑人"相对不起诉"的应用，还是对涉嫌轻微犯罪的未成年人"附条件不起诉"的适用，都体现了"实体入罪"与"程序出罪"相结合的制度选择。因此，在重大单位涉罪案件中，在对涉案单位完成了"实体入罪"的情况下，既然对责任人员没有"程序出罪"的空间，就只能采取提起公诉的处理方式。那么，在对单位启动合规考察的情况下，对单位采取附条件的"程序出罪",就当然是一种无可奈何的现实选择。

再次,在对分案处理提出质疑的观点中,还有一种所谓的"企业与高管命运连带说"。根据这一观点,检察机关对企业推进合规不起诉改革,主要目的在于强化对涉案企业的特殊保护,避免出现"办理一个刑事案件,搞垮一个企业"的后果。对单位涉罪案件采取分案处理的方式,固然可以对合规整改成功的企业作出出罪处理,却仍然会使企业的法定代表人、实际控制人、高级管理人员或者高级技术人员被追究刑事责任。这些责任人员一旦被定罪判刑,就有可能带来企业资金链中断、客户大量流失甚至生产经营进出口等业务活动濒临崩溃的局面,使得企业合规改革的初衷无法实现。可以说,涉案企业与企业责任人员的命运是不可分离的,唯有对责任人员与企业同时采取宽大处理的方式,才能最终实现对企业特殊保护的目标。

应当说,在那些可能被判处三年有期徒刑以下刑罚的轻微单位犯罪案件中,这种观点具有一定的合理性。毕竟,很多中小微企业并不存在较为完善的治理结构,往往存在企业人格与高管人格混同的现象,那些法定代表人或实际控制人具有超强势的地位,甚至左右着企业的生存和命运。因此,基于维护企业继续生存的考量,检察机关在轻微单位案件中采取了"双重不起诉"的做法,对涉案单位与直接责任人员同时作出程序出罪的处理。但是,在重大单位涉罪案件中,无论是主管人员还是其他责任人员,都应依法被判处三年有期徒刑以上刑罚,根本不符合适用"相对不起诉"的法定条件,检察机关对其作出相对不起诉,是没有法律依据的。因此,在重大单位涉罪案件中,我们不能因为追究负有直接责任的主管人员的刑事责任,会给企业的经营乃至生存带来困难,就不再追究这些人员的责任。与此同时,即便涉案企业进行了成功的合规整改,建立了有效的合规计划,这最多也只能成为检察机关对企业自身宽大处理的依据,而不可能成为对责任人员予以宽大处理的根据。在企业合规整改验收合格与责任人员宽大处理之间,根本没有办法建立起一种符合理性的因果链条。因此,对单位与责任人员采取分案处理的方式,体现了对单位采取合规宽大处理的政策,也体现了对责任人员依法追究刑事责任的原则,既具有内在的正当性,也具有现实的合理性。

最后,还有一种观点,坚持了所谓"单位重罪不可宽恕"的思路。据这一观点,对犯有轻罪的单位适用合规考察程序,并以建立有效合规计划为根据,对其作出程序出罪处理,这是无可厚非的。但是,对于涉嫌犯有较重犯罪的单位,检察机关对涉案单位启动合规考察并作出相对不起诉的决定,明显缺乏法律依据。毕竟，相对不起诉又被称为"酌定不起诉"，是对那些犯罪情节轻微，可以依法不判处刑事处罚的犯罪嫌疑人的宽大处理方式。前述的重大单位犯罪，已经不属于"犯罪情节轻微"的情况，难以被纳入相对不起诉的适用范围。

应当说，这一观点混淆了"相对不起诉"与"附条件不起诉"的区别。前者当然是一种适用于轻微刑事案件的程序出罪方式，对于那些轻微单位涉罪案件中的涉案单位和责任人员都可以适用。但是，在重大单位涉罪案件中，相对不起诉既不适用于涉案的主管人员和其他责任人员，也无法直接适用于涉案单位。检察机关经过合规考察，对合规整改成功的单位所作的"合规不起诉"，其实并不等于"相对不起诉"，而属于一种"附条件不起诉"。检察机关对这类被纳入合规考察范围的涉案企业，之所以作出不起诉的决定，并不是因为该类企业犯罪情节轻微，而是基于三个方面的重要考量：一是对企业定罪的附随后果过于严重，会严重损害利益相关者、当地政府乃至国家整体的利益；二是涉案企业通过认罪认罚、终止犯罪行为、采取补救挽损等措施，对犯罪所侵害的法益进行了积极有效的修复；三是涉案企业通过成功的合规整改，建立了有效的合规计划，有效地预防了犯罪的再次发生。对于这三种原因，本书前面已经作出了充分的论证。正是基于这一考虑，对重大单位涉罪案件采取分案处理的方式，其实也体现了对单位采取"附条件不起诉"与对责任人员提起公诉的程序分离，体现了对涉案单位与涉案责任人员采取必要的区别对待的基本原则。

八、"放过企业，惩罚责任人"的实现

在重大单位涉罪案件中采取分案处理的方式，是我国检察机关在合规不起诉改革中所作的重大制度探索。这一探索尽管在理论和实践层面都面临着一些争议，但从其对单位犯罪的有效治理、维护社会公共利益的角度来看，确实可以避免传统制度安排所带来的负面作用，可以产生积极的社会效果。对于这一改革探索，我们应当在对传统单位犯罪理论进行反思的基础上，通过总结经验，验证其实际效果，从新的角度作出正当性论证。

作为一种程序安排的分案处理，建立在单位责任与个人责任分离的基础上，大多数涉案单位都不是犯罪的直接决策者和授意者，而是因为存在管理漏洞、制度隐患和治理结构缺陷而导致高管和员工出现了犯罪行为。唯有将

单位的失职责任与责任人员的直接责任加以区分，才能为单位犯罪治理奠定坚实的理论基础。与此同时，鉴于对单位定罪极可能带来一系列附随后果，导致单位参与市场准入资格的限制或剥夺，甚至使单位承受灭顶之灾，并间接造成众多利益相关者、政府和国家利益的损害，因此，对单位犯罪进行有效治理的前提，不是对其"严刑峻罚"，而是不使其承受这样的严重后果，给予其开展合规整改的机会。不仅如此，要开展有效的单位犯罪治理，需要涉案单位采取积极措施，停止犯罪行为，配合刑事执法活动，采取补救挽损措施，最大限度地减少犯罪所造成的社会危害后果。最后，涉案企业应针对造成犯罪发生的内在结构性成因，改变公司治理方式，消除制度隐患，堵塞管理漏洞，实现经营方式和商业模式的"去犯罪化"，这是对单位犯罪进行有效治理的关键环节。

　　检察机关推动的企业合规不起诉改革，一直在正当性和合法性方面面临一些争议。作为国家法律监督机关，检察机关在改革是否"突破现行法律"方面也一直持谨小慎微的态度。应当说，对轻微单位涉罪案件采取"双重合规不起诉"的处理方式，在合法性方面是不会遇到挑战的。但是，假如改革试点仅仅限于这些轻微单位案件，那么，众多涉嫌犯有重罪的大型企业，就都无法被纳入合规考察的程序轨道，一旦它们被起诉和定罪，就会给社会公共利益造成更为严重的危害。假如将这场改革的适用范围仅仅限定为那些涉嫌犯有轻罪的中小微企业，那么，全社会就可能对这种改革的社会效益提出强烈的质疑。如今，一些地方检察机关大胆探索，将合规考察程序适用于重大单位犯罪案件，并作出了分案处理的制度安排。这是一个历史性的机会，是合规不起诉改革发生实质性进步的重要标志。这一改革探索既然可以在治理单位犯罪方面取得积极的社会效果，有助于维护众多利益相关者、地方政府和国家的利益，也兼顾了被害人的利益，那么，我们就不应故步自封，继续坚持那些陈旧的理论教条，而应从现实出发，根据改革的实际社会效果，提出一种新的更具有说服力的理论。

第七章　企业合规对个人刑事责任的影响

> 在涉案企业合规整改合格的情况下,对责任人作出宽大刑事处理,甚至作出出罪处理,这一制度的正当性引发了激烈争议。要维护上述制度的正当性,可以考虑接受一种"合规关联理论",将责任人在企业合规整改中所发挥的积极作用和所作的有效贡献,作为对责任人宽大处理的依据。如此,合规宽大处理责任人制度才具有令人信服的正当性。

一、对责任人员合规从宽的理论难题
二、对责任人员合规从宽的四种场景
三、对责任人员合规从宽的正当性反思
四、合规关联性理论的提出
五、"合规关联性理论"对合规改革的影响
六、双重附条件不起诉制度的确立
七、对责任人员合规从宽的合理限制

一、对责任人员合规从宽的理论难题

合规是指企业为防控合规风险而建立的治理体系。检察机关推动的合规改革,引入了一种合规激励机制,将涉案企业事后成功开展的合规整改,作为对其作出宽大处理的主要依据。① 从理论上说,正是因为涉案企业认罪认罚,积极配合刑事调查,采取补救挽损措施,有效地开展合规整改,建立并实施专项合规管理体系,达到了预防相同或类似犯罪再次发生的效果,检察机关才对其作出不起诉等宽大处理。合规整改成功之后,检察机关对企业作出宽大处理,符合企业合规制度的基本原理。②

但是,我国检察机关在推行合规不起诉制度过程中,在认定被纳入合规考察程序的涉案企业"合规整改合格"的情况下,既可以对企业作出宽大处理,也可以对企业内部的直接责任人员作出不起诉决定,或者提出从轻量刑的建议。与欧美国家"放过涉案企业,惩罚责任人"的合规整改思路不同,我国检察机关采取了"既放过涉案企业,也宽恕责任人员"的改革思路。由此,在很多刑事案件中,有效的合规整改就成为对企业责任人员作出宽大处理的直接依据。

这种以企业有效合规整改为依据,对责任人员作出宽大刑事处理的做法,引发了一定的争议,出现了"反对说"和"赞同说"两种相互对立的观点。根据"反对说",企业在认罪认罚和采取补救挽损措施的前提下,一旦建立或者完善了合规管理体系,就具有了预防犯罪再次发生的能力,确立了一种依法依规经营的企业文化。这就是涉案企业"以合规换取宽大处理"的主要依据。③ 但是,企业合规整改为什么要让那些作为犯罪嫌疑人的企业责任人员获得宽大处理呢?企业合规与责任人员出罪之间究竟具有怎样的因果关系呢?在实践中,假如将企业合规作为对自然人采取出罪措施的依据,检察机关有可能违背企业合规的基本规律,错误地将"企业合规"变成"企业家合规",使得大量本应受到刑事处罚的企业管理人员,借着企业接受合规考察的机会,逃避刑事制裁,损害刑事处罚的正义性。④

---

① 参见陈瑞华:《企业合规出罪的三种模式》,载《比较法研究》2021年第3期。
② 参见梁涛:《美国企业合规制度的构建:国家监管、强制性自我监管与刑事激励》,载《政治与法律》2022年第7期。
③ 参见陈瑞华:《企业合规视野下的暂缓起诉协议制度》,载《比较法研究》2020年第1期。
④ 参见黎宏:《企业合规不起诉:误解及纠正》,载《中国法律评论》2021年第3期。

但是，赞同这种做法的观点则认为，之所以要在合规整改成功完成后对责任人员作出宽大处理，主要是考虑到很多责任人员都是企业的法定代表人、实际控制人或者高级技术人员，对他们的定罪量刑，可能导致企业资金链中断、生产经营活动停滞的后果，使企业陷入灾难性的境地，反而起不到挽救涉案企业的效果。不仅如此，企业合规整改的完成，既有利于预防涉案企业的犯罪，也有利于对责任人员再次犯罪产生预防效果。既然合规使得责任人员再次犯罪的可能性有所降低，那么，对责任人员采取宽大处理就成为顺理成章的结论。[1]

笔者认为，那种依据企业合规来宽大处理责任人员的做法，尽管存在现实的基础，但也在理论和实践中存在较大的争议。为解决这一问题，走出制度改革的困境，本书拟提出一种"合规关联性理论"，强调依据合规对个人的宽大处理，不能是无条件的和绝对化的，而应建立在"责任人员对企业合规作出贡献和发挥作用"的基础之上。具体而言，有效的合规整改之所以可成为对企业宽大处理的依据，是因为企业采取了堵塞管理漏洞、消除制度隐患、改变治理结构缺陷的举措，实现了企业经营中的"去犯罪化"，达到了有效预防犯罪再次发生的目标。同样的道理，企业合规整改的成功要成为对企业责任人员宽大处理的直接依据，后者就必须在企业合规整改中作出积极贡献，要么积极参与了合规整改的工作，推动了合规管理体系在企业中的建立、执行和落地，要么促进企业采取认罪认罚、停止违法经营业务、配合刑事执法或者采取补救挽损措施，使企业减少了犯罪行为的社会危害后果。相反，假如责任人员对企业合规整改工作既没有参与其中，也没有发挥积极推动作用，更没有对企业合规整改的成功作出任何贡献，那么，合规整改成功就不应成为对责任人员宽大处理的直接依据。

本章拟对司法机关依据合规宽大处理责任人员的正当性问题作出初步的讨论。笔者将首先对四种依据合规管理处理个人的场景作出简要分析，对有关理论争议作出评论，在此基础上，提出一种"合规管理性理论"，对该理论的内容和正当依据作出有针对性的评论，并提出限制依据企业合规宽大处理责任人员的理论思路。

---

[1] 参见谢鹏程：《论涉案企业合规从宽检察改革的内在逻辑》，载《民主与法制》2021年第42期。

二、对责任人员合规从宽的四种场景

检察机关在哪些案件中会将企业合规整改作为对责任人员加以宽大处理的依据呢？通过对合规试点案例的梳理和分析，我们可以概括出四种依据合规对责任人员宽大处理的场景：一是在轻微单位涉罪案件中，检察机关对涉案企业启动合规考察程序，并在企业合规整改合格的情况下，对企业和直接责任人员一并作出不起诉的决定，也就是通常所说的"双重不起诉"机制；二是在对涉案企业与直接责任人员分案处理的情况下，检察机关对涉案企业启动合规考察程序，在对单位作出不起诉决定的同时，对直接责任人员提出宽大的量刑建议，这也就是所谓的"分案处理程序中的量刑减让"；三是在对涉案企业启动合规考察程序后，检察机关认为企业合规整改不合格，对企业和直接责任人员同时提起公诉，但以合规整改为依据，对两者都提出宽大量刑的建议，这就是所谓的"双重起诉案件中的量刑从宽"；四是在只有企业内部人员涉嫌犯罪的案件中，检察机关责令不涉案的企业启动合规考察程序，并根据合规整改的效果，对这些自然人作出宽大处理。在以下的讨论中，笔者将结合相关案例，对这四种依据合规对个人作出宽大处理的场景作出简要分析。

（一）轻微单位犯罪的"双重不起诉"机制

在企业合规不起诉改革初期，检察机关进行改革试点的案件通常都是轻微单位涉罪案件，也就是可能判处三年有期徒刑以下刑罚的单位犯罪案件。对于这些案件，很多检察机关一开始倾向于直接适用相对不起诉制度，也就是对涉案企业和直接责任人员同时作出不起诉决定，然后再提出责令合规整改的检察建议。后来，随着改革的逐步深入，企业合规监督考察机制得到越来越普遍的适用，检察机关开始对这些案件启动合规考察程序，对涉案企业设定合规考察期，委派合规监管人，监督指导企业的合规整改工作。在经过合规整改过程之后，检察机关经过验收评估，认为合规整改合格的，就对涉案企业作出不起诉决定，同时对直接责任人员也作出不起诉决定。以下就是一个典型的适用合规双重不起诉的案例。

J公司是一家从事智能电器制造销售的民营企业，朱某系该公司股东及实际控制人。2018年至2019年，J公司在未获得商标权利人T公司许可的情况下,组织公司员工生产假冒 T 公司注册商标的智能垃圾桶、垃圾盒,并对外销售获利,涉案金额达 560 万余元。2020 年 9 月 11 日,朱某主动投案后被取保候审,J 公司认罪认罚,赔偿权利人 700 万元并取得谅解。2020 年 12 月,检察机关认为该公司有合规建设意愿,具备启动第三方机制的基本条件,考虑到其注册地、生产经营地和犯罪地分离的情况,决定启动跨区域合规考察。

检察机关向 J 公司制发《合规风险告知书》,从合规风险排查、合规制度建设、合规运行体系及合规文化养成等方面提出整改建议,引导 J 公司作出合规承诺。第三方组织结合风险告知内容指导企业制定合规计划,明确合规计划的政策性和程序性规定,从责任分配、培训方案到奖惩制度,确保合规计划的针对性和实效性。同时,督促企业对合规计划涉及的组织体系、政策体系、程序体系和风险防控体系等主题进行分解,保证计划的可行性和有效性。两地检察机关通过听取汇报、现场验收、公开评议等方式对监督考察结果的客观性进行了充分论证。2021 年 9 月,检察机关邀请人民监督员、侦查机关、异地检察机关代表等进行公开听证。经评议,检察机关作出对 J 公司和朱某不起诉的决定。①

在该案中,检察机关仅仅根据责任人员的自首、认罪认罚和赔偿被害人等情节,尚不足以对其作出不起诉的决定。在很大程度上,企业合规整改的成功,可能是检察机关对责任人员免除刑事责任的重要依据。在这种可能判处三年以下有期徒刑的轻微单位犯罪案件中,检察机关一旦启动合规考察程序,并认定企业合规整改合格的,无疑在对企业和责任人员的处理上享有很大的自由裁量权。这种"双重不起诉"的处理结果,显然是涉案企业合规整改成功的结果。

(二)分案处理案件中的量刑减让

按照惯例,我国刑法对于单位犯罪的严重程度是根据责任人员可能被判处的刑事处罚来作出评价的。对于那些可能对责任人员适用三年有期徒刑以上刑罚的单位涉罪案件,检察机关无法直接作出相对不起诉的决定。对于涉案企业,即便启动合规考察程序,也只能采取"分案处理"的方式,也就是对涉案单位启动合规考察程序,适用"附条件不起诉"制度,在认定企业合规整

---

① 这个案例是笔者 2021 年 5 月在湖北省随州市人民检察院调研时获悉的。

改合格的情况下,可以作出不起诉的决定。而对于直接责任人员,检察机关则只能单独提起公诉。[①] 但是,涉案企业合规整改成功的事实,既可以成为对企业作出出罪处理的依据,也可以成为对直接责任人员宽大处理的依据。这种宽大处理通常是向法院提出适用缓刑或者其他从宽处理的量刑建议。

被告人姜斌系上海锐勤公司、上海双河公司的负责人。2015年至2018年间,被告人姜斌在经营锐勤公司、双河公司过程中,在无实际交易的情况下,以支付开票费的方式,让任怡公司为自己实际经营的上述两家公司虚开增值税专用发票。2020年10月27日,公安机关以犯罪嫌疑人姜斌、犯罪嫌疑单位锐勤公司、双河公司涉嫌虚开增值税专用发票罪移送检察机关审查起诉。检察机关经过调查评估,认定姜斌作为涉案两家公司的实际经营人,虚开增值税专用发票数额较大,法定刑为三年以上十年以下有期徒刑;姜斌虽有自首及补缴税款的从宽处罚情节,但虚开发票行为持续长达三年的时间,既具有社会危险性,也具有刑事处罚必要性。因此,检察机关决定分案处理,一方面对姜斌以单位犯罪直接负责的主管人员提起公诉,另一方面对涉案锐勤公司、双河公司决定启动合规考察程序。

2020年12月,检察机关向锐勤公司、双河公司发出合规整改的检察建议,两公司在规定期限内完成了合规整改,开展了涉税法律知识培训;根据公司的业务模式和经营重点建立了相应财务、销售及工程项目管理流程,初步形成了公司内控管理制度,有效健全了公司的管理体系。2021年2月3日,检察机关组织召开公开听证,对锐勤公司、双河公司企业合规建设进展及成果进行验收评估。经评估,检察机关认为锐勤公司、双河公司均已制定了较为完善的企业合规制度,且实施效果良好,有效降低了再次犯罪的可能性,对两公司作出不起诉的决定。同时,鉴于"实际经营人姜斌在公司合规建设过程中积极主动作为,认真落实检察建议相关内容,具有较强悔罪表现",检察机关对被告人姜斌调低量刑建议为有期徒刑二年,缓刑二年。同日,法院对被告人姜斌作出一审宣判,接受了检察机关的量刑建议。[②]

对于涉嫌犯有较重罪行的企业,检察机关采取分案处理的起诉方式,也

[①] 参见刘艳红:《企业合规不起诉改革的刑法教义学根基》,载《中国刑事法杂志》2022年第1期。
[②] 参见陈瑞华、李玉华主编:《企业合规改革的理论与实践》,法律出版社2022年版,第433页以下。

就等于将一个单位犯罪案件分解成两个独立案件，在对企业启动合规考察程序的同时，对责任人员提起公诉。按道理说，检察机关对经过合规整改成功后的涉案企业作出的宽大处理，不应影响对责任人员的定罪量刑。但是，检察机关基于作为主管人员的责任人对于企业的合规整改作出了贡献，且具有其他减轻处罚的法定情节，对其提出了适用缓刑的宽大量刑建议。此案的处理方式足以说明，即便在单位与责任人员被分案处理的情况下，只要责任人员对企业合规发挥了积极有效的推动作用，检察机关仍然可以合规成功为依据，对责任人员提出宽大量刑建议。

（三）双重起诉案件中的从宽量刑

对于被纳入合规考察程序的涉案企业，检察机关可以作出宽大的刑事处理。这种宽大处理既可以是作出不起诉的决定，也可以是向法院提出从宽量刑的建议。在后一种情况下，检察机关可以企业合规整改为依据，对涉案企业提出宽大量刑的建议，也可以对直接责任人员提出宽大量刑的建议。对于这种以合规为依据对个人宽大量刑的建议，法院一般会予以接受。

海南省文昌市S公司系当地高新技术民营企业，翁某某系该公司厂长。2020年，翁某某因涉嫌掩饰、隐瞒犯罪所得罪被公安机关立案侦查，在案件移送审查起诉后，检察机关又将S公司追加为犯罪嫌疑人。2021年3月，经S公司申请，检察机关启动合规考察程序，要求该公司对自身存在的管理漏洞进行全面自查，并督促其开展合规整改工作。2021年4月，S公司提交了合规整改承诺书，检察机关组成了第三方监管评估机制组织，监督和指导企业开展合规整改工作。

2021年8月，检察机关举行公开听证会，认可该企业合规整改结果，并作出对S公司和翁某某的从宽处理意见。2021年9月，检察机关根据案情，结合企业合规整改情况，以S公司、翁某某涉嫌掩饰、隐瞒犯罪所得罪依法提起公诉，并提出轻缓量刑建议。2021年11月，法院采纳检察机关全部量刑建议，以掩饰、隐瞒犯罪所得罪判处被告单位S公司罚金3万元，被告人翁某某有期徒刑一年，缓刑一年六个月。①

通过分析上述案件材料，我们无从得知那位责任人员在企业合规整改中

---

① 参见孙风娟：《最高检印发第二批〈企业合规典型案例〉》，载微信公众号"最高人民检察院"，2021年12月15日发布。

发挥了什么样的积极作用。检察机关在对涉案企业起诉过程中,将企业与责任人员作为一个整体来加以处理,在企业采取合规整改措施的情况下,对企业和责任人员都作出了宽大处理。这种宽大处理似乎是基于一种想当然的本能反应,并没有经过认真而审慎的论证,尤其是对于企业合规与个人宽大处理之间的因果关系,没有给出充分的说明。我们有理由提出疑问:难道企业作出合规整改的努力,就必然对责任人员作出宽大处理吗?

(四) 非单位犯罪案件中责任人的合规从宽

自2020年我国检察机关启动合规不起诉改革试点以来,合规不起诉既适用于"公司、企业等实施的单位犯罪案件",也适用于那种由"公司、企业的实际控制人、经营管理人员、关键技术人员等实施的与生产经营活动密切相关的犯罪案件"。对于后一种案件,检察机关在企业不构成单位犯罪的情况下,仍然可以对企业启动合规考察程序,并在企业合规整改验收合格后,以此为根据,对企业高管、控制人或技术人员作出宽大刑事处理,甚至直接作出不起诉决定。在一定程度上,这是一种典型的"非涉案企业作出合规整改,涉案企业内部人员直接受益"的宽大处理模式。

湖北某市Z公司系当地重点引进的外资在华食品加工企业,康某某、周某某、朱某某分别系该公司行政总监、安环部责任人、行政部负责人。2020年4月15日,Z公司与市高新区某保洁经营部法定代表人曹某某签订污水沟清理协议,将食品厂洗衣房至污水站下水道、污水沟内垃圾、污泥的清理工作交由曹某某承包。2020年4月23日,曹某某与其同事刘某某违规进入未将盖板挖开的污水沟内作业时,有硫化氢等有毒气体溢出,导致二人与前来救助的吴某某先后中毒身亡。2021年1月22日,公安机关以康某某、周某某、朱某某涉嫌重大责任事故罪,移送检察机关审查起诉。

检察机关经审查认为,康某某等人涉嫌重大责任事故罪,属于企业人员在生产经营履职过程中的过失犯罪,同时反映出涉案企业存在安全生产管理制度不健全、操作规程执行不到位等问题。2021年5月,检察机关征询Z公司意见后,Z公司提交了开展企业合规的申请书、书面合规承诺以及企业经营状况、纳税就业、社会贡献度等证明材料,检察机关经审查对Z公司作出合规考察决定。

在第三方组织的监督指导下,Z公司完善了安全生产合规计划,建立了以法定代表人为负责人、企业部门全覆盖的合规组织架构,健全了企业的合规审查和风险预警机制,完善了安全生产管理制度和定期检查排查机制,初步形成了安全生产领域"合规模板"。2021年8月,检察机关组织召开公开听证会,认为Z公司通过合规整改,提高了安全生产隐患排查和事故防范能力,可以有效防止危害生产安全违法行为再次发生。据此,检察机关对康某某、周某某、朱某某作出了不起诉决定。①

通过分析这一案例,我们可以发现,检察机关在企业不构成犯罪的情况下,对于那些企业管理人员在生产经营环节实施犯罪的案件,仍然可以启动企业合规考察程序,并将合规整改合格作为对管理人员宽大处理的主要依据。这种实践逻辑似乎带有功利主义的考量,从"平息事件"的角度来看是具有现实合理性的。但是,这种通过对非涉案企业开展合规整改,来换取责任人员宽大处理的做法,若要在未来成为一项普遍适用的制度,我们就需要追问:这究竟是否具有理论上的正当性呢?

三、对责任人员合规从宽的正当性反思

通常说来,合规不起诉改革的决策者并不赞同"放过企业,惩罚责任人"的思路,认为这种源自欧美的合规制度"不适合中国的国情"。合乎中国国情的做法应当是,既要通过合规"放过企业",也要以企业合规为依据"宽恕责任人"。一些实务人士和研究人员也对此作出了合理性论证。支持这种合规宽大处理个人制度的观点主要有四个:一是唯有宽大处理责任人员,才能保护企业家和高管,避免企业因责任人员被定罪而陷入灾难性境地,不对责任人员采取宽大处理措施,就无法真正挽救涉案企业;二是那些涉嫌轻微犯罪的单位和直接责任人员,只要犯罪情节轻微,依照刑法可以不判处刑罚,就可以符合相对不起诉的适用条件,而在涉案企业合规整改成功的情况下,对企业和责任人员采取双重不起诉的宽大处理,更不存在法律上的障碍;三是在分案处理的起诉方式下,检察机关对涉案企业和责任人员的处理仍然具有内在关联性,也就是将企业合规整改成功的事实,既作为宽大处理企业的依据,也作为随后对企业提出宽大量刑建议的依据;四是即便在企业内部人员单独涉嫌犯罪的情况下,检察机关仍然可以对非涉案企业启动合规整改程序,并将

---

① 参见孙风娟:《最高检印发第二批〈企业合规典型案例〉》,载微信公众号"最高人民检察院",2021年12月15日。

合规整改作为对个人宽大处理的依据,因为企业存在管理漏洞、制度隐患和治理结构缺陷,导致放纵或者容忍了责任人员的犯罪行为,而合规整改成功则堵塞了漏洞,消除了隐患,解决了治理缺陷,预防或者减少了责任人员再次发生犯罪行为的可能性。

那么,上述四种旨在支持合规宽大处理个人制度的观点,真的能经得起理论的审视和实践的验证吗?在以下的讨论中,笔者拟对上述四种观点逐一提出反思,同时也要对相关的辩解理由作出评论。

(一) 宽大处理责任人员,是挽救涉案企业的必由之路吗?

无论是合规不起诉改革的决策者,还是熟悉中国国情的法律界人士,都赞同这种依据企业合规对个人宽大处理的做法。在他们看来,在大量由中小微企业实施的单位犯罪案件中,那些涉嫌犯罪的直接责任人员通常都是企业的法定代表人、实际控制人或者高级技术人员,检察机关在启动合规考察程序之后,假如仅仅对企业作出不起诉决定,而不对这些人员作出宽大处理,甚至将他们"绳之以法",那么,涉案企业既缺乏实施合规整改的动力,也有可能因这些人员被定罪而陷入灾难性境地。毕竟,我国众多的中小微企业并不存在完善的治理结构,所谓的董事会、监事会往往形同虚设,法定代表人或者实际控制人往往都是维持企业经营乃至生存的关键人物,假如对这些人员定罪判刑,那么,企业经常会面临资金链中断、业务中止、客户流失等严重后果,甚至面临停工停产乃至破产倒闭的危险。[①] 正因为如此,要对涉案企业采取实质性的特殊保护措施,就不能仅仅对企业本身"网开一面",还应当在企业合规整改成功的前提下,对这些责任人员采取宽大处理。[②]

应当说,这种观点立论的逻辑前提是,涉嫌犯罪的企业是治理结构并不完善的中小微企业。但是,一方面,在中小微企业之外,还有不少大型企业成为涉嫌犯罪的单位,尤其是那些大型国有企业、外资企业以及上市公司或拟上市公司。它们本身已经建立了完善的公司治理机构和内部控制体系,企业的经营对于法定代表人或实际控制人的依赖程度大大降低,对这类案件采取依据合规来宽恕责任人员的做法,就不具有正当理由了。在越来越多的经济发达地区,随着职业经理人制度的逐步建立和完善,大型企业的董事会对于

[①] 参见赵赤:《刑事合规——重在选择企业合规出罪路径》,载《检察日报》2022年1月28日,第3版。

[②] 参见朱孝清:《企业刑事合规的若干疑难问题》,载《法治研究》2021年第5期。

高级管理团队具有越来越大的选择空间,即便在原有高级管理团队因涉嫌犯罪而被改组或者解散的情况下,企业照样可以重新组建管理团队,企业的生产经营秩序也会得到逐步恢复。这显然说明,对于大型企业的责任人员追究刑事责任,并不一定会对企业的经营乃至生存产生实质的影响。

另一方面,即便是中小微企业,那些对单位犯罪负有直接责任的人员,既可能是法定代表人、直接控制人或高级技术人员,也可能是一般的中层管理人员或者普通员工。在这些中小微企业涉嫌实施单位犯罪之后,司法机关假如对部分责任人员依法追究刑事责任,作出定罪判刑决定,对于企业的正常生产经营并不会造成负面的影响,更谈不上使企业陷入灾难性境地。由此看来,无论是改革决策者,还是支持依据合规宽恕个人制度的人士,真正关注的可能是那些掌握企业命运的法定代表人或者实际控制人。但是,在若干名责任人员都涉嫌犯罪的情况下,仅仅以合规成功为依据,对这些企业关键人物网开一面,却对其他主管人员或者责任人员不采取宽大处理,这显然是不合理的,也是不公平的。

(二)在轻微案件中对单位和责任人员进行双重不起诉,没有法律障碍吗?

在合规不起诉改革试点初期,检察机关担心改革会面临合法性的质疑,有意将改革试点限制在轻微单位涉罪案件中。对于这类轻微单位涉罪案件,检察机关即便不启动合规整改程序,也可以"犯罪情节轻微""依照刑法不需要判处刑罚"为由,作出相对不起诉的决定。而一旦启动合规考察程序,企业合规整改达到有效的结果,检察机关就可以对涉案企业作出不起诉决定。根据"双罚制"的单位归责原则,司法机关认定单位构成犯罪,是对单位和责任人员判处刑罚的前提条件。既然单位被作出不起诉决定,那么,检察机关对责任人员也作出不起诉决定,就是顺理成章的事情了。①

但是,对于轻微单位涉罪案件,涉案企业只要成功地完成了合规整改,检察机关就可以此为依据,对企业和责任人员同时作出不起诉决定吗?应当说,在涉案的责任人员存在法定从轻、减轻或者免除刑罚情节的情况下,检察机关对其作出相对不起诉的决定,确实是无可厚非的。毕竟,在责任人员犯罪情节轻微,依照刑法可以不判处刑罚或者可以免除刑罚的情况下,检察机关依法适用相对不起诉,具有明确的法律依据。但是,对于涉嫌犯罪的自然

---

① 参见李玉华:《企业合规本土化中的"双不起诉"》,载《法制与社会发展》2022年第1期。

人而言,企业合规毕竟不是减轻或免除刑罚的情节。检察机关以企业合规整改成功为依据,对责任人员作出不起诉决定,是没有法律依据的。不仅如此,即便涉案企业被认定为"合规整改成功",也最多只能说明企业建立了合规管理体系,消除了原有的造成犯罪发生的内在结构性原因,有效预防了单位犯罪再次发生的可能。但是,这种合规整改成功无法证明那些责任人员犯罪的内在动因已经消除,也无法对这些人员的再次犯罪产生有效的阻碍和防范作用。既然如此,这种以企业合规为依据来宽大处理责任人员,甚至对责任人员动辄不予起诉的处理方式,其正当性是很容易受到质疑的。

(三) 在分案处理的案件中,检察机关要等到企业合规整改完成后再起诉责任人员吗?

目前,检察机关对于那些法定刑在三年有期徒刑以上刑罚的重大单位涉罪案件中,开始实行分案处理的起诉方式。这就意味着,检察机关将同一单位案件拆分为两个独立的刑事案件:一是对涉案企业启动合规考察程序,设定合规考察期,指派合规监管人,根据企业合规整改效果作出是否不起诉的决定;二是对直接责任人员提起公诉,提出量刑建议,推动法庭审理程序的启动。在这类案件的处理过程中,一些检察机关率先启动合规考察程序,而对责任人员采取暂时中止诉讼的措施,等到合规整改成功之后,在对企业作出不起诉决定后,再向法院起诉责任人员,并依据合规提出宽大的量刑建议。[①]

这种做法固然有着"既宽大处理企业,也宽大处理责任人员"的考虑,但也会带来一些程序安排上的难题。一方面,既然将单位涉罪案件拆分为两个独立案件,检察机关就应当单独对两个案件推进诉讼程序,企业合规整改是否成功属于检察机关对企业是否提起公诉的重要考量因素,但对于责任人员的量刑建议并没有直接的影响。另一方面,企业合规整改通常要经过一定时间的考察期,目前改革试点阶段的考察期一般为六个月以内,少数案件可能达到一年,难道在这一考察期结束之前,检察机关对于责任人员的起诉也要随之中止吗?更何况,随着相关法律的修改完善,这一合规考察期还有可能继续延长,甚至达到一年以上三年以下。假如这一立法构想得到实现,那么,检察机关对责任人员的起诉就将被拖延得更为久远。在此期间,检察机关对责任人员的强制措施要不要作出变更?对责任人员的办理期限如何依法延

---

① 参见陈瑞华:《涉案企业合规整改的分案处理模式》,载《法治时代》2022年第1期(创刊号)。

长呢?

不仅如此,在涉案企业合规整改成功完成之后,假如检察机关据此对责任人员提出了宽大量刑的建议,法院在没有法律授权的情况下,会接受这一量刑建议,以合规为依据对责任人员作出宽大量刑处理吗?在一些个案中,法院的确接受了检察机关的这种量刑建议,但作为一种普遍的制度设计,法院以合规为依据来宽大处理责任人员,可能缺乏直接的法律依据。

(四)因为合规有助于预防责任人员犯罪,就可以对后者宽大处理吗?

合规不起诉改革决策者之所以将企业合规作为对责任人员宽大处理的依据,还坚持了一种基本的理论假定,也就是企业建立合规管理体系有助于实现犯罪预防功能,包括对责任人员的特殊预防,以及对其他企业内部人员的一般预防。通常而言,这些人员之所以走上犯罪的道路,除了存在主观方面的内在原因以外,还可能存在着企业管理方面的外在原因,如企业治理结构存在根本缺陷,企业管理存在漏洞,企业存在着诸多制度上的隐患,这都可能导致企业内部人员无法受到有效的制约和监督,为追逐利润和利益链而走险。通过建立合规管理体系,涉案企业大大减少了员工和管理人员违法违规的空间,使得企业内部再次发生类似犯罪行为的可能性大大降低了。既然合规体系的建立和运行,不仅降低了企业发生犯罪的可能性,也有助于企业管理人员、员工形成一种依法依规经营的制度和文化,那么,检察机关就可以对管理人员作出适度的宽大处理。[1]

应当说,上述观点具有一定的说服力。但是,在一定程度上,企业合规是企业实行的一种"自我监管机制",企业建立合规体系的主要功能,还是预防单位犯罪行为的再次发生,推动企业形成依法依规经营的公司文化。企业合规与企业内部人员犯罪的预防并没有必然的因果关系。这是其一。其二,有效的企业合规包含着惩罚责任人的要素,并将其作为"应对违法违规行为"的必要手段。在一定程度上,企业要建立有效的合规管理体系,就需要对那些直接责任人员作出适当惩戒,如撤销职务、调离工作岗位、解散或者重新组建管理团队,甚至追究刑事责任。这是采取补救措施的必然要求,也是预防单位犯罪再次发生的必要举措。其三,有效的合规管理体系一旦得到执行,通常可以对单位责任与内部人员的责任作出适当的切割。尤其是在非系统性

---

[1] 参见毛逸潇等:《企业合规监督考察如何落在实处》,载《检察日报》2021年10月21日,第3版。

单位犯罪案件中,犯罪行为是由董事、高管或员工自行实施的,而有效的合规体系足以证明企业既没有追求犯罪结果的主观意志,也不存在主观上的过失或者失职行为,而是尽到了管理责任和注意义务。①

基于上述考虑,涉案企业完成合规整改,固然有助于预防涉案责任人员再次实施犯罪行为,也有利于预防其他内部人员实施类似犯罪行为,但是,这种预防犯罪的效果,并不是责任人员通过自身行为达成的,而是涉案企业通过合规整改实现的。根据"责权利相统一"的原则,除非这些责任人员对于合规整改作出积极有效的贡献,否则,成功的合规整改只能成为对涉案企业宽大处理的依据,而据此对责任人员作出出罪或者其他宽大处理,则是没有正当依据的。

四、合规关联性理论的提出

根据前述分析,我国检察机关在推动合规不起诉改革的探索中,创立了依据企业合规宽大处理责任人员的制度,这种从形式上"宽恕责任人员"的做法,客观上可以挽救涉案企业的命运,也有着对企业合规整改给予制度激励的考量。但是,这种制度安排在理论上存在着一些固有的缺憾,也会产生一些负面的实践后果。特别是,假如动辄对涉案企业和涉案企业家同时采取合规从宽处理,就容易使这种改革的正当性受到社会各界的质疑,其政治意义和社会效果也可能受到诸多方面的挑战。② 古人有言:"名不正则言不顺,言不顺则事不成。"我们有必要对这一做法作出必要的理论调整和制度重构。

要重新塑造这一制度,需要抛弃那种"非此即彼"的思路,在保留依据合规宽大处理责任人员做法的前提下,对其作出必要的制度限制。为此,我们可以提出一种"合规关联性理论",并据此为检察机关宽大处理责任人员确立前置性条件。

所谓"合规关联性理论",是指在检察机关启动企业合规整改的案件中,在涉案企业建立或完善了合规管理体系,可以有效地发挥预防犯罪作用的情况下,作为犯罪嫌疑人的责任人员,无论是企业的法定代表人、实际控制人、高级技术人员,还是企业的中层管理人员或者普通员工,只有提出足够的证据,证明自己在企业合规整改的过程中作出了积极有效的贡献,通过自己的

---

① 参见陈瑞华:《企业合规基本理论》(第三版),法律出版社2022年版,第311页以下。
② 参见李勇:《涉案企业合规中单位与责任人的二元化模式》,载《中国检察官》2022年第12期。

行为帮助企业采取了补救挽损措施,推动了企业合规管理体系的建立或者完善,才能获得检察机关的宽大处理。换言之,作为犯罪嫌疑人的责任人员,必须证明自身与企业建立合规管理体系具有"合理的关联性",企业合规才能成为对自然人出罪处理的合理依据。相反,在检察机关启动合规考察程序之后,假如某一关联人员既没有采取认罪认罚、终止犯罪行为、采取补救挽损等措施,也没有对企业建立或完善合规管理体系作出任何实质性的推动和贡献,那么,即便企业完成了合规整改,检察机关也不能对该人员作出出罪处理。

假如这一理论能够成立的话,那么,我们就可以此为依据,提出对自然人进行宽大处理的若干前置性条件。无论是那些单位涉罪案件,还是那些在生产经营领域发生的企业内部人员涉嫌犯罪案件,那些作为犯罪嫌疑人的法定代表人、实际控制人、高级技术人员、管理人员或者员工,只要在企业合规整改中作出以下贡献,检察机关都可以将企业通过合规整改验收,作为对其宽大处理的依据:(1)推动企业认罪认罚,对于检察机关所指控的犯罪行为或犯罪事实,全部予以承认,并放弃了推翻有罪供述或者作出无罪辩解的权利;(2)帮助企业终止犯罪行为,推动和协助企业立即停止犯罪活动,尤其是终止那些会导致犯罪发生的决策机制、经营方式、商业模式、财务管理制度,防止企业因上述病态的管理方式而持续出现犯罪行为,避免继续造成危害社会的后果;(3)协助企业积极配合司法调查,无论是对于侦查机关的调查,还是检察机关的审查起诉活动,都采取配合、支持和接受的态度,放弃任何毁灭、伪造、隐匿证据,建立攻守同盟,为调查制造障碍的努力,必要时采取主动报告和积极披露的措施,协助司法机关尽快查明案件事实真相;(4)推动企业采取补救挽损措施,通过积极缴纳罚款,补缴税款,缴纳违法犯罪所得,赔偿被害人或者与被害方达成和解,采取修复社会关系或环境资源的措施,有效修复了那些为犯罪行为所破坏的法益,明显降低了犯罪所造成的社会危害后果;(5)推动或者协助企业启动内部调查程序,查找犯罪原因,发现造成犯罪的制度漏洞、管理隐患或治理结构缺陷,为企业合规整改奠定良好基础;(6)推动或者协助企业引入合规管理体系,确保企业高层作出合规承诺,有针对性地制定合规政策、标准和程序,建立独立、权威且有资源保障的合规组织,从预防、监控和应对合规风险的角度建立了合规管理的基本流程;(7)推动或者协助企业建立了依法依规经营的合规文化,明显降低了企业再次发生违法犯罪行为的可能性。

在责任人员积极推动企业合规整改的情况下，企业无论是开展合规整改、建立合规管理体系，还是有效预防犯罪的再次发生，都有了他们的积极贡献，与他们具有了直接的关联性。在此情况下，检察机关一旦对企业合规整改验收合格，就足以认定责任人员有效地帮助企业建立了合规管理体系，推动企业建立了有效预防犯罪的治理结构。既然企业合规整改可以成为对涉案企业宽大处理的依据，那当然也可以成为那些对合规整改具有实质性贡献的自然人获得宽大处理的依据。

当然，企业内部的高管、实际控制人、高级技术人员，即便在企业的合规整改中采取了一些积极的措施，发挥了一定的推动作用，或者作出了特定的贡献，也都只是一些对其宽大处理的考量因素。至于如何对其宽大处理，究竟是作出不起诉决定，还是向法院提出从宽量刑的建议，检察机关仍然享有一定的自由裁量权。为防止这种裁量权的滥用，有必要确定一种"实质关联性"的判断标准。这一标准可以包括两个构成要素：一是在检察机关对企业启动合规整改程序的情况下，上述企业高管、实际控制人或高级技术人员，不仅要从事了相关的企业整改工作，而且其工作还要与企业合规验收合格的结果具有实质性的联系，或者具有直接的因果关系；二是检察机关认定企业合规整改是有效的，也就是企业建立了足以预防犯罪再次发生的合规管理体系，形成了依法依规经营的合规制度和合规文化，而这种制度和文化足以达成预防其他高级管理人、实际控制人或高级技术人员再次犯罪的效果。

上述第一个要素是一种"客观性要素"，也就是作为犯罪嫌疑人的企业高管、实际控制人和技术人员，对于企业合规整改发挥了实质性的推进作用。从承担证明责任的角度来看，这些嫌疑人要证明这一点，其实并不困难。只要他们提出证据证明他们向检察机关认罪认罚，放弃无罪辩护，采取了积极的配合调查措施，实施了有效的补救挽损措施，成功地修复了为犯罪所破坏的法益，对犯罪发生的制度原因作出了报告，并协助提出了合规整改方案，那么，通常就足以认定他们对合规整改作出了实质性贡献。

而上述第二个要素则属于一种"主观性要素"，也就是需要检察官根据合规整改的效果加以评估判断，判断的依据主要是根据企业所建立的合规管理制度，以后的企业高管、实际控制人或技术人员，是否还有实施类似犯罪行为的制度空间，包括是否还有相关的制度漏洞，是否还存在相关的管理隐患，以及是否仍然存在着类似的治理结构上的缺陷。假如答案是肯定的，那么，检察官就可以认定这种合规整改不足以预防企业内部自然人犯罪行为的再次发生,对自然人作出宽大处理是不具有正当性的。而假如答案是否定的,那么,检察官就可以认定经过企业合规整改,那些造成高管、实际控制人或技术人员再次犯罪的制度漏洞都已经得到修复,任何企业内部自然人再次实施类似犯罪的可能性大大降低,检察机关对这些自然人就可以作出宽大处理了。

在司法实践中,在企业合规整改取得成功的情况下,检察机关究竟应对那些高管、实际控制人、技术人员采取什么样的宽大处理呢?通常情况下,在那些可能判处三年有期徒刑以下刑罚的轻微案件中,检察机关可以根据上述自然人的各种情节,加上对合规整改情况的考量,作出相对不起诉的决定,使其获得合规出罪的宽大处理。而在那些可能判处三年有期徒刑以上刑罚的重大案件中,假如上述自然人不存在减轻处罚的情节,检察机关就只能向法院提起公诉,但可以将合规整改成功、被告人对合规整改具有实质性的贡献等作为宽大量刑的情节。在刑法没有吸收合规抗辩制度的情况下,法院一般只能将合规整改成功作为酌定从轻处罚情节。未来,假如立法机关通过刑法修改,将合规确立为法定的从宽量刑情节,那么,法院就有可能将合规整改合格以及行为人对合规整改具有实质性贡献等情节,作为对其减轻处罚的根据。

五、"合规关联性理论"对合规改革的影响

作为一种旨在规范对责任人员合规从宽处理的理论,"合规关联性理论"要求在企业作出有效的合规整改与宽大处理责任人员之间,建立起一条令人信服的逻辑联系,防止"合规不起诉"的滥用,避免对责任人员采取无根据的宽大处理措施。这对于增强合规不起诉改革的正当性和公信力,无疑具有十分重要的意义。

未来,在刑法和刑事诉讼法的修改完善中,有必要将"合规关联性理论"作为指导相关制度构建的理论根据。例如,在刑法修改过程中,如果那些涉嫌犯罪的企业,在犯罪行为发生之前已经建立了事先合规管理体系,司法机关既可以依据合规对涉案企业作出宽大量刑甚至无罪处理,也可以对那些在企业合规建设方面作出积极贡献或发挥积极作用的主管人员或其他责任人员,作出适当的宽大刑事处理,甚至采取出罪措施。[①]

[①] 参见孙国祥:《涉案企业合规改革与刑法修正》,载《中国刑事法杂志》2022年第3期。

又如,在刑事诉讼法修改过程中,对于那些符合适用合规考察条件的涉案企业,检察机关在设定合规考察期、指派合规监管人的情况下,督促企业开展合规整改活动。在考察期结束之前,经过对合规整改效果的评估、验收和听证程序,确认合规整改合格的,可以对涉案单位作出不起诉或者其他宽大处理。① 但与此同时,对于那些在合规整改过程中发挥积极作用或者作出实质贡献的主管人员或其他责任人员,也可以作出相应的宽大刑事处理。与此同时,即便对那些没有直接涉嫌犯罪的企业,在其内部人员在生产经营领域实施犯罪的案件中,检察机关督促企业启动合规考察程序,经评估和验收,认定企业合规整改合格的,只要这些内部人员对合规作出了实质性贡献,就可以对其作出宽大的刑事处理。

但是,要真正将"合规关联性理论"作为指导合规从宽制度改革的理论根据,仅仅作出上述立法努力还是不够的。考虑到依据合规宽大处理责任人员的制度,存在于不同的制度场景之中,所适用的对象具有一定的复杂性,我们有必要对这一理论的相关制度保障作出简要的讨论,并对检察官适用这一制度的裁量权作出必要的限制。

首先,为保证相关责任人员有条件参与企业的合规整改过程,有必要对强制措施的适用作出适度的限制。

原则上,在单位涉罪案件的诉讼程序中,检察机关应尽量对涉案责任人员采取非羁押性强制措施,为其推动和参与企业合规整改提供机会和制度保障。尤其是那些对企业决策和经营活动具有重大影响的法定代表人、实际控制人或高级管理人员,只有在被采取取保候审等非羁押性强制措施的情况下,才能对企业合规整改作出决策和部署,包括停止犯罪行为、采取补救挽损措施、调查犯罪原因、提出合规整改方案、执行合规计划等。这种对非羁押性强制措施的适用,可以为这些责任人员推动合规整改创造必要条件。毕竟,对于那些在单位犯罪中负有直接责任的企业内部人员,检察机关一旦采取羁押性强制措施,就会使其失去参与企业合规整改的机会,企业合规整改可能很难成为对其宽大处理的依据。

其次,根据单位涉罪案件是否采取分案处理的起诉方式,可以对是否依据合规宽大处理责任人加以区别对待。

一般而言,在对企业和责任人并案处理的案件中,检察机关对涉案企业

---

① 参见《李奋飞:企业合规改革的深入呼唤刑事诉讼法的修改》,载微信公众号"中国法律评论",2022年2月26日发布。

启动合规考察程序,在所设定的合规考察期之内,既暂缓起诉单位,也延迟起诉责任人员,这可以给予涉案责任人员参与合规整改的机会。在此类案件中,涉案责任人员对企业合规整改作出实质贡献的,检察机关就可以对其优先作出宽大处理。但在对企业与责任人分案处理的案件中,检察机关对于是否依据合规宽大处理责任人员,应采取较为慎重的态度。只有在那些涉案责任人员掌握企业命运的案件中,检察机关才可以为其参与合规整改提供制度保障。例如,尽量对其采取非羁押性强制措施,必要时采取中止诉讼措施,暂缓向法院提起公诉,使其有机会在企业合规整改中发挥实质性的推进作用。唯有在检察机关对涉案企业作出合规整改验收合格的决定之后,才能对涉案责任人员提起公诉,使合规整改成为对其提出宽大量刑建议的依据。

再次,根据涉案单位的治理结构和规模,可以对不同案件的责任人员采取区别对待的方式。

通常情况下,对于那些生产经营严重依赖于特定责任人员的中小微企业,可以优先适用依据合规宽大处理责任人员的制度。尤其是这类企业的法定代表人、实际控制人或高级技术人员,一旦对其起诉、定罪和判刑,有可能使企业面临灭顶之灾。检察机关应给予这些人员参与合规整改的机会,并依据合规对其作出宽大处理,优先适用不起诉、免除刑罚或者缓刑等宽大措施。而对于那些存在完善治理结构的大型企业,检察机关经过评估认为对那些不掌握企业命运的主管人员和其他责任人员提起公诉,不至于对企业的生产经营乃至生存造成严重影响的,在依据合规作出宽大处理方面应采取较为慎重的态度。

最后,根据单位犯罪的不同类型,对系统性单位犯罪案件与非系统性单位犯罪案件采取必要的区别对待。

原则上,系统性单位犯罪是企业通过整体决策所实施的犯罪类型,企业具有明确的集体犯罪意志和犯罪行为。而非系统性单位犯罪则是企业因存在管理失职和制度漏洞而对责任人员犯罪行为承担严格责任的犯罪类型。①对于前一类犯罪案件,考虑到责任人员与单位具有共同的犯罪意志,企业在实施犯罪方面发挥了策划、指导和实施的作用,即便企业合规整改取得成功,也应对主管人员和其他责任人员的处理采取较为慎重的态度。而对于后一类犯罪案件,有效的合规整改可以减少涉案责任人员再次犯罪的机会,降低

---

① 参见陈瑞华:《企业合规出罪的三种模式》,载《比较法研究》2021 年第 3 期。

单位再次发生类似犯罪的可能性。因此,只要责任人员在合规整改过程中发挥了积极作用,就可以优先对其采取宽大的刑事处理。

六、双重附条件不起诉制度的确立

根据前述分析,在涉案企业接受合规考察的案件中,企业责任人员积极参与合规整改,并在企业实施有效合规管理方面发挥积极作用,可以成为对其宽大处理的主要依据。但是,企业合规整改的成功,通常会发挥预防企业再次发生类似犯罪的作用,但并不必然带来杜绝内部责任人员再次犯罪的效果。毕竟,一个企业即使建立再完美的合规计划,也无法完全消除内部人员发生犯罪的可能性,而通常只是达到在企业与责任人员之间有效切割法律责任的效果。既然如此,对于那些在企业合规整改中作出显著贡献的责任人员,在作出宽大处理方面就应当有一定的限度。对于这些责任人员,要像对涉案企业那样,作出幅度较大的宽大处理(如出罪处理),就应另辟蹊径,探索一种新的监督考察机制。

2012年,我国刑事诉讼法对那些可能判处一年有期徒刑以下刑罚的未成年人刑事案件,确立了附条件不起诉制度,开启了检察机关对轻罪案件适用附条件不起诉的先河。① 2017年以后,在探索治理醉酒类危险驾驶犯罪的过程中,一些地方检察机关尝试引入附条件不起诉的机制,为醉驾嫌疑人设置若干项社会公益服务项目,并根据监督考察的效果决定是否提起公诉。由于危险驾驶罪属于一种最高量刑为拘役的轻微犯罪,因此,这种针对醉驾嫌疑人所实施的监督考察机制,被视为一种有效治理轻罪的制度尝试。②

通过上述法律发展和改革探索,附条件不起诉在我国司法实践中逐步形成了两种制度模式:一是轻罪案件附条件不起诉模式,二是企业合规附条件不起诉模式。前者适用于特定自然人涉嫌犯有轻微犯罪的刑事案件,检察机关通过启动监督考察程序,设置特定教育矫治措施,根据监督考察结果作出是否起诉的决定。后者则适用于企业或者企业内部人员在生产经营中涉嫌犯罪的刑事案件,检察机关通过启动合规考察程序,督促其建立专项合规整改计划,根据合规整改评估结果作出是否起诉的决定。

---

① 参见郭斐飞:《附条件不起诉制度的完善》,载《中国刑事法杂志》2012年第2期。
② 参见浙江省瑞安市人民检察院课题组:《醉驾附条件相对不起诉之探讨——以"瑞安模式"为蓝本的分析》,载《犯罪研究》2020年第5期。

检察机关既然可以针对未成年嫌疑人和醉驾行为人适用附条件不起诉制度,那为什么不可以针对涉企犯罪案件中的责任人员,确立独立的附条件不起诉机制呢?其实,与上述两种轻罪嫌疑人一样,企业责任人员之所以走上犯罪的道路,除了企业自身治理结构存在缺陷、管理存在漏洞、制度纵容违法违规行为等原因以外,往往还与这些人员存在犯罪动机、价值观存在偏差、经营方式存在犯罪因素等具有密切的联系。例如,在企业涉嫌实施虚开增值税发票犯罪的案件中,很多责任人员都存在唯利是图和追求无本之利的价值观念,在存在外部诱因的情况下,会铤而走险,实施破坏税收征管秩序的犯罪行为。又如,在企业涉嫌实施污染环境、非法采矿、非法占有农用地等犯罪的案件中,一些责任人员不仅缺乏环境资源保护的社会责任观念,也没有任何风险防控意识,存着侥幸心理而走上犯罪的道路。再如,在诸如串通投标、商业贿赂等犯罪案件中,不少责任人员都存在一种扭曲的价值观,认为在某一地区或某一行业普遍存在违法违规现象的情况下,依法依规经营注定"不具有竞争优势",而唯有采取违法违规行为,才能获得商业机会,赚取重大商业利益。

很显然,要有效地治理企业犯罪问题,我们就不能仅仅寄希望于企业合规整改,督促涉案企业建立有效的专项合规计划,还应当对内部责任人员建立有针对性的监督考察机制,督促这些人员接受专门化的教育矫治措施。据此,可以考虑针对涉企犯罪案件,确立一种双重附条件不起诉制度:一方面,针对符合条件的涉案企业,启动合规考察程序,与企业签署合规考察协议书,为企业设置考察期,指派由若干名合规监管人组成的第三方组织,督促企业按照量身打造的专项合规计划进行合规整改,建立有效的合规管理体系;另一方面,针对那些符合条件的直接责任人员,包括高级管理人员、实际控制人、技术人员和其他员工,启动独立的监督考察程序,与其签署监督考察协议书,确立与企业合规整改同步的考察期,指派相关的专业人员,督促这些人员接受特定的教育矫治项目,如参加社区服务,接受相关教育培训,改变原有的行为方式,矫正原有的经营模式,等等。

通过适用上述双重附条件不起诉机制,检察机关可以在涉企犯罪案件的监督考察中达到"预防双重犯罪"的效果。涉案企业可以通过建章立制,实现其商业模式和经营方式的"去犯罪化",建立并实施有效的合规防控机制,实现有效预防同类犯罪再次发生的目标。与此同时,内部责任人员可以接受教育矫治项目,形成健康的价值观念和法治观念,了解相关经营活动中合法与不合法的行为界限,清楚了解经营活动中的主要法律风险、危害后果和防治方式,从而逐步达到即使存在外部诱因也拒绝实施同类犯罪的效果。

通过建立双重附条件不起诉制度,直接责任人员不仅积极参与企业的合规整改工作,在实施合规计划中发挥积极作用,同时也可以接受专门的教育矫治措施,达到有效预防再次发生犯罪的效果。上述两种效果结合起来,检察机关对这些人员作出宽大处理就具有更大的合理性和正当性了。

七、对责任人员合规从宽的合理限制

与欧美国家所采取的"放过企业,但惩罚责任人"的合规整改制度不同,我国确立了"放过企业,也宽恕企业家"的改革策略。在四种主要场景下,企业通过合规整改的验收评估,既可以成为对涉案企业作出出罪处理的依据,也可以成为对责任人员宽大处理的依据。围绕着这种依据合规宽大处理责任人制度的正当性问题,目前存在着理论上的争议,赞同说和反对说各自坚持己见,提出了相互对立的观点和理由。几乎所有涉案企业都支持"以合规换取责任人员的宽大处理"的做法,检察机关也对这种制度安排普遍予以接受,而参与合规考察程序的其他专业人士,也对此不持异议。但是,企业合规整改合格与责任人员的宽大处理之间,究竟应否具有因果关系,或者应具有怎样的逻辑联系,仍然会引起研究者的质疑,甚至进而引发社会各界对改革正当性的信任危机。

为走出这一困境,本书提出了"合规关联性理论",认为无论是企业主管人员还是其他责任人员,只有在他们对企业合规整改作出实质性贡献、发挥积极推动作用的情况下,司法机关才能依据合规对其作出宽大处理。当然,仅仅是这些责任人员有推动合规整改的行动还是不够的,这种推动行动还必须产生了实际的合规整改效果,达到了通过合规管理来预防同类犯罪再次发生的目标,使得企业内部的管理人员、技术人员和普通员工再次发生犯罪行为的可能性大为降低。由此,无论是主导合规整改的涉案企业,还是推动合规整改取得成功的责任人员,依据合规获得宽大处理,甚至获得出罪的处理结果,就具有令人信服的正当性了。未来,无论是通过事后合规作出程序出罪处理,还是通过事先合规作出实体出罪处理,"合规关联性理论"都可以发挥很大的理论指导作用。

第八章　企业合规整改的行刑衔接问题

> 要进行有效的合规整改,检察机关在对涉案企业合规考察结束后,应引入行刑衔接机制,督促相关行政机关接手合规整改工作,达到对企业违法犯罪的"源头治理"效果。要解决行刑衔接的难题,一方面需要检察机关利用第三方机制委员会的制度平台,督促行政机关接手进一步的合规整改工作,另一方面,需要激活行政机关在合规整改上的积极性,完善合规指导、合规强制和合规激励等机制。

一、合规整改行刑衔接的制度难题
二、行刑衔接的四种方式
三、"行业合规"的尝试与反思
四、检察机关与监管部门联合合规考察的可行性
五、行政机关推进企业合规方式的改革

一、合规整改行刑衔接的制度难题

检察机关在合规不起诉改革探索中,通过督促企业展开内部调查,建立专项合规计划,实施有针对性的合规整改,期望达到预防企业再次发生犯罪的效果。但在司法实践中,企业所涉嫌实施的犯罪大都是由行政违法行为转化而来的"行政犯"或"法定犯",它们通常都违反了相关的行政法规,并因为"行政违法行为情节严重"而需要承担刑事责任。再加上很多企业出于追逐暴利、投机取巧、降低成本等方面的考虑,在过于宽松的行政监管环境下,出现了"野蛮生长"的问题,最终走上了犯罪的道路。相对于行政监管部门来说,检察机关不仅承受着巨大的办案压力,而且在建立有针对性的合规管理体系方面,也缺乏必要的专业力量和专业知识。可以说,仅仅依靠检察机关自身的力量,在较短时间的考察期内,要督促涉案企业堵塞管理漏洞,消除制度隐患,解决公司治理上的缺陷,从而有效地实现预防犯罪的效果,可能是难以完成的任务。

为弥补自身专业力量的不足,也为了实现对企业犯罪的"源头治理",我国检察机关在开展合规不起诉改革探索的过程中,提出了企业合规"行刑衔接"的改革思路。根据这一思路,各级检察机关都推动成立了"第三方监督评估机制管理委员会",并针对具体的单位犯罪案件,吸收各方合规监管人参与,组成"第三方监管评估工作小组"。所谓"第三方监督评估机制管理委员会",是一个在检察机关的主导或推动下,吸收了包括市场监管、环境资源保护、税收管理、国有资产管理、工商联、司法行政等行政主管部门参与的合规监管考察领导机构,享有对涉案企业启动合规考察程序、委任合规监管人、组织合规整改验收等职权的监督决策机构,体现了检察机关与行政监管部门的密切合作。而"第三方监管评估工作小组",则是一个由若干名合规监管人组成的临时性组织,通常由第三方监管评估机制管理委员会遴选和委派,由具有"合规监管人"资格的专家、律师、其他专业人员、检察官以及行政官员组成,负责对涉案企业合规整改情况进行监督、指导、报告和评估验收。在合规考察结束后,该工作小组对涉案企业合规整改工作的验收报告,对于第三方监督评估机制管理委员会组织的听证,具有重要参考价值,对于检察机关是否作出合规不起诉的决定,具有举足轻重的影响。

检察机关已经通过建立上述"管理委员会",吸收行政监管部门参与企业合规监管评估管理工作，并通过临时组成上述"工作小组"，利用行政监管人员的专业力量，对涉案企业的合规整改工作进行监管指导和评估验收。尽管如此，在企业合规的"行刑衔接"问题上，仍然存在着一些有待研究解决的问题。例如，检察机关对于企业合规整改的效果，究竟是从预防犯罪的角度进行验收，还是从预防行政违法的角度进行验收？假如不能预防企业重新实施行政违法行为，那么，企业很可能从行政违法滑向犯罪活动，所谓的"预防犯罪"也将是一句空话。又如，检察机关经过评估验收，认为涉案企业成功地建立了合规管理体系，并作出不起诉决定的，行政机关还可否继续采取行政处罚措施？对于该企业实施合规管理的行为，行政机关要不要以此作为减免行政处罚的依据？如何引入行政监管领域的合规激励机制，使得涉案企业具有合规整改的积极性？再如，在检察机关结束短暂的合规考察期并作出不起诉决定后，如何确保专项合规计划的可持续性？如何避免企业因为被作出不起诉决定，就放弃合规体系的进一步建设的问题？如何保证行政监管部门接过检察机关的"接力棒"，继续监督指导企业进行有效的合规管理，或者建立实施新的专项合规计划？还有，在我国现行的刑事司法和行政执法衔接体制下，检察机关并不享有行政处罚权，行政机关在对企业监管方面也不受检察机关的领导，检察机关在合规考察期结束后，如何有效地督促行政监管部门加强合规监管，防止原来已经启动的合规整改工作功亏一篑，这又是一个难以解决的问题……

要回答上述问题，切实有效地建立企业合规的"行刑衔接"机制，我们可以先来考察一个合规整改的案例。从检察机关的改革探索中，我们或许可以获取一些灵感和思路。

X公司是一家主营境内外水果采购和分销业务的大型企业。2018年以来，该公司委托代理公司报关进口榴莲，按照代理公司"指导价"制作虚假采购合同和发票用于报关，报关价格低于实际成本价格，经海关计核，该公司偷逃应缴税额397万余元。X公司走私普通货物案件发生后，经海关立案侦查并移送起诉，检察机关与海关商议后，认为该公司符合合规考察的条件，启动了合规整改程序。2021年6月，受深圳市人民检察院的委托，深圳市宝安区检察院提出申请，深圳市宝安区促进企业合规建设委员会组织成立了X公司"企业合规第三方监督评估工作组"，对该公司企业合规整改情况进行评估验收和回访考察，工作组由一名合规专家、两名合规律师、两名熟悉合规工作的检察官以及两名现任海关官员组成。

第三方工作组通过查阅资料、现场检查、听取汇报、针对性提问、调查问卷等方式进行考察评估并形成考察意见。工作组经考察认为，X集团的合规整改取得了明显效果，制定了可行的合规管理规范，在合规组织体系、制度体系、运行机制、合规文化建设等方面搭建起了基本有效的合规管理体系，弥补了企业违法违规行为的管理漏洞，从而能够有效防范企业再次发生相同或者类似的违法犯罪。

深圳市检察机关在该案办理过程中，在合规整改结果互认、合规从宽处理等方面加强与深圳海关的沟通协作，形成治理合力，共同指导X公司做好合规整改，发挥龙头企业在行业治理方面的示范作用。整改期间，X公司积极推动行业生态良性发展，不仅主动配合海关总署关税司工作，不定期提供公司进口水果的采购价格，作为海关总署出具验估价格参数的参照标准，还参与行业协会调研、探讨开展定期价格审查评估与监督机制。针对案件办理过程中发现的行政监管漏洞、价格低报等行业普遍性问题，深圳市检察院依法向深圳海关发出《检察建议书》并得到采纳。深圳海关已就完善进口水果价格管理机制向海关总署提出合理化建议，并对报关行业开展规范化管理以及加强普法宣讲，引导企业守法自律。

检察机关对涉案企业作出不起诉决定后，行政执法机关仍需对涉案企业进行行政处罚的，检察机关可以提出检察意见。在企业合规整改期限较长的情况下，合规程序往往横跨多个法律程序，前一法律程序中已经开展的企业合规能否得到下一法律程序的认可，是改革试点实践中普遍存在的问题。本案中，深圳市检察机关对涉案企业开展第三方监督评估后，积极促成"合规互认"，将企业合规计划、定期书面报告、合规考察报告等移送深圳海关，作为海关作出处理决定的重要参考，彰显了企业合规的程序价值。

企业合规监督评估后，涉案企业合规体系是否能持续有效地运转，直接关系到合规整改的实效。本案中，第三方工作组针对涉案企业合规管理体系建设尚待完善之处，又进行了为期一年的企业合规跟踪回访，助力企业通过持续、全面合规打造核心竞争力。

在这一案例中，检察机关对经过合规整改的涉案企业作出不起诉决定后，不是一放了之，而是探索出一条通过"行刑衔接"来激励企业继续展开合规管理体系建设的机制。这一机制的核心要素有四：一是向行政监管部门提出处以行政处罚的建议；二是促成"合规互认"，建议行政机关将企业合规整改情况作为宽大行政处罚的依据；三是向行政监管部门提出改进行政监管、堵塞监管漏洞的建议，督促监管部门建立预防企业再次犯罪的管理体系；四是建立"跟踪回访"制度，与监管部门协力合作，在对企业采取出罪措施后继续关注其合规体系建设，督促其合规管理体系的成功实施。

在我国的法律制度框架下，一直存在着行政执法与刑事司法互不隶属的问题。对于涉案企业所实施的违法违规行为，行政监管部门与刑事司法部门各自独立地展开执法活动，由此形成了针对同一违法行为启动两种法律程序的格局。通常情况下，根据对企业违法违规案件启动立案程序的情况，可以有两种行刑衔接方式：一是"行政处罚前置"方式，也就是对于企业涉嫌违法违规的行为，行政机关立案调查后，会独自作出行政处罚的决定。而对于那些构成犯罪的企业，行政机关在完成行政执法程序后，再移交公安机关立案侦查，后者可以移送检察机关审查起诉。二是"刑事司法前置"方式，亦即在行政机关没有启动立案调查程序，或者已经启动调查程序，但没有作出行政处罚的情况下，公安机关进行刑事立案侦查，检察机关进行审查起诉，法院进行法庭审判，在刑事诉讼程序结束后，无论公检法机关作出出罪还是入罪的决定，最后负责处理案件的机关，都面临着将涉案企业移送行政处理的问题。

考虑到检察机关和法院都不享有行政处罚权，它们在作出不起诉或者宣告无罪决定后，认为应当对涉案企业作出行政处罚的，也只能向相关行政机关提出作出行政处罚的建议或意见。在企业合规不起诉改革探索中，检察机关对于涉案企业启动合规考察程序，经过评估验收认定合规整改合格，最终作出不起诉决定的，无权自行作出行政处罚的决定，而只能向行政监管部门提出处以行政处罚的检察建议或者检察意见。正是在这一法律执行体制下，企业合规不起诉制度的探索才会出现"行刑衔接"的改革难题。

那么，究竟如何解决这一改革难题呢？从着眼于未来法律制度发展的角度来看，我们可以提出一种"行政执法一体化"的制度设想。具体说来，企业的行为仅仅构成行政违法的，行政监管部门在立案调查后，可以独自作出行政处罚的决定。但对于那些已经构成犯罪的违法企业，可以建立"检察罚"和"法院罚"的制度：检察机关经过审查起诉，即使作出了不起诉的决定，也仍然可以自行作出行政处罚的决定；法院经过审判，无论是作出有罪裁决，还是宣告无罪，都可以自行作出行政处罚的决定。这种"行政执法一体化"的制度，在赋予检察机关和法院检察权和审判权的同时,可以对涉案企业继续行使行政处罚权。这一改革设想假如得到推行,可以从根本上确立一种行政执法与刑事司法的密切衔接机制,保证行政执法和刑事司法的统一性,提高行政执法的效率,也有助于检察机关通过行使行政处罚权,对涉案企业发挥合规激励作用。

当然,上述改革设想毕竟只是一种较为理想的制度设计,要在我国法律中得到确立,还有很长的路要走,并且存在着相当大的不确定性。在相当长的时间内,我们还不得不面对行政执法与刑事司法相互分离的制度现实。在检察机关不享有行政处罚权的情况下,我们究竟应如何建立一种企业合规的"行刑衔接"机制呢?下面可以结合前述案例的做法,提出一些具有普遍推广价值的改革思路。

二、行刑衔接的四种方式

迄今为止,一些地方检察机关已经意识到了合规整改行刑衔接的重要性,在不突破现有法律框架的前提下,引入了四种合规整改的行刑衔接方式。这些行刑衔接方式的共同特点是,检察机关在结束合规考察程序之前,利用"第三方机制委员会"这一制度平台,向相关行政机关提出检察建议或检察意见,或者建议行政机关作出行政处罚,或者建议行政机关在行政处罚中引入合规激励机制,或者督促行政机关针对监管漏洞加强相关领域的行政监管,或者对行政机关的合规监管进行跟踪回访,确保合规整改产生可持续的效力。在以下讨论中,我们可以对这四种行刑衔接方式作出简要的分析。

(一)行政处罚

检察机关在作出合规不起诉决定后,可以向监管部门提出处以行政处罚的检察建议。检察机关对于被纳入合规考察程序的企业作出不起诉决定,仅仅意味着放弃追究其刑事责任,避免企业因为被定罪而承受一系列灾难性的附加后果。但是,涉案企业的行为同时触犯了刑事法律和行政法律,检察机关对其采取出罪措施,并不必然意味着免除其行政法律责任。司法实践的经验表明,对于那些通过建立合规体系来换取无罪处理的企业,适当地采取行政处罚措施,可以使其承担一定的法律代价,发挥行政处罚的惩罚和威慑功能,也有利于向社会彰显法律实施的严肃性和公平性。正因为如此,检察机关在作出合规不起诉决定后,向行政机关提出对涉案企业处以行政处罚的检察建议,就成为"行刑衔接"的保障措施。

(二)合规互认

检察机关应推动"合规互认"机制的实施,建议监管部门根据企业开展合规整改的效果,作出宽大的行政处理。合规不起诉是一种"事后合规激励机制",也就是通过对有效开展合规整改的涉案企业,给予出罪的刑事处理,对其作出制度奖励,并吸引那些潜在的犯罪企业,积极选择合规整改,建立旨在预防犯罪的合规管理体系。但是,假如在检察机关作出不起诉决定后,行政监管部门不论涉案企业是否推行了合规管理体系,是否有效堵塞了制度漏洞,是否建立了有效预防犯罪的管理制度,都一律作出严厉的行政处罚,那么,涉案企业在推行合规管理方面的积极性就会受到打击,甚至失去进一步开展合规整改的动力,造成合规整改功亏一篑的结局。为避免这一问题的出现,一些检察机关推行了"合规互认"的做法,也就是将涉案企业开展合规整改的情况和效果,提交给行政机关,并建议行政机关据此作出宽大的行政处罚,使得那些实施合规整改的涉案企业,不仅可以获得宽大的刑事处理,还可以获得进一步的宽大行政处罚。根据企业合规整改的实际效果,检察机关可以建议行政机关减轻行政处罚,还可以提出免除行政处罚的建议。在很多建立了检察机关与行政机关合规"联动机制"的地方,检察机关所提出的这种"合规互认"和"宽大处理"的建议,通常都会得到行政机关的认可,从而引入了一种企业合规的行政激励机制。

(三)督促加强行政监管

检察机关可以向监管部门提出改进监管机制的建议。很多企业之所以走上犯罪的道路,除了其自身具有特定犯罪动机这一原因以外,还与行政监管部门长期存在的"监管不力"甚至"监管漏洞",具有密不可分的联系。这些监管制度方面的缺陷不仅造成了企业的"野蛮生长",还在企业生产经营、产品销售、进出口报关、参与招投标等环节形成了一种普遍的"潜规则"。要有效地预防企业再次实施犯罪活动,除了要督促企业建立合规管理体系以外,还应当督促相关行政机关建立有针对性的监管机制,堵塞监管漏洞,消除监管隐患,克服各种制度缺陷,彻底改变那种"劣币驱逐良币"的竞争环境。为此,检察机关在作出不起诉决定后,可以向相关行政机关提出改进监管机制的检察建议或检察意见,督促行政机关加强实质性的企业监管。

例如,针对那些涉及知识产权犯罪、非法经营犯罪、串通投标犯罪的案件,检察机关可以建议市场监管部门针对性地强化市场监管机制,必要时发布相关的合规指引,引导企业走上依法依规经营的道路;对于那些涉及虚开发票犯罪的案件,检察机关可以建议税务部门加强对企业的发票管理,督促企业建立财务监督和审核制度;对于那些涉嫌实施环境资源犯罪的案件,检察机关可以建议环境资源保护部门加大日常性的环境资源执法力度,对企业建立环境监测、评估、认证、合规等监管机制;对于那些涉及走私犯罪的案件,检察机关可以建议海关加强进出口货物的日常监管,规范那些代理报关公司的代理行为,必要时废除代理报关制度,消除代理环节可能发生的偷逃海关关税现象;等等。

(四)跟踪回访

检察机关应当与监管部门通力合作,对企业持续地展开"跟踪回访"。检察机关对涉案企业的合规考察,由于考察期通常只有数个月的时间,加上很多企业都面临着资金链中断、上市压力较大、经营困难、急需无犯罪记录等方面的难题,往往只是督促企业建立了合规管理体系的框架,根本来不及对合规体系进行"试运行",更遑论有效的合规整改了。在此背景下,检察机关在作出不起诉决定后,假如放任不管,任由涉案企业自行实施合规管理,那么,企业的合规整改就可能因为缺乏持续性督导和动力而流于形式,甚至半途而废。为防止出现这一局面,一些检察机关推行了持续"跟踪回访"的做法,在作出不起诉决定后,确定较长时间的"跟踪回访期限",与行政监管部门通力合作,共同定期对企业推行合规管理的情况进行跟踪考察,提供必要的指导和协助,提出改进合规体系的意见。这有助于企业形成一种依法依规经营的文化,建立一套行之有效的合规管理制度,并确保书面的合规计划落到实处,使其切实发挥预防、监控和纠正违法违规行为的作用。与此同时,通过持续不断的"跟踪回访",检察机关还可以对行政机关的有效监管产生督促作用,使其真正地转变执法理念,从注重事后的"严刑峻罚",变为强化事先的"违法预防",将督促企业建立合规体系转化为新型的行政监管方式。

三、"行业合规"的尝试与反思

在企业合规不起诉改革过程中,有关"行业合规"的问题引起改革者的高度关注。在税收管理、海关报关、环境资源保护、工程项目招投标、医药产品生产上市、专利商标保护、网络数据保护等领域，一些企业所存在的虚开发票、走私、污染环境、非法采矿、单位行贿、串通投标、非法经营、侵犯知识产权等犯罪问题，往往并非偶然发生的个别现象，而可能普遍发生在从事该行业的企业的生产经营过程之中。究其原因，除了一些企业自身存在着违法违规经营动机以外，还与行政机关对整个行业的监管存在重大制度漏洞有着密不可分的关系。包括市场监管部门、税务管理部门、海关、环境资源保护部门在内的行政机关，大都固守原有的"严刑峻罚"的监管理念，青睐运动式的"整治"方式，甚至纵容一些行业"潜规则"的存在，致使诸多破坏市场秩序的违法违规活动大行其道，导致不少企业走上犯罪的道路。在此背景下，检察机关就不能仅仅着眼于对涉案企业的"个案合规整改"，还需要将合规整改的对象扩展到整个行业，督促那些从事特定行业的企业都加入到合规管理体系建设中来。

但是，合规不起诉改革的主要适用对象是那些已经涉嫌犯罪的企业，而对于那些仅仅存在犯罪隐患的企业，检察机关如何开展合规整改呢？在这一方面，一些检察机关引入了"行业合规整改"的概念，在行业协会或商会的协助下，推动特定领域的多家企业同时展开合规整改，建立合规管理体系。具体说来，如果检察机关发现那些从事同一领域经营活动的中小微企业，都存在着相同或相似的违法违规问题，有些甚至走上犯罪的道路，就可以与当地行业协会或商会进行联系，在后者的支持下，选取若干家具备合规整改意愿和条件的企业，设定一定的考察期，引入外部的合规专业机构，协助其进行有针对性的合规整改，建立专项合规管理体系。这种从"个案合规"向"行业合规"的展开，被视为中小微企业合规整改方式的一种革新。

但是，这种"行业合规"制度的出现，也引发了一些理论上的困惑和讨论。行业协会在建立行业合规方面有没有积极性？行业协会可否建立一种激励机制，确保企业在建立合规体系方面具有足够的动力？检察机关对行业协会的行业合规管理，究竟有没有普遍的监督权？……对于这些问题，我们可以通过分析下面的案例，来作出初步的分析和解答。

2020年3月至5月，江苏省Z市某行业商会先后有13家企业涉嫌生产、销售假冒某国外品牌商品，其中8家企业受到行政处罚，5家企业涉嫌犯罪进入刑事程序。相关涉罪企业生产、销售假冒注册商标的商品价值人民币10.9万元至29.3万元不等。案发后，5家涉罪企业和9名涉罪人员均认罪认罚。

检察机关受理审查起诉后,坚持"轻轻重重"原则,综合考虑案件数额、认罪认罚、积极退赃等因素,对1家企业及4名人员不起诉,以假冒注册商标罪对4家企业及5名人员提起公诉,提出8个月至1年10个月有期徒刑并处罚金的量刑建议,均得到法院判决支持。

检察机关在办理该系列案件时,通过调查发现,Z市该行业有相关企业50余家,其中部分企业存在关联性,如居中介绍、互相提供图纸、提供产品包装等,并且这些企业普遍存在知识产权意识淡薄、生产管理环节犯罪风险点突出等问题。为此,检察官分别走访了当地市场监督管理局、工商联、行业商会以及涉案企业,调查该行业整体开展合规建设的意愿,并进行可行性分析。该行业商会了解合规政策后,就全行业开展合规建设表示出强烈意愿并牵头落实。

商会向Z市企业合规监管委员会报备后,自行委托一家律师事务所为行业合规建设提供法律服务。在合规律师团队的指导下,商会确定首批7家企业进行合规建设;组建了合规组织机构,负责制定行业合规公约,讨论行业合规重大决定问题,监督企业落实合规政策;制定了行业员工合规行为准则23项、知识产权管理专项制度9条。

在检察机关的建议下,Z市企业合规监管委员会扩大适用第三方监督评估机制,从第三方监督评估组织专业人员名录库中随机抽取人员,组建第三方监督评估小组,跟踪该行业企业合规整改,评估合规计划落实情况。其间,第三方监督评估小组与该行业商会联合开展合规巡查,对7家企业完成巡查10次,发现共性问题15个,发出《违规告知单》9份,持续推动商会成员企业实质化整改。

检察机关办理涉企案件时,应注重从类案或系列案件中发现共性问题,分析梳理所属行业、领域企业是否具有共性风险,引导相关行业开展整体合规建设。在本案的合规推进过程中,检察机关注重发挥行业商会牵头、自治作用,引导商会在内部成立专门的合规机构,建立统一的合规计划和合规标准,从而促进成员企业执行行业标准、完善自身制度,有效弥补企业独立开展合规建设能力不足的缺陷,实现合规成本最小化。

与督促涉案企业进行合规整改的方式不同,行业合规是在检察机关的监督和行业协会的组织协调下,相关企业自愿参加的合规整改项目。行业协会聘请了专业合规机构,建立了合规管理部门,对参与合规整改项目的企业进行合规内部调查,发现在管理制度和经营方式上的漏洞和隐患,对带有共性的合规风险作出专业性评估,制定专项合规计划标准,督促企业提交合规整改方案和合规计划,并对企业合规整改的情况进行跟踪审核。条件成熟时,在检察机关的监督下,行业协会将较为成熟的合规计划标准向全行业其他企业加以推广适用,从而推动全行业的合规管理体系建设。这种不满足于"个案合规整改",而推动某一行业内企业的全方位合规整改的做法,有助于及时防范中小微企业存在的普遍合规风险,大大节省了中小微企业的合规建设成本,将涉案企业的"事后合规",与没有爆发危机的企业的"事先合规",进行了有机结合,充分发挥合规管理在预防犯罪、督促企业依法依规经营方面的作用。

  行业合规作为一种制度探索,对于中小微企业的合规整改无疑具有很大的针对性和创新性。但是,要将目前个别地方进行的制度探索转化为普遍的制度安排,我们还需要对其正当性作出必要的论证,并建立一些适度的制度保障机制。必要时,还可以考虑突破现有监管体制上的限制,作出一些制度上的创新和突破。

  首先,检察机关要督促行业协会启动行业合规整改工作,需要借助于行政监管部门的力量。在我国,行业协会尽管属于具有独立法人地位的社团组织,但通常都有各自的主管部门,而这些主管部门一般都是从事相关行政监管工作的行政机关。在行业合规整改方面,检察机关要取得某一行业协会的支持和帮助,就需要取得相关行政机关的配合和支持,由此才能从实质上推动行业合规工作的普遍开展。目前,各级检察机关已经取得了包括国有资产管理部门、市场监管部门、税务部门、环境资源保护部门、证券监管部门、财政部门等在内的行政机关的支持,组建了第三方合规监管委员会,对涉案企业组成包括相关部门行政执法人员在内的第三方监督考察评估小组。这是检察机关与行政监管部门在对企业合规整改方面开展密切合作的一个重要开端。未来,检察机关还可以考虑通过与相关行政监管部门的合作,引导该部门主管的相关行业协会,加入到检察机关主导的合规整改工作中来。在针对某一行业的合规整改过程中,检察机关可以与行政监管部门一起,推动有关行业协会启动行业合规整改的工作。

  其次,在行政监管部门的监督和支持下,行业协会对企业的行业合规整改,既具有了行政压力,也可以获得相应的行政资源,具有更大的动力。目前,行政机关在推进企业合规方面,主要是通过制定合规管理指引、建立强制合规制度、引入行政激励机制等方式,来发挥推动作用的。相比之下,行业协会在推进企业合规体系建设方面,则没有发挥充分的作用。究其原因,行政机关还受到固有体制和观念的束缚,将行业协会视为一种附属事业单位,没有赋予与其与独立社团法人地位相称的管理权限。迄今为止,行业协会在监督和引导企业开展合规管理方面,除了制定行业合规管理指引、组织企业参加培训研讨会等之外,很难有更大的作为空间。检察机关要发挥行业协会在行业合规整改中的作用,就需要行政机关更多地"简政放权",将一些对企业的管理权、监督权和处罚权,转交给行业协会,由此才有可能使行业协会在合规管理方面获得更大的制度空间。

再次,在行政机关放权的前提下,行业协会有必要引入适度的强制合规制度和合规激励机制。所谓强制合规制度,是指行业协会为企业确立的建立合规管理体系的义务,对于不能满足合规要求的企业,行业协会可以采取必要的处罚措施。而合规激励机制,则是指行业协会为吸引企业建立合规管理体系,对于达到合规管理最低标准的企业确立的奖励机制。为发挥合规激励效果,行业协会可以采取定期合规认证、对企业合规分级管理等方式,对在合规管理方面做得较为成功的企业,授予"认证资格证书",给予较高合规等级,必要时可以在参加招投标、申请贷款等方面,给予合规管理优秀的企业一些政策优惠。

当然,行业协会也应进行适度的改革,以适应当下越来越具有挑战性的企业合规管理工作。传统上,很多行业协会存在着人员较少、效率较低、工作热情不高的问题。行业协会的负责人通常都是退休的行政官员,要解决这些问题,缺乏专业性人才,办公经费也普遍存在困难,而不得不通过向会员单位收取会员费用、提供培训等方式,获得少量的经费预算。假如将行业合规整改作为一项制度加以确立,那么,行业协会所存在的上述问题就必须得到适当的解决。否则,一些行业协会就有可能借着行业合规整改的机会,通过合规培训、合规认证、合规分级管理等方式,进行不正当的商业经营活动。这有可能损害行业合规整改的声誉,使行业合规制度走向歧途。行政监管部门需要加强对行业协会的监管指导,推动行业协会自身的改革,使其在行业合规方面发挥积极的作用。

最后,可以考虑探索检察机关与行政机关、行业协会的"三方衔接",最大限度地保证行业合规整改的积极效果。检察机关在对涉案企业进行合规整改的过程中,一旦发现某种企业犯罪问题带有"行业性"和"普遍性"的特点,就可以建议相关行政机关启动"行业合规整改程序"。与合规考察程序不同,这一行业合规整改程序所适用的对象并不是涉案企业,而是从事同一行业的非涉案企业。这一程序启动后,检察机关可以建议行政机关提出分批进入行业合规整改的企业名单,制定可行的合规整改标准,督促企业提交合规内部调查报告和专项合规计划。在检察机关和行政机关的督导下,行业协会为整改企业设定行业合规整改期,统一委托合规顾问,或者指派合规监管人,按照检察机关和行政机关审核同意的合规整改标准和合规计划,建立合规管理体系,并确保该体系的运行和调试,使其渗透到企业经营的所有环节和每一流程。经过若干轮调整和评估,并经合规顾问或合规监管人验收合格后,行业协会就可以完成对整改企业的行业合规整改工作。

检察机关在当地第三方监管评估机制管理委员会的支持下,通过与行政机关的"行刑衔接",引入行业协会参与行业合规整改工作,启动行业合规整改程序,在督促整改企业建立和运行合规体系的基础上,推动整个行业的合规管理体系建设,这有助于形成一种"办理一起案件、辅助一批企业、规范一个行业"的良好示范效应。由此,检察机关就可以推动企业合规从效果有限的"个案合规",走向具有深远意义的"行业合规治理",达到整个行业依法依规经营、预防违法犯罪的积极效果。

四、检察机关与监管部门联合合规考察的可行性

在合规整改的"行刑衔接"方面,还存在一个有待解决的问题,也就是在制定合规政策、标准和程序方面,是否要建立一个统一的"行政合规计划"。近期,法学界和实务界对于有效合规计划的标准问题,存在着一些不同看法。一种观点认为,合规计划不存在"刑事合规计划"和"行政合规计划"的区分,检察机关在合规整改中要督促涉案企业建立统一的合规计划,当然是统一的"专项合规计划"。这一专项合规计划既要将刑法所禁止的行为纳入合规政策和员工手册之中,使之成为企业员工、高管和商业伙伴一体遵守的行为准则,也要将相关的行政法规所确立的义务性规则和禁止性规则确立下来,成为企业内部所要遵守的行为准则。毕竟,企业所实施的犯罪通常都是"行政犯",即便涉案企业可以做到不触犯刑事法律,也仍然可能会实施行政违法行为。而一种不禁止行政违法的合规计划,最终也难以达到预防犯罪的效果。因此,企业在合规整改中所要建立的合规计划,肯定是行政合规与刑事合规

一体化的合规计划。

但另一种观点则认为,检察机关为企业设置的考察期很短,主要通过委派合规监管人的方式对企业合规整改进行监督指导,所要追求的目标主要是预防企业再次实施犯罪行为,因此,检察机关没有必要,也不可能确保企业建立一种旨在预防一切行政违法行为的合规计划。更何况,无论是在税收、知识产权、环境资源保护、安全生产、反走私领域,还是在招投标、反商业贿赂、数据安全等领域,行政法规所确立的规则,要远远多于刑法所确立的禁止性规则。在禁止企业违反行政法规方面,行政机关负有更主要的监管职责,也具有这方面的监管经验。而作为刑事司法机关的检察机关,通过合规整改所要达成的目标,主要是督促企业建立一种"刑事合规计划",也就是足以预防类似犯罪再次发生的合规管理体系。至于那种为预防企业行政违法行为所需要的"行政合规计划",则要等到合规整改结束之后,检察机关通过检察建议或检察意见的方式,交由有关行政监管部门督促企业加以建立。或者,企业在"案结事了"之后,出于防范合规风险、增强竞争实力的考虑,可以自行建立这种旨在预防行政违法行为的"行政合规计划"。

上述两种观点,貌似都有一些道理,但似乎都有点走极端了。我们究竟如何作出选择呢?

在笔者看来,检察机关的合规整改就应当主要围绕着犯罪预防问题来展开,而不可能将预防行政违法行为作为合规整改的目标。从这一意义上讲,笔者同意将检察机关的合规整改定位为"刑事合规计划",所要督促企业制定的专项合规政策、标准和程序,也主要是围绕着预防特定犯罪问题来展开。例如,税收合规政策、知识产权合规政策、环境资源保护合规政策、反走私合规政策等,都要围绕着预防特定犯罪再次发生这一目标来加以制定。

但是,仅仅通过督促企业遵守刑法的方式来确立合规政策、标准和程序,对于预防犯罪而言,是远远不够的。毕竟,很多犯罪行为与行政违法行为并不存在泾渭分明的"鸿沟",两者在构成要件上往往并无实质性的区别,而主要是在违法的情节、数额、后果等方面存在一定差异。检察机关督促企业建立的合规体系,假如对相关领域的行政违法行为不具有预防效果的话,最终也无法达到预防犯罪的效果。从最终意义上看,企业合规整改不仅要达成预防犯罪的目标,还要督促企业建立依法依规经营的管理制度和企业文化。一种真正有效的合规计划,需要具有"行政合规与刑事合规一体化"的视角,对企业的合规风险进行"源头治理"。为此,检察机关就需要借助行政监管部门的力量,将刑事合规计划和行政合规计划进行有机的衔接。例如,在合规整改过程中,通过将合规专家、律师和有关行政官员组合成一个第三方监管小组,督促企业在所要建立的合规计划中,既要有犯罪预防的要素,也要包含防范行政违法行为的要素。又如,在对企业合规验收合格后,检察机关应当向行政机关提出检察建议,委托后者继续对企业开展合规监管,在原有刑事合规计划的基础上,引入行政合规计划,督促企业实施一种旨在预防行政违法行为的合规计划。再如,在行政合规的激励机制上,行政机关对于那些在从刑事合规扩展到行政合规方面卓有成效的涉案企业,可以作出宽大的行政处理,必要时也可以考虑免除行政处罚。

从长远的角度看,检察机关与相关行政监管部门开展联合合规监督考察,在同一考察期内同步督导涉案企业开展合规整改工作,将是一条无法绕开的改革思路。根据一些欧美国家的相关法治经验,由检察机关与监管部门开展联合合规考察,可以提高合规整改的效率,督促企业建立一体化的有效合规计划,达到对违法违规行为和犯罪行为的双重预防效果。例如,美国司法部与证交会对涉嫌海外贿赂的西门子公司,就采取了这种联合达成和解协议,联合监督其开展合规整改的做法。美国司法部在经联邦法官批准后,与中国中兴公司达成刑事和解协议,而美国商务部等部门则与中兴公司达成行政和解协议,上述部门针对中兴公司的同一行为,同时督促中兴公司进行合规整改,尽管两者设定的考察期有所不同,但由于保持了同步进行的态势,因而取得了较为理想的合规监管效果。

在我国现行法律制度下,检察机关与行政监管部门开展联合合规监督考察活动,可以达到最佳的合规整改效果,也具有明显的制度优势。首先,全国检察机关已经在本行政辖区内推动建立了第三方机制委员会,吸收相关行政监管部门加入到合规监督考察的领导和监督活动中来。这为检察机关与监管部门联合开展合规监督考察提供了一个重要制度平台。其次,检察机关与行政监管部门已经普遍开展了合规整改的行刑衔接探索,行政监管部门逐步接受了对涉案企业开展合规整改的制度安排。既然行政机关愿意在检察机关合规考察结束之后,开展持续性的合规监管,那么,检察机关在启动合规考察程序之初,就与相关行政监管部门开展联合合规考察,这对监管部门而言并不存在任何制度障碍。再次,检察机关启动合规考察程序之后,通过与相关行政监管部门设定共同的考察期,或者设定不同的考察期,统一遴选合规监管人,组成第三方组织,设定合规整改的有效标准和工作计划,并统一组织合规整改的验收听证,这既可以达到有效预防类似犯罪再次发生的目标,也可以达到预防相关行政违法行为再次发生的效果,实现犯罪预防和行政违法预防的双重目标。最后,那些被纳入合规考察程序的企业,几乎都属于"行政犯",根据法秩序统一性的原理,构成行政犯的涉案企业既构成了行政违法,也触犯了某一特定罪名,因此,对这类涉案企业同步开展刑事合规整改和行政合规整改,符合上述基本原理,具有明确的刑法和行政法律依据。

五、行政机关推进企业合规方式的改革

随着企业合规改革的深入推进,检察机关如何推动合规整改的"行刑衔接"问题,逐渐引起社会各界的高度关注。检察机关启动合规监督考察程序后,一般只能在数个月的考察期内,委派由合规监管人组成的第三方组织,监督指导企业开展专项合规整改工作,并根据后者提交的监督考察总结报告举行验收听证会,作出是否起诉的决定。在如此短暂的期限内,在合规管理资源投入如此有限的情况下,检察机关要督促企业建立有效的专项合规计划,确保该计划的有效运行,并达到有效预防类似违法犯罪行为再次发生的目标,通常是比较困难的。而检察机关一旦作出不起诉的决定,使得涉案企业获得"无犯罪记录证明",就无法继续发挥"合规激励"的效果,难以对企业的合规体系建设发挥有效的约束作用。在此情况下,检察机关如何通过合规整改的行刑衔接机制,推动相关行政监管部门接手合规整改工作,就成为了一个极为现实和迫切的问题。

迄今为止,各地检察机关在"合规整改的行刑衔接"问题上进行了制度探索,创造了包括"建议行政处罚""合规互认""督促加强监管""推动行业协会加强合规建设"等在内的改革经验。但是,这些改革探索所取得的成效还是较为有限的,行政监管部门能否接过检察机关的"合规整改接力棒",继续督导企业开展进一步的合规整改工作,仍然是令人不无忧虑的问题。

在笔者看来,建立检察机关与行政监管部门的"行刑衔接"机制,除了开展上述程序机制上的衔接以外,还可以研究一下行政机关推进企业合规建设的法定方式,提出行政机关改进合规监管制度的思路,由此才能实现检察机关刑事合规与监管部门行政合规的"实质化衔接"。笔者的基本设想是,要考虑行政机关推进企业合规的现实制度资源,并对其作出必要的制度改造,利用现行的"合规指导""合规强制"和"合规激励"等多种合规推进方式,激发

行政机关在推动企业合规整改方面的积极性和主动性,由此打通行政机关在合规监管方面的"任督二脉"。

(一) 合规指导

合规指导是行政机关推进企业合规的一种重要方式。所谓"合规指导",是指行政机关以发布"合规指引"的方式,为相关企业建立或改进合规管理体系提供行政指导的活动。从所发布的合规指引的内容来看,合规指导可分为"一般性合规指导"和"专门性合规指导"两种,前者是行政机关为指导企业防控所有合规风险而进行的全面合规指导活动,后者则是行政机关为督促企业防范某一特定的合规风险所进行的专门性合规指导活动。目前,我国国务院国资委针对"中央企业"发布的合规管理办法,以及国家发改委会同其他部门针对中国企业海外经营活动发布的合规管理指引,就属于"一般性合规指导"。而中国银保监会、中国证监会、国家市场监管总局、商务部等部门针对金融企业防范金融合规风险、证券企业防范证券合规风险、一般企业防范反垄断合规风险、从事海外业务的企业防范出口管制合规风险分别发布的专项合规指引,就属于"专门性合规指导"。

通过发布合规指引,行政机关可以为相关企业制定最低限度的有效合规标准,同时为企业合规有效性的评估确立基本的方法和流程。尤其是那些针对特定领域的合规风险发布的专门性合规指引,更是为企业建立专项合规计划确立了可供参考的依据。相对于企业自身建立合规管理体系的做法而言,行政机关基于其监管地位从外部提出的合规要求,更具有针对性,可以成为有效督促企业依法经营的监管方式。而相对于各种行业协会自行发布合规标准的做法而言,行政机关向企业推行合规体系建设的做法,更有可能发挥规范和约束效果。

但是,在有效推进企业合规体系建设方面,合规指导也具有一定的局限性。这主要表现在,一方面,行政机关对于合规体系建设的目标认识不足,没有将特定的合规风险作为合规建设的根据,所提出的有效合规标准过于笼统和原则,无法为企业建立合规计划提供可操作和有针对性的标准。而在企业合规有效性的评估方面,这些由行政机关发布的合规指引往往没有确立较为科学的方法和程序。在很多情况下,合规指引对企业建立合规计划往往无法发挥有效的指导作用。另一方面,在不引入强制合规和合规激励机制的情况下,行政机关所发布的合规指引既不具有强制约束力,也无法发挥显著的激励作用。假如对于拒绝按照合规指引建立合规体系的企业,行政机关不作出处罚,也不令其承担不利的后果,而对于按照合规指引建立合规体系的企业,行政机关也不给予奖励,那么,企业在遵从合规指引、建立合规体系方面就会缺乏基本的动力。

(二) 合规强制

合规强制是行政机关推动企业建立合规体系的另一种方式。所谓合规强制,是指行政机关通过建立"强制合规制度",赋予符合条件的企业建立合规体系的义务,对拒不履行义务的企业追究行政法律责任。由于法律设定了企业建立合规体系的义务,行政机关可据此认定那些不建立合规体系的企业构成一种"行政不法行为",并使其承担相应的处罚后果,甚至剥夺其各种市场准入资格,直至吊销营业执照,因此,合规强制被公认为一种有效督促企业建立合规体系的行政监管方式。但是,考虑到不同企业的规模和营业情况有着较大差异,企业在引入合规体系方面的承受能力也并不一致,行政机关对所有企业都适用强制合规制度,并不符合实际情况,也不具有可操作性。因此,行政机关只能在特定领域或者对具有一定规模的企业适用这一制度,要求特定企业承担特殊的合规管理义务。

法国 2016 年通过的《萨宾第二法案》,率先在反腐败领域确立了强制合规制度。这一制度可分为行政强制合规和刑事强制合规两个方面。所谓行政强制合规制度,是指任何符合法定条件的企业,都负有建立和实施合规制度的义务,并将此作为预防腐败行为的重要举措。按照该法,任何企业同时符合以下两项条件的,应当建立合规制度:一是用工人数达到 500 人以上,或者隶属于总部设在法国且用工人数达到 500 人的公司集团;二是年营业收入超过 1 亿欧元。对于同时符合上述条件的公司,没有按照规定建立合规制度的,法国反腐败委员会有权对其处以不超过 100 万欧元的罚款,并对高管处以不超过 20 万欧元的罚款。同时,该部门还有权要求企业或高管在不超过三年的期限内,完成合规制度的建立。

我国的合规强制机制率先在证券监管领域建立起来。2017 年,中国证监会发布《证券公司和证券投资基金管理公司合规管理办法》,要求在中国境内设立的证券公司或证券投资基金管理公司一律实施合规管理,建立合规机构。对于相关企业不进行合规管理或者合规管理不完善的,该机构可采取出具警示函、责令定期报告、责令改正、监管谈话等行政强制措施。对于在合规管理保障的各个环节不依规经营的企业,可以处以罚款或者给予警告,对直接责任人员也要进行行政处罚。此后,在网络安全、数据安全、个人信息保护和反电信网络诈骗等领域,我国法律也为相关企业确立了旨在预防特定违法犯罪行为的管理义务,其中就包括对相关商业伙伴进行"风险评估"、开展"合规尽职调查",定期对自身作出"合规审计",并在发生违规事件后采取"合规补救"等方面的义务。监管部门对于不履行上述合规管理义务的企业,可以作出行政处罚。

尽管我国法律已经初步引入了合规强制机制,但目前这一机制仅仅适用于较为有限的监管领域,所确立的制度也具有碎片化和分散化的问题,还没有形成体系化的合规强制制度。其实,合规强制是一种非常重要的行政监管方式,如果运用得当的话,这一机制可以成为行政机关强力推进企业合规体系建设的重要制度资源。尤其是对于那些违法违规现象较为普遍的经营领域,如网络数据、金融证券、医药、建设工程等,行政机关推行强制合规制度具有更大的迫切性。当然,即便是对这些领域的企业,行政机关也没有必要采取一体推进的方式,而可以借鉴法国的相关经验,根据从事特定业务的企业的员工规模和营业收入情况,确立适用强制合规制度的基本条件,使那些在某一领域内具有影响力的大型企业,承担建立合规管理体系的法定义务,成为业内合规管理的标杆和样板。

(三) 合规激励

作为行政机关推进企业合规的重要方式,合规激励是指行政机关在启动行政执法调查程序后,对于那些建立有效合规管理体系的涉案企业,作出宽大行政处理的制度。传统的行政监管采取了"严刑峻罚"的方式,通过对违法企业的严厉处罚达到预防行政违法行为的目标。与此不同的是,行政机关通过合规激励机制引入了"合规奖励"的方式,也就是对建立有效合规计划,并达到有效预防类似违法行为效果的违法企业,给予宽大行政处理的奖励,以激发该企业从事合规体系建设的积极性,并吸引更多的涉案企业建立合规管理体系。

从适用对象来看,合规激励大体分为"事先合规激励""事中合规激励"和"事后合规激励"三种形式。事先合规激励是指对于那些在发生行政违法行为前已经建立合规管理体系的企业,行政机关根据其合规体系的有效性情况,作出是否免除或者减轻行政处罚的决定。我国2019年修改后的《反不正当竞争法》规定,对于企业员工实施商业贿赂行为的,行政机关应当将其视为企业的违法行为并追究行政责任,但涉案企业有证据证明该员工的行为"与为经营者谋取交易机会或者竞争优势无关的",可以不负法律责任。这就等于确立了一种"合规免责"机制,带有事前合规激励的效果。

所谓"事中合规激励",是指在企业发生行政违法之后、行政机关启动行政执法程序之前,企业主动采取制度补救措施,建立或者改进合规管理体系,以换取行政机关的宽大行政处理。通常情况下,针对已经发生的违法行为,涉案企业通过进行合规内部调查,发现违法违规发生的内生性结构原因,对直接责任人员采取各种处罚措施,对存在漏洞和隐患的管理机制采取制度纠错措施,并采取一些完善和改进合规管理体系的措施。对于企业在案发后所采取的上述合规补救措施,行政机关可以作出适当的宽大行政处理。

所谓"事后合规激励",则是指在企业发生违法违规行为、行政机关启动行政执法程序后,企业主动承认违法行为、配合行政执法调查并承诺作出合规整改的,行政机关设定合规考察期限,责令企业建立或者完善合规计划,并根据合规整改的验收评估结果作出是否宽大行政处理的决定。2015年,中国证监会曾实行过"行政和解"制度,对涉案违法违规的证券企业适用上述事后合规激励机制。随着《证券法》的修订,这种行政和解最终转变为"行政执法承诺"机制。迄今为止,我国法律已经在反垄断和证券监管领域,引入了行政执法承诺制度。相关监管部门对于那些承认违法行为、缴纳承诺金并作出改正违法承诺的涉案企业,可以中止行政执法调查程序;对于在一定期限内纠正违法行为、赔偿受害者损失并消除损害或不利影响的,行政机关可以作出终止行政调查的决定。这在一定程度上引入了一种事后合规激励机制。

通过引入合规激励机制,我国法律可以确立一种"协商性行政监管方式"。在这种监管方式的影响下,违法违规企业通过作出并履行合规整改的承诺,可以获得宽大行政处理,避免了最严厉的行政处罚结果,这可以极大地激发企业进行制度纠错和建立合规体系的动力。在行政机关启动这一程序后,假如涉案企业不履行所作的合规整改承诺,行政机关仍然保留严厉处罚的权力,这可以给企业带来强大的整改压力。而对于积极采取合规整改措施、合规整改验收合格的企业,行政机关可以作出终止行政调查的决定,这可以给企业带来重大的激励。正因为如此,无论是在欧美还是在其他地区,合规激励都被行政机关视为一种推进企业合规最为有效的制度机制。

但是,合规激励机制在我国法律中并没有完整地建立起来,而只是存在一些零零散散的相关制度,且在行政执法实践中并没有得到良好的运行。一方面,我国法律基本上没有确立事中合规激励机制,对于事前合规激励机制的确立也还主要停留在书面条文之中,且几乎没有较为成功的相关案例。另一方面,对于行政执法承诺制度,我国法律也还只是确立在反垄断和证券监管这两个领域,并且没有明确引入"合规整改""合规考察期""合规承诺""合规整改验收标准"等一系列合规制度要素,使得"行政执法承诺"无法容纳有针对性的合规管理要素。

(四)实质化的行刑衔接?

如今,检察机关所推动的企业合规改革,已经开始关注合规整改的行刑衔接问题,并作出了一些必要的制度探索。但从有效合规整改的角度来看,在检察机关作出不起诉决定之后,继续推进合规整改的工作就势必会落在相关行政监管部门身上了。要确保监管部门持续不断地推进涉案企业的合规整改,我们就不能只是将研究视角放在检察机关与监管部门的"形式化衔接"上,而应当提出一种"实质化的行刑衔接"思路。

根据这一思路,检察机关应利用"第三方机制委员会"的机制平台,推动行政监管部门激活合规监管方式,以便实现合规整改的有效衔接。首先,检察机关可以考虑根据企业涉嫌犯罪的常见类型,与相关监管部门联合发布一些专项合规指引,包括税收合规计划、知识产权保护合规计划、环境资源保护合规计划、网络数据安全合规计划、反商业贿赂合规计划、安全生产合规计划、反走私合规计划、市场经营和招投标合规计划,等等。在接受检察机关委托从事合规整改工作之后,相关监管部门应紧密对接相关的专项合规计划,根据所确立的有效合规标准,督促企业开展进一步的合规整改工作,并对未来企业合规整改的有效性作出科学的评估和验收。

其次,在接受检察机关委托开展进一步合规整改之后,行政监管部门有必要将强制合规制度引入这一整改工作之中。根据法秩序统一性的基本原理,企业犯罪要以构成行政违法为前提,那些在刑事合规整改中通过合规验收的企业,仍然是行政不法行为的实施者,行政机关有权力对其作出行政处罚。现行的"合规互认"制度,只意味着行政机关承认涉案企业通过检察机关合规整改的事实,但并不意味着该企业百分之百地通过了下一步的行政合规整改。要督促企业作出彻底的行政合规整改,行政机关有必要对企业提出强制合规的要求,责令其在一定时间内完成行政合规整改的工作。对于没有完成行政合规整改的企业,行政机关仍然保留作出行政处罚的权力。唯有如此,行政机关才能对涉案企业的进一步合规整改保持足够的制度压力。

最后,行政监管部门也可以考虑引入合规激励的思路,对于那些已经通过检察机关合规整改但仍然需要完善合规计划的涉案企业,责令其作出行政执法承诺,在一定期限内完成进一步合规整改的目标,并在对其合规整改效果评估验收合格后,作出彻底放弃行政处罚的决定。当然,为节约行政监管成本,行政机关也可以考虑与检察机关进行联合合规整改,将行政合规整改与刑事合规整改进行必要的目标整合,并在合规考察期、合规监管人和合规评估验收等制度的设置上,兼顾刑事合规和行政合规的共同标准。不过,假如联合合规整改不具有现实可行性,行政监管部门在检察机关完成合规整改之后,对涉案企业采取进一步的"行政合规整改",引入相对独立的合规激励机制,也是一种可行的制度选择。

第九章 合规监管人的角色定位

涉案企业的有效合规整改,主要取决于合规监管人的专业合规考察工作。与有效合规计划的三要素相对应,合规监管人在合规考察过程中要充当三种角色:"合规计划设计的监督者""合规计划运行的指导者"和"合规整改验收的评估者"。

一、合规监管流于形式的难题
二、合规监管人的法律地位
三、合规监管人的角色(Ⅰ)——合规计划设计环节的监督者
四、合规监管人的角色(Ⅱ)——合规计划运行环节的指导者
五、合规监管人的角色(Ⅲ)——合规整改验收环节的评估者
六、合规监管人发挥作用的制度空间

一、合规监管流于形式的难题

随着企业合规不起诉改革的深入推进,最高人民检察院推动建立了"涉案企业合规第三方监督评估机制"。根据这一机制,在检察机关推动和主导下,各地成立由检察机关与相关行政监管部门组成的"第三方监督评估机制管理委员会"(以下简称"第三方管理委员会"),对企业合规整改发挥领导、监督和指导作用。检察机关在办理涉企犯罪案件时,对于那些符合企业合规考察适用条件的,由第三方管理委员会选任部分合规监管人,组成"第三方监督评估组织"(以下简称"第三方组织"),后者对涉案企业的合规承诺进行调查、评估、监督和考察。第三方组织的考察结果,可以成为检察机关对涉案企业作出处理的重要依据。

那么,合规监管人团队一旦组成并参与合规考察工作,究竟通过什么方式监督和指导企业的合规整改呢?在此前的研究中,法律界已经就欧美国家的合规监管人制度进行了比较考察[1],对合规监管人的资格、遴选、报酬、独立性、利益冲突、职业伦理、退出机制等问题,作出了初步的讨论[2],提出了一些富有启发性的观点和建议。[3] 但是,这些研究过于偏重合规监管人的组织和程序问题,而对于合规监管人的考察目标、监督手段、指导方式等问题,却没有作出有针对性的讨论。而在合规考察实践中,各地检察机关对合规监管人制度作出了全面的探索,形成了多种监督考察模式。但毋庸讳言,受合规考察期的限制,确有少数合规监管人对涉案企业的合规整改,只注重一些流程性的督导工作,动辄督促企业进行"建章立制",引入"成体系的合规管理制度",然后向检察机关提交阶段性报告和总结性报告,说服检察机关作出不起诉决定。[4] 这些合规监管人既没有明确的合规整改目标,也没有较为具体可行的合规考察标准,更没有科学合理的督导手段,加上检察机关只重视合规监管人的职业伦理问题,而忽略了合规监管人督导合规整改的工作质量,从

---

[1] 参见刘海涛:《刑事合规监管人制度研究:美国刑事合规监管人的制度设计以及借鉴意义》,载微信公众号"商业合规观察",2020年11月1日。
[2] 参见谈倩、李轲:《我国企业合规第三方监管实证探析——以检察机关企业合规改革试点工作为切入点》,载《中国检察官》2021年第11期。
[3] 参见马明亮:《论企业合规监管制度——以独立监管人为视角》,载《中国刑事法杂志》2021年第1期。
[4] 参见邓根保等:《涉案企业合规第三方监管评估机制的建立与运行》,载《人民检察》2021年第20期。

而导致涉案企业的合规整改工作难以达到预期的目标,甚至在一定程度上带来"纸面合规""虚假合规"的问题。

当然,在企业合规改革过程中,也有一些尽职敬业的合规监管人,对涉案企业的合规整改作出了有效的监督和指导,推动企业建立了符合预期标准的合规管理体系。通过研究最高人民检察机关先后发布的两批合规试点案例,分析检察机关和合规监管人监督涉案企业开展合规考察的经验,我们可以总结有效合规整改的规律,对合规监管人在合规整改中所发挥的作用作出重新思考。

检察机关启动合规考察程序后,通过对涉案企业的合规整改,要达到两个基本目标:一是督促企业建立一种有针对性的合规管理体系,有效地预防犯罪行为的再次发生;二是推动企业改变原有的管理方式和商业模式,形成依法依规经营的合规文化。在较为有限的合规考察期内,检察机关要实现这两个合规整改目标,就必须将合规整改划分为若干个工作环节:一是合规计划的设计环节;二是合规计划的运行环节;三是合规整改效果的验收环节。与此相对应,所谓合规整改的有效性,主要是指合规计划设计的有效性、合规计划运行的有效性以及合规整改结果的有效性,这三个环节的合规整改也具有各自的有效性标准。而与这三个环节相对应,合规监管人在合规考察的过程中也具有了三种角色:"合规计划设计的监督者""合规计划运行的指导者"和"合规整改验收的评估者"。

本章将根据有效合规的基本理念,分析合规监管人的三种角色定位,并对合规监管人在合规计划设计环节、运行环节以及合规整改效果验收环节的独特作用和工作方式,作出有针对性的总结和分析。在合规整改过程中,合规监管人应对涉案企业书面化和体系化的"合规计划"保持一定的警惕和怀疑,而注重合规计划的执行、落地和激活,使其切实发挥预防犯罪再次发生的效果。这就是本章所要论证的一个基本结论。

二、合规监管人的法律地位

在合规考察中,合规监管人的参与固然是十分重要的,但也并不是每个案件的必经程序。一方面,假如检察官具备企业合规整改的专业知识和技能,或者企业已经初步建立了自成体系的合规管理制度,那么,检察机关再指派合规监管人参与企业的合规考察工作,就显得有些多此一举了。另一方面,检察机关吸收合规监管人参与合规整改活动,通常要付出一定的经济成本和道德成本,不仅要为合规监管人提供具有一定吸引力的经济报酬,还要额外增加对合规监管人实施监督所带来的工作负担,承受因合规监管人行为不检而带来的法律风险。正因为如此,美国联邦司法部在与企业达成的暂缓起诉协议和不起诉协议中,对于已经建立合规计划的企业,通常都不委派合规监管人,而是责令企业自行委托合规顾问,定期提交合规整改的报告。[①] 而在中国合规不起诉改革探索中,检察机关对那些犯罪情节轻微的涉案企业,一般不启动合规考察程序,也不指派合规监管人,而是直接作出不起诉决定。而对于那些涉嫌较重犯罪或者案情复杂的案件,检察机关才会启动合规考察程序,设定合规考察期,指派合规监管人。[②]

在合规监管人参与合规考察的案件中,他们对于涉案企业开展有效的合规整改究竟可以起到哪些方面的作用呢?迄今为止,那些被列入合规监管人名录的合规监管人,通常具有如下三种身份:一是从事相关领域教育和研究的合规专家;二是作为专业人员的律师、会计师、审计师、税务师、工程师;三是相关监管部门的现任行政官员或退休官员。在决定向涉案企业委派合规监管人的情况下,检察机关通常以"第三方管理委员会"的名义,遴选一名合规监管人,组建合规监管人团队,或者遴选若干名合规监管人,直接组成"第三方组织",使其担负起对涉案企业合规监督指导的使命。

合规监管人无论以何种方式开展合规考察工作,都应在合规整改过程中发挥不可替代的作用。笼统地说,合规监管人对于涉案企业的合规整改,可以充当监督者和指导者的角色。但是,考虑到企业的合规整改是一项专业性较强的工作,而检察官通常不具备有关公司治理、合规管理以及企业犯罪学等方面的知识,也缺乏督导企业开展合规整改的经验和技能,因此,合规监管人在有效开展合规监管方面就具有了独特的专业优势。不仅如此,一般检察官都面临着办案时间有限、社会压力较大以及存在一定职业风险的问题,他们更愿意将督导企业合规整改的工作交给那些不存在利益冲突的专业人员,而自己则充当审查者、验收者甚至裁判者。相对于办案检察官而言,合规监管人具有"独立的合规专家"的角色定位,一方面协助检察官开展合规考察工作,遵守检察官的指令和要求,接受检察机关的监督,向检察机关负责并提交

---

① Michael Bisgrove and Mark Weekes,"Deferred Prosecution Agreements:A Practical Consideration",*Criminal Law Review*,2014,pp.416-438. 另参见陈瑞华:《企业合规视野下的暂缓起诉协议制度》,载《比较法研究》2020年第1期。

② 参见陈瑞华:《刑事诉讼的合规激励模式》,载《中国法学》2020年第6期。

合规考察进展报告;另一方面代表检察机关监督和指导涉案企业的合规整改工作,向企业及其合规顾问提出开展内部调查、修正合规计划、保证合规计划有效运行的具体要求,督促企业履行所作的合规整改承诺。

作为一种独立的合规专家,合规监管人与涉案企业之间究竟具有怎样的关系呢?在合规不起诉改革实践中,检察机关以第三方管理委员会的名义,委托或者指派合规监管人团队,从事合规考察工作,一般都要取得涉案企业的同意,有些地方甚至还要由涉案企业向合规监管人支付适当的监管费用。相对于涉案企业而言,合规监管人具有"准司法人员"的身份,要对涉案企业的合规整改工作进行全程监督和指导。具体而言,合规监管人有权对涉案企业的治理结构、管理方式和商业模式进行专门调查,涉案企业必须配合;对于合规监管人提出的加强内部调查、改进合规计划、落实合规整改方案等具体要求,涉案企业必须接受;对于涉案企业的合规整改情况,合规监管人可以向检察机关提交阶段性和总结性考察报告,并以此作为说明其合规整改是否合格的依据;对于涉案企业不执行合规计划或者存在新的违法违规行为的情况,合规监管人有权随时向检察机关报告。可以说,在检察官无法全程监督企业合规整改的情况下,合规监管人代表着检察官或者第三方管理委员会,对企业合规整改进行监督和指导。①

既然合规监管人本身就具有"独立合规专家"的身份,那么涉案企业为什么还要聘请律师担任合规顾问呢?这是因为,企业内部人员一般不具备合规管理的专业知识和技能,难以胜任有效的合规整改工作,因此需要借助于外部法律专家的力量。律师一旦接受涉案企业的委托,就具有合规顾问或"辩护人"的身份,要对涉案企业承担忠诚义务,根据授权委托协议,为涉案企业提供授权委托范围内的法律服务。合规顾问一般要代表企业提交启动合规考察程序申请书,开展合规内部调查,制定专项合规计划,落实合规整改方案,将合规计划融入企业的决策、经营、财务、人事管理的各个环节,执行合规监管人的指令和要求。对于合规顾问在授权范围内从事的上述活动,涉案企业都应承担相应的法律后果。但相比之下,合规监管人并不能代替企业合规顾问的合规整改工作,他们更多地从事监督和指导工作,对企业及其合规顾问的合规整改工作,提出督促、改进、调试、矫正的意见,并向检察机关提交反映合规整改进展情况的报告。在企业合规整改方面,合规监管人所从事的是

---

① 参见陈瑞华:《企业合规不起诉改革的八大争议问题》,载《中国法律评论》2021年第4期。

监督者、指导者和初步裁判者的工作,而合规顾问则充当企业合规整改的实施者、执行者和被审查者的角色。

在对合规监管人的监管角色作出清晰界定之后,我们需要考察他们在企业合规整改中究竟发挥怎样的独特作用。为确保涉案企业进行有效的合规整改,实现预防犯罪和重建企业合规文化的目标,合规监管人应当参与企业合规整改的全过程,在各个环节上发挥不可替代的作用。考虑到涉案企业的合规整改是一个由若干合规整改环节所组成的动态过程,其有效性包含着"设计有效性""运行有效性"和"结果有效性"三个方面,因此,合规监管人的监督和指导作用可以被分解为三个相对独立的方面:一是在合规计划设计环节发挥监督者的作用,督促涉案企业开展深入的合规内部调查,提交有针对性的合规计划;二是在合规计划运行环节发挥指导者的作用,督导涉案企业将所承诺的合规整改方案落到实处,完成建章立制的工作,将合规管理渗透到企业决策、经营、财务、人事等各个管理环节之中;三是在合规整改验收环节发挥评估者的作用,对涉案企业所引入的合规管理体系是否发挥了预防犯罪的作用,是否形成了依法依规经营的企业文化,作出专业的检验和评价。

三、合规监管人的角色(Ⅰ)——合规计划设计环节的监督者

在一些欧美国家,涉案企业一般都建立了初步的合规管理体系,也得到了专业的合规律师的帮助。在检察机关与涉案企业达成暂缓起诉协议或不起诉协议之前,涉案企业通常都会启动合规内部调查,向检察机关提交合规内部调查报告,并据此提交合规计划。在很多情况下,检察机关都会对这种内部调查报告和合规计划进行审核,并提出修正意见。在合规监管人接受检察机关委派之前,检察机关与涉案企业已经就合规计划的内容达成了一致意见。合规监管人介入合规考察活动之后,主要从事的是将合规计划加以落实和执行的工作。[①]

但在中国目前的制度背景下,几乎所有涉嫌犯罪的企业都没有建立合规管理体系,相当多的企业也没有聘请专业的合规顾问,它们在申请启动合规考察程序时,往往只是提交了愿意接受合规考察的承诺,而没有对企业犯罪

---

① See Peter Spivack and Sujit Raman, "Regulating the 'New Regulations':Current Trends in Deferred Prosecution Agreements", *American Criminal Law Review*, 2008.

原因和管理漏洞作出合规内部调查,也没有提交较为成熟的合规计划。而检察机关也基于种种考虑,往往侧重于审查企业是否认罪认罚并采取了补救挽损措施,是否具有较大的社会贡献,而并没有将提交内部调查报告和合规计划作为启动合规考察程序的前置性条件。结果,合规监管人在介入合规考察工作之后,经常面对涉案企业没有提交较为成熟的合规计划的局面。

本来,开展合规内部调查,提交合格的合规计划,属于涉案企业和合规顾问要完成的工作。但在中国的现实条件下,要达到有效合规整改的要求,合规监管人就必须督促涉案企业重新开展内部调查,提交内部调查报告,并在此基础上,提交一项有针对性的专项合规计划。这是因为,不开展深入的内部调查,涉案企业就无法发现目前所从事的业务或者同类产品究竟存在哪些具体的合规风险,也无法认识自身在治理结构、管理方式、商业模式上究竟存在哪些制度漏洞、管理隐患和结构性缺陷,所提出的合规计划就无法发挥有针对性的纠错和矫正功能,更遑论发挥预防犯罪作用了。不仅如此,涉案企业唯有经过深入的内部调查,才能提交一份有针对性的专项合规计划,避免那种千篇一律、流于形式和难以落实的"书面合规",确保合规计划真正融入企业的决策、经营、财务、人事等各个管理环节,切实发挥预防同类犯罪行为的作用。

合规计划设计的有效性是有效合规整改的前提和基础。为确保涉案企业合规计划的有效性,合规监管人应当在合规计划设计环节发挥有效的监督作用,督促企业通过进一步的内部调查,在查找犯罪原因、诊断制度漏洞的前提下,提交一份有针对性的书面合规计划。在取得检察机关同意的情况下,该项合规计划就成为企业就合规整改问题向检察机关所作的书面承诺。而合规监管人围绕着该项合规计划制定的合规考察标准,经检察机关批准后,就可以成为整个合规考察工作的依据和未来评估验收的标准。以下案例就显示了合规监管人在监督涉案企业设计合规计划方面所做的工作。

B公司是一家以云计算和大数据技术开展金融科技研发为主要业务的企业,曾被评定为国家高新科技企业。2015年,该公司在未经证券监管部门许可的情况下,开发并销售荐股软件,因涉嫌非法经营罪,被公安机关立案侦查。在审查起诉阶段,B公司及其法定代表人、实际控制人认罪认罚,停止了有关违法业务,并向已经购买涉案软件的客户退款,自愿接受检察机关的合规监督考察。涉案企业向检察机关提供了《合规承诺书》和《刑事合规计划》,提供了公司材料、知识产权证明、社保参保凭证、纳税证明、营业执照及其他相关材料。检察机关认为该企业符合企业合规相对不起诉的适用条件,对该企业启动了合规考察程序。

在合规监管人介入之前,涉案企业尽管已经提交了《刑事合规计划》,但只是对违法行为进行了反思,对避免未来再次发生类似违法行为作出了表态,却没有对导致事件发生的管控漏洞进行自查和分析。合规监管人团队介入后,一方面督导企业继续开展自查,另一方面通过认真阅卷、对企业人员访谈,全面梳理和归纳各类主客观因素,不断发现违法表象背后存在的深层次管控漏洞和问题根源。合规监管人认为,涉案企业整体合规认识不够,特别是企业管理人员缺少"红线"意识,在组织结构方面缺少负责合规管理的人员,在产品和业务立项审查制度、合规保障机制等方面存在管控漏洞,最终导致了此次违法事件的发生。合规监管人团队要求企业通过其聘请的顾问律师,开展合规内部调查,提供自查报告,包括调查过程、调查结论以及所依据的支持性材料,并取得专业律师的签字确认。

根据涉案企业的自查报告,合规监管人初步确定了《合规考察标准》,从八个方面对企业提出了整改要求,包括企业应全面终止、清理涉案违法业务,采取警示惩戒、专项合规风险排查、专项合规建设等措施,明确合规管理责任、制定产品和业务立项审查制度并保障落实执行,等等。

合规监管人还要求企业根据上述《合规验收标准》,提交《合规整改计划》。企业将合规整改分为三个阶段:在第一阶段,企业永久性关停所有涉嫌违规的业务,为相关客户退款,对相关责任人员进行警示和惩戒;在第二阶段,企业建立合规管理组织架构,明确岗位人员配置,围绕产品立项、合规检查等环节制定合规制度,并落实执行;在第三阶段,企业组织开展全员合规培训,配合考察验收工作,持续优化合规整改措施。①

上述案例足以说明,合规监管人在监督涉案企业的合规计划设计方面,既具有专业上的优势,也可以发挥独特的作用。首先,合规监管人可以通过阅卷、访谈等调查工作,初步了解企业发生犯罪行为的主要制度原因,这是监督企业开展合规自查的前提条件。合规监管人根据自身的合规管理经验,发现涉案企业治理结构和管理制度背后的犯罪原因,并借此对企业的合规整改

---

① 参见吴巍律师团队:《涉案企业合规考察实务案例分享之一:独立监管人的阅卷技巧》,载陈瑞华、李玉华主编:《企业合规改革的理论与实践》,法律出版社2022年版,第271页以下。

形成独立的认识。其次,合规监管人应督促涉案企业开展深入的内部调查,提交内部调查报告。作为接受检察机关委派的准司法人员,合规监管人不能亲自协助企业开展内部调查,而应提出内部调查的具体要求,督导企业从事这类调查工作,尤其是要责令企业聘请专业的顾问律师,从企业治理结构、经营情况、违法违规情况、本次犯罪行为、管理漏洞、制度隐患、治理缺陷等方面,作出深入细致的内部调查,并从调查过程、调查内容、调查结论和支撑材料等方面,提交专业性的内部调查报告。再次,在督导企业提交内部调查报告的基础上,合规监督人可以督促企业针对其管理漏洞和制度隐患,制定专项合规计划,确定合规整改的具体制度要素。对于那些已经初步提交合规计划的企业,合规监管人应督促其作出适当的修订,确保其合规计划具有针对性、可行性和有效性。最后,在以上工作的基础上,合规监管人可以制定针对本案的合规考察标准,也就是较为具体的合规考察方案,将有限的合规考察期划分为若干个阶段,明确每个阶段所要督导完成的目标、主要工作以及相应的报告。合规监管人督导企业完成的内部调查报告、合规计划以及自行制定的合规考察标准,都要报检察机关批准,使其成为合规考察的基本依据。

四、合规监管人的角色(Ⅱ)——合规计划运行环节的指导者

涉案企业提交的合规整改计划,仅仅属于对合规整改所作的书面承诺。要确保合规整改的有效开展,涉案企业就要将该计划的各项内容逐一加以落实,使其发挥切实有效的监管作用。相对于企业原有的治理结构而言,合规计划属于一种"被强加的外来管理体系",一般都会面临"水土不服"的问题,不经过较为彻底的合规整改过程,这套管理体系就容易被架空和搁置,难以融入涉案企业的治理结构之中。在合规考察程序启动之后,合规监管人一旦参与合规整改工作,就要督导涉案企业完成合规计划的运行工作,使这套管理体系得到激活和落地,从书面的"合规方案"转变为"切实有效的内部监管体系"。

那么,合规监管人应如何指导企业运行合规计划呢?按照通常的理解,合规监管人只要"按图索骥",督促企业按照所承诺的合规整改方案,逐一加以落实就可以了。但是,这种将合规监管工作仅仅理解为"建章立制"的观点,还是有很大局限性的。这种"照葫芦画瓢"的督导方式,很容易使合规整

改成为一种"运动式治理"活动,使得合规计划难以融入企业管理体系之中,最终无法落地生根,甚至流于形式。从本质上看,要确保合规计划的有效运行,合规监管人就需要将合规计划与企业管理体系进行有机的"嫁接",使得合规管理体系这个"外来幼苗",被种植在企业治理结构和管理模式的"土壤"上,通过巧妙的"施肥""灌溉""剪裁"等培育活动,确保合规管理体系得以存活,并逐渐茁壮成长,最终变成企业管理体系不可分割的组成部分。

在一定程度上,合规监管人指导企业运行合规计划的过程,也是帮助企业实现"制度再造"和"文化重生"的过程。一个尽职敬业的合规监管人,应当通过合规整改工作,改变企业的管理方式和商业模式,消除原有的制度隐患和管理漏洞,甚至在必要时督促企业在治理结构上作出适当的调整。以下案例就显示了合规监管人在合规整改中的独特作用。

> 按照合规监管人的建议,C公司聘请专业律师对相关业务进行了全面审查,彻底关停了存在违规风险的业务板块;企业针对自查报告所揭示的合规管控漏洞,采取了精准的管控强化措施,制定了合规管理制度,设立了合规委员会,确定了合规责任人,对企业合规经营情况进行审查和监督。尤其是围绕着确保产品和业务符合监管要求这一问题,企业建立了产品和业务立项审查制度,新产品和新业务要经过合规委员会审查,听取外部顾问律师意见,审查通过后才可以立项和开展;合规委员会对公司产品和业务每个季度进行一次合规性检查评估,外部合规专业机构的合规性检查评估,至少每年进行一次;建立合规咨询机制,制定《合规咨询管理制度》;建立合规奖惩机制,对未能执行上述管理要求的人员进行问责,问责结果与绩效考核和薪酬发放挂钩。[①]

这一案例足以说明,合规监管人指导涉案企业执行合规计划,可以分为若干个具有内在联系的步骤。合规监管人应督促企业彻底停止那些存在违规风险的业务,这是促使企业发生彻底改变的第一步,也可以为合规计划的运行创造良好的条件。在实践中,这一步骤还可以包括废止那些有缺陷的经营方式和商业模式,取消原有的财务管理和人事管理制度,将原有经营团队予以解散,重新组建高级管理团队,等等。按照"先破后立"的原则,只有破除那些存在重大漏洞的业务模式、经营方式和管理团队,然后才能引入合规管

---

① 参见吴巍律师团队:《涉案企业合规考察实务案例分享之四:检察职能的发挥与思考》,载陈瑞华、李玉华主编:《企业合规改革的理论与实践》,法律出版社2022年版,第290页以下。

理体系。

合规计划运行的第二步,是激活合规计划所承诺建立的各项制度,使书面上的合规方案在各个制度层面得以落实。合规监管人可以根据其从事合规管理的经验,督促企业制定合规章程、合规政策和员工手册,组建合规管理机构,设置合规管理人员,或者聘请外部合规顾问。为避免这些制度困于"沉睡"的命运,防止合规机构形同虚设,合规监管人应全程跟踪制度的运行情况,确保这些制度得到切实的落实和执行。例如,合规章程应体现高层承诺原则,成为企业开展合规管理的最高效力文件;合规政策应体现"专项合规"的理念,将法律法规中的相关规范转化为企业的行为准则,成为合规风险评估和尽职调查的依据;员工手册应涵盖所有相关的合规风险,成为合规培训的内容和切割责任的依据。又如,合规监管人应指导企业根据自身特有的治理结构,建立独立、权威的合规管理机构,如合规管理委员会应将董事长、总经理吸收进来,由一名具有较高层级的非执行董事担任负责人,首席合规官可以由董事或董事会秘书担任,并具有副总经理的头衔,对合规部门实行垂直领导。再如,合规监管人应指导企业根据充足资源保障原则,配置适当的合规管理人员,使其与专项合规管理的要求相适应,对于不具备条件的企业,至少应责令其聘请专门的合规顾问,协助其从事合规整改和合规管理工作。

在激活各项制度的前提下,合规监管人可以督促企业将合规管理与其他管理体系完全融合,推动涉案企业推行"穿透式合规管理",使合规管理渗透到决策、经营、财务、人事管理的各个环节。这是指导企业执行合规计划的第三个步骤。企业董事会在作出决策时,应允许首席合规官在场参加,并听取合规管理人员的意见,形成重大决策要由合规管理人员签字同意的机制;企业在经营过程中,无论是产品立项、业务开展、参加招投标,还是申请进出口报关、处理污染物、签订合同,都应加入合规部门审批的管理环节;企业财务部门在处理财务报销、开具发票、财务转账、核定税收等事宜时,都应经合规管理部门审核签字;企业人事部门在提请人员职务晋升、工资核定、奖金发放、人事调派等事项时,应当由合规部门对相关人员的合规履职情况出具意见,给出合规管理上的评定等级或具体成绩。在上述各个管理环节,合规监管人都应督促企业引入合规审查机制,所有决策、产品、业务、财务、人事管理都要以合规风险评估为前提,合规部门可以通过抽查,发出合规风险提示;对于确有违规风险的业务和产品,合规部门应享有"一票否决"的权威。通过上述指导运行活动,合规监管人不是简单地帮助企业进行"建章立制",而是从实质上改变企业的治理结构和管理方式,形成一种"合规优先于业务""合规选择产品"的企业文化。

第四步的合规整改工作,是督促企业运行合规风险评估、尽职调查和合规培训制度,确保企业建立常态化的风险预防机制。合规整改的主要目标是有效预防企业再次发生类似犯罪行为。为达成这一目标,企业应结合已发生的犯罪事件,对内部管理各个环节进行全方位的合规体检,识别已有的和潜在的合规风险点、合规领域和合规重点人员。在此基础上,企业应对客户、第三方商业伙伴和被并购企业开展有针对性的尽职调查,并根据潜在的合规风险,开展必要的合规管理。与此同时,企业应实施内部的合规培训,根据已经暴露的和潜在的合规风险,对全体员工进行有针对性的定期培训,并对重点岗位的管理人员和员工,进行特定的合规培训。为避免合规培训流于形式,企业应根据合规章程,将专项合规政策和员工手册作为培训内容,指导管理人员、员工和商业伙伴了解基本的行为守则,获悉合法与违规的界限,吸取违法违规人员的教训。

要确保合规计划落地生根,合规监管人需要开展第五步工作,指导企业在绩效考核和奖惩制度中引入合规管理要素,确保合规管理成为对全体员工加以考核、奖励和惩戒的依据。根据一些企业的合规管理经验,涉案企业可以设立合规管理部门,在配置专职合规管理人员的同时,在每个部门和分(子)公司配置兼职合规专员,专职人员与兼职人员实现无缝对接,对所有管理人员和员工的合规业绩作出恰如其分的考核。在一定期限内,合规专职人员和兼职人员,根据所设定的合规考核标准,对有关管理人员和员工的合规表现评定成绩,人事部门将这项合规考核成绩作为发放奖金、晋升职务以及评优选贤的重要依据。[①] 与此同时,合规监管人应指导企业启动违规追责机制,可以设置合规稽查部门,除了定期进行合规巡查外,还应接受有关违法违规问题的投诉和举报,对于存在违法违规行为的管理人员和员工,应当予以立案调查;对于违规行为查证属实的人,应无一例外地作出纪律处分;对于构成行政违规或者犯罪的,送交行政机关或司法机关处理。除了建立日常性合规惩戒制度以外,对于在违规事件中负有责任的管理人员和员工,企业还可以采取解散部门、调离工作岗位、重组机构等人事管理措施,而不能一味纵容和姑息。

[①] 参见陈瑞华:《中兴公司的专项合规计划》,载《中国律师》2020年第2期。另参见陈瑞华:《企业合规基本理论》(第二版),法律出版社2021年版,第153页以下。

合规监管人指导企业运行合规计划的第六步,是督促企业启动合规管理体系的试运行和调整机制,对那些难以运行的合规要素,作出及时而必要的调整。以下是在德国西门子公司合规整改过程中,美国司法部委派的合规监管人团队对合规计划作出调整和落实的情况。

合规监管人团队在合规考察过程中,了解了西门子公司全球的业务范围和组织结构,阅览公司合规、财务控制和内部审计方面的文件,了解公司的运行机制,从而为制定改善措施创造条件。该团队在长达四年的合规监管过程中,审阅了成千上万份文件,走访了20多个国家,与超过1500名高管和员工进行过谈话,多次前往美国向检察官汇报合规进展情况。为督促西门子完善合规体系,合规监管人团队先后提交了多份整改报告,提出了100多条改革建议。对这些建议,西门子全部予以接受,并作为改进合规体系的根据。①

应当说,作为独立的合规管理专家,合规监管人并不是合规计划的机械执行者,而应对合规计划的运行作出独立的判断和调整。根据企业特殊的治理结构和合规整改情况,合规监管人一旦发现原有合规计划存在不合理或不可行的内容,就应当作出及时的调整和修正。在征得检察机关同意后,合规监管人按照调整后的合规计划继续督促企业开展合规整改工作。例如,企业发生串通投标犯罪的主要原因,是企业的总经济师未经董事会和总经理批准,擅自实施了"陪标""围标"等违规行为,企业合规计划却主要针对全体员工和商业伙伴建立了尽职调查和合规培训方案等制度。合规监管人对于这种不具有针对性的合规计划,可以作出调整,强化对总经济师团队和财务部门的合规审查机制。又如,某企业实施虚开发票犯罪的主要原因是公司董事会形同虚设,对财务管理失去监督作用,总经理放任财务总监实施虚开发票行为,纵容其偷逃国家税款。企业原有的合规计划并没有针对这一管理缺陷提出有针对性的整改方案。合规监管人在合规考察期间,督促企业调整了合规计划,引入了外部合规顾问,激活了合规审查机制,建立了三级财务审核机制。

合规监管人督导合规整改的最后一步,是指导涉案企业按照合规承诺,进行适当的合规文化建设。所谓合规文化,是指企业通过运行合规管理制度

---

① 参见〔美〕布兰登·L. 加勒特:《美国检察官办理涉企案件的启示》,刘俊杰、王亦泽等译,法律出版社2021年版,第222页以下。

形成的依法依规经营的习惯、氛围和价值观念。很多企业走上犯罪的道路，既是一些外生性原因发生作用的结果，也与企业内部存在一些内生性诱因有着密切的联系。其中，造成企业犯罪的内生性诱因，既有管理、监督、治理方面的制度因素，也有长期形成的唯利是图、漠视规则和业务至上的文化因素。在合规计划运行过程中，制度建设固然十分重要，但文化建设也是不可或缺的。没有合规文化的保障，企业上下形成不了依法依规经营的价值观念，那么，那些从外部引入的合规管理体系，最终也会被架空和规避。

那么，合规监管人究竟如何督促企业开展合规文化建设呢？一般而言，一些合规管理制度的有效执行，有助于促成合规文化的形成。例如，定期开展的合规培训，有助于员工形成遵守法律法规的意识；高层管理人员作出书面的合规承诺，有助于在遵守法律法规方面作出表率；内部举报机制的运行，可以保证员工敢于报告企业内部的违规行为；对所有业务和产品进行的合规审查，以及对有风险产品和业务的一票否决，可以促使企业各个部门形成遵守法律法规的习惯；对客户、第三方商业伙伴和被并购企业开展的合规尽职调查和合规分级管理活动，也有助于促使企业内外形成遵守法律规则的观念。同时，在合规监管人的督导下，企业还可以定期组织合规考试、视频宣传、合规日或合规月等活动，向全体员工传达合规管理的理念。经过日积月累的合规文化熏陶，企业上下会逐渐形成合规管理的信念。不仅如此，按照最高层承诺和重视的合规理念，合规监管人应指导企业形成上下传达的合规文化传播路径。无论是董事长、总经理还是首席合规官，都应以定期发布公开信的方式，向全体员工、股东、商业伙伴、客户传达"合规创造价值"的理念，强调本公司"只做合规的业务"，介绍企业合规政策和管理体系所发生的新变化，通报最近的合规事件。这种由最高管理层率先垂范、积极推动的合规价值传达，有助于营造一种合规管理的文化氛围，推动合规管理体系的良好实施。

五、合规监管人的角色（Ⅲ）——合规整改验收环节的评估者

在合规考察结束之前，检察机关要对涉案企业合规整改的效果作出评估，并以第三方管理委员会的名义，就此举行验收听证会，对企业的合规计划执行情况作出是否合格的评定。那么，在此合规整改验收环节，合规监管人

究竟能发挥什么样的作用呢?

在最高人民检察院公布的一起合规改革试点案例中,负责试点的检察机关认为,"第三方组织评估认为,经过合规管理,J公司提升合规意识,完善组织架构,设立合规专岗,开展专项检查,建立制度指引,强化流程管理,健全风控机制,加强学习培训,完成了从合规组织体系建立到合规政策制定,从合规程序完善到合规文化建设等一系列整改,评定J公司合规整改合格。"[①]但这一案例并没有显示出,合规监管人究竟是如何对企业合规整改效果作出评估的。

通常说来,合规监管人通过听取企业及其合规顾问的汇报,全面审查企业提交的合规整改总结报告,会对企业的合规整改效果作出专业性评估,写出合规考察综合报告,并将此报告提交检察机关或第三方管理委员会。在很多合规整改案例中,合规监管人都是通过提交报告的方式,提出企业通过合规考察的意见。而在绝大多数情况下,合规监管人的报告和意见也都会得到采纳。

但是,合规监管人究竟通过什么方法作出评估呢?他们认定涉案企业合规计划结果有效的依据究竟有哪些呢?在美国,检察官如何对涉案企业的合规整改效果作出科学的评估,至今仍然是一个难以解决的问题。[②]在德国西门子公司案件中,美国司法部委派的合规监管人团队就尝试运用了一些新的评估方法。

在西门子案件中,魏格尔博士在一名美国律师的协助下,组建了由公司员工、美国律师和德国律师组成的合规监督员团队。合规监督员帮助西门子激活合规体系,通过"风险导向内部审计"来评估潜在风险领域,列席公司策划会议、人力资源会议和其他管理会议,通过模拟投诉、评估员工反应来测试报告不当行为的帮助热线,并面向投资者公布监督员有关合规计划发挥长远作用的报告。合规监督员团队还帮助西门子对合规计划的有效性进行测试,并采用了一些技术手段。例如,在各业务领域,监督员随机抽取了10—12项交易,仔细分析是否存在不当支付的问题,监督员可到场询问首席销售官,审查报销单,审阅相关记录。这

[①] 参见孙风娟:《最高检印发第二批〈企业合规典型案例〉》,载微信公众号"最高人民检察院",2021年12月15日。

[②] See Wilson Ang and others, *Deferred Prosecution Agreement: Justice Delayed or Justice Denied?*, Norton Rose Fulbright, 2018.

种基于风险的分析可应用于对任何国家和领域的随机抽查。在合规监督员的努力下,西门子发生了翻天覆地的变化,建成了运行优良的合规管理体系。①

上述验收评估的例子足以说明,合规监管人要对合规整改的效果作出评判,其实是有一套科学的评估方法的。当然,这套评估方法要紧紧围绕着合规整改的总体目标来加以设计,也就是围绕着企业运行的合规管理体系是否可以发挥有效预防犯罪发生的作用,企业是否形成了依法依规经营的合规文化。大体说来,合规监管人经常使用的评估方法,可以有访谈、随机抽查、列席会议、模拟投诉举报等若干类型。通过运用这些评估方法,合规监管人对涉案企业合规整改的效果作出准确的评估,所提交的合规考察评估报告就可以成为检察机关决定是否提起公诉的科学依据。

访谈是合规监管人最常使用的评估方法。访谈的对象可以是企业员工、管理人员,也可以是企业客户、供应商、代理商和承包商等商业伙伴。访谈应围绕着企业在决策、经营、财务、人事、合同、招投标、纳税、进出口等各个管理环节,是否做到了遵守相关法律和法规,是否堵塞了原有的管理漏洞和制度隐患,是否改变了原有的带有病态的管理方式和商业模式等方面进行。为保证评估的有效性,合规监管人对访谈人员的选择,应当采取随机抽取的方式,访谈过程应采取秘密进行的方式,访谈问卷的设计以及对访谈内容的整理,都应遵循社会调查的基本准则。

在访谈之外,对商业交易记录的随机抽样检查,是合规监管人可以使用的另一种评估方法。以下就是在我国的合规考察实践中,一个合规监管人团队开展抽样检查的例子。

> 在合规考察届满之前,合规监管人团队对涉案企业落实合规整改的情况进行了检查验收。从检查情况看,该企业目前上线的新产品,在立项阶段都有相应的合规审查记录,顾问律师也都发表了合规审查意见。企业将这些立项审批材料完整存档,按照合规监管人的要求及时提供给了合规监管人和检察机关。合规监管人通过合规考察报告,向检察机关汇报了企业合规自查和合规整改的情况。检察机关经过验收评估,对 A 公司作出了不起诉的决定。

---

① 参见〔美〕布兰登·L. 加勒特:《美国检察官办理涉企案件的启示》,刘俊杰、王亦泽等译,法律出版社 2021 年版,第 222 页以下。

经过此次合规整改,涉案企业濒临停滞的重点项目得以继续进行,资金流问题得到有效解决,员工就业得到合理保障。公司全体成员深刻认识到了企业合规的重要性。考察期结束后,涉案企业负责人表示,日后将持续重视企业合规管控的开展,并将合法合规经营的理念和准则置于前所未有的高度。①

根据这一案例,合规监管人要评估合规计划对于防范合规风险的有效性,就必须检查那些存在较高风险的业务和产品,在现有合规管理体系下,是否不再存在违法违规的空间和可能。既然有关产品和业务都经过了"合规审查程序",有顾问律师的"合规审查意见",并有完整的存档记录,那么,企业在这些环节再次发生违法违规行为的可能性就大大降低了,相关的制度漏洞也就得到了修复。在这一案例中,合规监管人采用了"交易记录抽样检查"的评估方法,目的在于测试那种"有针对性的事先防范体系"能否得到运行,是否会产生拦阻违法违规行为的效果。

合规监管人通过运用这种"交易记录抽样检查"方法,可以对合规计划的运行效果作出准确的"有效性测试"。需要指出的是,这种随机抽样检查方法,不仅适用于对交易记录的检查评估,也可以适用于包括产品立项、业务开展、污染物处理、纳税、招投标、进出口报关、合同签订在内的其他书面记录。通过这种随机的抽样检查,合规监管人不仅可以检验企业在上述各个环节遵守法律法规的情况,还可以监测所运行的合规体系是否发挥了预防潜在的违法违规行为的效果。

合规监管人不仅要审查交易记录,还可以列席企业内部的董事会以及其他涉及经营、财务、人事等管理方面的会议,与员工、管理人员、客户、商业伙伴举行座谈会,并以此来检验其在决策、经营、财务、人事等各个环节是否仍然存在着合规风险,是否存在着再次发生类似犯罪的可能性。对于上述会议的参加和列席,合规监管人也应采取随机选择的方式,观察企业在会议上作出决策的内容和方式,验证合规管理体系对于企业管理层的决策方式和经营方式是否产生了实质性影响。

不仅如此,为有效测试合规报告和合规举报机制的运行效果,合规监管人还可以采取模拟内部举报的方法,随机地拨打举报电话,发出投诉信,向企业公布的网站发出邮件,对企业内部的"违规行为"提出投诉和举报。通过观

---

① 参见吴薇律师团队:《涉案企业合规考察实务案例分享之三:建立有中国特色的独立监管人制度》,载陈瑞华、李玉华主编:《企业合规改革的理论与实践》,法律出版社2022年版,第285页以下。

察企业合规管理系统对这些举报和投诉的反应,跟踪相关的调查流程和报告机制,测试已建成的合规体系在实时监控企业各部门遵守法律法规方面是否产生了实际效力。合规监管人需要认真评估,企业的合规体系是否发挥了"二十四小时雷达预警"的效果,可以对企业内部的违法违规行为作出预期的有效反应,发挥识别违规行为的作用,从而评估合规计划运行结果的有效性。

六、合规监管人发挥作用的制度空间

假如将合规管理分为"事先合规"和"事后合规"的话,那么,企业所进行的日常性合规管理体系建设,就属于一种推进"事先合规"构建的努力,而企业在刑事诉讼中所进行的合规整改,则属于一种通过建立"事后合规"而争取获得宽大刑事处理的尝试。在涉案企业"事后合规"的构建上,合规监管人作为检察机关委派的独立合规专家,可以发挥不可替代的监督和指导作用。为避免合规整改流于形式,也为防止合规监管人制度形同虚设,合规监管人应紧紧围绕着"实现有效合规监管"这一目标,在合规计划的设计环节发挥有针对性的监督作用,在合规计划的运行环节充当有效指导者的角色,在合规整改验收环节具有专业评估者的地位。

这种对合规监管人督导角色的定位,在理论上固然符合企业合规整改的规律,但要在合规考察制度中落地生根,还需要建立一系列相关的制度保障,并创造一些必要的现实条件。要确保合规监管人有效地发挥监督和指导企业合规整改的作用,我们还可以提出一些新的制度改革思路。

第一,按照"专项合规整改"的理念来组成合规监管人团队,使合规监管人的组成走向多元化,并发挥相互制衡的作用,这是一条可以得到推广的制度安排。在合规不起诉改革初期,各地检察机关曾探索过多种合规监管人参与合规整改的方式。迄今为止,那种由合规专家、律师、相关监管官员以及其他专业人员组成的"第三方组织",在接受"第三方管理委员会"委派的情况下,对涉案企业合规整改展开监督和指导的模式,已经成为一种得到各方普遍接受的方式。根据企业所涉嫌实施的犯罪类型,检察机关可以遴选相关领域的合规专家、律师以及相关行政机关的监管官员,组成较为专业的合规监管人团队。这些来自不同部门和单位的合规监管人,在一个团队中共同参与监督和考察工作,可以相互制约,发挥各自的专业优势,同时避免出现明显的"利益冲突"情况。

第二,检察机关在启动合规考察程序时,应将涉案企业提交内部调查报告和有针对性的合规计划作为法定条件。在改革初期,检察机关过于关注涉案企业是否认罪认罚、是否具有较大社会贡献、起诉是否可能给企业带来灾难性后果等因素,而对企业提出有针对性的合规计划则没有明确的要求。但随着改革的日渐深入,为确保合规监管人切实有效地发挥督导作用,有必要对合规监管人与企业合规顾问的角色作出严格区分。原则上,合规监管人是企业合规整改的监督者和指导者,而企业则负责合规计划的设计和合规整改方案的执行,并接受合规监管人的监督、指导、评估和验收。企业如果没有自行开展合规整改的能力,应聘请律师担任合规顾问,协助其开展合规体系建设工作。在上述制度前提下,涉案企业只要提出启动合规考察申请,就应在认罪认罚、配合调查并采取补救挽损措施的前提下,针对企业犯罪的制度原因和管理漏洞,提交内部调查报告,并在此基础上提交有针对性的合规计划。唯有如此,合规监管人才能对合规计划设计的有效性进行高效的审查,并提出有针对性的指导意见。

第三,在未来的合规考察制度中,检察机关针对涉案企业设置的合规考察期应当适度延长,以确保合规监管人有较为充裕的合规考察时间。过去,受制于现行刑事诉讼法对审查起诉期限的严格限制,检察机关将合规考察期设置为6个月至1年。但是,合规监管人要在如此短暂的考察期内,督导企业实现合规计划的有效设计、有效运行并产生切实有效的合规整改效果,这是难以完成的整改任务。在合规整改实践中,合规考察期的限制已经成为制约这一制度发生效果的主要瓶颈之一。有鉴于此,未来通过刑事诉讼法的修改,有必要对那些适用附条件不起诉的案件,考虑根据涉案企业合规整改的工作难度,设置1年至3年的合规考察期。

第四,未来的企业合规制度改革中,有必要赋予合规监管人更大的督导权限。目前,合规监管人参与合规督导的方式过于单一,权力受到较大限制,难以深入到企业经营管理的全部流程中,无法发现企业深层次的管理漏洞,无力对企业合规整改提供实质性的指导。有鉴于此,合规监管人应被赋予较大的督导权限,包括参加企业董事会会议以及其他任何与企业经营管理有关的会议,对所有高管、员工、商业伙伴进行访谈,调取任何一份交易记录,审查所有财务报表和报销清单,建议企业调离某一管理人员,解散或者重新组建某一部门,等等。根据企业合规整改的进展情况,合规监管人可以向检察机关提出继续延长合规考察期限的建议。对于合规监管人的上述权限,检察机关和第三方管理委员会应给予合理的尊重。

　　第五,对于合规监管人的监督指导工作,检察机关应发挥有效的监督作用。合规监管人最容易出现的问题有两个:一是在合规考察中无力履行职责,导致合规整改流于形式;二是与涉案企业发生利益勾连,或者存在利益冲突,违反职业伦理规范。针对这两个问题,检察机关应建立有针对性的监督机制。例如,为防止合规监管人不尽职不尽责的情况发生,检察机关可以通过"飞行检查"机制,组建更加权威的合规专家团队,对本辖区内的合规监管人工作情况进行随机抽查,发现问题后责令合规监管人加以纠正。又如,检察机关可以考虑建立投诉机制,接受涉案企业或责任人对合规监管人的投诉和举报,一经调查属实,就应当对合规监管人作出纪律处分,要么终止其在相关案件中继续担任合规监管人的资格,要么将其从合规监管人名录中除名。再如,对于合规监管人的阶段性报告和总结性报告,检察机关应当严格审查。在企业合规整改评估和验收方面,检察机关应将合规监管人视为"专家证人",将其合规考察总结报告作为验收合规整改效果的参考,而不是唯一的依据。对于涉案企业是否通过合规整改,是否作出宽大的刑事处理,最终要由检察机关决定。

第十章　律师在有效合规整改中的作用

> 律师作为合规顾问,如何为企业客户提供有效合规服务?通常,合规顾问有三个关键合规业务节点:一是申请检察机关启动合规考察程序;二是代表企业应对第三方组织的监督考察;三是在合规验收听证会上作出答辩。为此,合规顾问应注重满足合规考察程序启动的若干基本条件,针对企业发生犯罪的内生性结构原因,协助企业开展有针对性的制度纠错工作,并帮助企业引入一种专项合规管理计划,确保该合规计划得到有效的运行和实施。

一、律师担任合规顾问的难题
二、一个案例的分析
三、律师在合规整改中的三种角色
四、合规考察条件的满足
五、企业制度纠错的展开
六、企业专项合规计划的搭建
七、基于有效合规整改的律师合规业务

一、律师担任合规顾问的难题

自 2022 年 4 月以来,由最高人民检察院领导的企业合规改革试点工作,已经在全国各地检察机关得到推行。经过两年多的改革探索,检察机关创设了包括合规监督考察、第三方机制委员会、第三方组织、专项合规计划、合规考察验收听证等在内的一系列新制度,把"有效合规整改"定位为"有效防止相同或相似违法犯罪行为的再次发生",并将此作为合规监督考察的基本目标。[①] 为确保这一目标的实现,防止出现"纸面合规""形式化合规"乃至"无效合规"现象,检察机关注重发挥第三方机制委员会的领导决策作用,强调对涉案企业适用合规考察条件的严格审查,重视第三方组织在合规考察中的监督指导作用,强化对合规考察评估的验收工作。[②] 可以说,合规考察参与者各司其职,发挥各自的专业优势,并保持一种协同推进的态势,是实现有效合规整改的基本保证。

在合规监督考察过程中,律师的专业作用是不可或缺的。一般而言,一旦检察机关启动合规监督考察程序,律师有可能发挥三方面的作用:一是以合规监管人的身份,被遴选为第三方组织的成员,对企业合规整改进行监督指导;二是接受涉案企业的委托,担任辩护人,参与合规考察过程,维护企业的合法权益;三是经过涉案企业的聘请,担任合规顾问,协助企业进行合规整改工作。对于合规监管人在合规整改中的作用,前文也已有所涉及[③],这里不再专门进行讨论。律师作为辩护人,可以为涉案企业提供全方位和全流程的法律服务,而协助涉案企业开展合规整改工作,只是其辩护活动的有机组成部分。在检察机关启动合规监督考察程序后,涉案企业通常会聘请那些熟悉合规业务的律师充当合规顾问,全程参与合规整改工作,并努力争取说服检察机关作出合规验收合格的结论。这些合规顾问既有可能是涉案企业委托的辩护人,也有可能是企业另行聘请的专业律师。

通常情况下,在立案侦查和审查起诉阶段,那些接受涉案企业委托的辩

[①] 参见最高人民检察院办公厅等 2022 年 4 月发布的《涉案企业合规建设、评估和审查办法(试行)》,第 4 条、第 5 条。

[②] 参见最高人民检察院会同其他部门 2021 年 6 月 3 日发布的《关于建立涉案企业合规第三方监督评估机制的指导意见(试行)》,第 1 条、第 2 条和第 3 条。

[③] 参见陈瑞华:《合规监管人的角色定位——以有效刑事合规整改为视角的分析》,载《比较法研究》2022 年第 3 期。

护律师，可以为其提供多方面的法律服务，从事全方位的辩护工作。但是，企业为申请启动合规考察程序，应对合规监管人的监督考察活动，参与检察机关的合规整改验收活动，通常还会聘请专业的合规顾问，协助其开展积极有效的合规整改活动。在实践中，企业在委托律师担任辩护人的同时，可以授权辩护律师组建合规顾问团队，为企业提供合规服务。但在个别情况下，涉案企业基于开展有效合规整改的考虑，也可以另行委托一些擅长合规业务的律师，担任专门的合规顾问，与辩护律师团队进行有效的配合，共同参与涉案企业合规考察工作。合规顾问无论是由辩护律师直接担任，还是由涉案企业另行聘请，一旦与涉案企业签署合规顾问服务协议，就会形成一种委托代理关系，并承担相应的权利、义务和责任。

那么，作为合规顾问的律师，究竟如何为涉案企业提供法律服务呢？为实现有效合规整改的目标，合规顾问应发挥哪些方面的作用呢？对于这些问题，法学界和实务界都没有进行专门的研究，也没有作出相关的理论提炼和总结。而从合规监督考察的实践情况来看，律师一旦被委任为合规顾问，通常存在着"忠诚性有余，独立性不足"的问题，大多倾向于顺从涉案企业的意愿，被动应对检察机关和第三方组织的监督指导工作，而很少从有效合规整改的角度，向涉案企业提出专业化的建议，推动企业开展实质化的合规体系建设。一些合规顾问将合规整改视为换取检察机关"出罪处理"的手段，追求一种使企业获得"无犯罪记录"的理想结果，却忽略了合规计划制定、合规计划运行和合规计划验收评估的专业过程。可想而知，在合规顾问都不重视有效合规整改的情况下，指望涉案企业本身通过合规整改达到预防犯罪再次发生的目标，几乎是不可能的。

本章拟从有效合规整改的角度，对合规顾问在企业合规整改中的作用问题作出初步的研究。笔者将结合一个较为成功的合规整改案例，分析合规顾问究竟从事了哪些合规服务工作，试图从中找到合规顾问发挥专业作用的一些规律。在此基础上，笔者将合规顾问的诉讼角色确定为三个方面：检察机关启动合规考察程序的申请者、第三方组织监督考察的应对者以及合规整改验收听证的答辩者。为提供有效的合规服务，合规顾问应注重满足合规考察程序启动的若干基本条件，针对企业发生犯罪的内生性结构原因，协助企业开展有针对性的制度纠错工作。不仅如此，合规顾问还应针对企业涉嫌犯罪的类型，帮助企业引入一种专项合规管理体系，并确保该合规计划得到有效的运行和实施。笔者试图从宏观上梳理合规顾问参与合规整改工作的基本框架，论证合规顾问在有效合规整改中具有不可替代的特殊作用。

二、一个案例的分析

一旦一个涉嫌犯罪的企业申请启动合规考察程序，作为合规顾问的律师就成为协助其开展合规整改的关键人物。在很大程度上，企业合规整改的成败，取决于合规顾问的业务水平和尽职敬业精神。那么，律师在接受涉案企业委托后，究竟可以为其提供哪些合规服务，在合规整改中发挥怎样的作用？由于律师界很少公布合规业务的相关信息，很多律师也都与企业客户签订了保密协议，因此，对于这一问题，研究者通过一般途径无从获得较为全面的认识。为了对合规顾问在企业合规整改中的作用进行直观的讨论，我们可以借助于一个合规整改的典型案例，通过律师团队提供的简要信息，来分析合规顾问究竟是如何有效地参与合规整改活动，并成功地帮助企业客户通过合规验收的。

上海 Z 公司是一家为本地商户提供数字化转型服务的互联网大数据公司，现有员工 1000 余人，年纳税额 1000 余万元，曾帮助 2 万余家商户完成数字化转型，拥有计算机软件著作权 10 余件，2020 年被评定为高新技术企业。

2019 年至 2020 年，在未经 E 公司授权许可的情况下，Z 公司出于提供超范围数据服务吸引更多客户的考虑，由公司首席技术官陈某某指使汤某某等公司技术人员，通过"外爬""内爬"等爬虫程序（按照一定规则在网上自动抓取数据的程序），非法获取 E 公司经营的外卖平台数据。其中，汤某某技术团队实施"外爬"，以非法技术手段，或利用 E 平台网页漏洞，突破、绕开 E 公司设置的 IP 限制、验证码验证等网络安全措施，通过爬虫程序大量获取 E 公司存储的店铺信息等数据。王某某技术团队实施"内爬"，利用掌握的登录 E 平台商户端的账号、密码及自行设计的浏览器插件，违反 E 平台商户端协议，通过爬虫程序大量获取 E 公司存储的订单信息等数据。上述行为造成 E 公司存储的海量商户信息被非法获取，造成 E 公司流量成本增加，直接经济损失 4 万余元。

案件被移送审查起诉后，Z 公司积极赔偿 E 公司经济损失并取得谅解，嫌疑人陈某某等 14 名涉案人员都认罪认罚，Z 公司向上海市普陀区检察院提交了《适用刑事合规不起诉申请书》，并提交了有关企业经营情况、社会贡献等方面的证明材料。检察机关经过实地走访、调查企业经营状况,发现涉案企业存在着重技术开发、轻数据合规等问题,此次爬取数据系出于拓展业务的动机,没有进行二次售卖,最终作出了对Z公司启动合规考察程序的决定。

检察机关根据Z公司所存在的管理盲区、制度空白、技术滥用等合规风险,向其发送了《合规检察建议书》,从数据合规管理,数据风险识别、评估和处理,数据合规运行与保障等方面提出了整改建议。Z公司积极开展合规整改工作,并聘请律师团队担任合规顾问,协助其制定数据合规专项整改计划。检察机关吸纳网信办、互联网安全企业和产业促进社会组织的专业人士组成第三方组织,全程监督指导Z公司的合规整改工作。

在第三方组织的监督下,合规顾问主要帮助Z公司开展了以下合规整改工作:第一,确保数据来源合规。Z公司与E公司达成合规数据交互约定,彻底销毁相关爬虫程序及源代码,对非法获取的涉案数据进行了无害化处理,并与E平台API数据接口直连,实现了数据来源的合法化。第二,实现数据安全合规。Z公司设立数据安全官,专门负责数据安全及个人信息安全保护工作;构建数据安全管理体系,制定并落实《数据分类分级管理制度》《员工安全管理等级》;加入区级态势感知平台,提升对安全威胁的识别、响应处置能力。第三,建立数据管理合规机制。Z公司成立了数据合规委员会,制定了常态化合规管理制度,开展合规年度报告。①

回顾本案办理历程,律师顾问团队主要为Z公司提供了以下专业服务:

(1)案发伊始,建议Z公司将公司注册地迁至案件承办机关所在地普陀区,以争取赢得普陀区相关单位和部门的重视与支持。

(2)建议Z公司主动与E公司平台进行沟通,全力求得对方的谅解。顾问团队帮助Z公司起草了谅解请求书。

(3)协助Z公司估算E公司平台运营方因为本案可能产生的经济损失,尽可能将估算的损失金额控制在涉嫌罪名的基本刑档内。

(4)建议Z公司尽快对涉案员工进行内部处罚,并对具体的处罚种

---

① 参见孙风娟:《最高检发布第三批涉案企业合规典型案例》,载微信公众号"最高人民检察院",2022年8月10日发布。

类及处罚力度给出建议。

（5）建议Z公司从内部治理结构入手，调整公司技术部负责人以及公司相关主管领导的岗位，设立数据合规官。

（6）建议并协助Z公司着力解决业务数据来源合法化问题。Z公司经过与E公司协商，完成了与E公司平台数据端口的对接，随后还经过与另一家平台企业M公司的商谈，完成了与该公司的数据端口对接，打通了从E公司和M公司有偿获取数据信息的途径，实现了Z公司业务数据来源的合法化。

（7）围绕查找出来的原因，提出专项合规整改方案。

（8）协助Z公司建章立制，建立了员工保密责任制度、员工离任审计与安全审查制度、员工奖惩制度、员工安全管理等级制度、数据安全管理制度、数据分类分级管理制度、数据合规委员会章程、数据合规事项异议处理办法等相关规章制度。

（9）帮助Z公司起草各类整改汇报材料，提交给检察机关。

（10）帮助Z公司拟定技术部门全员培训计划，培训内容包括《网络安全法》《数据安全法》《个人信息保护法》《上海市数据条例》，以及涉及计算机犯罪的相关刑法规定。

（11）实地走访Z公司，召集相关人员座谈，帮助Z公司建立起企业合规文化角。①

经过3个月合规考察，经第三方组织评估认定，Z公司建立合规组织，完善制度规范，提升技术等级，已经完成数据合规建设的整改措施，合规整改达到合格的标准。2022年4月28日，普陀区检察院组织了"云听证"，经听证员评议，同意通过Z公司的合规考察，建议对Z公司和相关涉案人员作出不起诉决定。同年5月，检察机关认为，本案犯罪情节轻微，Z公司和相关责任人员具有坦白、认罪认罚等法定从宽处罚情节，积极赔偿被害单位损失并取得谅解，系初犯，主观恶性较小，社会危害性不大，且Z公司合规整改经第三方组织考察评估合格，遂对Z公司以及陈某某等相关责任人员作出了不起诉决定。

这是一个检察机关首次适用合规考察程序的单位网络犯罪案例。在对涉案企业的合规考察过程中，涉案企业委托的合规顾问团队为企业提供了全

---

① 有关本案的合规整改情况，上海市靖霖律师事务所孙建保律师团队提供了相关资料，特此致谢。

方位的合规服务,向检察机关提交合规考察启动申请,提交合规整改报告,接受第三方组织的合规监督指导,协助企业开展各项合规整改工作,对于企业通过合规考察评估验收起到了至关重要的作用。律师团队在本案中开展的业务活动,为我们研究合规顾问在合规整改中的角色提供了难得的分析样本。

首先,申请启动合规考察程序是合规顾问协助企业开展的首要活动。检察机关启动合规考察程序,是企业开展合规考察活动的前提条件。合规顾问不能成功地说服检察机关启动这一程序,企业就没有获得宽大刑事处理的机会。为推动检察官启动这一程序,合规顾问团队除了提交相关的申请材料以外,还开展了多项前置性工作,如协助企业改变公司注册地址,与被害单位积极沟通和协商,给予经济赔偿并达成和解协议,及时处理内部责任人员,通过多次协调与被害单位和另一家网络平台企业达成协议,完成了网络数据端口对接,实现了网络数据来源的合法化,真正实现了"停止犯罪活动"和"经营业务活动的除罪化"目标。

其次,在三个月的合规考察期内,合规顾问团队在第三方组织的监督指导下,协助企业完成了各项合规整改活动。一方面,合规顾问制定了数据合规专项整改计划,并按计划协助企业进行多项规章制度的建立,调整内部治理结构,组建了合规领导机构和合规负责人,配备了专职合规管理人员。另一方面,合规顾问强化了合规计划的有效运行,使其在管理体系和业务流程中发挥预防违法违规行为的作用,激活了合规培训制度,开展合规年度报告,强化了合规文化建设。

最后,合规顾问接受第三方组织的合规监督指导,向检察机关定期报告合规整改的进展情况,参与检察机关组织的合规验收听证会,向参与听证的各方报告合规整改进展情况和实际效果,论证企业合规整改已经达到有效预防相关犯罪再次发生的效果,成功地说服检察机关对涉案企业和相关责任人员全部作出不起诉的决定。

三、律师在合规整改中的三种角色

检察机关的合规监督考察过程,通常会经历程序启动、考察期确定、第三方组织的介入、监督考察运行、合规考察验收等多个流程。在这一合规考察过程中,合规顾问固然可以全程参加合规整改工作,但在三个关键程序节点上,其可以发挥较为重要的作用,并由此充当了三种诉讼角色:一是合规考察程序启动的申请者;二是合规监管人监督考察环节的应对者;三是合规整改验收评估环节的抗辩者。下面依次对这三种法律角色作出简要分析。

(一) 合规考察程序启动的申请者

合规考察程序的启动,是检察机关对涉案企业适用合规从宽机制的程序开端。一旦律师接受企业的委托担任合规顾问,其首要工作就是提出相关申请,推动检察机关启动这一程序。当然,在这一程序环节,合规顾问也面临着如何选择合规从宽制度模式的问题。目前,我国检察机关经过合规不起诉改革试点,探索出了"相对不起诉"和"附条件不起诉"两种制度模式。① 其中,对"相对不起诉"模式的采用,可以使企业直接获得出罪结局,并由此获得"无犯罪记录证明",然后再按照合规检察建议的要求进行合规整改。② 因此,合规顾问应优先向检察机关申请适用相对不起诉模式。尤其是在那些小微企业犯罪情节轻微,社会危害后果不大,并具有一定合规管理基础的情况下,合规顾问应当优先选择这一制度模式,使企业的利益得到更大程度的保障。

在案件适用"相对不起诉"模式缺乏制度空间的情况下,合规顾问可以考虑申请启动合规"附条件不起诉"模式,也就是一般意义上的"合规考察程序"。③ 原则上,在案件进入立案侦查程序之后,合规顾问只要接受了企业的委托,就应考虑是否协助企业向检察机关提出启动这一程序的申请。通过尽早提出申请,合规顾问一方面可以督促检察机关提前介入侦查程序,对企业尽量不采取查封、扣押、冻结等强制性侦查措施,对责任人员尽量避免采取拘留、逮捕等羁押性强制措施,从而为适用合规考察程序奠定坚实的基础,另一方面,也可以赢得充分时间,满足检察机关启动合规考察程序的前置性要求,对企业开展内部调查,查找企业发生犯罪的内生性结构原因,提交具有针对性的专项合规整改计划,由此提高申请成功的概率。④

当然,要成功地说服检察机关启动合规考察程序,合规顾问在提交相关申请书之前,应当根据企业涉嫌犯罪的具体情况,进行必要的准备工作,形成并提交一系列证明材料,以证明涉案企业满足了启动这一程序的基本条件。

---

① 参见陈瑞华、李奋飞:《涉案企业合规改革二人谈(上)——修改刑诉法,建立企业附条件不起诉制度》,载《民主与法制》2022 年第 38 期。
② 参见李奋飞:《论企业合规检察建议》,载《中国刑事法杂志》2021 年第 1 期。
③ 参见李勇:《企业附条件不起诉的立法建议》,载《中国刑事法杂志》2021 年第 2 期。
④ 参见董坤:《刑事辩护中的合规非诉业务》,载微信公众号"信通合规",2021 年 11 月 2 日发布。

通常情况下,合规顾问可以与涉案企业进行充分沟通,说服后者协助满足启动合规考察的以下条件:一是提交企业和相关责任人员认罪认罚的说明材料,至少,企业和责任人员应当承认检察机关认定的基本犯罪事实;二是提交企业停止犯罪活动的证明材料,至少,应通过提交材料来证明企业已经停止了那些容易导致犯罪的经营活动、业务工作和商业模式;三是提交企业配合刑事调查和合规整改的书面承诺;四是提交企业采取或者承诺采取补救挽损措施的证明材料,包括缴纳罚款、补缴税款、缴纳违法所得、赔偿被害人、采取修复环境资源措施等方面的证明材料;五是提交处理责任人员的证明材料,包括对造成犯罪的直接责任人员采取免职、调离、开除或送交司法机关处理等措施的证明材料;六是提交企业具有重大社会贡献的证明材料;七是提交企业的内部调查报告,揭示发生犯罪行为的内生性结构原因;八是提交企业的合规整改方案,阐述企业承诺建立的专项合规计划。对于上述旨在满足启动合规考察条件的准备工作,将在后文作出专门讨论。

(二) 第三方组织监督考察的应对者

检察机关一旦启动合规考察程序,通常会设置合规考察期,委派由合规监管人组成的第三方组织,后者对企业的合规整改活动进行监督和指导,并负责向检察机关报告,对企业合规进展情况和实施效果作出评估。在司法实践中,检察机关委派第三方组织开展监督考察活动后,对涉案企业合规整改的监督考察工作主要是由第三方组织完成的。可以说,第三方组织对企业合规整改的评估结果,对检察机关是否作出宽大刑事处理具有至关重要的影响。[1]

有鉴于此,在第三方组织开始监督考察后,合规顾问应当将应对该组织的监督考察作为自己的工作重心。合规顾问应当代表涉案企业,接受第三方组织的调查和指导,按照第三方组织的建议制定合规整改日程表,兑现企业所作的合规整改承诺,对第三方组织提出的进一步整改意见全部加以接受,并在管理活动和业务流程中加以落实。在一定程度上,合规顾问的工作主要就是按照第三方组织的要求,保证所承诺建立的专项合规计划在制定、运行和结果三个环节,实现有效合规整改的目标。[2]

首先,针对第三方组织的监督考察要求,合规顾问应确保专项合规计划

---

[1] 参见李玉华:《企业合规与刑事诉讼立法》,载《政法论坛》2022年第5期。
[2] 参见陈瑞华:《企业有效合规整改的基本思路》,载《政法论坛》2022年第1期。

制定的有效性。为此,合规顾问应当协助企业开展实质性的内部调查,提交有针对性的自查报告,揭示企业发生犯罪的外部诱因和内生性结构原因。尤其是对于内生性结构原因的分析,合规顾问应确保自查报告不回避矛盾和问题,从企业的治理结构、管理方式、业务经营模式等方面揭示造成特定犯罪发生的结构性原因,从而为有针对性的合规整改创造条件。另一方面,针对上述结构性原因,合规顾问应提出有针对性的合规纠错措施和体系化的专项合规计划,既消除那些容易导致犯罪发生的直接隐患和漏洞,也为企业预防类似犯罪再次发生建立长远的内部控制机制。

其次,在第三方组织的监督指导下,合规顾问应确保专项合规计划得到有效的运行和实施。很多企业的合规整改之所以不成功,主要原因在于仅仅满足于建章立制,从形式上确立一系列"貌似合理"的合规管理要素,而不注重合规管理体系的有效运行。为吸取这方面的教训,合规顾问应当帮助企业在建章立制的前提下,确保所承诺的合规管理要素得到切实的落实和运行,使其发挥预防合规风险、监控违规行为、应对违规事件的作用。例如,对于所承诺发布的合规章程、合规政策和员工手册,合规顾问应及时制定出来,使之成为合规风险评估、合规培训、合规承诺的基础,并成为切割企业责任与员工责任、第三方商业伙伴责任的直接依据。又如,对于所承诺建立和任命的合规领导机构和合规管理人员,合规顾问应协助企业尽快配备完成,按照高层承诺、独立、权威和有资源保证等基本原则,确保合规组织高效运转,保证企业的每一项业务和产品都能接受合规性审查,使得那些有违规风险的产品、业务或管理活动,及时被"一票否决"。再如,对于所承诺的合规风险识别和评估,针对客户和第三方商业伙伴的尽职调查、合规培训、合规文化建设、合规报告、合规举报等预防和监控措施,合规顾问应帮助企业逐一建立起来,使之切实发挥预防合规风险和监控企业经营合法性的作用。

最后,根据第三方组织的考察评估要求,合规顾问应保证合规整改活动产生积极有效的结果,达到有效预防类似违法犯罪行为再次发生的目标。随着合规改革的全面推行,检察机关越来越明确地强调合规整改要达到有效的结果,由合规监管人组成的第三方组织也越来越重视对企业合规整改效果的科学评估,注重运用诸如随机访谈员工、随机抽查商业交易记录、随机旁听相关业务或管理会议、模拟合规投诉、穿透式合规性审查等合规有效性评估方法,并据此形成针对企业合规整改有效性的评估报告。为避免企业合规整改走向"纸面合规""无效合规",合规顾问应针对第三方组织的上述合规评估方法,在合法合规的前提下,确立一系列有效的应对措施,切实保证涉案企业的合规整改经得起评估和检验,可以发挥可持续的预防犯罪效果。为做到这一点,合规顾问应当在帮助企业兑现合规承诺的前提下,针对第三方组织提出的阶段性整改建议,纠正那些明显存在问题的合规整改措施,有针对性地消除管理流程中的漏洞和隐患。在合规考察期结束之前,尤其是第三方组织开展最终合规评估之前,合规顾问应当对企业的合规整改效果开展一次"预先评估"活动,也就是针对第三方组织的合规评估,进行一次有针对性的"演练",及时解决那些已经暴露的问题,修复那些存在缺陷的管理流程和业务环节,确保每一项合规管理要素,都能得到有效的运行,发挥有效预防违法犯罪行为的作用。

(三) 合规验收听证的答辩者

在合规考察期结束之前,由合规监管人组成的第三方组织通常会就企业合规整改效果提交监督考察报告,检察机关会对此报告作出初步审查,认为企业符合有效合规整改要求的,可以组织合规验收评估听证会,对合规整改作出是否合格的检验和评判。可以说,在上述合规验收听证会上,如何帮助企业展开积极的抗辩,争取获得合规整改合格的评价结果,是合规顾问提供合规服务的最后一项重要工作。

根据最高人民检察机关所推广的改革试点经验,检察机关所组织召开的合规验收听证会,通常会邀请以下几类人士参加:一是主持听证会的办案检察官;二是被遴选出来作为听证员的人大代表、政协委员或相关领域的专家;三是当地第三方机制委员会成员单位的代表;四是检察机关任命的人民监督员代表;五是涉案企业的法定代表人及其辩护律师、合规顾问;六是参加企业合规监督考察工作的第三方组织全体成员或代表;七是负责此案刑事调查工作的侦查人员;八是被害人或被害单位的代表;等等。在有些具有重大社会影响或存在专业争议的案件中,检察机关还有可能邀请特定专业领域的人士列席听证会。①

在合规验收听证会上,办案检察官主持整个听证活动,涉案企业代表处于"答辩者"的地位,由合规监管人组成的第三方组织具有"专家证人"的性质,听证员则扮演"裁判者"的角色。听证会的基本程序是,在检察官的主持

---

① 参见毛逸潇等:《企业合规监督考察如何落在实处》,载《检察日报》2021年10月21日,第03版。

下,涉案企业代表宣读合规整改总结报告,合规顾问就合规整改的过程和效果作出发言,接着由第三方组织的代表宣读涉案企业合规监督考察总结报告。在听证过程中,办案检察官、听证员、第三方机制委员会成员单位代表、人民监督员、侦查人员、被害方在听取上述报告之后,可以选择向涉案企业代表、合规顾问提出问题,可以选择向第三方组织的代表提出问题,也可以就合规考察程序的合法性以及合规整改的有效性发表评论。听证会的最后程序是听证员就合规验收结果作出秘密评议,并作出合规整改是否合格的表决。

作为涉案企业代理人的合规顾问,要努力说服听证员作出合规整改合格的结论。这是有效维护涉案企业利益的最重要途径。通常情况下,第三方组织经过几个月的合规监督考察活动,并经过专业的合规整改验收评估,会在听证会上提交有利于涉案企业的合规监督考察评估报告,并得出企业达到"有效专项合规整改标准"的结论。因此,合规顾问应当将第三方组织的报告作为论证企业合规整改成功的重要证据,尽力维护第三方组织报告的权威性、合法性和科学性。无论是论证合规整改的积极效果,还是回应听证各方的提问和质疑,合规顾问都可以直接援引第三方组织报告的相关内容,作为支持本方观点的权威论据。

为使答辩取得较为理想的效果,合规顾问应当紧紧围绕"企业达到有效合规整改标准"这一核心观点,提出证据,针对提问和质疑,全面论证企业的合规整改既达到了"制度纠错"效果,也建立和运行了"专项合规计划",实现了"有效预防相同或类似违法犯罪行为再次发生"的合规目标。在答辩过程中,合规顾问不应长篇累牍地介绍企业所建立的规章制度,而应紧紧围绕合规自查报告所揭示的企业犯罪的内生性结构原因,分析企业在经营中容易出现违法违规问题的风险领域、管理环节和业务流程,介绍企业为有针对性地预防合规风险的发生,究竟采取了哪些方面的制度纠错措施和合规体系建设方案。对于企业所采取的合规验收评估活动,合规顾问也应加以重点强调,并论证验收评估方法的科学性。合规顾问尤其应当着力论证,企业所建立的专项合规计划,并不是一种为应对检察机关合规整改所采取的"应景之作",而是经得起严格的合规有效性检测,可以从长远的角度发挥有效预防违法犯罪行为的作用。

四、合规考察条件的满足

在合规改革试点之初,一些律师因为缺乏从事合规业务的经验,在申请启动合规考察程序时,通常只是提交一份申请书,而不提交相关的证据材料,也不开展申请前的调查和准备活动。随着合规改革试点工作的不断推进,检察机关对于合规考察程序的启动建立了越来越严格的审查机制,除建立了市级检察机关统一协调、省级检察机关批准的内部审批机制以外,还引入了第三方机制委员会的监督考察机制。①

根据相关规范性文件和指导性案例,检察机关启动合规监督考察程序,通常需要具备四个方面的基本条件:一是基础性条件,也就是涉案企业提出申请的形式要件,包括:认罪认罚,或者承认相关犯罪事实;提出适用合规考察程序的申请;积极配合刑事调查和合规整改工作;停止犯罪活动;等等。二是补救性条件,亦即涉案企业采取或者承诺采取相关的补救挽损措施,修复那些为犯罪行为所破坏的法益,明显减少犯罪所造成的社会危害后果,具体措施包括缴纳罚款、补缴税款、上缴违法所得、赔偿被害人、修复为犯罪所破坏的环境资源,等等。三是公共利益条件,通常是涉案企业具有重大社会贡献,既往不存在系统性犯罪活动,对企业起诉可能会损害国家利益和社会公共利益,等等。四是合规准备条件,一般是涉案企业为进行有效合规整改所采取的预备性措施,包括提交企业内部调查报告或自查报告,准确揭示造成犯罪发生的内生性结构原因,提交有效的专项合规整改计划,包括有针对性的制度纠错措施和体系化的专项合规计划。②

根据合规整改的相称性原则,合规顾问并不需要在每一个案件中都满足上述启动条件,而应当根据特定涉案企业的性质和合规整改需求,在上述启动条件中有针对性地进行选择,并进行相对应的证据收集和材料准备工作。根据合规顾问在大多数案件中的工作经验,本章拟对几个具有普遍性的材料准备工作作出简要分析。

首先,在满足基础性条件方面,合规顾问应当帮助企业权衡利弊得失,作出认罪认罚或承认犯罪事实的决定。一旦作出上述决定,涉案企业就应当放弃无罪辩护,承认被指控的犯罪事实,或者直接签署认罪认罚具结书,这是说服检察机关启动合规考察程序的前提条件。与此同时,无论是单位涉罪案件,还是单位内部相关人员涉嫌犯罪的案件,相关责任人员要想获得宽大刑事处理,也应作出认罪认罚或者承认犯罪事实的决定,并争取在企业合规整

---

① 参见冯卫国、方涛:《企业刑事合规本土化的现实困境及化解路径》,载《河南社会科学》2022年第6期。

② 参见李奋飞:《论企业合规考察的适用条件》,载《法学论坛》2021年第6期。

改中发挥积极的作用。无论如何,合规顾问应当告知涉案企业以及相关责任人员,拒不承认犯罪事实,或者选择无罪辩护,都不符合合规考察程序的适用条件。

为说服检察机关启动合规考察程序,合规顾问还应为涉案企业制定一种危机应对策略,满足有关"停止犯罪活动"和"配合刑事调查和合规整改"的条件。在停止犯罪活动方面,合规顾问应建议企业彻底停止那些存在违法犯罪风险的业务活动,撤销那些可能带有"犯罪基因"的产品,替换那些存在合规风险的商业伙伴,改变可能导致犯罪行为发生的商业模式。在配合刑事调查和合规整改方面,合规顾问应建议企业为相关部门的调查提供便利,至少不阻止调查行为,鼓励员工如实提供证据和如实接受问询,必要时积极披露那些尚未被掌握的犯罪事实。合规顾问所从事的上述工作,都应有完整详尽的书面记录或电子留存,以便随时提交检察机关,将此作为申请启动合规考察的重要证据材料。

其次,在满足补救性条件方面,合规顾问应建议企业尽可能缴纳罚款、税款和违法所得,采取环境资源修复措施。遇有企业无力缴纳上述款项的情况,合规顾问应建议企业作出缴纳的书面承诺,制定缴纳上述款项的时间表,尽力筹措资金,尽快完成缴纳工作。遇有企业无力修复环境资源的情况,合规顾问应建议企业向检察机关缴纳"环境资源修复资金",证明自己具有修复环境资源的强烈意愿和明确行动。合规顾问应向企业反复说明,启动合规考察程序,需要企业付出必要的经济代价和管理成本,而这种代价和成本与检察机关提起公诉所带来的定罪后果相比,无疑是"物有所值"的,也是避免企业陷入灾难性境地的理性选择。

对于那些给被害人或被害单位造成经济损失的案件,合规顾问应当建议企业尽快向被害人提供经济赔偿,并与被害人达成"刑事和解协议"。检察机关在启动合规考察方面普遍存在的顾虑,是启动合规考察程序会导致被害方表达不满声音,提出申诉,甚至由此酿成社会公共事件。为消除合规考察可能引发的政治风险和社会稳定问题,合规顾问应帮助企业与被害方进行充分沟通和协商,尽早提供经济赔偿,获得被害方的谅解,并将刑事和解协议提交检察机关。有经验的合规顾问都会认识到,只有赔偿被害方,确保不出现政治风险和社会稳定问题,检察机关才会消除顾虑,认真考虑启动合规考察程序的问题。

再次,在满足公共利益条件方面,合规顾问除了提交企业既往不存在系统性违法犯罪行为的证明材料以外,还应当提交企业具有"重大社会贡献"的证明材料。在最高人民检察院的改革规范性文件中,这一公共利益条件并没有被明确列在条文之中。但在司法实践中,涉案企业满足这一条件,会大大增加检察机关启动合规考察的可能性。所谓"公共利益条件",是指对涉案企业启动合规考察所可能带来的国家利益和社会公共利益;所谓"重大社会贡献",则是指涉案企业在吸纳就业、缴纳税款、贡献高科技产品、创造产品品牌、出口创汇、上市、参加"一带一路"等方面所具有的突出价值。

为有效地说服检察机关启动合规考察程序,合规顾问可以从两个方面论证涉案企业的特殊社会贡献:一是从积极的角度,论证对企业启动合规考察,可能给当地政治经济带来的直接和间接收益,如保住企业的上市资格、保住企业的知名品牌、维护企业参与招投标的资格,等等;二是从消极的角度,说明一旦对企业起诉和定罪,可能使当地经济承受的不利后果,如员工失业下岗、税款流失、企业退市、知名品牌消失,等等。假如涉案企业属于那种在当地经济中具有重大影响的支柱企业,如大型国有企业、上市或拟上市公司、排名靠前的大型民营企业等,合规顾问还应当从社会稳定、政府支持等角度,论证对其启动合规考察更符合社会公共利益,具有重大政治和经济意义。

最后,在满足"合规预备条件"方面,合规顾问应当考虑尽早开展合规内部调查,提交企业自查报告,提交初步的专项合规整改计划。在司法实践中,有些检察机关并不明确要求涉案企业在提出申请时提交自查报告和合规整改计划,而是在决定启动合规考察程序后,由第三方组织监督指导企业提交上述自查报告和合规计划。但从实际效果来看,一旦检察机关启动合规考察程序,在较为有限的合规考察期内,在第三方组织的监督指导下,企业再提交自查报告和合规整改计划,显得为时已晚,有可能影响企业合规整改的效果。从积极争取检察机关启动合规考察的角度来说,合规顾问应当建议企业尽早开展合规内部调查活动,制定并提交合规自查报告和合规整改计划。

为提交合规自查报告,合规顾问应对涉案企业进行全面的内部调查。为避免这种调查流于形式、避重就轻,合规顾问应取得涉案企业最高管理层的授权,对三方面的问题展开全面深入的调查,并写入自查报告:一是企业既往是否发生过类似违法犯罪行为,是否存在着那种由企业整体授权或默许的"系统性单位犯罪行为";二是企业发生犯罪的外部诱因和内部结构性原因,尤其是造成企业犯罪的治理结构缺陷、管理漏洞和业务模式隐患;三是对企业犯罪负有直接责任的人员。根据上述自查报告揭示的内部结构性原因,合规顾问应提交初步的专项合规整改计划,包括有针对性的制度纠错措施和体系化的专项合规计划。当然,合规顾问代表企业提交的上述专项合规整改计划,不一定会得到检察机关的完全认可,后者还有可能提出进一步的合规整改要求,由合规监管人组成的第三方组织,也有可能经过相关调查,提出进一步的合规整改要求。但无论如何,合规顾问代表企业提交的初步专项合规整改计划,都足以表明涉案企业的合规整改意愿和行动,也为检察机关和第三方组织提出最终的合规整改要求,节省了时间,提高了效率,奠定了基础。这对于说服检察机关启动合规考察程序,肯定是有百利而无一害的。

五、企业制度纠错的展开

有效合规整改的主要目标,在于有效预防相同或相似违法犯罪行为的再次发生。要达成这一目标,合规顾问就要协助企业完成两项合规整改工作:一是采取有针对性的制度纠错措施,二是引入体系化的专项合规计划。这是一个"先破后立"的过程,前者带有"破"的性质,也就是针对存在缺陷的治理结构、管理方式和业务产品,采取纠正错误、堵塞漏洞、消除隐患的措施,实现企业经营和管理上的"去犯罪化"。后者具有"立"的性质,也就是引入一种体系化的专项合规计划,实施一种旨在从长远的角度预防违法犯罪行为的管理机制。①

当然,作为合规整改的重要组成部分,制度纠错措施本身并不是严格意义上的"合规管理",而是为建立合规管理体系而采取的前置性措施。从合规改革的实践来看,合规顾问要协助企业作出有效的合规整改,就需要针对导致企业发生犯罪的特定内生性结构原因,在治理结构、产品类型、业务活动、上游供应、污染物排放、商业模式和经营方式等方面,作出根本性的改变,消除原有的违法因素和犯罪基因,而代之以一种崭新的治理结构、产品类型、业务活动、供应链、排放方式或者经营模式。由此,合规顾问就可以协助企业完成业务、产品或商业模式的合法化改造。在很大程度上,合规顾问要帮助企业完成有效的合规整改,就需要针对特定的犯罪原因,推动企业采取"脱胎换骨"的制度纠错措施,由此才能为建立专项合规计划奠定坚实的基础。

---

① 有关分析可参见陈瑞华:《企业有效合规整改的基本思路》,载《政法论坛》2022年第1期。另参见刘艳红:《涉案企业合规建设的有效性标准研究——以刑事涉案企业合规的犯罪预防为视角》,载《东方法学》2022年第4期。

(一) 企业治理结构的改变

很多企业之所以走上犯罪的道路,主要是因为企业治理结构存在着根本的缺陷,公司董事会形同虚设,只注重维护股东和利害相关方的利益,忽略了企业的社会责任和依法经营问题,管理团队对一些管理人员或业务部门的违法违规行为视而不见,存在着为追逐高额利润而放任或纵容违法经营活动的问题。对这种病态的治理结构不作出根本改变,涉案企业即便引入"专项合规计划",也会遭到架空,而难以发挥预防违法犯罪行为的效果。

在合规考察实践中,合规顾问受制于自身的角色,很少主动建议企业作出治理结构的调整。但是,假如检察机关和第三方组织认识到调整公司治理结构的必要性,明确提出了相关整改要求,那么,涉案企业在面临强大压力的情况下,基于"顺利通过合规考察"的考虑,也不得不对其治理结构作出适度的调整。在此情况下,合规顾问就可以遵照检察机关和第三方组织的要求,帮助企业开展调整治理结构的工作。

通过分析一些企业开展合规整改的成功案例,我们不难发现,合规顾问帮助企业调整治理结构,实现企业经营的"去犯罪化",主要目标在于激活董事会、监事会、高级管理团队对合规管理的领导权,贯彻合规管理的"高层承诺原则"。为此,合规顾问可以从以下几个角度开展工作:一是由上级母公司主持涉案企业的合规整改工作,对涉案企业开展全面整顿;二是在条件成熟时转变股权结构,由控股公司全面改组涉案企业的董事会和监事会,委派主要董事会成员,任命监事会成员;三是在董事会之下设立合规委员会,负责对企业合规管理的领导工作;四是提升总法律顾问(首席合规官)的地位,使其担任董事、董事会秘书或者兼任高级管理人员职务;五是确立重大合规事项交由合规委员会讨论决定的制度,赋予合规部门对主要业务的合规性审查权,必要时赋予其对违法违规业务的一票否决权;等等。[①]

(二) 业务、经营方式或商业模式的终止和转型

有些企业之所以出现犯罪问题,主要是因为所从事的业务活动存在"犯罪基因",其经营方式和商业模式本身符合某一特定犯罪的构成要件。如果不改变这种业务活动,或者不促使其经营方式或商业模式发生实质性的转

[①] 有关的案例分析,可参见陈瑞华:《单位犯罪的有效治理——重大单位犯罪案件分案处理的理论分析》,载《华东政法大学学报》2022年第6期。

变,那么,企业就不可能杜绝类似违法犯罪活动继续发生的可能性。例如,有些涉嫌虚开发票犯罪的企业,长期存在着"票货分离"的经营模式,致使大量发票没有真实的商品交易或服务贸易作支撑;一些涉嫌实施传销犯罪的企业,多年来存在着缴纳入门费、按照层级提取会员介绍费等经营模式,也没有真实的商品交易和服务贸易作为支撑,而是将其变成按层级收取费用的"道具";一些涉嫌网络诈骗的企业,一直依赖于那种虚构事实、隐瞒真相、欺骗消费者的网络交易模式;等等。假如不对这类存在"犯罪基因"的业务、经营方式或商业模式作出根本的终止或转变,那么,涉案企业即便引入了某一专项合规计划,也无法有效运行。

遇到这类问题,合规顾问应当及时向企业提出建议,果断关停那些存在违法犯罪因素的业务,终止运行那些存在隐患的经营方式或商业模式。在条件许可的情况下,经检察机关或第三方组织批准,可以对企业的业务活动、经营方式或商业模式作出适度改变,转向一种不存在违法违规风险的业务活动、经营方式或商业模式。例如,为避免虚开发票行为的再次发生,可以建议企业建立专门的发票管理、合同审查、交易记录机制,确保发票能够对应于真实的商业交易;为防止网络诈骗行为的再次发生,合规顾问应建议企业永久关停所有涉嫌违规的业务,删除后台数据处理模块,采取入口清理、付款屏蔽、使用界面下线等措施;为防止污染环境犯罪的再次发生,合规顾问可以建议企业停止那种存在高污染且污染治理存在困难的业务活动,转而从事不存在污染问题的新业务;等等。对于这种终止、转变业务活动、经营方式和商业模式的行为,一些律师将其称为"断尾求生法",并将其视为确保企业"去犯罪化"的一种纠错机制。①

(三) 上游产品供应的合法化

前文案例中,Z公司在合规顾问的建议下,为实现数据来源的合法化,在向被害单位作出赔偿的前提下,与后者达成数据有偿使用协议,完成了与该公司的数据端口对接,并且通过与另一家企业商谈,打通了从后者有偿获得数据信息的途径。这可以使我们获得一种启发:终止那种存在违法犯罪风险的产品供应方式,确保上游产品供应的合法化,是合规顾问帮助企业进行制度纠错的一种重要途径。

---

① 参见陈诗文、倪云:《从一件刑事合规不起诉案例谈企业合规辩护和合规整改的基本思路》,载微信公众号"发现律师事务所",2022年11月11日发布。

很多企业的产品或服务严重依赖于上游企业的产品供应,假如企业在使用供应商的技术、零部件、数据信息等方面存在违法违规活动,就有可能出现刑事合规风险。例如,违法使用上游企业的数据信息,可能构成非法侵犯公民个人信息、非法侵入计算机系统等犯罪;违法使用上游企业的商标、专利技术,有可能构成侵犯商业秘密、侵犯商标、侵犯专利等涉及知识产权领域的犯罪,等等。面对这类案件,合规顾问通常会与被害单位进行协商,对其进行经济赔偿,并达成刑事和解协议书。但仅仅付出这些努力还是不够的,在企业确实需要继续得到上述被害单位产品、技术、数据信息支持的情况下,合规顾问还可以与这些企业继续开展协商,争取从这些企业那里获得有偿使用产品、技术和数据信息的资格,实现产品、技术和数据信息来源的合法化。与此同时,合规顾问还可以帮助企业找寻其他可以提供相关技术、产品和数据信息的企业,与后者达成有偿使用协议,扩大合法获得上游产品、技术和数据信息来源的范围,确保涉案企业的合法经营得到可持续的保证。

(四) 污染物处理的合法化

很多涉嫌实施破坏环境资源犯罪的企业,一旦被纳入合规考察的对象,通常都将建立合规计划作为合规整改的工作重心。但是,这些企业之所以走上污染环境的犯罪道路,主要原因在于企业出于节省成本的考虑,不建立健全治理污染的管理机制,既不配备污染物处理设施和部门,也不将污染物交由专业机构进行有偿处理,结果造成污染物的任意排放。而在企业合规整改过程中,假如涉案企业仅仅关注合规计划的制定,而不重视污染物的合法处理问题,那么,在检察机关作出不起诉决定后,企业一旦恢复生产经营活动,污染环境行为的再次发生将是不可避免的,整个合规整改活动必将流于形式。

作为法律专业人士的合规顾问,在帮助这类企业进行合规整改的过程中,应当充分认识到,实现企业治理污染的合法化,为企业寻找一条专业化的有偿处理污染物的道路,是企业进行有效合规整改的前提。在企业自身具有治理污染能力的情况下,合规顾问应建议企业采取"一劳永逸"的污染治理方式,也就是尽力运行污染治理设备,配备相关的污染物处理专业人员,治理污染的效果还要经环境资源监管部门验收。而假如涉案企业没有自行处理污染物的能力,合规顾问应建议企业采取"委托专业机构治理污染"的处理方式,也就是遴选若干家具有治理相关污染物能力的企业,经检察机关批准,与最符合资质要求的专业治污机构签订协议,根据污染物处理的数量和类型,来支付处理污染物的费用,并对治污机构实施有效的合规管理。为此,涉案企业需要对治污企业进行尽职调查,根据其合规风险设定风险等级,采取相对应的合规管理措施;涉案企业需要与治污机构签订相关协议,并将合规条款写入协议之中,对于不符合治污条件或不积极履行治污义务的机构,涉案企业可以终止协议履行,责令其退出,并由治污机构承担违约责任。

(五)责任人员的处理

在前文所分析的Z公司合规整改案例中,合规顾问及时向企业提出了内部处罚责任人员的建议,并得到了企业的认可和接受。这为企业顺利通过合规监督考察创造了条件。在合规改革过程中,不少合规顾问都建议涉案企业及时处理责任人员,如将责任人员调离工作岗位,予以解除职务,撤换整个负有责任的业务部门,改组管理团队,甚至将那些涉嫌犯罪的直接责任人员交由司法机关处理。这被视为危机处理的有效手段,也是企业进行有效合规整改的重要举措。

为什么要及时处理责任人员呢?目前,我国的单位犯罪大都属于一种"非系统性单位犯罪",也就是直接责任人员以单位名义、为单位利益所实施的犯罪行为,单位往往是因为管理失职而承担一定的刑事责任。[①] 涉案企业只有对责任人员采取及时的处罚措施,才能彰显其合规整改的坚定决心和强烈意愿,同时消除这些责任人员利用职务之便继续违法违规经营的可能性,预防类似犯罪行为的再次发生。有鉴于此,合规顾问即便在企业存在不同声音的情况下,也应建议对相关责任人员采取必要的处罚措施,至少要调离原来的工作岗位。这是向检察官和第三方组织证明企业决心进行有效整改的必要措施。

(六)企业经营文化的调整

很多企业之所以发生经济犯罪行为,还有一个重要的内生性原因,就是企业多年来形成了"督促员工不惜代价提高经营业绩"的管理文化。这些涉嫌实施虚开发票、走私、串通投标、污染环境、商业贿赂、侵犯个人信息等犯罪的企业,通常都在实施一种以业绩为导向、强调合规服从于业务的管理机制,

---

① 参见陈瑞华:《企业合规基本理论》(第三版),法律出版社2022年版,第280—282页。

甚至从经济效益的角度权衡合规和违规的成本,动辄强调为提高销售业绩而不惜采取那些可能招致轻微处罚的违规行为。假如这种企业经营文化不发生实质性改变的话,那么,企业即便引入了专项合规计划,也会变成一种可有可无的"摆设",或者变成一种用来规避合规风险的"道具"。

为确保涉案企业进行有效的合规整改,合规顾问应当建议企业适度改变经营文化。当然,在合规考察期较为有限的情况下,合规顾问要促使企业在经营文化上发生实质性的变化,确实可能存在较大的困难。不过,对于企业经营文化的改变,应从改变管理制度入手,推动企业逐步弱化或者摆脱那种"经营业绩至上"的管理模式。例如,可以考虑不对那些与消费者、监管官员直接打交道的企业员工设立销售业绩考核指标;在销售业绩指标的使用上,尽量多实施鼓励性的评价,弱化惩罚性措施的使用;设立合规考核指标,并逐步增大其在员工绩效考核中的分值比例;将合规业绩作为对员工和管理人员进行职务晋升、提高薪酬、派驻海外以及评优创先的重要标准;等等。合规顾问应建议企业作出明显的制度改变,推动企业逐步树立"合规优先于业务"的观念和意识。合规顾问尤其应建议企业遵循"高层承诺原则",由最高层以身作则,推行合规经营的意识,建立合规审查机制,否决那种存在合规风险的业务和产品。这是推动企业改变经营文化的必由之路。

六、企业专项合规计划的搭建

针对犯罪原因进行制度纠错和建立专项合规体系,是涉案企业进行合规整改的两项基本举措。相比之下,制度纠错固然是一种有针对性的整改措施,但这种措施只能被用来消除那些导致犯罪发生的直接原因,实现暂时的"去犯罪化"目标,而难以从长远的角度预防违法犯罪行为的再次发生。要达到有效合规整改的效果,涉案企业除了采取前述那些带有"补救性质"的制度纠错措施以外,还应建立一种体系化的专项合规管理制度,以实现有效预防合规风险、监控经营活动和应对违规事件的合规管理目标。[①] 基于这一考虑,合规顾问应当根据企业所作的合规整改承诺,在检察机关和第三方组织的监督指导下,协助企业建立专项合规管理体系。未来,假如涉案企业在案发前已经建立了合规管理体系,合规顾问应当协助企业对原有的合规管理体系进

[①] 参见最高人民检察院涉案企业合规研究指导组编:《涉案企业合规办案手册》,中国检察出版社2022年版,第84页。

行改进和完善。但是,对于那些没有建立事前合规体系的涉案企业,合规顾问仍然要协助其建立一种体系化的专项合规管理制度。那么,合规顾问究竟应从哪些方面入手,帮助企业引入专项合规体系呢？在以下的讨论中,笔者拟根据2022年4月最高人民检察院会同其他八个部门发布的《合规办法》,对合规顾问帮助涉案企业建立专项合规体系的标准和方法作出简要分析和评论。

(一) 专项合规计划

合规顾问在协助企业搭建合规计划时,应当将"有效防止再次发生相同或类似违法犯罪行为"作为工作的基本目标。为达成这一目标,合规顾问应协助企业搭建专项合规计划,而不是"大而全"的合规管理体系。考虑到检察机关为涉案企业的合规整改设置了有限的考察期限,企业涉嫌实施的犯罪类型也揭示了特定的现实合规风险,合规顾问应将建立"专项合规计划"作为合规服务的工作重心,着力打造一种与企业所涉嫌犯罪密切相关的专门性合规管理体系。例如,针对已经涉嫌实施虚开增值税专用发票、侵犯知识产权、污染环境、商业贿赂、侵害网络数据等犯罪的企业,合规顾问应协助其分别搭建"税收合规体系""知识产权保护合规体系""环境资源保护合规体系""反商业贿赂合规体系"以及"网络安全和数据保护合规体系"。

当然,专项合规计划同时包含着"基础性合规要素"和"专门性合规要素"两个管理制度。[①] 合规顾问应协助企业引入一个基础性的合规管理平台,建立合规领导机构,配备合规管理人员,落实最高层承诺、合规风险评估、合规审查优先、合规管理渗透于业务流程等一系列原则,建立合规风险预防、合规全流程监控和违规事件应对等基本管理流程。在此基础上,合规顾问可以根据预防特定合规风险的需要,发布专门性的合规政策、员工手册及其他规范性文件,设立专业化的合规部门和合规管理岗位,开展专门性的合规培训和合规文化建设,并从管理和业务两个方面,建立有针对性的防范特定违法犯罪行为的管理流程和业务内控体系。

(二) 相称性原则的适用

涉案企业的情况存在着诸多方面的差异,企业实施犯罪的原因也各不相

---

① 参见季美君:《论通用合规》,载《民主与法制》2022年第19期。

同,因此,合规顾问在帮助企业开展合规整改时,不应采取千篇一律的合规整改标准,而应确立差异化的合规整改思路,以达到有效预防特定违法犯罪行为再次发生的效果。原则上,合规顾问应建议涉案企业根据其人员规模、业务范围、行业特点、合规风险情况等因素,在考虑企业经济承受能力的前提下,投入相应的合规管理资源,包括设置相应的合规管理机构,配置相应的合规管理人员,开展相应的合规培训工作,建立相应的预防、监控和应对措施。①

在相称性原则的适用上,合规顾问可以根据企业的人员规模和合规风险情况,帮助企业申请差异化的合规从宽模式,尽量申请适用"相对不起诉模式";只有在申请这一模式没有太大制度空间的情况下,才应选择申请适用"附条件不起诉模式"。而在检察机关同意适用后一种模式的情况下,合规顾问可以帮助企业申请适用不同的合规考察模式。原则上,对于那些并不存在严重合规风险的小微企业,合规顾问可以向检察机关或第三方组织建议启动"简式合规考察程序";而对于存在较大合规风险的大中型企业,合规顾问则可以建议启动"范式合规考察程序"。② 通过区分不同的合规从宽模式和合规考察模式,合规顾问尽可能帮助企业减少合规管理资源的投入,缩短合规考察期限,减轻企业的合规管理负担,同时确保企业尽可能快地获得宽大刑事处理,尤其是及时获得"无犯罪记录证明",避免承受灾难性后果。

(三)合规组织的建立

根据《合规办法》的要求,在检察机关启动合规考察程序后,合规顾问应协助涉案企业成立由其实际控制人、主要负责人和直接负责的主管人员组成的"合规建设领导小组"。合规建设领导小组应在全面分析研判企业合规风险的基础上,研究制定专项合规计划和内部规章制度。对于那些不具备建立合规建设领导小组条件的企业,可以由合规顾问参与或者协助实施合规整改工作。

为体现高层承诺的原则,合规顾问应建议涉案企业的实际控制人、主要负责人,在专项合规计划中作出合规承诺并明确宣示"合规是企业的优先价值","对违规违法行为采取零容忍的态度","确保合规融入企业的发展目标、发展战略和管理体系"。与此同时,合规顾问应协助涉案企业设置合规管理

---

① 参见谢鹏程:《论涉案企业合规从宽检察改革的内在逻辑》,载《民主与法制》2021 年第 42 期。
② 参见尹庆、申鸣阳:《第三方机制涉案企业"简式合规"与"范式合规"的比较与实践》,载微信公众号"金茂法律评论",2022 年 5 月 26 日发布。

机构,配备相关的合规管理人员。无论是合规管理机构,还是合规管理人员,都既可以专门设立,也可以由内部或外部人员兼理。但无论如何,这些机构和人员的合规管理职责应当是明确的、具体的和可考核的,并具有最低限度的独立性、权威性和资源保证。①

(四) 合规管理规范的制定

根据《合规办法》的要求,合规顾问应根据合规风险防控和合规管理机构履职的需要,协助涉案企业制定合规管理规范,建立健全合规管理的制度机制。在协助企业建立合规管理机制时,合规顾问应确保合规管理机构或管理人员独立履行职责,对干涉及重大合规风险的决策具有充分发表意见并参与决策的权力。合规顾问应建议涉案企业为合规管理制度的有效运行,提供必要的人员、培训、宣传、场所、设备、经费等人力物力保障。与此同时,合规顾问还应协助涉案企业建立针对合规风险的监测、举报、调查和处理机制,保证及时发现和监控合规风险,纠正和处理违规行为;合规顾问可以建议企业建立合规绩效评价机制,引入科学的合规考核指标,以便对企业主要负责人、经营管理人员、关键技术人员等进行合规考察;合规顾问还可以协助企业建立持续整改和定期报告机制,确保企业根据经营发展情况和合规风险的定期评估结果,不断调整和完善合规管理机制。

当然,对于如何建立有效的合规管理规范,《合规办法》只是提出了一些原则性的要求,而没有设立较为具体可行的制度标准。根据企业推行有效合规管理的基本经验,合规顾问应当因地制宜,根据企业的规模、业务范围、行业特点、合规风险等情况,有选择地帮助企业确立以下基本管理要素:一是制定专项合规政策和员工手册,将特定领域的强制性规范,包括法律法规、部门规章、行业惯例、伦理规则等所确立的带有强制性的规范,转化为合规政策和员工手册,使之成为所有员工、分支机构、第三方商业伙伴等一体遵守的行为守则;二是将合规管理融入企业的全部管理流程之中,使之成为对管理人员和员工进行绩效考核的重要依据;三是将合规渗透到所有业务流程之中,遵守"合规性审查优先"原则,对所有业务活动和产品立项都要进行合规性审查,必要时对违法违规的业务采取一票否决;四是引入合规风险预防机制,建立合规风险定期评估、尽职调查、合规培训和合规文化传达等程序流程;五是引入对企业经营活动的全流程监控机制,建立合规报告、合规举报、合规审计

---

① 参见最高人民检察院办公厅等 2022 年 4 月发布的《涉案企业合规建设、评估和审查办法(试行)》,第 4 条、第 6 条和第 7 条。

和监测制度;六是引入违规事件应对机制,对违法违规事件启动合规内部调查机制,及时处罚负直接责任的高管和员工,对企业合规管理所存在的漏洞、隐患和缺陷,作出及时有效的修复和补救,对合规管理体系作出持续不断的更新和改进。

七、基于有效合规整改的律师合规业务

律师作为涉案企业聘请的合规顾问,在协助企业合规整改中可以充当三种角色:一是检察机关启动合规考察程序的申请者,二是第三方组织监督考察的应对者,三是检察机关合规验收听证的答辩者。为帮助企业实现有效合规整改的目标,合规顾问应通过积极工作,满足检察机关启动合规考察程序的基本条件,针对涉案企业发生犯罪的内生性结构原因,对其治理结构、业务类型、经营方式、商业模式、企业文化等作出有针对性的调整,消除那些容易导致犯罪发生的因素。在此基础上,合规顾问可以根据企业的规模、业务范围、行业特点、合规风险等情况,帮助企业建立一种体系化的专项合规计划,达到有效预防类似违法犯罪行为再次发生的效果。

当然,作为企业的合规顾问,律师要真正推动企业进行有效的合规整改,一方面需要在承担忠诚义务的前提下,保持最低限度的独立性,从推动企业建立有效合规计划的角度出发,提出实质性的合规整改方案,帮助企业兑现向检察机关所作的合规承诺。另一方面,律师在从事合规顾问业务方面,也需要提高自身的业务能力和专业水平,研究企业开展有效合规整改的经验,掌握推动企业满足合规考察条件、采取制度纠错措施和引入体系化专项合规计划的专业知识,成为合规领域的法律专家。从涉案企业有效维护自身权益的角度来看,获得合规顾问的有效帮助,有助于企业成功启动合规考察程序,积极应对第三方组织的合规监管考察,顺利通过合规验收听证会,从而为获得检察机关的宽大刑事处理创造条件。而从检察机关和第三方组织开展合规考察的角度来看,无论是涉案企业专项合规计划的制定和运行,还是合规管理体系达到预期的目标,都需要企业委托一个合格尽职的合规顾问团队,并通过这个团队贯彻合规整改的意图,落实合规监督考察的方案,调整合规考察中提出的改进建议,完成合规整改验收评估工作。没有合规顾问的有效帮助,任何涉案企业的合规整改都难以顺利达到预期的目标,检察机关和第三方组织的合规监督考察工作也将难以完成。

附录

附录1 英国刑事合规的有效性标准

一、英国有效合规标准的确立

在英国法中,合规计划是指一个商业组织基于防范和监控合规风险的需要,确保组织及其成员遵守法律要求和内部政策的管理体系。近年来,越来越多的商业组织认识到有效的合规计划在降低违法违规风险以及降低由此产生的财务和声誉损害方面的重要性。但是,不同企业的规模大小和业务性质不一样,合规计划的安排也不可能是整齐划一的。很多大企业都有一个独立的合规部门,负责监督和确保在整个组织内部实施有效的合规计划。而那些中小型企业尽管可能无力设置独立的合规部门,也应建立一些最低限度的合规管理机制。无论如何,合规计划的关键特征在于它的有效性,而不能仅仅满足于纸面上的合规要求。一个有效的合规计划应当是与企业规模和业务相称的,应当是基于风险而建立的,并且应当接受定期的审查。①

英国法律对有效合规计划的确立,始于2010年《反贿赂法》对失职类罪名的确立。2017年,英国通过了《刑事金融法》,又确立了两项涉及税收问题的失职类罪名。通过这种法律变革,英国为商业组织确立了严格责任和无罪抗辩事由,组织可以建立了符合"充分程序"要求的预防贿赂机制为由,将组织与关联人员的刑事责任加以分割,从而实现出罪的辩护目标。这就使得有效的合规体系首次成为涉案企业进行无罪抗辩的法定依据。

可以说,英国法律通过确立三种失职类罪名,从指导商业组织进行积极的无罪抗辩的角度,提出了构建有效合规计划的基本标准。这种有效合规标准主要是一种"面向过去"的合规评价标准,也就是对企业犯罪时所建立的合规管理体系的有效性评价标准。但是,假如企业在犯罪时没有建立合规管理体系,或者所建立的合规体系是存在明显漏洞的,而企业在实施犯罪后又作出了建立或改进合规计划的承诺,那么,检察机关如何对其未来的合规计划

---

① 参见陈瑞华:《企业合规基本理论》(第三版),法律出版社2022年版,第7—12页。

作出有效性评估呢？对于这一问题，英国法律主要是通过建立和完善暂缓起诉协议制度来逐步加以解决的。

英国在刑事诉讼中引入暂缓起诉协议制度，始于2013年《犯罪与法院法》（Crime and Courts Act 2013）的通过。该法授权皇家检察机构（CPS）和反严重欺诈办公室（SFO）负责与涉案企业达成暂缓起诉协议。2014年，两个机构共同发布了暂缓起诉协议制度实施细则（A Code of Practice），对该制度适用的条件、协商程序和协议内容作出了具体要求。①

根据上述实施细则，涉案企业要申请适用暂缓起诉协议制度，要满足三个基本条件：一是取得 CPS 或 SFO 的授权；二是申请者必须是法人团体、合伙企业或者非法人协会，而不能是自然人；三是企业所涉嫌实施的犯罪应当是欺诈、盗窃、提供虚假会计信息、洗钱、商业贿赂、伪造文书等经济犯罪。到2021年为止，英国一共与12家涉案企业达成了暂缓起诉协议。其中，2015年达成协议的是 Standard Bank；2016年达成协议的是 Sarclad Ltd；2017年达成协议的有两家企业，分别是 Rolls-Royce 和 Tesco；2019年达成协议的有两家企业，分别是 Serco Geografix Ltd 和 Gerald Systems Ltd；2020年达成协议的有三家企业，分别是 Airbus SE、G4S Care & Justice Services（UK）Ltd 和 Airline Services Ltd；2021年达成协议的有三家企业，分别是 Amec Foster Wheeler Energy Ltd 和另外两家涉嫌违反《反贿赂法》的企业。②

涉案企业提出申请后，检察官在决定是否适用 DPA 时，要经过证据审查（evidential test）和公共利益审查（public interest test）两个阶段。在后一阶段，检察官要综合考虑各种因素，以确定对涉案企业适用 DPA 是否符合公共利益。通常情况下，企业所涉嫌的犯罪越是情节严重，检察机关起诉的可能性就越大。衡量企业犯罪情节严重程度的标准主要有：犯罪所得的收益，或者所造成的损失；对公众、受害者和其他利益相关者（员工、债权人、股东等）造成伤害的风险；对金融市场和国际贸易的稳定性和完整性的影响。除此以外，检察机关还要考虑以下两类影响公共利益衡量的因素。一是有利于起诉的因素，包括：企业类似不法行为的历史；企业没有建立合规计划、合规计划无效或者犯罪行为发生后没有改进合规计划；企业受到过警告、制裁或刑事指控，但未能采取预防未来非法行为的适当措施，或者继续从事该类行为；企

---

① 杨宇冠、张沈锶：《英国DPA在处理公司刑事合规案件中的适用及借鉴》，载《经贸法律评论》2021年第2期。

② See "Deferred Prosecution Agreements", https://www.sfo.gov.uk.publications/guidance-policy-and-protocols/guidance-for-corporates/deferred-prosecution-agreement/，2022-04-15.

业未能在合理时间内通知违法行为;对违法行为的报告未能进行核实;对受害者直接或间接造成了重大伤害,或者对市场、地方政府和国家的诚信和信心造成重大不利影响;等等。二是不利于公诉的因素,包括:企业与检察机关的合作;先前没有类似不法行为的历史;企业在犯罪时和报告时所主动建立的合规计划是无效的;犯罪是由独立的个人实施的;犯罪不是最近发生的,当下的企业与犯罪时的企业已是不同的实体;定罪可能对公众、员工、股东或企业造成较大的附带性影响;等等。①

通过总结针对涉案企业开展合规整改的工作经验,SFO 于 2020 年公布了修订后的《合规计划评价操作手册》(Operational Handbook regarding Evaluating a Compliance Programme,以下简称"SFO 操作手册")。该手册为 SFO 内部的检察官、调查人员、审计人员、律师和合规专业人士评估涉案企业合规计划有效性提供了一套标准的流程、说明和指导,属于具有参考价值的最佳实践要求,而不具有强制约束力。这份操作手册为检察官评估企业合规计划的有效性确立了最新的标准。②

二、SFO 确立的有效合规评价标准

根据 SFO 操作手册,该机构的检察官在对一个企业进行刑事调查时,需要对该企业合规计划的有效性作出评估。作此评估的主要目的在于为作出决定者提供下列信息:一是起诉企业是否符合公共利益;二是应否邀请企业参与 DPA 协商,以及 DPA 应包括哪些条件;三是该企业是否提出了"充分程序"的无罪抗辩;四是合规计划的存在和性质可否成为量刑裁决的相关考量因素。总体上,该项操作手册将对涉案企业合规计划有效性的评估扩展到三个阶段,强调调查人员在调查程序启动之初即要关注和记录合规计划的调查问题,并将签署"充分程序"六项原则作为评估所有合规计划有效性的具体标准。③

---

① See "Deferred Prosecution Agreements Code of Practice", https://www.cps.gov.uk/sites/default/files/documents/publications/DPA-COP.pdf, 2022-04-15.

② See "Evaluating a Compliance Programme", https://www.sfo.gov.uk.publications/guidance-policy-and-protocols/guidance-for-corporates/evaluating-a-compliance-programme/, 2022-04-15.

③ See Adam Vause, "SFO Operational Handbook—Evaluating a Compliance programme", https://www.dlapiper.com>publications, 2022-04-15.

（一）对企业三个阶段的合规计划的评估

尽管英国有关部门对《反贿赂法》和《刑事金融法》公布的实施指南确立了基于"充分程序"的无罪抗辩事由，但这充其量属于对企业事先合规计划的评估标准。而检察机关要对企业决定起诉、签署 DPA 或者提出量刑建议，还需要评估企业当下和未来的合规计划的有效性问题。为解决这一问题，SFO 操作手册明确要求，检察官在对企业合规计划的有效性作出评估时，需要考虑该企业过去、现在以及未来的合规计划的状态。

1. 事先合规计划

检察机关需通过评估企业的事先合规状态，来作出是否起诉和从轻量刑的决定。根据 CPS 和 SFO 联合制定的《公司起诉指南》和《皇家检察官守则》，对于那些实施犯罪时没有建立有效合规计划的企业，检察官对其提起公诉，将更合乎公共利益。因此，检察官在作出是否起诉决定时，需要评估企业犯罪时的合规状态。相反，一个涉嫌实施商业贿赂的企业一旦提出基于"充分程序"的无罪抗辩，检察官也要对这类抗辩事由是否成立进行评估，这也是在决定公诉时需要考量的因素。不仅如此，在企业涉嫌商业贿赂的案件中，如果企业为预防商业贿赂采取了一些合规措施，但这些措施并不足以成为无罪的根据，检察官也应将此作为从轻量刑的因素。

2. 当下合规计划

对企业当下合规计划的评估，可以成为检察官是否起诉、是否适用 DPA 以及法官量刑的根据。一般情况下，一个没有建立合规计划或者合规计划不佳的犯罪企业，在被提起公诉之前，有可能作出建立或者改进合规计划的努力。根据《公司起诉指南》和《皇家检察官守则》，对于一个涉嫌犯罪的企业，检察机关会考虑该企业在犯罪发生后是否加强了合规计划，或者采取了其他补救措施，是否建立了真正主动和有效的合规计划，并将此作为一种公共利益因素，来作出是否起诉的决定。与此同时，检察官在评估是否对涉案企业适用 DPA 时，也需要考虑该企业合规计划的当前状态，也就是该企业目前是否建立了真正主动和有效的合规计划，从而确定企业是否进行了自我革新和制度修复。不仅如此，法院在判刑时也要考虑涉案企业合规计划的当前状态，以确定所科处的罚金标准是否会影响企业实施有效合规计划的能力。

3. 未来合规计划

检察官还需要评估涉案企业的合规计划未来会发生哪些变化。即便涉案企业当下还没有建立有效的合规计划,检察官仍然可以对该企业适用DPA。这是因为,DPA协议通常会包含企业实施合规计划或者改进现有合规计划、政策或培训的条款,假如检察官通过评估认定这些条款是适当的,就可以向法院证明适用DPA的合理性。同时,只要DPA包含有建立合规计划的条款,那么,检察官就应在DPA生效期间,对该企业实施合规计划的效果作出评估,以确定该企业是否遵守了DPA的条款,并最终达到了预防违法犯罪的目标。假如评估结果是企业建立了有效的合规计划,那么,检察官就可以经法官批准,作出撤销起诉的决定。

(二) 对合规计划的调查

为对涉案企业的合规计划作出全方位的评估,SFO操作手册要求在调查程序的早期就要关注合规计划问题。调查人员在犯罪调查阶段,应将企业合规问题作为整体调查策略的重要部分,并从多方面获取有关企业建立或改进合规计划的信息。这将涉及各种战略和战术问题,包括何时从不同的潜在来源获取信息等,也会涉及使用SFO的不同调查工具,决定哪些工具在何种情况下、以何种顺序以及在什么阶段最为有效。常用的调查工具可以包括自愿性披露和访谈,强制性披露文件和信息,证人面谈,讯问嫌疑人,等等。有关企业合规计划的材料应被作为需要考虑的"相关信息"。

为保证合规计划的有效性,涉案企业应对其合规计划及其运行方式作出书面记录。对于使用哪些工具以及影响调查合规有效性的因素的考虑,应反映在相关的案件决定日志条目和调查计划之中。尽管SFO没有规定具体的评估方法,但其要求保持开放的调查心态,对来自多个来源的证据作出测试和验证。

(三) 合规有效性评估的标准

对于涉案企业合规计划有效性的评估,SFO并没有确立全新的标准,而是继续沿用了英国司法部2011年发布的反贿赂法指南所确立的"充分程序"六项原则。过去,这六项基本原则通常被用来评估涉案企业事先合规的有效性问题。而根据SFO操作手册,检察官既可以根据这些原则督促企业作出合规承诺,也可以将这些原则作为评估企业合规整改效果的标准。与此同时,这六项充分程序原则过去主要属于评判涉案企业在预防商业贿赂、逃税方面是否存在失职问题的依据,现在,却可以成为检察官对所有被纳入DPA程序的企业是否建立了有效合规计划的评价标准。

需要注意的是,"充分程序"六项原则可以被适用于所有类型和规模的商业组织,但对于企业并不具有强制性,也不是对所有企业"一刀切"的适用标准。尤其是那些中小型企业,根据其业务性质和规模大小,可以建立适当的替代程序。这六项原则仅仅属于一种指导性规则,而不属于强制性要求,"预防程序是否充分",要由法院根据案件事实来加以确定。即使商业组织所采取的预防程序与指南所建议的程序不一致,也并不必然意味着该商业组织没有确立充分的预防程序。总体上,这六项原则代表了英国司法机关对企业合规计划进行有效性评估的一般框架。

三、"充分程序"的六项原则

英国司法部 2011 年通过反贿赂法实施指南确立的"充分程序"六项原则,在 2017 年被《刑事金融法》实施指南所确立,又在 2020 年被 SFO 操作手册确立为合规有效性的一般评估标准。那么,究竟什么是"充分程序"(adequate procedure)呢?它究竟包含哪六项原则呢?

按照通常的解释,"充分程序"最初是指涉案企业加强内部合规管理的制度安排,目的在于证明企业建立了较为完善的预防商业贿赂和逃税的管理机制,并据此提出无罪的抗辩。后来,在 SFO 的推动下,"充分程序"成为检察官评估涉案企业过去、当下和未来合规计划有效性的基本标准。对于"充分程序"的具体内容,英国相关部门并没有作出准确而全面的界定,但确立了六项基本原则,包括相称程序原则、高层承诺原则、风险评估原则、尽职调查原则、有效沟通原则以及监控和评估原则。① 下面依次对这六项原则作出简要分析。

(一) 相称程序原则

按照反贿赂法实施指南,"相称程序原则"(principle of proportionate procedure)是指,商业组织用来预防相关人员实施贿赂的程序,应当与其所面临的贿赂风险以及该组织活动的性质、规模和复杂程度成正比例,它们应当是清晰的、实用的、易于获取的和可有效实施的。

一般情况下,企业以预防违法犯罪为目的建立的合规管理程序,可以包

---

① See Aziz Rahman, "Evaluating Compliance Programmes-The Serious Fraud office's Guidance", https://www.chambers.com>articles, 2022-04-15.

括高层承诺、预防风险的措施、执行合规政策的总体策略、风险评估程序、尽职调查、纪律惩戒程序、举报程序、沟通和培训、合规风险的监控、合规体系的监测和改进等内容。企业在建立或改进合规计划时,需要采用以风险为基础的方法(risk-based approach),对企业内部进行整体上的风险评估,以便使合规程序与所面临的合规风险相适应。与此同时,考虑到不同企业的业务性质、规模以及复杂程度都不一样,所面临的合规风险也不尽相同,企业在建立合规程序时,还应建立与上述因素相适应的合规管理制度。例如,对于跨国企业和中小型企业,应根据风险程度建立差异化的合规体系;小型企业通常会面临更大的合规风险,需要建立更加完备的合规风险防范程序。又如,对于不同的关联人员,可以划分不同的合规风险等级,并适用与之相对应的合规管理程序。①

(二) 高层承诺原则

根据反贿赂法实施指南,"高层承诺原则"(principle of top level commitment)是指,商业组织的高级管理人员(包括董事会、股东和其他同等机构或个人)应致力于预防关联人员商业贿赂行为的发生,他们应在组织内部培养一种禁止商业贿赂的企业文化。在大型企业中,该指南期望董事会承担合规管理的责任,包括负责制定预防商业贿赂的政策,指派管理层设计、操作和监督贿赂预防程序,并确保这些政策和程序接受定期审查。除此以外,为参与预防贿赂行为,高层还要开展风险评估,参与关键性决策,以及选拔和培训负责反腐败工作的高级管理人员。

从建立有效合规的一般角度看,高层承诺原则有两项基本要求:一是包括董事会在内的高级管理人员应根据风险评估结果,参与制定合规政策和程序,推动和督促合规政策和程序的有效实施,并对合规政策和程序进行定期监测、评估和改进;二是最高层应在组织内部培养一种对违法行为零容忍的合规文化,可以通过发布声明的方式,作出相关的合规承诺,明示违法违规的后果,宣传企业的合规政策和程序,倡导员工自觉抵制违法行为。

高层承诺原则的实施,需要考虑与企业规模和业务性质相适应的形式。例如,在小型企业中,管理层可以亲自起草、开展和执行合规程序,并作出重大决策;而在大型跨国企业中,董事会则应对合规政策及其制定、实施、监测

---

① 参见张远煌等编著:《企业合规全球考察》,北京大学出版社2021年版,第95—96页。

和改进承担更大的责任。

(三) 风险评估原则

根据反贿赂法实施指南,"风险评估原则"(principle of risk assessment)是指,商业组织应就其关联人员可能发生的贿赂风险的性质和严重性进行评估,这种风险可能是来自外部的,也可能是来自内部的。评估应是定期的、有根据的和记录在案的。随着商业组织业务的发展,其面临的贿赂风险也会增加,开展风险评估的重要性也随之增强。该指南列出了典型的外部风险和内部风险,并强调企业管理层应推进与企业规模、结构和业务性质、经营地点相称的风险评估程序,并确保合规政策和程序与定期的风险评估结果相匹配。

该指南所列举的常见外部风险主要有国家,行业,交易类型,商业机会,商业伙伴,等等。而常见的内部风险因素则包括员工培训、技能和知识上的缺陷,鼓励冒险的"奖金文化",缺乏明确性的招待、促销政策和程序,缺乏明确的财务控制,缺乏来自高层的明确信息传达,等等。

该指南简要列举了可使用的风险评估程序:一是高层进行整体风险评估;二是根据公司规模和评估风险需要,进行适当的资源整合;三是确定内外的信息源,为风险评估和复审提供便利;四是尽职调查;五是准确恰当地记录风险评估的过程和结论。

(四) 尽职调查原则

根据反贿赂法实施指南,商业组织应通过尽职调查(due diligence)程序,采取成比例和基于风险的方法,对那些为组织提供服务或者代表组织提供服务的人进行背景调查,以降低那种已被识别的贿赂风险。尽职调查既可以在聘用员工时作为评估风险的重要方式,也可以适用于中间商、供应商,以及企业启动并购程序之前。

对于员工的聘请,该指南要求组织在招聘和人力资源程序中引入适当的尽职调查,以降低员工进行商业贿赂的风险。这种尽职调查应当与员工的职位所产生的风险成正比例。

对于其他商业实体,指南要求在与之建立商业关系时,应根据这些关系的特殊情况保持慎重态度,采取适当的背景调查程序。指南还特别强调了商业组织需要慎重对待的一种第三方关系(third party relationship),也就是在商业组织实施合并或收购的场合下,开展尽职调查具有特别重要的意义。

(五) 有效沟通原则

根据反贿赂法实施指南,"有效沟通原则"(principle of communication)是指,商业组织应通过内部沟通和外部沟通的方式,包括开展与其所面临的风险相称的培训,确保其反商业贿赂的政策和程序在整个组织内部获得认识和理解。

沟通可分为内部沟通和外部沟通两个方面。所谓内部沟通,主要是指公司要传达高层的声音,注重政策和程序的执行以及对员工提出具体的要求。主要内容有二:一是对关键政策的沟通,包括决策程序、金融控制、招待费、促销费、培训、捐助等政策;二是建立安全、保密和可获得的渠道,以确保内外相关人士都能提出有关反贿赂的建议。

所谓外部沟通,则是指通过宣言或行为守则,向现在和未来的合作方传递相关的信息,以便威慑那些试图实施贿赂的人。这些信息可以包括反贿赂政策、程序、处罚措施、内部调查结果、招聘政策等。

大体上,指南提出商业组织可以采取以下沟通方式:

一是针对内部员工的定期培训,特别是针对那些从事采购、承包、分销和营销等的高风险职能部门的人员,在高风险地区工作的人员,或者参与"直言不讳"(speak up procedure)程序(例如举报)的人,应组织开展特别定制的培训。有效的培训应当是持续不断的,并要接受定期的监测和评估。

二是针对第三方商业伙伴的专项培训,可以强制要求他们对内部高风险人员进行培训。

三是内部沟通,包括向全体员工传达组织的合规政策、对违规的处罚措施以及不同层级人员的管理责任。

四是合规建议,为员工和代理人提供安全、保密和便利的方式,保障其及时获取有关合规问题的建议,以便提升他们对于反商业贿赂问题的关注度。

(六) 监控和评估原则

根据反贿赂法实施指南,监控和评估原则(principle of monitoring and review)是指,商业组织应采取监控和评估程序,以预防其关联人员实施贿赂行为,并对这些程序采取必要的改进措施。

为保证合规计划得到持续不断的改进,商业组织实施这种监控和评估程序是十分必要的。为深入评估组织合规计划的有效性,指南确立了广泛的内部和外部监测机制,包括针对员工的调查、内部控制以及其他监控措施。不仅如此,指南还讨论了向高层管理人员进行定期报告的制度,以及对合规计划有效性寻求外部审查的可能性。

四、简要的评论

自 2011 年以来,英国相继通过《反贿赂法》和《刑事金融法》确立了三种失职类企业犯罪,并赋予涉案企业通过证明建立了预防关联人员犯罪的"充分程序"来进行无罪抗辩的权利。在随后发布的实施指南中,英国司法部和相关部门将"充分程序"解释为企业以预防贿赂和逃税犯罪为目标的合规管理体系,并确立了带有框架性的六项合规管理原则。

2020 年,SFO 发布的《企业合规评估操作手册》,首次对检察机关评估有效合规计划的标准作出了规定。值得注意的是,该操作手册所确立的有效合规评价标准,既适用于企业犯罪之前建立的合规计划,也适用于企业犯罪后对合规管理采取的制度补救措施,更适用于企业为履行 DPA 协议而进行的合规整改措施。由此,英国建立了针对涉案企业过去、当下和未来全方位的合规计划评价标准。无论是对涉案企业以建立充分程序为依据进行的无罪抗辩,还是对企业犯罪后采取的合规补救措施,甚至是对企业为履行 DPA 协议而建立或改进的合规计划,都可以采取统一的有效性评价标准。甚至在检察官提起公诉之后,上述六项原则还可以成为说服法官作出宽大量刑的重要依据。可以说,这种在统一合规评估标准方面所作的立法努力,对于适度限制检察官的自由裁量权,提升合规有效性评价的准确性,维护刑事合规适用的公正性,都具有较为重要的意义。

但是,令人遗憾的是,SFO 所推崇的有效合规评价标准,仍然援用了英国司法部反贿赂法实施指南所确立的"充分程序"六项原则。这六项原则毕竟属于对企业"事先合规"适用的有效性评价标准,很难被采用为企业"事后合规"的评价标准。根据合规体系建立的基本原理,合规有"日常性的合规管理"与"危机发生后的合规整改"之区分,两者在有效性评价标准上既具有一致的方面,也具有一些实质性的区别。受企业犯罪的类型、专项合规、考察期、合规监管人等诸多方面的限制,检察机关督促企业进行的合规整改,通常只能建立一种"有针对性"的专项合规管理体系,而不可能建立较为全面的合规管理体系。可惜,英国有关部门没有区分这两种合规的性质,将企业的事先合规与事后合规等同起来。这种统一的有效性评价标准究竟是否具有可操作性,是不能不令人担忧的。

另外,迄今为止英国适用 DPA 的案件只有区区十余件,不仅数量甚少,而且无法涵盖较多的犯罪类型。无论是 SFO 还是 CPS,都没有通过总结这些案例的经验,提炼出一些具有可操作性的有效合规评价标准。令人不解的是,在经过数年的 DPA 适用实践之后,英国检察机关竟然没有提出一些适应本国企业的有效合规整改思路,而不得不援引 2011 年由司法部制定的充分程序六项原则。这六项来自国际组织合规公约的原则,未必适用于英国特有的企业犯罪案件,更不一定符合英国企业合规整改的实际情况。更何况,这六项原则本来是涉案企业对预防贿赂和逃税犯罪所作的无罪抗辩事由,怎么能直接成为评价所有涉案企业合规计划有效性的标准呢?

当前,我国检察机关推动的合规监督考察制度改革已经进入关键阶段,这项制度已经被推向全国各地检察机关。作为一项重要的法律制度,企业合规宽大处理制度未来有望被确立在刑事诉讼法和刑法之中,有效合规有望成为司法机关对涉案企业予以宽大处理的法定依据。在此背景下,检察机关应当通过借鉴欧美国家刑事合规制度的理论和实践,总结我国合规监督考察的成功经验,尽快发布中国版的企业合规有效性评价标准。为吸取英国在建立合规有效性评价标准方面的经验和教训,我国在建立有效合规评价标准方面,至少应注意以下几点:一是应区分"日常性合规管理"与"刑事合规整改",分别为其确立不同版本的评估标准。二是不应过分迷信一些国际组织所发布的"合规标准",尤其不要将 ISO 组织发布的所谓"合规评价体系"视为普适性的合规有效性标准,而应根据我国企业和单位犯罪的实际情况,发布有针对性和可操作的评价标准。三是既要参考有效合规管理的基本理论,也要注意从我国较为成功的合规整改案例中进行规律总结和经验概括,提炼出符合中国情况的有效合规评价标准。四是针对我国企业发生频率较高的犯罪类型,在确立一般性的合规评价标准的基础上,适度发布适用于若干领域的专项合规评价标准,以满足检察机关的合规整改需求,确立较为明确的合规评估验收标准。

附录 2　法国反腐败案件的有效合规标准

2016 年 12 月 8 日,法国国会通过了《关于提高透明度、反腐败以及促进经济生活现代化的 2016-1691 号法案》。该法案沿袭了法国原财政部长米歇尔·萨宾于 1993 年提交的第一份反腐败法案,故被称为《萨宾第二法案》。这部法案共有 9 编,169 个条款,涉及对法国刑法、刑事诉讼法和货币金融法等法律的修订和补充。法案吸收了美国《反海外腐败法》和英国《反贿赂法》的相关内容,确立了反海外腐败行为的制度。该法案创立了专门的反腐败机构,确立了强制合规制度,要求符合条件的企业承担建立合规机制的义务,并对不建立合规机制的公司确立了法律责任。与此同时,该法案还吸取了美国和英国的经验,确立了法国式的暂缓起诉协议制度,允许检察机关与涉嫌犯罪的企业签订和解协议,确立三年考验期,涉案企业在此期限内缴纳罚款,赔偿受害者,并制定或完善合规计划。对于那些考察期满后履行了协议内容的企业,检察机关将撤销起诉。

对于有效合规的标准,《萨宾第二法案》仅仅确立了一些原则性的条款。2020 年 12 月,法国国家反腐败局在总结相关实践经验的基础上,发布了一份"反腐败指南",确立了有关预防腐败行为的标准。从其所发挥的作用来看,该反腐败指南实际就是一份针对腐败案件的有效合规标准。

他山之石,可以攻玉。在我国正在推进企业合规制度改革的背景下,了解法国反腐败领域的合规制度发展情况,特别是反腐败案件的有效合规标准,无论是对于我国行政机关完善合规监管机制,还是对于我国检察机关确立科学可行的有效合规评估验收标准,都是非常有借鉴意义的。

一、强制合规与暂缓起诉协议

迄今为止,法国在反腐败领域负责实施合规制度的国家机构有两个:一是法国国家反腐败局(AFA),二是法国国家金融检察官办公室(PNF)。根据《萨宾第二法案》,AFA 是一个专门负责预防和发现腐败行为的国家机构,其主要职能是监督企业按照法案的要求建立合规制度,并对合规的有效性加以评估。对于那些未按照法律规定建立有效合规制度的企业，AFA下设的处罚委员会有权对企业及其高管进行行政处罚。与此同时，AFA一旦发现企业存在腐败行为，还可以将案件提交检察机关，后者有权提起公诉。在该法案实施之前，法国还设立了国家金融检察官办公室，负责对税收欺诈、金融犯罪和腐败犯罪案件行使检察权。

《萨宾第二法案》创设了强制合规制度。这一制度包括两项内容：一是行政强制合规制度，二是刑事强制合规制度。所谓行政强制合规制度，是指任何符合法定条件的企业，都负有建立和实施合规制度的义务，并将此作为预防腐败行为的重要举措。按照该法案，任何企业只要同时符合以下两项条件，都应当建立合规制度：一是用工人数达到500人以上，或者隶属于总部设在法国且用工人数达到500人的公司集团；二是年营业收入超过1亿欧元。对于同时符合上述条件的公司，没有按照规定建立合规制度的，AFA下设的处罚委员会有权对其处以不超过100万欧元的罚款，并对高管处以不超过20万欧元的罚款。同时，处罚委员会还有权要求企业或高管在不超过三年的期限内，完成合规制度的建立。

所谓刑事强制合规制度，则是指对于那些构成贿赂犯罪的企业，法国法院有权判令其在规定期限内，按照该法案的要求建立合规制度。AFA负责监督和协助企业建立合规制度，并定期向检察机关报告企业建立和执行合规制度的情况。AFA由此产生的费用一律由企业承担。假如企业没有建立符合要求的合规制度，法国法院有权对企业及其高管判处罚金，并对相关人员判处两年以下监禁。

在强制合规之外，《萨宾第二法案》还确立了一种"基于公共利益的司法协议"（CJIP）制度。这一制度授权检察官与涉嫌犯罪的企业进行协商，后者只要承认被指控的犯罪事实，缴纳了罚款，赔偿了被害人，在考察期内建立或改进了合规计划，经法院批准，检察机关就可以作出撤销起诉的决定。这种基于司法公共利益的协议，通常被称为"法国式的暂缓起诉协议"。

根据《萨宾第二法案》，检察官与涉案企业达成协议的条件是，企业需要缴纳不超过过去三年平均年营业额30%的罚款，并且同意在AFA的监控下，在第三方独立合规监管人的协助下，在三年之内建立或完善合规制度。在那些有明确被害人的案件中，企业还需要在一年之内按照约定方式赔偿被害人的损失。

在与企业达成上述协议后，检察机关将协议文本提交法院，法院经过听证程序加以确认之后,和解协议正式生效。在不超过三年的考验期之后,通过审核企业履行协议所确定的各项义务的情况,检察机关认为涉案企业履行了各项义务的,将向法院提出申请,放弃对该企业的公诉程序。而假如企业没有遵守协议所确立的义务,检察机关可以向法院汇报,由法院决定是否恢复公诉程序。

二、法国的反腐败合规标准

无论是强制合规还是暂缓起诉协议,都需要有相配套的有效合规标准。迄今为止,这种合规标准主要是围绕着反腐败和相关领域的合规管理体系来确立的。相比之下,强制合规制度所提出的是"事先合规"的要求,经过评估,反腐败机构唯有认定企业实施了"有效的反腐败合规体系",才能认定企业履行了强制合规的义务。而暂缓起诉协议制度则给企业提出了"事后合规"的要求,涉案企业与检察机关达成协议后,唯有按照协议要求实施了有效的合规计划,检察机关才有可能认定企业履行了协议要求,其合规体系达到了合格的要求,并据此向法院提出撤销起诉的申请。可以说,确立一套可操作的有效合规评价标准,是法国有效治理腐败问题的必由之路。

2016年通过的《萨宾第二法案》,曾确立了企业合规制度的基本原则。根据该法,一个最低限度的企业合规制度包括以下七项制度要素:一是"制定行为准则",以便定义可能构成贿赂以及其他非法交易的行为。行为准则应成为企业内部规章制度的一部分,需要企业通过与企业员工代表磋商完成。二是建立"内部预警系统",以便收集员工提供的有关违法行为线索或者信息。三是进行"风险评估",根据企业所属的行业和运营地区,来对企业的贿赂风险加以识别、分析和分级,并定期更新风险评估。四是制定"内部和外部会计控制程序",以确保会计账簿、会计记录和会计账目不被用来掩盖贿赂行为。这类控制程序可以由企业财务和审计部门完成,也可以由外部会计师完成。五是建立"培训体系",以帮助那些最接近贿赂风险的高管和员工预防并发现腐败行为。六是建立"惩处机制",以惩戒那些违反行为准则的员工。七是建立"内部控制和评价制度",以审查合规制度的有效性。

2017年,AFA曾发布过一项有关帮助企业预防腐败的法律指南,试图为企业在反腐败方面确立可操作的合规指引。2020年12月,在总结相关实践经验的基础上,AFA对上述指南作出了更新和改进,发布了一份全称为《法国反腐败机构关于帮助公共部门和私营企业预防和监控贿赂、利用影响力交易、公职人员勒索、非法获取利益、挪用公款和徇私舞弊行为的指南》(以下简称《法国反腐败指南》)的文件,对公共部门和私营企业实施有效的反腐败合规的标准作出了更加详细的规定。尽管《法国反腐败指南》对涉案企业并不具有强制约束力,但其可以成为 AFA 审查企业合规计划有效性的重要依据。该指南分为三大部分,在确立反腐败计划的基本原则和三项支柱的前提下,分别对私营企业和公共部门的反腐败计划确立了较为详细的标准。以下对这些有效合规标准作出简要分析。

(一) 反腐败合规计划的基本理念

《法国反腐败指南》试图为企业认识、预防、发现和制裁相关腐败犯罪确立必要的措施和程序。该指南将"相称性原则"确立为核心理念,要求企业根据其所面临的合规风险情况来建立反腐败合规计划。合规风险情况由不同的因素所决定,这些因素可以包括业务活动、产品或服务类型、治理结构、规模、业务部门、营业地点以及不同类型的第三方商业伙伴等。

该指南认为,企业的反腐败合规计划应建立在三个不可分割的支柱的基础上。这三个支柱分别是:(1) 高级管理层的反腐败承诺,包括:通过言行举止体现正直和诚实的品质;通过个人交流促进反腐败计划;投入必要的资源,以建立有效和高效的合规计划;努力督导合规计划的运行;在决策过程中遵守合规计划;对违反行为准则或可能被认定为腐败的行为,实施适当和相称的制裁。(2) 风险识别,也就是运用风险识别工具,来提升对企业所面临的腐败风险的认识。(3) 风险管理,通过有效的措施和程序来管理已识别的风险,以预防和发现任何违反行为准则或可能构成腐败的行为,并实施相应的制裁。这种风险管理还包括监测和评估相关措施和程序在预防和发现腐败方面的有效性。

(二) 高级管理层的反腐败承诺

高级管理人员是指那些根据公司章程和有效标准履行公司管理职责的高级负责人。在设置董事会的企业中,高级管理人员的工作要接受董事会的监督,而董事会则负责确保通过适当和有效的反腐败计划来妥善应对企业所面临的腐败风险。这些高级管理人员在执行企业任务、展示能力和开展业务方面所作的反腐败承诺,是任何反腐败计划的基础。

这种承诺不仅体现在高级管理层在企业内部实施预防和发现腐败行为

的决心上,还体现在反腐败资源的适当分配上。为保证反腐败计划所包含的措施和程序得到有效的设计、实施和监督,高级管理层应部署与其腐败风险相适应的适当资源。其一,高级管理层既可以亲自负责反腐败计划的设计、实施和监督工作,也可以将这些工作委派给其他工作人员。在后一情况下,有关工作人员必须直接向高级管理层进行报告。其二,高级管理层应确保其下属工作人员通过分享合规管理经验或接受培训,享有为履行职责所需要的足够权力和相关信息。其三,高级管理层应对其反腐败计划的各项措施和程序的审计结果加以审查,以确保该计划的正常运行。其四,高级管理层应亲自参与执行某些重要的反腐败措施和程序,例如,对特定的腐败风险作出识别验证,根据第三方尽职调查结果作出决定,或者对那些违反行为准则或实施腐败行为的人作出处罚,等等。其五,高级管理层应在企业内部以及向第三方商业伙伴传达其反腐败计划,强调自己对道德和诚信的坚定承诺。其六,高级管理层应确保对那些违反行为准则或实施腐败行为的人,作出适当和成比例的制裁。

(三) 腐败风险识别

对企业腐败风险的识别是反腐败计划的基石,也是对腐败问题采取预防和检测措施的根据。通过风险识别,企业应对其所存在的腐败风险作出具体的确认、评估,并采取分级管理措施。

反腐败计划是一种基于风险的合规管理体系。按照这一体系的要求,企业应对其腐败风险加以了解和评估,并实施适当和相称的措施和程序,以便对这些风险作出有效的管理。

为进行风险识别,企业应定期更新相关文件,以获得对腐败风险的准确认识;企业应详细分析其管理流程,采取可以真实反映企业实际风险的识别方法;企业应对风险的严重程度作出准确的评估,并通过对风险的准确排序,对风险作出有效的管理。

在对腐败风险作出识别后,高级管理层应提交专门部门进行验证,这种验证在实施之前和每次更新之后都要进行。

(四) 腐败风险管理

所谓腐败风险管理,是指企业根据对腐败风险作出确认、评估和优先排序的结果,来设计、部署和实施反腐败计划。反腐败计划所包含的措施和程序,应达到三个方面的目标:一是有效预防可能发生的合规风险;二是对正在发生的合规风险作出监测;三是对所发现的制度缺陷采取补救措施。

1. 预防机制

一般而言,针对腐败风险所采取的预防机制可以包括三项措施:一是制定行为守则以及相关程序和政策;二是提高对腐败风险的认识并采取培训措施;三是对第三方商业伙伴采取尽职调查措施。

所谓行为守则,或者具有同等效力的文件,是指企业针对管理层和员工所实施的道德规则,也是针对各种可能构成腐败的不当行为的禁止性规则。这些行为准则应当是清晰、直接和明确的,是高级管理层在企业内部加强反腐败措施的第一步。这些行为准则应在各个方面对企业内部的全体员工具有约束力,并应尽可能被纳入议事程序之中。其他方面的道德规则和良好实践政策也应被纳入行为准则之中,例如关于规范礼品、赞助、游说、利益冲突管理、招待费用、兼职以及其他与反腐败有关的程序。作为一个不可分割的整体,对于企业的行为守则与相关的反腐败程序和政策,应当确保全体员工易于获取,并在必要时通过适当方式传达给第三方商业伙伴。

提高全体员工对腐败风险的认识,是预防机制的重要组成部分。无论是管理人员还是履行最高风险职责的员工,都应接受与他们的工作和潜在风险相称的强制性培训。企业可通过风险识别程序来确定目标学员和培训内容。与此同时,企业应保证受训人员了解反腐败计划的整体架构,确认他们在工作中遇到的特定风险以及适用于这些情况的程序和措施。为保证培训的有效性,企业应确立对受训人员进行监督和测试的各项指标。

不充分的第三方尽职调查会使企业陷入腐败犯罪的牵连之中,并对其声誉造成损害,给其商业发展带来不利影响,甚至使企业或者其高级管理人员承担法律责任。企业开展第三方尽职调查的主要目的在于,通过评估企业在与任何第三方(包括客户、服务提供商、供应商、并购目标、用户和合作伙伴)打交道时发生的风险来进行有效的风险管理。潜在的腐败风险可能会发生在企业与上述个人或法人实体发生商业联系的过程之中。

当然,尽职调查的性质和彻底性取决于第三方所存在的风险程度。一般而言,被认为无风险或低风险的第三方群体,可能不需要尽职调查,或者只需要较为简单的尽职调查。而对那些被认为具有更大风险的第三方群体,则需要更为彻底的尽职调查程序,以确保相关交易的安全性。尽职调查可以使用不同方法,包括对开放资源的简单搜索、深入调查以及向第三方发放评估问卷。通过开展尽职调查，高级管理层可以对是否与第三方建立关系、保持关系或者结束当前关系，作出适当的评估。同时，企业应在合同中设立有关反腐败合规的条款，以便在第三方发生腐败行为或者不遵守企业反腐败合规条款时，及时取消或者不再保持有关的业务关系。

2. 监测机制

在有效预防腐败风险之外，《法国反腐败指南》确立了两项旨在监测合规风险的管理机制：一是内部举报系统，二是内部控制和审计系统。对于这两种系统，该指南都确立了较为具体的有效性评价标准。

所谓内部举报系统，是指企业对那些违反行为准则或可能构成腐败的行为获取秘密报告的制度。这种举报系统应与企业腐败风险的性质相契合，鼓励举报人进行善意举报，并对他们进行有效保护。该系统可以由企业自行管理，也可以委托合同约定的第三方进行管理，但该第三方必须有能力正确处理报告，并对举报信息严格保密。

该指南对内部举报确立了一些技术性规则。例如，举报系统可以有一个或多个提交报告的渠道，可以是电子邮件、管理软件，也可以是专门的举报平台。这些渠道应当畅通无阻，既可以随时接受组织内部人员的举报，也可以确保第三方易于投诉。又如，举报系统应当接受匿名举报，可以通过匿名电子邮件地址或邮政信箱，与举报人保持秘密联系。再如，在接获举报之后，企业应实施一些必要的处理程序，如：在组织内部指定一名接受和处理举报的联系人；对举报人身份、举报内容和被牵连的人等信息加以保密；举报人应遵循程序提供相关信息和文件，来支持其举报事项；企业应根据举报信息或线索调查相关的商业信息和文件；告知举报人有关接受举报、采纳报告内容以及采取后续行动和作出相关时间安排的信息；假如举报没有引发进一步的行动，应将那些容易使人识别举报人和被举报人身份的文件信息及时销毁；如果启动自动举报程序，整个流程应当符合数据保护的标准；对举报系统的质量和有效性确立评估指标，并将评估结果连同其他报告一并提交高级管理层；等等。

在举报系统之外，企业应建立与腐败风险相适应的内部控制和审计系统。实施该系统的目的有二：一是对企业内部的腐败行为进行预防和检测；二是对企业反腐败措施和程序的有效性进行审核，并确定适当的矫正和改进措施。

在理想情况下，内部控制系统可以有三道自动防线：一是事先采取预防性控制措施,以确保决策和交易过程符合企业的反腐败程序;二是按照特定的时间间隔或者随机地对有关决策或交易采取检测性控制,以确保第一道防线得到适当执行,并确保整个反腐败程序运转正常;三是采取定期的内部审计措施,以确保控制系统符合组织的要求,得到有效实施,并保持最新的状态。负责第三道防线的审计人员应当具有独立性,由高级管理层任命,并向后者报告工作。

作为内部控制系统的重要组成部分,会计控制和审计控制可以成为发现腐败问题的首选手段。会计控制系统可确保企业的账簿、账目和会计凭证不被用来掩盖腐败问题。这一系统着眼于那些经过风险识别发现的高风险领域,应当成为企业必须构建的控制系统。在核实服务、付款请求、付款授权和实际付款方面确保责任分离,有助于预防腐败行为的发生。理想情况下,企业实施会计控制也有三道防线,并遵循与内部控制相同的三道程序。会计控制既可以由组织内部的会计和财务部门加以执行,也可以委托给合格的外部审计师负责实施。

3. 补救机制

一旦发现反腐败计划存在制度漏洞或问题,就需要实施矫正或补救措施。这些措施主要包括两个方面:一是对实施腐败行为者的制裁措施;二是对反腐败文件、信息和方法的记录和存档。

对于已经发现的不遵守行为准则或可能构成腐败的行为,高级管理层应施加适当的制裁。对该类制裁应加以记录,以查明发生违规行为的原因,并防止该行为再次重复发生。高级管理层应在企业内部就该事件和相关制裁进行沟通,同时对被制裁者采取匿名措施,使其身份不易受到识别。

企业对于其反腐败计划实施中形成的文件和信息,应建立记录保留和归档系统,以确保创建审计跟踪机制,但该系统应符合数据和隐私保护的标准。企业用于制定反腐败计划和更新计划的方法也应被纳入保留和存档范围。

三、法国反腐败合规制度对我国的启示

自《萨宾第二法案》实施以来,法国在反腐败领域引入了企业合规制度。这种制度建设的基本特征是,通过建立强制合规制度,赋予大型企业建立合规管理体系的法律义务,大大推动了日常性合规管理体系("事先合规")在众多企业中的快速实施。与此同时,通过建立暂缓起诉协议制度,对那些涉嫌犯罪的企业建立了合规激励机制,大大推进了"事后合规"体系在这些涉案企

业中的建立。不仅如此,通过对事先合规和事后合规的实践经验总结,法国有关部门逐渐形成了独具特色的"有效合规标准",也就是以"相称性原则"为核心,以"最高层承诺""合规风险识别"和"合规风险管理"为三大支柱的有效合规标准。

当前,我国行政监管部门正在大力推进企业合规建设,逐步扩大合规监管的适用范围,将合规激励作为行政监管的重要手段。这在证券期货、反垄断、反洗钱和出口管制等监管领域体现得越来越明显。在行政监管领域,我国除了继续完善原有的"合规免责""合规宽大处罚""行政执法承诺"等合规激励机制以外,还可以借鉴法国的经验,引入强制合规制度,对于达到一定规模的大型企业,赋予其建立合规管理体系的法律义务,并对不履行这一义务的企业,采取行政处罚措施。目前,在证券期货、数据保护和反洗钱领域,这种强制合规制度已经开始被引入我国法律之中,但是还远远没有得到普遍的适用,也没有形成切实可行的制度。未来,可以借鉴法国的强制合规制度,在我国行政监管的各个领域,普遍确立大型企业建立合规管理体系的法律义务。与此同时,还应当在行政法规中完善合规激励机制,对于拒不履行合规管理义务的企业,固然要追究行政责任,但对于建立合规管理体系的企业,要给予一定的行政激励,如授予合规资格认证等,在企业因为行政违法而接受行政调查时,给予优先适用行政执法承诺、行政宽大处罚等激励措施。

目前,我国检察机关在大力推进企业合规从宽制度的改革探索,这一制度在可预期的将来,有可能被确立为正式的刑事诉讼法律制度。检察机关已经就有效合规整改确立了初步的标准。例如,涉案企业被要求根据其所面临的合规风险、企业性质、业务类型、企业规模、行业特点等,建立成比例的合规组织,配备相适应的合规管理人员。这标志着我国检察机关开始接受"相称性原则"的基本理念。又如,第三方组织对涉案企业合规整改有效性的评估,应重点关注合规风险的有效识别和控制,对违法人员的及时处置,管理机构和管理人员的合理配置,管理制度和人力物力的充分保障,监测、举报、调查、处理机制及合规绩效评价机制的运行,持续整改机制和合规文化的形成,等等。这也意味着合规风险识别和风险管理的理念得到了相关改革文件的接受。

尽管我国检察机关已经初步确立了适合我国情况的有效合规评价标准,但是,这一标准仍然有进一步完善的空间。在这一方面,法国反腐败案件的有效合规标准是具有一定参考借鉴意义的。例如,不仅是在设置合规管理机构和配置管理人员的问题上,在合规风险识别和合规风险管理方面,也应贯彻相称性原则,根据企业的风险领域、行业特点、业务类型和企业规模,设置相对应的合规整改方案。在这一方面,有必要探索建立多元化的合规整改模式。目前,实践中已经初步形成了"简式合规"和"范式合规"的模式区分,有必要在此基础上加以细化,使之具有普遍的可操作性。又如,在合规风险识别方面,有必要强化企业的内部调查制度,督促其准确地查找犯罪原因,发现管理制度的漏洞和隐患,并根据企业已经暴露的违法犯罪情况,识别出存在违规风险的制度领域和业务环节,从而采取有针对性的合规整改。再如,在合规风险管理方面,可以根据涉案企业的具体情况,以有效预防犯罪再次发生为目标,有针对性地采取定期风险评估、尽职调查、合规培训、合规沟通等风险防控措施,有选择地采纳合规报告、合规举报、合规审计等风险监控措施,根据需要适用合规内部调查、处罚责任人员和改进合规管理体系等补救性措施。

当然,法国的有效合规标准主要适用于反腐败领域,其适用范围略显狭窄,其暂缓起诉协议制度也仅仅适用于极少数特大型涉案企业,在有效合规整改的经验总结方面还缺乏基本的数据支持。其实,与日常性合规管理体系的建设不同,检察机关主导的合规整改,需要确立一些专门性和有针对性的有效合规标准。在这一点上,我国检察机关在借鉴吸收法国合理的合规体系建设经验的同时,还应当立足本国国情,通过总结涉案企业合规整改的成功经验,提炼出越来越成熟的中国版本的有效合规标准。这是推进合规从宽制度改革的必由之路。

附录 3　美国反海外腐败案件的有效合规标准

自 1977 年美国实施《反海外腐败法》(FCPA)以来,美国司法部和证交会越来越频繁地运用这一法律对世界各国的企业实施"长臂管辖",并追究民事责任和刑事责任。自 1990 年以来,随着美国《联邦量刑指南》的修订,以及美国对企业刑事起诉政策的调整,司法部和证交会越来越多地运用企业合规手段,来对那些建立了有效合规计划的企业不予起诉或者予以宽大的刑事处罚。2012 年以后,随着安然和安达信等案件的相继爆发,美国司法部开始普遍地适用暂缓起诉协议和不起诉协议手段,对那些已经建立或者承诺建立合规计划的企业,采取延迟起诉的办法,责令其在考验期之内,缴纳高额罚款,全面配合监管调查,承担自我披露义务,并重建企业合规计划。在考验期结束后,经审核认为企业履行了协议义务的,司法部就正式放弃对公司的刑事起诉,证交会也放弃对其提起民事诉讼的权力。于是,那种通过合作和合规来换取不起诉的激励机制,在 FCPA 执法过程中得到普遍的建立。然而,诞生于 1977 年的 FCPA 本身并没有确立企业合规制度,也没有规定有关以合规换取宽大处理的责任规则。这些制度和规则都是美国司法部(JOC)和证交会(SEC)在长期的 FCPA 执法实践中逐步发展出来的。可以说,从 1977 年到 2010 年,FCPA 的执法实践已经发生了实质性的变化,对这一法律的执行情况,需要借助于对多项法律、法规和政策的解读才能给予全面的理解。

2012 年,司法部和证交会联合发布了《美国反海外腐败法资源指南》(A Resource Guide to the US Foreign Corrupt Practices Act)。该项指南旨在为各类公司提供有关《反海外腐败法》执法方面的实用信息。该指南涉及主题的十分广泛,包括:FCPA 的反贿赂条款和会计条款的含义和适用对象;"外国官员"的定义;何谓适当或不适当的礼物、旅行和娱乐费用;有效合规计划的要素;相关的民事责任和刑事责任;等等。在这些主题上,该指南详尽阐述了 FCPA 的基本要求,并通过对执法案例的分析,详细介绍了司法部和证交会在实施 FCPA 方面的实践情况和发展动向。该指南的主要目的在于向公众提供有关 FCPA 执法方法和执法重点的详细信息,为公司、个人以及其他对 FCPA

执法实践感兴趣的人提供有用的参考。

本附录对于该指南有关反贿赂条款和会计条款的适用问题不作过多分析,而着重对其中所包含的企业合规问题进行简要的评析。与企业合规有关的问题是:该指南在企业刑事责任和民事责任的归责问题上,确立了代理责任原则和继承责任原则;该指南确立了刑事起诉的基本原则,并明确了有效合规计划的基本要素;该指南确立了违反 FCPA 的企业所要受到的刑事处罚和民事处罚以及相关的间接后果;该指南确立了司法部对涉案企业不同类型的处理方式,包括起诉、有罪答辩、暂缓起诉协议、不起诉协议和放弃起诉;该指南确立了证交会对涉案企业加以处置的主要方式,包括申请民事禁制令、提起民事诉讼、暂缓起诉协议、不起诉协议以及中止和撤销起诉。下面依次对上述与企业合规有关的制度和实践作简要分析。

一、代理责任与继承责任

根据一般的公司刑事归责原则,只要公司的董事、高级管理人员、雇员或者代理商,在其职责范围内,至少部分为了实现公司利益而实施了违反 FCPA 的行为,那么,公司都要承担刑事责任。可以说,根据传统的雇主责任原则或同一性责任原则,公司内部的董事、高级管理人员、雇员、代理商的责任,被归责于公司本身,这是没有争议的。但是,在 FCPA 执法实践中,容易引发争议的是母公司与子公司之间的责任分担,以及完成投资或并购行为的公司要不要替代被投资并购的公司承担刑事责任的问题。在这些问题上,指南确立了母子公司责任原则和继承责任原则。

所谓母子公司责任(parent-subsidiary liability),是指在特定情形下,对于子公司所实施的海外贿赂行为,母公司应当承担刑事责任。这种特定情形一般是指两种情况:一是母公司对其直接参与子公司海外贿赂的行为,承担刑事责任。例如,母公司直接指令子公司实施贿赂行为,或者直接参与了子公司的贿赂活动,这些都会导致母公司承担刑事责任。二是母公司根据传统的代理原则,对子公司所实施的贿赂行为承担刑事责任。对于这种刑事归责方式,指南作出了简要的分析和解释。

通常而言,代理的基本特征是实施控制。司法部和证交会在评估一个子公司可否成为母公司的代理人时,会对母公司的控制情况作出评估,包括母公司是否对子公司的行为事先明知并发出了指令。原则上,只要这种代理关系是存在的,那么,子公司的意志和行为就应被视为母公司的意志和行为,并成为母公司承担刑事责任的根据。与此同时，根据传统的雇主责任原则，一个公司应对作为其代理人的雇员在其职责范围内和以实现公司利益为目标的行为，承担刑事责任。因此，假如母公司与子公司之间存在着代理关系，那么，只要子公司内部的雇员实施了海外贿赂行为，母公司就应为此承担刑事责任。

所谓继承责任（successor liability），是指公司在与另一家公司发生合并或者收购行为时，对于合并或收购前所发生的贿赂行为，所要承担的法律责任。作为公司法上的一般归责原则，当两家公司发生合并或收购行为时，并购公司（the successor company）要对被并购公司（the predecessor company）的违法违规行为承担法律责任。这是防止后者逃避责任的制度保障。在美国，继承责任原则已经成为确定公司民事责任和刑事责任的重要依据。FCPA的实施也要遵守这一原则。

原则上，并购企业要承担法律责任，应当以被并购公司依法承担法律责任为前提条件。假如在并购行为发生之前，某一外国企业并不受FCPA的管辖，也不构成该法所界定的海外贿赂行为，那么，一项单纯的对该外国公司的收购行为，并不足以成为并购公司为其行为承担刑事责任的根据。

在继承责任原则的影响下，美国司法部和证交会鼓励公司开展收购前的尽职调查（pre-acquisition due diligence），并在收购完成后加强合规计划和内控机制。这主要是基于以下四个理由：一是尽职调查可以帮助并购公司准确地对目标公司进行评估。通过贿赂手段获取的合同，以及通过非法手段进行的商业交易，都是不可持续的，这些目标公司先前实施的非法行为，极有可能使并购公司承担法律责任，也会损害并购公司的声誉和发展前景。在并购之前对这些问题展开调查和了解，有助于并购公司更好地评估潜在的法律责任，并对目标公司的价值作出适当评价。二是并购前的尽职调查可以降低收购公司继续从事贿赂行为的风险。适当的尽职调查可以识别商业和区域风险，并为目标公司快速和成功地融入并购公司的内控机制和合规环境奠定基础。三是一旦通过尽职调查发现了目标公司的潜在违法行为，并购公司可以通过就相关费用、责任以及补救措施进行谈判而快速和有序地处理相关的法律风险。四是全面的尽职调查可以表明公司对违反FCPA行为的全面披露，并采取积极预防的态度。

在执法实践中，司法部和证交会对于那些对其不当行为作出自愿披露和积极合作的公司，通常不会采取执法行动。两个机构只在有限情况下，才会对并购公司提起诉讼,这通常发生在该公司存在严重和持续的违规行为,或者并购公司直接参与实施违规行为,或者在并购完成后没有阻止违规行为继续实施的情形中。但同时,司法部和证交会在实践中经常发动针对被并购公司的执法诉讼,尤其是在并购公司及时对违规行为作出自愿披露和采取补救措施,或者执法部门在并购完成之前已对被并购公司启动监管调查程序的情形之下。当然,在并购公司履行披露和补救义务的情况下,即便是对被并购公司在并购完成后被披露的违反 FCPA 的行为,司法部和证交会也会提起执法诉讼。不仅如此,针对被并购公司的执法行动一旦启动,那些承担披露和补救义务的并购公司,还可以获得司法部和证交会的一项保证,也就是不再受到任何执法行动的承诺。

二、对企业起诉的考量因素

对于涉嫌实施海外贿赂的企业,司法部可以直接向法院提起诉讼,也可以与其达成辩诉交易、不起诉协议或者暂缓起诉协议;证交会可以直接采取执法行动,向法院提起民事诉讼,也可以与其达成行政和解。那么,司法部和证交会在决定是否提起诉讼时,究竟会考虑哪些因素呢?

美国《联邦检察官执法手册》确立了"联邦检察官起诉商业组织的基本原则"(the principles of federal prosecution of business organizations)。检察官在实施刑事调查、决定是否起诉以及是否达成各种协议时,需要考虑九个方面的因素:一是企业罪行的性质和严重程度,包括对公众造成危害的风险;二是企业内部不法行为的普遍程度,包括公司管理层对不当行为的共谋或纵容情况;三是企业先前存在类似不当行为的历史,包括对企业所采取的刑事、民事以及监管执法行动;四是企业对其不当行为的及时和自愿的披露,以及对于调查其代理商的合作意愿;五是企业事先是否建立了合规计划,以及该计划是否切实有效;六是企业的补救措施,包括实施一项有效合规计划或者改进现有合规计划的努力,撤换负有责任的管理层,对不当行为的实施者采取惩戒或解聘措施,提供赔偿,并且与政府机构进行合作;七是附带后果,包括是否存在对股东、养老金领取者、雇员以及其他不承担责任的人造成的不成比例的伤害,起诉对公众造成的影响;八是起诉对企业不当行为负责的个人,是否已经足够;九是对企业采取民事或监管执法的补救措施,是否已经足够。

根据美国证交会制定的执法手册,证交会在考虑是否对企业启动一项执法调查或民事起诉时,要考虑以下因素:企业可能违反的法规或规则;潜在违法行为的严重程度;违法行为的潜在后果;潜在受害的群体是否特别脆弱或者处于危险之中;不当行为是否正在进行之中;不当行为能否在法定期限内得到快速调查;包括联邦或州政府机构在内的其他机构是否更加胜任这种调查工作。证交会还要考虑案件是否可能涉及普遍的商业惯例,是否属于累犯,等等。

无论是司法部还是证交会,在考虑是否对那些涉嫌违反 FCPA 的企业提起诉讼时,都会将企业自行报告、合作以及采取补救措施等因素考虑进来。那么,这些报告、合作和补救措施究竟包括哪些呢?

根据美国联邦检察官起诉商业组织的基本原则,检察官在决定是否起诉时会考虑公司的合作情况。尤其是,检察官会考虑公司是否进行了及时和自愿的披露,是否愿意提供相关的信息和证据。此外,检察官还会考虑公司采取补救措施的情况,包括改进既有合规计划并对不当行为实施者进行惩戒的努力。公司的补救措施应当是富有意义的,并足以证明它对不当行为的严重性给予了高度重视,例如采取必要的人事、运营和组织变更措施,使员工形成了"违规行为是不能容忍的"这一意识。

美国证交会也对涉案企业的合作问题设立了评估框架。根据证交会 2001 年的一份名为"the Seaboard Report"的调查报告,该机构在决定是否对企业采取执法行动时,要考虑公司是否存在以下四个方面的合作措施:一是在发现不当行为之前采取自我监管措施(self-policing),包括建立有效的合规程序;二是在不当行为被发现后进行自行报告(self-reporting),包括对不当行为的性质、程度、来源和后果进行全面的审查,向公众、监管机构和行业自律组织进行迅速、完整和有效的披露;三是补救,包括解雇或者适当惩处实施不当行为的人,修改或改进内部控制和程序,以防止不当行为再次发生,并适当补偿那些受到不当行为影响的人;四是与执法机构的合作,包括向证交会提供有关不当行为与补救措施的信息。由于每个案件都具有相应的个体差异,证交会在遵循上述评估框架的基础上,仍然会对每个案件的处理行使一定的自由裁量权。证交会会考虑公司合作的具体情况,对公司采取各种合作奖励(cooperation credit)。

三、有效合规计划的基本要素

在这部指南中,司法部和证交会确立了有效合规计划的基本要素。通常,司法部和证交会在对违规企业采取执法行动之前,除了要考虑企业是否采取了自我报告、合作和补救措施以外,还要考虑企业合规计划的充分性和有效性。企业是否建立有效合规计划,会影响司法部和证交会对于是否采用暂缓起诉协议或者不起诉协议的决定,以及这类协议的内容和所确定的考验期。在案件提交法院审判之后,合规计划还会影响企业可能缴纳的罚金数额,以及企业是否需要接受合规监管或者提交合规报告。不仅如此,证交会在对企业采取执法行动之前,会将企业建立有效合规计划作为企业实施自我监管的重要措施之一。而在司法部所确立的起诉商业组织的基本原则中,检察官在决定起诉企业时要考虑九项因素,其中三项直接或间接地涉及企业合规计划的设计和执行问题,包括公司内部不法行为的普遍性,公司先前合规计划的存在和有效性,以及公司所采取的补救措施。司法部还要将有效合规计划作为一项量刑要素。

当然,在司法部和证交会看来,"任何合规计划都无法阻止公司员工的所有犯罪行为",公司未能阻止一项违法行为本身并不必然意味着该公司的合规计划是无效的。对企业合规计划的评估,包括对其设计和执行情况的考量,是政府评估的重要组成部分,被用来确定企业是否发生了违规行为,或者一旦发生违规行为,企业会采取哪些补救措施。在一些特定情形下,司法部和证交会会拒绝对一个建立了有效合规计划的企业提起诉讼,或者对建立了这种合规计划的企业实施奖励,即便该企业的合规计划并没有阻止违反FCPA行为的发生。司法部和证交会并没有确立有效合规计划的标准公式,但它们会使用一种实用的评估方法,提出以下三个问题:公司的合规计划是否设计良好?合规计划是否得到真诚的应用?该项计划运转有效吗?

每个企业受其规模、业务和合规风险的影响,会有各不相同的合规需求,在合规计划方面也难以有一个万全的方案,司法部和证交会要求企业根据自己的需求、风险和挑战来量身打造各自的合规计划。尽管如此,司法部和证交会在对企业合规计划进行评估时会将以下因素纳入考虑范围。

(一) 高级管理层的承诺和阐述

即使一个企业精心设计了书面的合规计划,但假如各级管理层为达成业务目标,明示或者暗示员工从事不法行为,那么,这种合规计划将是无效的。为确保合规计划的有效执行,司法部和证交会会考虑企业高层对建立合规文化的承诺,并审查这种承诺是否得到中层管理人员和所有员工的有效执行。与此同时,司法部和证交会还会评估企业高级管理层是否在整个组织结构中清楚地阐明了合规要求,确保合规计划在中层管理人员和全体员工中得到了明确的传达。

(二) 行为准则、合规政策和程序

企业制定员工行为准则是建立有效合规计划的基础。按照司法部的要求,员工行为准则必须是清晰的、简明的,并适用于所有代表公司开展业务的员工。而对于外国子公司的员工来说,假如没有以当地语言提供的合规计划文本,那么,这些员工将很难获取并理解该项计划。为此,司法部和证交会将审查企业是否采取措施确保员工行为准则保持最新和有效,以及是否定期审查并更新这些准则。

司法部和证交会还会审查企业是否制定了陈述其合规责任的政策和程序、详尽的内部控制体系、审计实践、文件政策以及纪律惩戒程序。这些政策和程序的内容将取决于企业业务的性质、规模以及相关的风险。有效的政策和程序要求对企业的商业模式有深入的了解,包括其产品和服务,第三方代理商,客户,与政府的关系,以及行业和地域上的风险。企业需要解决的风险可能包括与外国政府交易的性质和程度,包括向外国官员的付款,对第三方的利用,礼物、旅行和娱乐费用,慈善和政治捐款,等等。

(三) 监督、自治和资源

在评估合规计划时,司法部和证交会会考虑企业是否将监督和执行合规计划的职责分配给了一个或者若干高级管理人员,以及这些人员是否具有适当的权威地位。

要确保合规计划得到有效的实施,企业应确保合规管理人员具有足够的自主权和充足的资源。足够的自主权通常是指,合规管理人员可以与企业最高管理层,如董事会以及董事会下设的委员会(如审计委员会)进行直接接触。

企业为合规管理投入的资源取决于企业的规模、复杂程度、行业、地域范围以及与业务有关的风险。在评估企业是否具有合理的内部控制时,司法部和证交会通常会根据企业的规模、结构和风险情况来判断企业是否投入了足够的合规人员和资源。

（四）合规风险评估

合规风险评估是司法部和证交会评估企业合规计划有效性的重要因素。通常,那种将所有合规风险一视同仁的"一刀切"的合规计划(one-size-fits-all compliance program),被视为错误和无效的。毕竟,将合规资源分散适用于低风险市场和交易,会折损对那些高风险领域的关注。

司法部和证交会通常会对那些真诚实施一种全面的和基于风险的合规计划的企业给予实质性的奖励。这些受到奖励的企业通常都投入更多精力和资源到较高风险领域,即便合规计划并未阻止该企业在低风险领域实施违反FCPA的行为。相反,假如一家企业由于未能实施与交易的规模和风险相称的尽职调查,而未能阻止高风险领域违反FCPA行为的发生,那么,该企业就有可能基于其合规计划的质量和有效程度而获得较低水平的奖励。

随着违反FCPA风险的增加,企业应及时调整包括尽职调查和内部审计在内的合规程序。尽职调查的程度应根据行业、国家、交易规模和性质以及第三方赔付的方法和数额来加以确定。

（五）培训和持续咨询

合规政策只有在整个公司范围内进行有效的沟通才能产生切实的效力。司法部和证交会通常会评估企业是否已采取措施,确保相关的政策和程序在企业内部得到传达,包括对所有董事、管理人员、相关雇员、代理商和商业伙伴进行定期培训和认证。无论企业如何组织培训,都应以当地语言向接受培训的人员提供培训课程和培训材料。此外,企业还应根据其规模和复杂程度制定适当的措施,向上述人员提供有关遵守企业道德和合规计划的指导和建议,以便确保企业各级管理人员和员工都能了解并遵循合规计划。

（六）激励和惩戒措施

司法部和证交会会评估企业是否建立了良好的纪律处分程序和奖励机制。在实施合规计划的过程中,企业要建立适当而明确的纪律处分程序,确保这一程序得到可靠而迅速的适用,确保该程序与违规行为是相称的。唯有如此,企业才能通过纪律处分对违规者和潜在违规者产生威慑作用,表明不道德和不法的行为会招致迅速而确定的后果。此外,积极的激励机制也可以推动企业有效地实施合规计划。这些激励机制可以包括员工的职务晋升、改进合规计划以及领导合规团队所带来的奖励,等等。

无论采取怎样的惩戒程序和奖励机制,司法部和证交会都会考虑惩戒和奖励是否在企业内部得到了公平而统一的适用。不能有任何管理人员超越合规之上,也不能有任何员工被排除于合规之外。任何人不能因为被视为最有价值的人,而规避纪律处分程序。唯有对合规行为加以奖励,而对违规行为加以惩戒,才能在整个企业内部建立一种合规和道德的文化。

(七) 第三方尽职调查

司法部和证交会发现,企业在国家商业交易中,经常通过包括代理商、顾问和分销商在内的第三方来掩盖其向外国官员提供贿赂的事实。在评估企业合规计划时,司法部和证交会通常会针对第三方实施一种基于风险的尽职调查方法。尽管尽职调查会同企业所在行业、国家、交易规模和性质以及与第三方的历史关系等不同而有所区别,但这种调查一般要遵循以下原则:

一是作为基于风险的尽职调查的一部分,企业应了解第三方合作伙伴的资格和关联,包括其商业声誉及其与外国官员的关系。

二是企业应了解将第三方纳入商业交易之中的理由。企业应了解第三方的作用和需求,确保合同条款明确描述了后者要提供的服务。

三是企业应对其与第三方的关系进行持续不断的监控。必要时,可以定期更新尽职调查,实施审计,进行定期培训,对第三方进行年度合规资格认证。

除了考虑企业对第三方进行尽职调查以外,司法部和证交会还要评估企业是否已将其合规计划以及对道德和合法商业惯例的承诺告知第三方,以及是否已要求第三方通过资格认证或其他方式作出承诺保证。这是降低第三方风险的有效方法。

(八) 秘密报告和内部调查

有效的合规计划应包括一种报告机制,使得企业的员工和其他人员可以秘密地举报违规行为,而不必担心受到打击报复。司法部和证交会建议使用设立匿名热线或监察员的方式。除此以外,企业对于被发现的违规行为,应当建立一种有效、可靠并有适当资金支持的调查程序,以及包括纪律惩戒和补救措施在内的企业应对程序。企业应从违规行为中吸取教训,更新其内部控制和合规计划,并围绕着相关问题来开展未来的合规培训。

（九）持续改进：定期检测和审查

有效的合规计划建立在不断改进的基础上。随着企业的业务、经营环境、客户以及相关法律或政策的变化，也随着书面的合规计划不断地暴露其缺陷和不足，企业应定期审查和改进合规计划。司法部和证交会对于那些不断改进合规计划并建立合规更新机制的企业，会给予必要的合规激励，比如降低量刑指南中所确立的处罚级别。

（十）并购前的尽职调查和并购后的整合

企业在合并和收购环节通常面临着多种风险。假如企业在并购之前不进行充分的尽职调查，就有可能导致贿赂行为继续发生，损害企业的商业潜力和声誉，甚至可能承担民事和刑事责任。相反，对目标公司进行有效的FCPA尽职调查，可以准确地评估其价值，并就目标公司实施贿赂行为所带来的代价进行协商。通过开展相关的尽职调查，企业可以向司法部和证交会证明其所作的合规承诺，并使其成为后者采取执法行动时所要考虑的因素。例如，并购方在并购前实施了尽职调查，将发现的被并购方的腐败行为主动向政府披露，配合调查，并将被并购方纳入合规计划和内部控制系统，那么，司法部和证交会都会拒绝对并购方采取执法行动。又如，即便并购方在并购前没有实施尽职调查，但在并购完成后进行了全面尽职调查，并将被并购方纳入了合规计划，司法部和证交会在并购完成之后，也可以对并购方给予适当的奖励。

当然，FCPA尽职调查只是合并和收购环节合规计划的一部分，司法部和证交会还会评估并购企业是否迅速将被并购企业纳入其所有内部控制体系之中。企业应考虑对新员工进行培训，根据企业标准对第三方进行重新评估，并对新的业务部分进行审计。

四、合规监督员的委派

对于违反FCPA的企业作出刑事处理和采取民事执法行动的首要目的，在于确保该企业不再实施类似违法违规行为。为此，司法部和证交会无论是在刑事诉讼程序还是在行政监管过程中，都会采取一些督促企业改进合规计划和报告机制的措施。

在刑事诉讼程序中，检察机关无论是提出量刑建议，还是与企业达成

DPA 或者 NPA，都有可能提出委派一名独立合规监督员（a compliance monitor）的要求。2008 年，司法部曾发布过有关在达成 DPA 或 NPA 的案件中遴选和使用合规监督员的内部指导。根据该项指导，合规监督员作为独立的第三方，负责评估和监控企业遵守协议中有关合规要求的情况，以便确保企业降低再次发生不当行为的风险。

当然，检察机关并不需要在每个案件中都任命合规监督员。一般情况下，只有在企业尚未建立有效的合规计划或者需要建立必要的内部控制机制的情况下，任命合规监督员才被视为适当的。而假如企业已经对其违法违规行为进行了自愿披露，也进行了完全合作，并对改革内控机制作出了真正承诺，那么，检察机关就不必再任命合规监督员，而可以采取让企业进行自我监管的方式。

在证交会主持的民事执法程序中，作为和解协议的一部分，企业也会被要求聘请一位独立的合规顾问（a compliance consultant）或者合规监督员，来作为第三方，负责对企业内部控制机制的独立审查。合规顾问通常会要求企业采取必要改进措施，以便加强合规计划，预防违规行为再次发生。假如企业认真对待合规顾问或者监督员的建议，在合规监督期间有效解决了原有的合规问题，那么，该企业就可以建立更为强大也更为持久的合规计划。

当然，在 FCPA 执法案件中，司法部和证交会有时会采取联合行动，一起与涉案企业达成 DPA 或者 NPA。在此情况下，两个机构会委派同一个合规顾问或者合规监督员，并由其履行双重合规监控职责。

五、"吹哨人"的使用

美国司法部和证交会在对违反 FCPA 的企业采取执法行动时，可以获得"吹哨人"（a whistleblower）的帮助。所谓"吹哨人"，通常是指那些了解企业违法违规情况并向执法机构提供情报或进行举报的人。根据司法部和证交会的执法指南，吹哨人被视为对违法违规企业进行执法的最强大武器之一。通过接受吹哨人提供的信息和情报，司法部和证交会可以快速地发现潜在的违规行为，最大限度地减少对投资者造成的伤害，更好地维护美国资本市场的信誉，并尽快追究违法者的法律责任。

2002 年通过的《萨班斯—奥克利斯法案》和 2010 年通过的《多德—弗兰克法案》，都包含了有关吹哨人对公司违反 FCPA 行为进行举报的规定。前者明确禁止公司对举报人进行打击报复，规定那些因举报违反证券法行为而受到报复的员工,可以向劳工部进行投诉,并可以获得相应的经济补偿。后者则对奖励和保护举报人问题作出了规定,授权证交会对提供高质量情报的举报人进行经济奖励,奖金数可以达到执法机构罚款的10%至30%。

2011年,证交会制定的举报人保护计划的最终规则正式生效。这些规则规定了获得奖金的举报人资格、确定奖金数额的因素、被排除在奖励之外的个人情况以及对举报人进行奖励的条件。通过实施这些规则,企业员工通过合规计划举报违法违规情况的行为,就大大得到了激励。

那些了解企业内部存在违反联邦证券法或违反FCPA行为的员工,可以通过两种方式进行举报:一是通过证交会的提示、投诉和移交(TCR)在线网络系统,向证交会加以提交;二是通过邮寄或者传真将完整的TCR表格发送给举报人委员会办公室。举报人可以匿名提交举报信息。但根据证交会的举报人计划,举报信息必须由律师以匿名举报人的名义进行提交。无论举报人是否通过匿名方式提交举报信息,证交会都要对举报人的身份进行保密。

一个企业建立有效合规计划的标志之一,在于建立了完善的违规举报机制。通过这种对违法违规行为的举报,企业可以建立一种对合规风险的实时监控体系,这对于有效预防企业内部违法违规行为的发生,是一种非常重要的制度保障。要确保举报机制的有效运转,就必须对提供情报或进行举报的吹哨人进行有效保护,禁止企业对其采取打击报复措施,并给予举报人较高数额的经济奖励。由此,政府监管部门可以及时获得来自举报人的情报、信息或者线索,从而对违法违规行为采取有力的执法行动。与此同时,企业还应建立24小时热线电话或者实时接收举报的电脑网络系统,确保举报人较为便利地报告合规风险点,举报任何部门的违法违规事件。这对于企业建立有效的合规风险预警系统,也是十分有利的。

附录4 美国检察官是如何进行合规整改的
——《美国检察官办理涉企案件的启示》读书札记

2014年,美国杜克大学法学院加勒特(Brandon L. Garrett)教授出版了一部名为《大到不能倒——检察官如何与企业达成协议》(*Too Big To Jail: How Prosecutors Compromise with Corporate*)的著作,描述了美国检察官处理涉企刑事案件的实践,解释了企业"大到不能倒"的出现原因,并对美国检察官对企业实施刑事合规整改的效果作出了全面的反思。该书出版后,在美国法学界和实务界产生了很大影响。2021年11月,我国法律出版社出版了这本书的中译本,将其中文书名改为《美国检察官办理涉企案件的启示》。几位译者以高度敬业和负责的精神,将这部著作翻译得语言流畅,通俗易懂。笔者对中译本进行了多遍精读,做了详细的阅读笔记。读毕,深感受益良多,有必要与读者分享阅读的心得和感悟。

作者选取了2001—2012年美国司法部与企业达成的255份和解协议,包括暂缓起诉协议(DPA)和不起诉协议(NPA)。这些和解协议大部分都向企业提出了建立或者改善合规体系的要求,并将企业合规计划列为协议的附件。当然,对于检察机关提起公诉的案件,涉案企业仍然有机会与检察官达成认罪和解协议(plea agreement),该协议经法官批准,即可成为法官暂缓量刑的依据。这类认罪和解协议通常也包含了类似的合规条款。对于上述和解协议中的合规计划在司法实践中究竟是如何实施的,作者揭示了诸多不为人知的事实信息,并作出了深刻的反思,提出了改进这一制度的思路。该书所作的分析和论断,对于我国正在进行的合规监督考察制度的探索,具有相当大的借鉴参考意义。

一、检察官为什么与大型企业达成协议

根据加勒特教授的实证分析,在一共255份协议中,涉案企业涉嫌实施的罪名分别是欺诈(36%)、海外贿赂(25%)、收受回扣(医疗和药品销售领域,16份)、违反防止洗钱的隐含保密条款(13份)、违反移民规定(10份)、违反

《国际紧急经济权力法》(9份)、违反反托拉斯规定(7份),以及一些其他方面的罪名。在达成协议的涉案企业中,有近三分之二在美国证券交易所上市(58%,148家);有22%的企业属于位居财富500强的美国本土企业,20%是位居全球500强的外资企业(包括全球500强外资企业设在美国的子公司)。与美国检察官达成了DPA或NPA的企业,包括了美国国际集团、美国在线、巴克莱、波音、百时美施贵宝、西维斯制药、通用电气、葛兰素史克、南方保健、摩根大通、强生、美林、孟山都和希尔斯等。

在同一时间段内,美国还有2000家企业因涉嫌各类犯罪被联邦检察官提起公诉,并被法院定罪。其中,501家企业被认定构成破坏环境罪,403家企业因实施欺诈犯罪被定罪,167家企业因垄断行为而被定罪,107家企业因虚假陈述被定罪,34家企业因违反FCPA而被定罪,68家企业被认定构成食品和药品方面的犯罪,112家企业因违反进出口管制法律而被定罪。

加勒特教授认为,"大多数被定罪的公司规模都很小,也没有多少可以改造的企业文化","有些企业是少数人持股,只有几个股东,或者是小型合伙企业","这些小的夫妻式公司与毕马威这类公司有很大的不同,它们往往无法支付高额的罚款,也没有复杂的组织架构或企业文化","对公司实际经营负责人或合伙人定罪,可能是最切实可行的惩罚措施"。

为什么要对大型企业适用DPA或NPA制度呢?在安达信案件中,仅仅因为检察官对其提起公诉,就导致安达信为上市公司提供审计业务的资格被剥夺,从而引发了"雪崩"效应,致使安达信失去了业务,客户大量流失,企业陷入破产的境地。安达信案件之后,美国司法部改变了起诉政策,开始大量适用DPA/NPA制度,迫使涉案企业通过接受协议条款来免受起诉和定罪。

过去,美国的刑事司法政策重视惩罚犯罪人,而忽略了对犯罪人的改造以及对犯罪的预防。后来,至少在企业犯罪案件中,检察官的起诉目标改为改造企业的管理方式,改变企业的经营文化,有效地预防企业再次发生犯罪行为。当然,改变企业文化,并不是改变企业文化的方方面面,而是侧重改变与刑法遵守有关的企业文化。

2003年联邦检察官对毕马威案件的处理,就体现了这一起诉政策的重大转变。毕马威作为当时美国的四大会计师事务所之一,在向很多私人客户提供避税服务的过程中,给政府造成了数百亿美元的税收损失,触犯了联邦刑法,构成税收欺诈犯罪。该企业存在一种特殊的"企业文化",那就是高级管理层通过对企业税务专业人员"持续施加压力",迫使他们向各类客户推销各种各样的违法避税方案。"毕马威将其税务专业人员变成了销售人员,迫使他们达到收入目标,使用电话营销来寻找客户,使用保密的客户税务数据来识别潜在买家,以及针对自己的审计客户进行推销。"该企业建立了电话营销中心,督促业务人员通过向富有的客户推销避税方案来大幅提高经营业绩,从而与银行和参与避税的各方按比例分配免缴税款所带来的1%左右的利润。

企业犯罪学的研究表明,改变企业文化的有效办法,就是采取内部控制手段和程序,尤其是制定合规政策和程序,促使员工遵守法律法规,影响员工的思维和行为。检察官可以将DPA和NPA作为一种合规激励措施,促使涉案企业通过采取补救措施(如处理责任人、自我披露)和重塑合规管理体系,来换取宽大的刑事处理,避免被起诉和定罪的命运。于是,检察官就被塑造成"推动企业文化、企业行为良性发展,预防、发现和惩罚白领犯罪的力量"。

无论DPA还是NPA,都为检察官提供了"一种更快获得更好结果的方式"。时任美国联邦总检察长的阿尔贝托·冈萨雷斯为此还说出了一句颇有争议的名言:"一个公司的定罪可能会影响到无辜的工人和其他与该组织有关联的人,甚至可能对国民经济产生影响。"一家企业一旦被起诉和定罪,就会承受严重的附带后果,动辄被取消经营资格,失去主要客户,并因此陷入停业或者破产所带来的死亡境地。以毕马威案件为例。在安达信破产后,大型会计公司所剩无几,假如检察官对毕马威继续起诉并导致其被法院定罪的话,那么整个会计行业将会受到削弱,并对上市公司的审计业务带来负面的影响。正是基于上述考虑,检察官才开始认真考虑与涉案大型企业的和解问题。

二、和解协议所包含的合规计划

在大多数DPA/NPA协议中,检察官都向涉案企业提出了建立或改善合规体系的要求(63%,160份),有四分之一的协议提出了聘请独立第三方合规监管人的要求,35%的协议要求涉案企业聘用新的合规人员(88份),但有三分之一的协议没有提及执行合规计划。所有协议的有效期限平均只有两年出头。在提出执行合规计划的协议中,检察官享有较大的自由裁量权。检察官即便提出了一些从结构上加强合规管理的方案,也与企业管理层的角度存在较大的差异。

例如,根据司法部与毕马威达成的DPA协议,涉案企业在认罪和缴纳罚款的前提下,作出了以下合规改革:一是聘请一名任期三年的独立监管员,监督实施一项合规计划,该监督员由前证监会主席担任,可以聘请律师、顾问、调查人员和专家,来收集信息、提出建议和监督合规的进展情况。该监督员任期结束后,税务监管部门还要对毕马威再继续监管两年。二是在关闭整个对私税务业务的前提下,设立一条新的举报热线,允许匿名举报;特别关注高风险领域,新设立永久性合规办公室,对员工开展合规培训。三是整个合规重建工作要接受专业审计,以衡量其有效性。

通常情况下,DPA/NPA 协议将执行有效的合规计划作为改变企业文化、预防再次犯罪行为的重要手段。为达到这一目标,大多数协议会要求企业进行合规改革(63%),或者逐步采取措施提高合规水平(64%),其他协议则引用了监管部门所要求的合规改革建议(28%)。有些协议要求公司高层采取新的合规政策、员工培训制度或者员工监督机制,并定期报告员工的工作进展。有的协议要求解雇或惩处实施犯罪的员工。有些协议提出了诸如"适当的尽职调查"和"有效的合规"等条款,但没有作出准确的定义。有些协议要求企业定期对合规计划进行评估和检验,必要时根据有关领域国际和行业标准的变化而加以更新。

在执行合规计划之外,还有少数协议(9%)提出了其他改进公司治理的方案。

一是责令企业终止存在违法问题的特定业务,或者关闭开展违法业务的子公司,如毕马威终止了所有对私税务业务,毕泽房屋公司关闭了整个涉嫌欺诈性抵押贷款业务的子公司。

二是有些涉案企业改变了高管或者员工的薪酬,或者变更了发放薪酬的方式。如两家涉案银行收回了之前发放给负有责任的高管的奖金;葛兰素史克禁止销售人员或者经理按照"销售额"进行提成。其中,责令变更销售代表的酬金支付方式,在医药企业的协议中经常出现,并被视为改变行业惯例乃至变革企业文化的重要举措。葛兰素史克的协议要求企业不得将医生开具处方的药物量作为对雇员或销售代表进行计酬的标准,而应以"商业敏锐性、客户参与度及对产品的科学认知度"作为计酬的依据,同时禁止通过向医生支付报酬的方式来促销。强生公司的协议也包含了改变雇员薪酬发放方式的条款。

三是有些协议提出了雇佣新员工的要求,甚至要求允许检察官批准特定的人事任命。如百时美施贵宝的协议,详细规定了企业必须区分首席执官与董事长的职权,公司必须任命新的外部董事,并且要向证监会披露更多信息。又如,爱贝儿集团在任命新的董事会执行主席、合规委员会多数成员和合规顾问之前,要取得检察官的事先批准。奥罗拉食品公司要就与合规计划有关的人事决定与检察官进行磋商。再如,黑水公司甚至自清门户,更换了所有的行政管理官员,聘请了新的合规主管,在董事会中增加了独立董事。

三、起诉企业还是责任人

"放过企业,但要严惩责任人。"这一度被视为美国检察官对涉企案件采取的基本政策。从1999年以来,美国司法部就制定了针对企业起诉的基本方针,这项至今未曾改变的方针,列举了检察官在是否起诉企业时需要考虑的九个要素:犯罪的严重性、公司内部不法行为的普遍性、公司类似行为、对不法行为及时和自愿的披露、公司的合规程序、相关的补救措施、起诉可能造成的损害、对个人的起诉是否足够以及是否实施其他救济措施。其中就包含只要解雇责任人和起诉责任人,就可以推动对企业的宽大处理的内容。

从理论上说,公司犯罪是由人来实施的,这些高管要么指使或者授意了犯罪行为,要么放任或者纵容犯罪的发生,以至于形成了通过不法行为来获得高额利润的企业政策和文化。而要改造公司文化,变更行业惯例,就必须起诉公司高管,而不能仅仅起诉负责执行政策的普通雇员。但在公诉实践中,检察官真正对高管和雇员起诉的案件并不是太多。根据统计,自2001年至2012年,在达成暂缓起诉协议和不起诉协议的255个案件中,检察官对公司高管或雇员起诉的仅占三分之一,对上市公司高管和员工起诉的比例更是低至四分之一。其中,在起诉高管和雇员的案件中,诈骗类案件只有38起,证券欺诈案件有16起,海外贿赂案件有10起,移民类案件有4起,虚假陈述案件有4起,医药违法案件有4起,其他案件则有13起。而在多达166起案件中,检察官并没有对任何高管或者员工提起公诉。

为什么会出现理论与实践的如此差异呢?加勒特教授认为,检察官调查白领犯罪的资源十分有限,而一些企业高管对于所发生的犯罪经常辩称"不知情",他们拥有更多的辩护资源,加上很多犯罪都发生在公司内部,也属于公司特有政策和文化的产物,检察官要调查清楚这些案件,动辄需要几年的时间。另一方面,很多犯罪都是普通员工实施的,这些员工为数众多,检察官调查这些人的行为也并不困难,但是,对于有效控制和预防白领犯罪而言,起诉高管效果更好,而仅仅起诉普通员工却没有太大意义。"检察官很难锁定知情的公司高管和雇员,也可能是因为案件牵涉太多底层雇员,起诉所有人既毫无意义又毫无可能",因此"检察官只能集中资源对付公司"。不仅如此,假如企业因违反《反海外腐败法》而被起诉,很多责任人都是外国高管和雇员,检察官很难将其引渡到美国,除非这些人所在的国家与美国签署引渡条约,或者这些责任人前往美国,否则很难将他们抓捕归案,自然就无法起诉了。

当然,在这些 DPA 或 NPA 协议中,检察官也提出了一些对于对犯罪负有直接责任的高管的惩罚性措施。例如,西门子公司就曾采取过彻底的制度补救措施,更换了包括首席执行官、董事会主席、总法律顾问、首席合规官在内的大多数高层管理人员,并在协议达成后两年内,更换了排名前 100 名的经理人中的一半。西门子还在全球聘用了 500 多名合规人员,聘请了新的首席审计官,组建了由 450 名审计人员组成的内部审计团队。在百时美施贵宝公司案件中,企业在合规重建方面作出了一些积极的努力,例如更换了首席财务官和世界医药集团主席,新设立了首席合规官职位,聘请了证券领域的律师。百时美施贵宝变更了预算程序,组建了负责风险防控和信息披露的管理团队,采用了新的培训和内控机制。企业还新设了保密热线和邮件系统,用于员工举报任何有关财务虚假披露、违反员工手册和相关记录的可疑行为。

四、合规监督员的角色

在涉企案件中引入合规监督员制度,是美国检察机关的一项制度创新。所谓合规监督员(corporate monitor),又被称为合规监管人,是指那些接受检察机关或法院的委派或授权,监督指导涉案企业进行合规体系建设的专业人员。

通常情况下,一个涉嫌犯罪的企业在三种情况下,有可能接受合规监督员的监督指导:一是检察机关与企业达成不起诉协议,在协议中约定涉案企业接受检察机关委派的合规监督员;二是检察机关将案件起诉到法院后,在法官的监督下,与涉案企业达成暂缓起诉协议,在协议中确立合规监督员参与监督指导的条款;三是检察机关起诉到法院后,涉案企业与检察官达成辩诉交易,签署认罪和解协议,在协议中企业接受由法官批准的合规监督员的监督指导。

与此同时,在行政执法过程中,很多行政监管部门,如证交会、财政部、商务部、联邦贸易委员会、环保署、金融监管部门等,可以独立与涉案企业达成行政和解协议,或者与司法部进行联合执法,与涉案企业达成一揽子和解协议。在此类和解协议中,行政监管部门也会提出委派合规监督员的要求。在著名的德国西门子案件中,西门子与美国司法部和证交会达成了一揽子认罪和解协议,接受了由司法部和证交会联合委派的合规监督员团队长达三年的合规监督指导,该团队由德国前财政部长魏格尔博士与一名美国律师共同领导。而在中国中兴通讯公司案件中,美国联邦法院委派了一个由前法官领衔的刑事合规监督员团队,进行为期三年的刑事合规监督考察;美国商务部则委派了一个由前检察官领导的合规监督员团队,进行为期十年的行政合规监督考察。

为什么需要引入合规监督员制度呢?加勒特教授认为,检察官在与涉案企业达成和解协议时,通常会面临一个现实的难题,那就是"究竟何种程度的变革才足以防止公司再次犯罪"。检察官一般缺乏公司治理、企业管理的专业知识,需要在外部专业人士的帮助下,才能有效地监督公司完成结构性变革的工作。根据统计数据,在2001—2012年达成的所有DPA/NPA协议中,检察机关要求涉案企业聘请合规监督员的仅有25%(255件中的65件)。这些案件大都集中于企业涉嫌证券欺诈以及海外贿赂的案件。除此以外,在上述同一时间段内,在超过2000起公司被定罪的案件中,至少有110起案件中有合规监督员的参与。在这些案件中,法官批准的认罪和解协议中包含了合规监督员的条款。法官批准合规监督员的案件通常都发生在环境污染、海外贿赂等领域。根据美国司法部的要求,判断是否需要责令涉案企业聘请合规监督员的主要标准,是企业是否缺乏有效的内部合规计划,或者需要建立必要的内控机制。从理论上看,只要涉案企业与检察机关达成了包含有合规计划的和解协议,并且检察官认为涉案企业需要提升合规水平,而该公司无法独立完成合规重建工作的,就都会要求涉案企业聘请合规监督员。但现实情况是,检察机关在大多数案件中并没有提出这方面的要求,而是责令企业定期向检察官或者监管机构提交合规进展报告。合规监督员一般是独立于涉案企业的外部专家。作为独立的第三方,合规监督员接受涉案企业的聘请,在征得检察机关同意或授权的情况下,对企业实施合规计划的情况展开调查,提出建议,向检察机关提交合规进展情况报告,并将报告反馈给涉案企业,督促其进行有针对性的合规整改工作。合规监督员大都由律师担任,但与涉案企业并不存在代理关系,而是独立地监督和评估涉案企业的合规工作,确保企业合规措施得到有效实施,预防公司再次犯罪。

但是,由于合规监督员的选任程序缺乏透明度,其工作既不向外界公开,也无需向法官汇报,而仅需向检察官汇报,因此,这一制度经常面临多方面的批评。人们对合规监督员的不良印象通常是:"监督员领取高薪,角色定位模糊,且缺少对其选任程序的监督。"通常情况下,合规监督员由涉案企业选任,但检察官行使最终的决定权。而在少部分案件中,合规监督员由检察官独立选任,也有的由监管机构选任,有的则由检察官与监管机构共同选任,还有的则由法官独立选任。检察官有时拒绝披露监督员的姓名和身份。但有一点是确定无疑的:超过半数的合规监督员都是由前任检察官担任的。这种在合规监督员选任上"任人唯亲"的做法,引发了社会各界的担忧。

当然,在一些大型企业的合规重建过程中,合规监督员也做出了令人瞩目的工作。例如,在百时美施贵宝案中,前任法官兰奇被委任为合规监督员,尽管接受了涉案企业的高额薪酬,但他领导的团队仍然独立地行使了监督职能,要求企业采取必要的措施,确保合规整改的细节落到实处。监督员不仅同时向检察官和证交会提交季度合规进展报告,而且参加公司董事会会议,监督合规计划的落实。在监管过程中,涉案企业又发生了新的不法行为。为此,监督员要求董事会免除首席执行官的职务,同时还解雇了法务主管。

又如,在西门子案件中,魏格尔博士在一名美国律师的协助下,组建了由公司员工、美国律师和德国律师组成的合规监督员团队。该团队了解了西门子公司全球的业务范围和组织结构,阅览了公司合规、财务控制和内部审计方面的文件,了解了公司的运行机制,从而为制定改善措施创造了条件。该团队在长达四年的合规监管过程中,审阅了成千上万份文件,走访了20多个国家,与超过1500名高管和员工进行过谈话,多次前往美国向检察官汇报合规进展情况。为督促西门子完善合规体系,合规监督员团队先后提交了多份整改报告,提出了一百多条改革建议。对于这些建议,西门子全部予以接受,并作为改进合规体系的根据。合规监督员帮助西门子激活合规体系,通过"风险导向内部审计"来评估潜在风险领域,列席公司策划会议、人力资源会议和其他管理会议;通过模拟投诉、评估员工反应来测试报告不当行为的帮助热线,并面向投资者提交监督员有关合规计划发挥长远作用的报告。合规监督员团队还帮助西门子对合规计划的有效性进行测试,并采用了一些技术手段。例如,在各业务领域,监督员随机抽取了10—12项交易,仔细分析是否存在不当支付的问题,监督员可到场询问首席销售官,审查报销单,审阅相关记录。这种基于风险的分析可应用于对任何国家和领域的随机抽查。在合规监督员的努力下,西门子发生了翻天覆地的变化,建成了运行优良的合规管理体系。

五、对美国刑事合规制度的反思

加勒特教授对美国检察官处理涉企案件的工作方式提出了一些批评。对于那些涉嫌犯罪的大型企业,检察官在是否提起公诉、如何起诉以及是否达成和解协议等方面,都享有极大的自由裁量权。在行使这种裁量权的过程中,检察官的工作方式缺乏起码的透明度。"很多事情仍然不为人知,包括协议是如何执行的,合规是否受到严格监督,罚金是如何计算的,为什么很少起诉员工,以及罚金众多的原因",并且,检察官"很少公开合规在实践中是如何实施的"。

当然,作者最尖锐的批评还是集中在和解协议"没有实施严肃的结构性改革"这一问题上。那些上市公司、跨国公司以及包括制药公司在内的大型企业,本身存在复杂的组织结构,它们所实施的犯罪都经过高度策划和组织,其犯罪行为具有更大的破坏性。但大多数和解协议都没有给出结构性改革的细节,也没有建立针对合规的审计和测试机制。尤其是对于协议所列明的合规计划,检察官并没有确立是否切实有效的评估措施。据此,作者对美国刑事合规制度的改革提出了一些具体的建议。

当前,我国检察机关正在推进企业监督考察制度的改革试点工作。这方面的不少制度探索都是从美国暂缓起诉协议或不起诉协议制度中借鉴得来的。例如,对符合条件的企业提出补救挽损要求,责令企业作出合规整改的承诺,设定合规考察期,委派合规监管人,实行合规整改验收评估制度,等等,就都是受美国相关制度的启发而建立起来的。但是,由于改革经验不足,同时受制于诸多外部因素的制约,我国检察机关在相关制度探索中也确实走过一些弯路。在未来的改革中,检察机关应当吸取美国刑事合规制度的经验和教训,对于那些理论与实践严重脱节的问题给予高度重视,尤其应从合规整改的有效性和针对性出发,确立那些切实可行的合规监督考察制度。

其一,在适用对象方面,我国企业监督考察制度一开始就没有仅仅适用于大型企业,而是适用于包括中小微企业在内的所有企业。对于认罪认罚的上市公司、拟上市公司或其他大型企业,检察机关可以在诊断犯罪原因、进行制度纠错的前提下,督促其量身打造一套较为完整的合规体系。对于为数众多的中小微企业,检察机关则不应强求合规体系的完整性,而应有针对性地进行合规整改,重在消除再次发生类似犯罪的制度原因。

其二,在整改方案的设定上,我国检察机关树立了有效预防犯罪的目标,并注重改造企业的治理结构和管理模式,改变企业的经营文化。检察机关强化有针对性的制度改革,加强企业内部的自我监管能力,督促企业进行实质性的制度纠错,并引入必要的合规因素。这应该是我国企业合规不起诉制度改革的主要经验。

其三,在合规监管人制度的安排上,我国目前已经对监管人的专业化、独立性和中立性有所关注,未来也应继续避免监管人与企业之间的利益冲突。对于那些没有建立合规管理机制的涉案企业,应尽量多地委派合规监管人,对企业合规整改进行监督指导;对监管人与企业之间可能存在的利害关系,应进行全面审查核实;对于监管人的薪酬,应确立合理的标准,并避免由企业直接向监管人进行支付。

其四,在企业责任与高管责任的关系上,实践中存在着"既保护企业,也保护企业家"的倾向,甚至出现为保护企业家而推进合规考察的问题。未来,在合规监督考察制度改革中,应当真正贯彻"放过企业,但严惩责任人"的理念,对于那些在单位犯罪中负直接责任的高管和其他责任人员,应追究法律责任,至少应当调离工作岗位,免除职务,使其不再参与公司的决策、经营、财务等方面的管理工作。

其五,对于涉案企业合规整改的效果,应当建立验收评估机制。目前,最高人民检察院正在制定涉案企业合规验收评估标准,并初步确立了由第三方合规监督委员会成员参与的验收评估机制。未来,我国检察机关应当继续强化对企业合规整改效果的实质审查和评估,通过借助合规监管人的验收报告,听取第三方监管委员会成员的专业意见,遵循合理可行的合规评估标准,来对企业的合规整改效果作出实质性的评估。对于经过评估被认定为不合格的企业,检察机关应提起公诉。由此,合规整改才具有实际意义,而不至于流于形式。

其六,对于检察官的自由裁量权,应当建立合理的限制性措施。检察官享有过大的自由裁量权,并不是一项制度优势,而是一种沉重的负担。我国检察机关在改革之初,就注重适度控制检察官的自由裁量权。未来在这一制度被纳入法律轨道时,应当建立更为完善的裁量权制约机制。例如,对于将涉案企业纳入合规考察对象,应有具体明确的适用标准和条件;涉嫌犯罪的企业提出适用合规考察申请的,检察机关应当平等地加以审查,给出同意或者不同意的理由,并保证被拒绝的企业有获得救济的机会;对于企业合规考察期限的设定,应建立一个对所有企业一视同仁的合理标准;在合规验收方面,应统一适用听证程序,并由第三方监管委员会成员进行实质性的评议;对于企业合规整改的验收,应有统一的合规评估标准;等等。

附录 5 美国暂缓起诉协议中的合规计划

美国检察官是如何进行合规整改的？过去，我们一般都是研究美国司法部发布的指南、备忘录等规范性文件，并从中了解有关"有效合规计划"的基本标准。但是，正如法律本身并不等于法律实践一样，这些规范性文件也与检察官从事合规整改的实践迥然有别。俗话说，"一个案例胜过一沓文件"，要对美国检察官如何进行合规整改的实践产生真切的认识，我们还需要分析一些具体的合规案例。大体上，美国检察机关一般通过与涉案企业达成暂缓起诉协议（DPA）或不起诉协议（NPA）的方式，对这些企业提出各种合规整改要求。其中，经涉案企业提出并由检察机关批准的"合规计划"，就属于这些协议的重要条款。在这些协议所确定的考察期内，涉案企业需要按照合规计划的要求，建立或者改进合规管理体系。在考察期结束后，只要涉案企业实施了有效的合规计划，可以达到预防和发现违法违规行为之效果，检察机关就可以作出不起诉的决定。

为了获得近期美国检察官对涉案企业的合规整改实践情况的直观认识，笔者选取了美国司法部与涉案企业达成暂缓起诉协议的四个案件，并对有关协议文本所记载的合规计划条款进行了认真研读。在这四个案件中，暂缓起诉协议达成的时间都是 2020 年以后。可能是由于这些涉案企业都已经初步建立了合规管理体系，检察机关对这四个案件都没有委派合规监管人，而只是责令涉案企业定期提交合规整改报告。这四个案件所涉及的犯罪分别是：摩根大通涉嫌实施的欺诈犯罪、波音公司涉嫌实施的欺诈犯罪、德意志银行涉嫌实施的海外贿赂犯罪以及伊普斯隆（Epsilon）涉嫌实施的欺诈犯罪。

一般说来，企业建立合规管理体系有两种模式：一是基于增强企业竞争力的日常性合规管理模式；二是基于危机应对的合规整改模式。在企业涉嫌犯罪的案件中，检察机关与企业通过达成暂缓起诉协议所确立的合规计划，应当属于上述第二种模式。值得注意的是，在上述四个案件中，经检察机关批准的企业合规计划，具有极为相似的内容和结构。自 1991 年美国《联邦量刑指南》引入合规因素以来，经过 30 年左右的发展和完善，美国检察机关所要遵循的有效合规计划已经具有了较为确定的标准和框架。特别是 2019 年以后，美国司法部发布了较为成熟的有效合规计划的标准，并于 2020 年作出了一些修订。美国检察官在处理涉企案件的过程中，对于企业建立或者改进合规体系，已经形成了较为稳定的思路。上述四个案件中所确立的合规计划就反映了美国检察官督促企业进行合规整改的基本套路。

在上述四项暂缓起诉协议中，有效合规计划除了有一些细小差异以外，基本上包含了若干项相同的要素。这些合规要素大体上可以分为十项：一是最高层作出合规承诺；二是制定专项合规政策、标准和程序；三是进行定期的风险评估；四是确定独立和权威的合规组织或合规人员；五是建立针对董事、高管和员工的培训和指导制度；六是建立针对违法违规行为的内部举报和调查机制；七是建立针对违法违规行为的惩戒机制；八是建立针对并购活动的合规管理制度；九是建立针对第三方商业伙伴的合规管理制度；十是建立针对企业合规管理体系的定期审查、测试和补救机制。

笔者注意到，按照建立日常性合规管理体系的通常套路，一项有效的合规体系可以包括合规章程、合规政策和程序、合规组织以及那些由防范（prevent）、监控（detect）和应对（respond）等环节组成的合规流程。笔者前面所列举的十项合规要素，作为一种旨在应对危机的合规整改方案，并不完全等同于日常性合规管理体系，而最多只能算是从完整的合规管理体系中选取出来的合规要素，或者属于"最低限度的合规管理体系"。其中，第一项要素大体上可以被归入合规章程的范畴；第二项要素应属于合规管理体系的核心要素，也就是企业所要遵循的规则和标准；第三、第五、第八和第九项要素，可以起到"针对合规风险的防范"作用；第六和第七项要素，可以发挥"针对违法违规行为的监控"功能；第十项要素，则具有针对违法违规行为的"应对"效果。下面依次对这十项合规要素作出简要分析。

一、高层承诺

所有合规计划都设立了"高层承诺"条款，强调涉案企业的董事和高管为企业合规提供强有力的支持和承诺，反对那些违反相关法律法规的行为。与此同时，企业应督促中层管理人员强调这些合规标准，鼓励员工遵守这些标准。企业在日常运营中要培育合规管理的文化。作为企业中具有最高效力的文件，无论是企业章程还是企业行为准则，都应将上述高层承诺确立为一项基本准则。

二、政策和程序

针对企业所涉嫌实施的违法违规行为,合规计划应确立专门性的合规政策和程序。所谓合规政策和程序,是指企业为防范再次发生特定的违法违规行为,根据相关法律法规所确立的规范,为所有员工制定的专门性行为准则。在上述四个案例中,有三个涉案企业为预防商业欺诈行为的再次发生,被要求制定旨在减少违反反欺诈法规行为的合规政策和程序;有一个涉案企业则为了防范海外贿赂事件的再次发生,被要求制定反商业贿赂合规政策和程序。

制定专项的合规政策和程序,是涉案企业建立有效合规计划的基础。这些合规政策和程序也成为企业合规的专门性核心要素。在一定程度上,审查一个企业是否实施了有效的合规管理体系,主要就是看该企业所制定的合规政策和程序是否得到了有效的实施和执行。从形式上看,合规政策和程序应以书面方式被确立在企业合规准则之中。从适用对象上看,这些合规政策和程序,既适用于公司内部的董事、高管和员工,也适用于那些不代表公司行事的外部各方,如代理商、顾问和合作伙伴等。从内容上看,这些合规政策和程序,既包括规范和约束全体员工的专门化行为准则,也包括确保员工依法依规经营的管理流程。例如,在德意志银行案件中,涉案企业被要求制定的合规政策和程序就包括以下内容:礼品,医疗、娱乐,客户旅行,政治捐献,慈善捐献和资助,推销,等等。除此以外,涉案企业还需要建立一个财务和会计系统,以便确保有一个更加公平和准确的账目记载和交易记录。

三、定期风险评估

任何企业即便建立了再完善的合规机制,都难以避免发生违法违规行为的风险。有效的合规计划要求企业针对企业的经营情况和所面临的外部环境,进行定期的合规风险评估,以便对原有的合规政策和程序作出及时的完善和改进。在上述四个案例中,涉案企业都被要求进行定期的风险评估,并以此为依据,对相关的合规政策和程序作出适时的更新和改进。例如,在摩根大通案件中,涉案企业被要求至少每年审查其与证券和商品法规有关的合规政策和程序,并在考虑该领域相关发展和不断演变的行业标准的基础上,适时更新这些政策和程序,以确保其持续的效力。

四、适当的监督和独立

合规计划的有效实施,取决于企业是否确立了独立、权威和有充足资源支持的合规组织。在上述四个案例中,涉案企业都被要求建立独立的合规组织体系。从形式上看,涉案企业究竟建立哪几级合规组织,合规组织究竟应如何定位,似乎并不十分重要。美国检察官更关心的是合规组织要符合一些最低限度的要求。例如,涉案企业应指派至少一名高管,负责执行和监督企业实施专门的合规政策和程序;该高管应有权直接向企业内部的独立监督机构提供报告,这些机构可以是内部审计部门、董事会,也可以是董事会下设的专门委员会;该高管应具有较高的职位,拥有合规管理的自主权,并获得为履行职务所需要的充足资源和权力。

五、培训和指导

为确保相关合规政策和程序得到有效实施,涉案企业需要将这些合规政策和程序有效地传达给所有董事、高管、员工以及外部代理和业务伙伴,这是有效防范合规风险的重要保证。为确保这种传达得以有效进行,涉案企业需要建立定期合规培训机制,并确保那些接受培训的董事、高管、员工以及外部代理和业务伙伴符合合规培训的基本要求。合规培训的内容不仅要包括相关的合规政策和程序,还应包括相关的合规事件。不仅如此,涉案企业还应建立一个有效系统,使得公司董事、高管、员工以及外部代理和业务伙伴在遵守有关合规政策和程序方面及时获得必要的指导和建议。

六、内部举报和调查

合规计划要得到有效实施,就需要对企业遵守法律法规的情况进行实时监控,一旦发现存在违法违规行为,就要启动调查程序。在上述四个案件的合规计划中,涉案企业被要求建立两种合规监控系统:一是合规举报系统,二是合规调查制度。前者是指企业要确保董事、高管、员工以及外部代理和业务伙伴,对于那些违反相关法律法规或者企业合规政策和程序的行为,可以进行秘密举报,并对举报人作出适当保护;后者则是指企业一旦发现违反相关法律法规或合规政策、程序的行为,应启动一种彻底调查程序,以便及时发现违法违规的事实情况。

七、惩戒与补救

对于依法依规行事的员工给予适度奖励,并对违法违规的员工加以必要惩戒,这是确保合规政策和程序得到有效遵守的必要保障。在上述四个案例中,所有合规计划都包含了奖励和惩戒的要求,并将其作为对所发生的违法违规行为的回应机制。尤其是在相关违法违规行为发生后,企业应遵循一种适当的纪律惩戒程序,对所有违法者作出平等的纪律处分。与此同时,对于违法行为所造成的损害后果,企业应采取必要的补救措施,以避免类似不当行为的再次发生。例如,可以对相关内控措施、合规准则、政策和程序的有效性进行评估,必要时作出及时修改,以便堵塞制度漏洞,消除管理隐患,预防违法违规行为再次发生。

八、第三方关系

合规风险有时会来自包括供应商、代理商、销售商在内的第三方业务伙伴。对于这些第三方业务伙伴的合规管理,有时是建立有效合规计划的必要条件。在上述四个案例中,至少有一个案例的合规计划包含了加强对第三方合规管理的要求。涉案企业被要求采取以下合规管理措施,加强对第三方的合规管理:一是在聘用和监管第三方业务伙伴时,进行尽职调查,并对尽职调查的情况作出记录;二是对第三方进行合规政策和程序的告知或者培训,促使其作出合规承诺;三是通过更新尽职调查、培训、审计、年度合规认证等方式,对第三方进行持续不断的合规监控;四是必要时在与第三方的协议、合同及其他续约文书中确立合规条款,约定有关遵守法律法规的声明和承诺,并对违反相关法律以及合规政策和程序的行为,作出终止代理或业务伙伴关系的决定。

九、合并与收购

企业的合并和收购活动,一般会产生较高的合规风险。以上四个案例的合规计划都包含了对并购活动进行合规管理的条款。据此,涉案企业需要将其相关的合规准则、政策和程序尽快适用于被并购的企业。对于潜在的被并购企业,涉案企业应进行适当的尽职调查,并可以采取包括培训、审计在内的其他合规管理措施。

十、监督与测试

任何合规计划都不是一劳永逸的,而应针对新的合规风险作出适当的调整和更新。在上述四个案件中,所有合规计划都包含了监督和测试的要求。涉案企业被要求对合规政策和程序进行定期的审查和测试,以便评估和改善它们在发现和预防有关违法违规行为方面的有效性。必要时,企业要考虑相关领域法律法规、行业发展、制度标准的变化情况,对合规政策和程序作出有针对性的审查和测试,并对合规政策和程序作出必要的调整。

参 考 书 目

〔美〕M. J. 爱波斯坦、K. O. 汉森主编:《公司治理》,聂佃忠、张悦等译,北京大学出版社2014年版。

陈瑞华:《企业合规基本理论》(第三版),法律出版社2022年版。

陈瑞华、李玉华主编:《企业合规改革的理论与实践》,法律出版社2022年版。

〔美〕戴维·O. 弗里德里希斯:《背信犯罪:当代社会的白领犯罪》,刘荣译,法律出版社2017年版。

郭凌晨、丁继华、王志乐:《合规:企业合规管理体系有效性评估》,企业管理出版社2021年版。

〔美〕布兰登·L. 加勒特:《美国检察官办理涉企案件的启示》,刘俊杰等译,法律出版社2021年版。

〔美〕安德鲁·凯伊:《公司目标》,孙宏友等译,中国人民大学出版社2014年版。

李本灿编译:《合规与刑法:全球视野的考察》,中国政法大学出版社2018年版。

〔美〕罗伯特·A. G. 蒙克斯、尼尔·米诺:《公司治理》,李维安等译,中国人民大学出版社2017年版。

〔英〕约翰·米克尔思韦特、阿德里安·伍尔德里奇:《公司简史:一种革新行理念的非凡历程》,北京大学出版社2021年版。

叶海波主编:《反海外腐败合规实践指引》,法律出版社2021年版。

张远煌等编著:《企业合规全球考察》,北京大学出版社2021年版。

最高人民检察院涉案企业合规研究指导组:《涉案企业合规办案手册》,中国检察出版社2022年版。

Carole Basri, *Corporate Compliance*, Carolina Academic press, 2017.